研究生“十四五”规划精品系列教材

土地资源管理理论与方法

主编 杨东朗 副主编 杜金锋 石 琛

图书在版编目(CIP)数据

土地资源管理理论与方法 / 杨东朗主编. — 西安 ：西安交通大学出版社，2023.11

ISBN 978-7-5693-3216-2

Ⅰ. ①土… Ⅱ. ①杨… Ⅲ. ①土地资源—资源管理—研究生—教材 Ⅳ. ①F301.2

中国国家版本馆 CIP 数据核字(2023)第 071802 号

书　　名　土地资源管理理论与方法
TUDI ZIYUAN GUANLI LILUN YU FANGFA
主　　编　杨东朗
责任编辑　李逢国
责任校对　郭　剑
装帧设计　伍　胜

出版发行　西安交通大学出版社
（西安市兴庆南路 1 号　邮政编码 710048）
网　　址　http://www.xjtupress.com
电　　话　(029)82668357　82667874(市场营销中心)
(029)82668315(总编办)
传　　真　(029)82668280
印　　刷　西安日报社印务中心

开　　本　787mm×1092mm　1/16　**印张** 15　**字数** 356 千字
版次印次　2023 年 11 月第 1 版　2023 年 11 月第 1 次印刷
书　　号　ISBN 978-7-5693-3216-2
定　　价　49.80 元

如发现印装质量问题，请与本社市场营销中心联系。
订购热线：(029)82665248　(029)82667874
投稿热线：(029)82664840
读者信箱：xj_rwjg@126.com

前言

土地资源既是重要的自然资源，又是基本的生产要素和重要的资产。人类社会的发展史也是一部人类对土地资源的利用和改造的历史。土地资源管理是公共管理的重要部分。新中国成立以来，就致力于探索一条具有中国特色的土地资源管理制度。当前，我国正在习近平新时代中国特色社会主义思想的指导下深化土地资源管理各项改革，土地资源管理数量管理、质量管理和生态管理的新模式正在推广落实。土地资源管理研究和教育正在进入高质量发展的新时代。2019年8月26日第十三届全国人民代表大会常务委员会第十二次会议对《中华人民共和国土地管理法》（以下简称《土地管理法》）进行了修正，随着政策法规的陆续完善，我国土地管理研究也将迎来新的春天。我和我的研究团队关注土地资源管理理论与方法等相关领域的研究已经有40余年。在长期从事教学和研究的基础上，我们编撰这本《土地资源管理理论与方法》教材，尝试系统全面地展示新时代背景下中国特色的土地资源管理理论与方法的新进展。

《土地资源管理理论与方法》是西安交通大学研究生"十四五"规划精品系列教材之一，本书参照国内现有教材，对相关内容进行重新梳理和精简。全书总共分7章，第1章介绍土地制度与政策，第2章介绍土地利用规划与管理，第3章介绍土地工程评价与土地治理，第4章介绍不动产估价与房地产市场，第5章介绍不动产登记管理，第6章介绍土地经济与土地金融，第7章介绍土地生态与环境管理。本教材聚焦国家土地管理政策改革的热点，力求通过理论与实践相结合来展开论述，使得本教材具备易读性、理论性、适用性和前沿性。

在编撰成果即将付梓之际，我要感谢我的研究团队。感谢杜金锋、石琛、胡思琪、徐子馨、王紫晶、赵雅和冯林霞等，他们积极参与课题组的资料收集和研讨，做了大量的工作，并参与了有关章节的撰写，使得教材的编撰工作得以顺利推进。本教材编写分工如下：杜金锋、赵雅编写第1章；石琛编写第2章、第3章；杨东朗、胡思琪编写第 4 章；杨东朗、徐子馨编写第 5 章；杨东朗、王紫晶编写第 6 章；杜金锋、冯林霞编写第 7 章。感谢西安交通大学公共政策与管理学院广大同仁对本教材编撰的大力支持，使得本书能够按时、保质地完成。

土地资源管理理论与方法作为一门综合性很强的交叉学科，涉及的知识领域相当广泛，很多问题在学界仍然处于讨论探索之中，加上编撰者水平有限，书中难免存在诸多不足之处，请同行和读者批评指正。最后，感谢所有被引用的学术专著和论文的作者，由于本人疏漏而未被列入参考文献中的研究成果的作者，本人深表歉意和谢意。

杨东朗

2023 年 7 月

目录

第一章 土地制度与政策

第一节 土地制度概述

一、土地制度的内涵

(一)制度的概念

“制度”一词在英语中通常被翻译为“system”“institution”和“regulation”这三个词,国内多采用“institution”这种翻译。关于制度的研究,哲学、社会学、经济学、政治学、法学等各个学科均各有体现,研究内容多集中在制度本质、制度功能、制度价值、制度哲学、制度伦理等。国内外针对制度的研究内容包括约束人们行为的一系列规范,它既包括政治制度、法律制度、契约、规章等成文的正式规则,又包括存在于人的观念中、靠人的自我约束和舆论监督来实施的风俗、习惯、伦理、道德等。

西方学者对“制度”的定义多种多样。有学者认为制度是一种思想习惯,强调了制度的内在性和与人的行为的内在契合,淡化了制度的外在强制性色彩;有学者认为制度是一种组织,这种集体强制的组织,从家庭、公司、工会、行业协会直到国家本身,都被称为制度;新制度经济学的代表人物诺斯认为制度是一种规则,更规范地说它是为决定人们的相互关系而人为设定的一些契约,是由道德约束、传统习惯和行为准则等非正式约束和宪法、法令和产权等正式的法规组成的,旨在约束主体福利或效用最大化利益的个人行为;美国学者亨廷顿则认为制度是一种行为模式,他认为制度在一个社会发展变化中有着潜移默化的塑造功能。此外,从系统的角度来看,亨廷顿认为无形的文化也是一种制度,其与有形的组织和规则是密不可分的。

总而言之,制度代表已建立的社会秩序和已形成的行为方式,它们是社会的行为准则。在许多方面,如经济、教育、家庭、法律和政治制度等基本制度方面,它们指出什么是个人和群体可接受的行为,什么是社会、国家或他人不允许的行为。制度之间相互交织、相互依赖,制度秩序和行为方式存在于各个系统之中,它们建立了控制系统的运行模式,这就是整个社会的制度框架。

与社会制度相比,国家制度是一个更政治化的概念。国家制度(state system),有的国家又称为政治制度(political system),是指一个国家的统治阶级为实现和巩固其阶级专政而采取的统治方式方法的总称,包括国家政权的阶级实质(即国体)、组织形式(即政体)、国家的结构形式(即单一制还是复合制)以及为保证国家运行制定的一系列基本的具体的制度。国家制度是社会制度的有机组成部分,土地管理所依据的土地制度则是国家制度的重要组成部分。

（二）土地制度的概念

土地制度是社会经济制度的重要组成部分。经济制度是指人类社会发展到一定阶段生产关系的总和。生产关系是人们在物质资料生产过程中结成的相互关系，包括生产资料的所有制形式，由此决定的各种不同社会集团在生产中的地位、相互关系以及产品的分配形式三个方面。土地制度就是以土地为媒介产生的人与人的生产关系。作为经济制度，它需要法律的确认与保护，经法律确认与保护的土地制度，成为社会法权制度的组成部分，具有反映、规范、确认、保护、强化土地经济关系的作用。因此，有人认为，土地制度是在国家权力监督、控制之下，对于个人之间因支配、占有与使用土地而建立的权力关系。

土地制度有狭义和广义之分。广义的土地制度包括有关土地问题的一切制度，主要有土地所有、土地使用、土地管理及土地利用技术等方面的制度，即涉及生产力和生产关系两方面的制度内容。狭义的土地制度是指约束人们土地经济关系的规则的集合，是关于人们之间围绕土地所有、使用、收益而发生的生产关系制度，反映着人与人之间的土地经济关系，是一种经济制度，即土地经济制度。

作为重要的经济制度，土地制度需要法律的确认和保护，从这个意义上说，土地制度又是一种法律制度，可称之为土地法律制度，是土地经济关系在法律法规上的体现。土地经济制度是形成土地法律制度的基础，但土地法律制度又反过来具有反映、确认、保护、规范和强化土地经济关系的作用。

（三）土地制度的构成

土地制度是一个制度体系。一般而言，完整的土地制度由土地所有制、土地使用制和土地国家管理制三大部分构成。

1. 土地所有制

土地所有制是土地制度的核心和基础，是生产资料所有制的重要组成部分，是一定土地关系的基本制度，是土地政策的出发点。土地所有制是指在一定社会生产方式下，由国家确认的土地所有权归属的制度，它受社会生产力发展水平的制约，属于经济基础的范畴。

作为社会生产关系的组成部分，土地所有制是由社会生产方式所决定的。社会生产方式是由生产力状况决定的，因此土地所有制最终由国家的生产力状况决定。即使社会制度相同的国家，由于其社会经济状况和历史发展特点的不同，其土地所有制的具体形式也不完全相同。

土地所有制随着人类社会的产生和发展而出现。在人类社会初期，生产力水平很低，人们以采集和渔猎为生，几乎没有对土地的开发利用，故不存在土地所有制的问题。到了游牧时代后期，随着社会生产力的不断发展，天然草地的循环轮牧制度逐渐形成，各个氏族部落之间渐渐形成了各自土地利用的势力范围，进而出现了土地所有制的萌芽。之后随着原始农业的产生和发展，人类有了固定的生产生活用地，最终出现了土地所有制。

在人类社会发展的历史上，主要产生了两大类土地所有制，即土地公有制和土地私有制。其中，土地公有制包括原始社会的氏族公社土地公有制（土地归氏族或村社成员共有）和社会主义土地公有制（土地归国家和劳动群众集体所有）；土地私有制包括有奴隶主土地私有制、封建土地私有制和资本主义土地私有制。其中，中国的土地所有制是建立在土地公有制基础上的社会主义公有制，即全民所有制和劳动群体集体所有制；英国及英联邦等国家的土地所有制是由国家控制的市场模式，即土地属于国家或皇室所有，使用土地通过批租获得；美国、日本等国家的土地所有制是以土地私有制为基础的完全市场模式，即土地以私有制为主，土地允许买卖。

土地所有制在法律上的表现是土地所有权，任何一种土地所有制的实施和维持都必须有国家法律的确认和保护。国家以一定的法律文件——土地所有权证书来确认并保护土地所有制。当土地所有权转移时，出让方和受让方签订的"契约"经过国家的登记认可，也可以作为土地所有权的法律文件。

2. 土地使用制

土地使用制是土地制度的另一重要组成部分，是指在一定的土地所有制下，土地所有者、使用者和经营者在土地占有、使用、收益过程中形成的经济关系和法律关系的行为规范。任何一个社会，对土地的使用必然受到其土地所有权的制约，土地使用制不仅是土地所有制的反映和体现，而且也是实现和巩固土地所有制的一种形式和手段。土地使用制涉及土地所有者与土地使用者之间的关系，涉及双方的权利、义务以及国家对土地使用的管理。

土地使用权是土地使用制在法律上的表现，在每一种土地所有制的条件下，都存在着相应的土地使用制和其具体表现形式。从土地使用者与土地所有者是否统一的角度，可以将土地使用制分为土地所有权和使用权相结合，土地所有权和土地使用权相分离两大类，简称两权合一与两权分离。

两权合一即土地所有者自己使用其土地，主要有氏族公社的共同使用制，封建土地制度下的自耕农、经营地主，资本主义土地制度下自有土地的农场主，社会主义制度下的土地集体所有集体经营等。

两权分离即土地所有者在保留土地所有权的基础上将土地使用权让渡给土地使用者，具体形式有私有制下的租佃制(如地主和佃农，资本主义土地所有者与租地农业资本家之间的租佃关系)，社会主义条件下的土地集体所有家庭承包经营及国有土地的租赁制。两权分离的土地使用制又分为有偿使用和无偿使用，有偿使用不论形式如何，实质是土地租赁关系。这种经济行为必须由国家来确认与保护，同时又受到国家政权的某些调节和必要的限制。

土地使用制也要由国家以一定的法律形式加以确认和保护才能得以实施。在实行各类土地租赁制的情况下，双方要签订土地租赁契约。目前在中国农村签订的土地承包合同是一种土地租赁契约，在中国城市普遍实行的国有土地使用权有限期、有偿出让与转让制度，也要签订土地使用合同，所有这些契约都必须在行政主管机关登记才具有法律效力。

3. 土地国家管理制

土地国家管理制是指有关土地管理的组织结构、职责权限结构及其运行方式。其主要内容包括各级土地管理机构的设置及相互关系，各级土地行政管理机构的职责和权限划分，各种职责和权限的相互关系及运行方式。

土地管理制即土地管理，其目的和特点受社会环境的制约，主要受社会制度、土地制度的制约。例如，我国是社会主义国家，在土地制度上实行社会主义公有制，这就决定了我国必须通过对全国土地的宏观管理、监督和调控，才能保证土地在不同群体之间的管理分配、在不同部门之间的合理配置，并能通过消除或减少土地利用中的外部性或市场决定而维护环境，实现土地可持续利用。

土地管理的基本任务是应用土地管理的原理和方法，研究和阐明一定社会生产方式下的土地调整关系，监督、调控土地利用的规律性，以达到平衡土地供需矛盾，实现尽可能大的生态效益、经济效益和社会效益的目的。在不同的社会生产方式下，土地管理的任务是不相同的。在资本主义社会，土地管理的任务是研究如何管理土地才能达到维护资本主义土地关系，并获取最大的利润；在社会主义社会，土地管理是为维护社会主义土地关系和满足整个社会对土地的需求服务。

其中，土地管理机构是土地管理的组织形式和组织保证，其职责权限是土地管理的职能形式和功能保证，其运行方式则是土地管理组织形式和职能形式的动态反映和动态结合。但由于社会制度、土地制度以及国情等不同，各国的土地管理机构设置不尽相同，职能也不尽一致。我国土地管理制的特点是统一管理与部门分工管理相结合，中央级管理与地方分级管理相结合；美国土地管理局属于美国的内政部门，主要负责对联邦政府土地的管理，并对州和私人土地进行协调；英国在国家级层面上没有设置统一的土地管理机构，而是由若干部委分类管理。

二、土地制度的功能

土地制度作为经济制度的形式之一，具有一般制度应有的主要功能，具体体现在以下四个方面。

（一）保障功能

土地制度得以运行取决于土地关系的利益相关者（当事人）的决策权和经济利益的实现。其中，决策权主要取决于土地财产权，是借助明晰的土地财产权关系，使得土地产权主体对自己从事的经济活动享有权利，并承担相应的义务。经济利益则是通过土地税、地租（土地价格）、经营利润、劳动者工资等实现。如果相关利益者的这些权利和经济利益得不到保障，或只部分得到保障，那么土地制度就不是现实的，而可能是名义上的或形式上的。

（二）激励功能

土地制度能够对土地关系中的利益相关者起到激发动机、鼓励行为、调动积极性的作用，土地制度激励功能的发挥，以土地产权制度安排为基础和前提，激励是否足够往往是一种土地制度成功与否的关键。制度选择不当就会出现激励功能不足，甚至激励功能失效或失衡的状况。土地制度的激励功能依靠物质激励和非物质激励两方面手段，并可同时结合正向激励和负向激励进行。对于土地管理者来说，物质激励和非物质激励都十分重要，而对土地所有者和使用者来讲，物质激励更易奏效。

（三）约束功能

土地制度的约束功能是对利益相关者的机会主义行为进行抑制，即对利益相关者追求利益实现而设置的警戒线并规范其行为。机会主义行为是指人们借助不适当手段谋取自身利益的做法，土地交易中机会主义行为包括侵犯他人土地权益、土地投机或因经济外部性而出现的

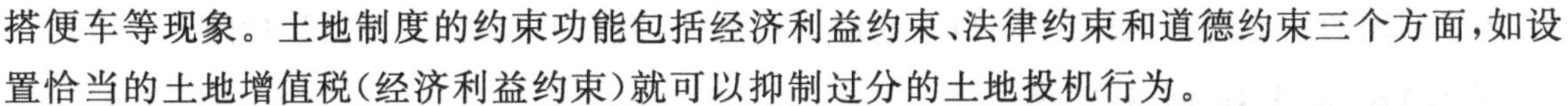

搭便车等现象。土地制度的约束功能包括经济利益约束、法律约束和道德约束三个方面，如设置恰当的土地增值税（经济利益约束）就可以抑制过分的土地投机行为。

（四）资源配置功能

土地制度的资源配置功能是指以按价格机制或效益原则进行土地资源高效配置的作用机制。宏观层面，政府以一定的手段调控土地资源在不同用途、部门之间的配置；微观层面，政府以土地所有者身份或经营者以土地使用者身份，基于市场机制进行土地资源的开发与利用。土地制度配置包括不同主体间的配置、不同区域间的配置和不同行业间的配置。一般来说，土地利用主体总是把土地资源配置到更为有效率的部门，从而服务于自己的经济利益。

土地制度的四种功能是相辅相成的，只有保障功能和约束功能健全，激励功能才易奏效；只有在足够的激励之下，资源的配置才会更合理、有效。这四种功能，归结起来，既能使土地得到更为有效率的配置，又能使利益相关者之间合理分配土地上的收益，从而达到效率与公平的统一。

三、我国土地制度的演变

（一）农村土地制度沿革

新中国成立以来，我国农村土地制度演变过程可归纳为 4 次重大变迁。

（1）新中国成立初期，以 1950 年 6 月颁布实施的《中华人民共和国土地改革法》为标志，废除了民国时期的封建地主土地所有制，建立了农民土地私有制。在这一时期，农民不仅获得了土地，而且对拥有的土地可以“自由经营、买卖和出租”。

（2）从 1953 年开始，进行对农业的社会主义改造。从建立互助组开始，经过初级农业合作社和高级农业合作社的过渡阶段，到 1958 年的人民公社化运动，我国农村土地制度完成了从农民个人私有到农村集体所有的转变。其中，互助组和初级社阶段的土地制度是农民私有、集体统一经营使用，高级社和人民公社时期的土地制度是集体所有，统一经营使用。这种转变使得农民对于土地的产权弱化，并使得土地所有权虚置，土地在人民公社运动当中逐步归集体所有，个体农民与土地不再存在法律上的产权关系，所以在这个时期，“自由经营、买卖和出租”的流转方式已经无法实施。

（3）1978 年以后，局部地区农民自发探索，接着国家予以承认和推广，使得土地的家庭联产承包在全国农村逐步扩大和普及，形成了以土地集体所有、家庭联产承包经营为主要内容的农村土地制度。这种变革实现了农村土地所有权与使用权的分离，农民实现了对土地产权中除所有权之外的经营权、使用权、收益权在“包干”之下的实际占有。

（4）2014 年，中央一号文件首次明确，农民除了对承包地有占有、使用、收益、流转权外，还扩大至承包经营的抵押、担保权，实现承包地“三权分离”，即在落实农村土地集体所有权的基础上，稳定农户承包权、放活土地经营权，允许承包土地的经营权向金融机构抵押融资。同时允许农村集体经营性建设用地出让、租赁、入股，与国有土地同等入市、同权同价。同年底，我国正式启动农村“三块地”试点改革，改革在坚持农村土地三条底线，即土地公有制性质不改变、耕地红线不突破、农民利益不受损的前提下，稳步推进农村土地征收、集体经营性建设用地入市、宅基地制度改革。此次改革体现了农村土地集约节约利用的制度要求，盘活了农村低效、闲置利用的土地资源,放活了农村土地使用权流转,提升了农村土地的利用价值。

(二)城市土地制度沿革

(1)从新中国成立到改革开放以前,城市土地行政划拨供应制度成为城市土地制度的核心。它是指由用地单位提出用地申请,经县级以上人民政府依法批准,在用地单位缴纳土地补偿费、安置补助费等费用之后,将该土地无偿供应其使用的制度。以划拨方式取得的土地,除法律、法规另有规定外,没有使用期限,无须缴纳租金,但取得的土地使用权禁止流通。

(2)中共十一届三中全会以后,随着经济体制改革的不断深化,人们逐渐认识到城市土地行政划拨的弊端,意识到土地制度改革的必要性。城市土地制度改革则从划拨土地使用权的无偿、无限期和无流动性向着有偿、有限期、有流动性的使用权方向进行。为了与国际经济接轨,我国政府必须对中外合营企业的用地征收土地使用费,以保证国家的土地所有权在经济上得以实现。这一时期,征收土地使用费的出发点是为了解决城市基础设施建设资金长期短缺的问题,这种尝试意味着我国城市土地从无偿使用向有偿使用的转变迈出了关键的第一步。

(3)城市国有土地供应制度的改革得到了全国人大常委会和国务院的支持和重视。1988年4月,全国人大常委会修改了宪法的有关条款,规定土地使用权可以依法转让。同年12月,《中华人民共和国土地管理法》得到修改,明确规定国家将依法实行城市土地的市场供应机制。1990年,国务院发布了《中华人民共和国城镇国有土地使用权出让和转让暂行条例》和《外商投资开发经营成片土地暂行管理办法》,为城市土地供应制度改革的进一步深入提供了法律依据。随后,城市土地市场供应制度的推行逐渐扩展到全国各个城市,成为政府工作的重要内容。1998年后,为遏制耕地大规模流失,防止土地出让存在的寻租行为,强化国有土地资产管理,中央政府出台了一系列文件,大力推行土地招拍挂制度。

(4)2007年《土地储备管理办法》的出台标志着我国城市土地储备制度的建立,为了增强政府对城市土地一级市场的调控能力,运用市场手段优化配置数量庞大的存量建设用地,提高城市土地资产出让效益,土地储备制度应运而生。经过试点城市的实践,土地储备的经验和成果得到各地政府和土地管理部门的认可,随后各地纷纷成立土地储备机构,推广这一新的土地供应方式。

(三)我国土地制度特征

从总体上看,中国当前的土地制度具有以下特征。

1.城乡二元的土地公有制结构

我国实行的是土地公有制,但城市土地与农村土地的产权主体不同。城市土地为国家所有,农村土地为农民集体所有。国家拥有分配土地资源的权力,规定和管制城乡土地的用途,建设用地绝大部分只能用国有土地,集体不可购买国有土地,国家可以强制征收集体土地。

2.农民集体的土地产权是不完全产权

在现行的法律框架下,农民集体所拥有的农村土地产权是不完全的。集体经济组织只有土地占有权、使用权、收益权,而没有完全的处分权,农村集体土地只能通过国家的征收才能改变所有权主体和所有权性质。

3. 城市土地产权的限制性

对于城市土地而言，国家是土地的恒定所有者，而土地使用权的受让人取得的是一种独立的财产权利，包括所有权中占有、使用、收益和一定程度的处分权，该土地使用权是一种与土地所有权相分离的独立物权，不同于所有权中单纯的使用权能。而且，由于土地是人类生存和生产的基本要素，在社会经济活动中占据着重要的地位，政府对土地的利用需要加以限制。土地使用权人要严格按照规划和合同的规定利用土地，不得擅自变更用途。同时，土地使用的年期也要受到限制，如土地使用者享有土地使用权的期限以出让合同中约定的为限，但不得超过法律规定的最高出让年限。

4. 城市土地市场垄断经营

我国当前土地供给类型多数是城市土地，农村建设用地供给制度尚在试点当中，并未发展成熟。土地供应方只能是所有权主体或其代理人，其他任何部门、单位、个人不得实施土地供应行为，因此土地市场供给基本为城市土地垄断。此外，城市土地根据来源渠道不同，可以分为“存量”和“增量”两部分。“增量”即当年新开发转为城市用地的数量，来源于对农村集体土地的征收；“存量”即现有城市各类用地的数量。

第二节　国外土地制度

一、美国土地制度

美国是当代发达的资本主义国家，其土地所有制可以说是典型的资本主义私有制，但这种土地私有制并非全部土地都为私人所有，是公私兼有的多元化土地所有制。美国目前的土地总面积中，60%为私人所有，38%为公有，2%为印第安人保留地（专门给原来美洲土著居民的土地）。私有土地主要是农林牧业用地、居住用地等，公有土地主要是道路用地、军用土地、政府用地、公园、野生动物保护区及森林、草原、沼泽、水域和山地等。州政府和地方政府从联邦政府的授予、购买、赠予和归还中获得了不同规模的土地，这些土地的分布比联邦政府的均匀，但仍多集中在西部地区。

美国现有的土地主要是原殖民地宗主国遗留的，以及后来美国政府通过战争、购买的途径取自当地土著居民或其他国家，再采取不同的方式转为私人所有或保留在政府手中。其中，很大部分是从英国在北美的殖民地演变而来的。美国关于土地所有权内容的规定不同于一些欧洲国家，比如一些欧洲国家规定地下资源属于国家，但在美国，土地所有者同时也拥有地下的一切财富，土地所有者可以自由开采地下资源，或将地下资源单独出售给他人，唯一的条件是必须遵守政府关于环境保护的规定并纳税。

（一）土地使用制及土地流转制

美国法律规定，保护私有土地和公有土地的所有权不受侵犯，允许土地买卖和出租。美国独立后，政府有计划地把国有土地卖给私人。凡私人向联邦政府买地的，都须提出申请，经法院审批后，由总统专职秘书签署，批准生效。私人土地的买卖，政府一般不予干涉。凡法律承认的私人土地，地方政府都有登记。当买卖双方达成协议后，只要到地方政府办理变更登记，所有权便实现转移。私人土地的买卖价格完全由买卖双方根据土地经济价值进行估价，或由私人估价公司帮助双方达成协议。土地买卖发生争议的，一般通过法律解决。

美国联邦政府为了国家和社会公益事业，兴建铁路、公路及其他设施，需要占用州政府和地方政府的公有土地或私有土地，也要通过交换或购买的方式取得。通信、输电、输油等管线要通过公有土地的地上或地下，都必须向土地管理局通行处申请批准，并支付租金。联邦政府的公有土地，包括地下矿产、水源的出卖、出租收入，是仅次于税收收入的联邦政府第二大财政收入来源。

美国公有土地的地上权和地下权可以分别出租。如政府在出租地下矿产资源并按矿藏分布面积收取租金后，国家仍有权将地表出租给农民放牧。有的地方，国家还出租通行权，如地上线路、地下管道的铺设权。从一块土地的纵断面来看，由于使用资源和部位的不同，会同时出现若干个承租者的情况。

（二）土地发展权

在美国，土地发展权是土地所有权的一部分，但可以从所有权中分离出来。当私人目标与社会目标相冲突时，政府可以通过转移发展权的方式将私有土地纳为公用，而私人土地所有者的发展权则被转移到另一片土地上。举例来说，为了保护耕地，防止城市对郊区的蚕食，对需要保护耕地的城市郊区，政府向拥有耕地的农民购买发展权。农民出售发展权后可以继续耕种该块土地，但是不能改变用途，如不能建造住宅、工厂、商店等，因为开发这块土地的权利已经出售给了政府，不再为农民所有。如果城市规划已确定改变这块土地的用途，则要么是农民从政府那里赎回发展权自己开发或将土地出售给开发商；要么是政府购买这块土地的所有权，使其成为政府的土地，这样政府就可以自由处置该块土地了。开发商也可以从土地所有者手中购买发展权，而当地的房地产和土地市场状况往往会对发展权的价格有很大影响。

（三）土地管理机构

美国政府管理土地的机构主要是内政部土地管理局，它成立于 1946 年 7 月，主要负责从维护国家的长远利益、保持土地最佳综合利用和保持地力出发，对联邦土地进行管理，同时对州和私人的土地进行协调，并通过制定政策、规划、计划和采取必要的经济手段加以实施。

1986 年美国国会通过的《土地政策和管理法》规定了该局的主要职能：①主管地籍档案，负责地籍测量，确认公有土地的境界和界标；②负责土地利用规划的编制工作；③负责国有土地的出让工作；④国家授权依法强制征收私人土地；⑤负责开矿占地特许证的签发；⑥依法在国有土地上授予使用权；⑦依法管理规定的特殊地区；⑧负责法律规定的与土地管理有关的业务。

为了履行上述职能，美国内政部土地管理局对联邦土地实行层层负责的垂直领导，全国设立 13 个区域土地管理办公室、58 个地区土地管理办公室、143 个资源区域土地管理办公室。

土地管理局所遵循的原则是：①维持土地最佳利用状态，从长远角度考虑土地在自然、科学、文化和风景等方面的价值，充分照顾人们对可再生资源和不可再生资源的需求。②对可再生资源的管理，要适应全国粮食、纤维、木材等国内资源高产、稳产和野生动物繁殖环境的需要，并利用公共土地资源为地方经济发展服务。③对矿产资源的管理，主要是提供安全的国内能源资源及有重要战略意义的非能源矿产资源，使联邦政府能够有计划、及时地开发这些矿产，以获取相应的合理收入，在土地管理中，既注重开发资源，又注重保护环境。

美国政府与土地管理有关的机构还有：①内政部印第安人事务管理局，负责印第安人居留地的土地管理工作；②农业部水土保持局，负责土壤调查、小流域综合开发治理、培训水土保持技术人员；③农业部林务局，负责国有林地的管理工作；④国防部，负责部分特殊用地的管理。

二、日本土地制度

日本现行的土地所有制是土地私有制，私人占有的土地占绝大多数，国家和地方公共团体也会占有大量土地。国家和地方公共团体所有的土地多为不能用于农业、工业、住宅的森林地和原野。

（一）土地交易管理和土地估价制度

日本自20世纪60年代开始，随着经济的快速发展，地价急剧上涨。政府为了管理和调控土地市场，在制定实施一系列法律法规的基础上，建立并推行了土地交易许可制度、大规模土地交易申报劝告制度、土地交易监视区制度、土地交易注意区制度、地价公示制度等，以全面、准确、及时地公示各类地价，建立起统一的土地鉴定评价（即估价）制度。日本的土地估价最初是由银行进行的，属于银行的业务范围。在第二次世界大战前，土地估价任务除满足社会上一部分私人买卖土地的需要外，主要是满足政府机构计算征地补偿的需要。第二次世界大战后，土地估价业务逐渐从银行业务中脱离出来，许多地方成立了不动产估价协会、不动产研究所等机构，专门从事包括土地在内的不动产估价业务。要求估价的对象也从政府机构、重要的公共用地，迅速扩大到民间私人企业及个人用地。

进入20世纪60年代，日本地价急剧上涨，由此产生了大量社会问题，如公共用地难以取得、土地投资过热等。为了解决这些问题，日本于1962年在建设省成立了“宅地制度审议会”。1963年3月6日该会向建设大臣提出了《关于确立不动产鉴定评价制度的申请》，在此基础上制定了《不动产鉴定评价法》，该法对不动产估价人员的考试、登记、上岗从业和监管等做出了一系列规定。随后，1964年该会制定了《不动产鉴定评价基准》，1969年该会又制定了《地价公示法》，对地价公示标准地的选择、标准地数量的确定、标准地价评估方法和各种标准地价公布的程序等，做出了具体并有特色的规定。

（二）土地征收制度

日本政府部门也要作为投资者去兴办各种社会公共事业，而兴办社会公共事业必须先有土地。为解决公共事业用地问题，日本于1951年制定了《土地征收法》，规定重要的公用事业，如根据都市计划（即城市规划）确定的道路、公园建设，根据河川法进行的堤防等建设，根据港湾法进行的港湾建设等，都可以运用土地征收制度。征收土地一般要遵循如下程序和办法：①申请征地；②登记土地和建筑物；③起业者与地权人达成征购协议；④申请征收委员会裁定；⑤让地裁定；⑥征收终结。在让地限期之前，起业者向原土地权利者支付补偿金。土地权利者如果让出土地，征收即告终结。但如果土地权利者在让地期限内拒不搬迁，起业者则可向都道府县知事请求代为执行。知事可采取强制手段搬迁物件并取得土地，以完成征收工作。

政府征收土地均是为了兴办公共事业，从理论上讲，应向受益于这些公共事业的全体社会成员征收土地，但在现实中无法这样做，因此只得让某些财产所有者做出牺牲。至于对这些财产所有者造成的损失，则用租税和这些公共事业的利用费所形成的公共财源来补偿。日本征收土地的补偿主要有五种：征收损失补偿、通损补偿、少数残存者补偿、离职者补偿、事业损失补偿。

（三）土地税收制度

日本现行税收体制主要采用的是二级税制，即国税和地方税。按照税收的不同用途，国税又分为直接税和间接税，国税中有关土地的税收（所得税、法人税等）属于直接税。日本的地方税又分为两级：一级是都道府县地方政府税收，另一级是市町村地方政府税收。地方税又分为两大类，即普通税和目的税。

土地税收是实现土地政策的重要手段。日本通过1969年的税制改革，确立了土地税制在土地政策中的核心地位。目前，日本土地税制包括的税目多达几十种，但归纳起来主要有三大类，即有关土地的税收主要按照取得、保有、转让三种不同形式划分为不同税种。土地取得是指对土地所有权的实际获取，不论是有偿还是无偿。获取的方式有买卖、交换、赠予、遗赠以及填海造地等。土地取得税主要有不动产取得税（都道府县税）、不动产登记税（国税）、继承税（国税）。土地保有是指对土地的实际占有，不论是对土地所有权的占有还是对土地地上权、赁借权的占有。土地保有税主要有固定资产税（市町村税）、都市计划税（市町村税）。土地转让是指对土地权利的出让转移。土地转让税主要有所得税（国税）、居民税（都道府县税及市町村税）、法人税（国税）。从征税对象看，土地取得税是向土地获取人征收费用，土地保有税是向土地权利实际持有人征收费用，土地转让税是向土地出让人征收费用。

日本的土地税收都是以有关土地价格计征的。计算有关土地税收时通常涉及以下几个土地价格概念：时价、公式价格、固定资产税评价额、继承税评价额。

（四）土地管理机构

日本的国土交通省是日本统一管理土地的政府机构，于2001年成立。在国土交通省内，土地管理工作主要由国土政策局和土地建设产业局负责，其主要任务是保证城乡土地合理利用和稳定地价。

国土政策局的内设机构有总务课、综合规划课、广域地方政策课、国土情报课、地方振兴课等。土地建设产业局的内设机构有企划课、土地市场课、地价调查课、地籍整备课、不动产业课、建设产业课、不动产市场整备课等。它们的主要工作包括如下：

1. 编制和实施全国城乡土地利用计划

1）编制国土利用计划

该计划属于长期计划，以未来设想为主，其目的在于综合地、有计划地利用国土。国土利用计划分为全国计划和地方计划。

2）编制土地利用基本计划

该计划以国土利用计划为基础，以地方（都、道、府、县）为单位编制，以便对城市、农业、森林、自然公园和自然保护区五种土地利用类型进行管理，并逐步调整其利用方向。

3）根据各种法律，控制土地利用

日本有许多控制土地利用的法律，因此要以这些法律为准绳，控制土地利用。例如，根据

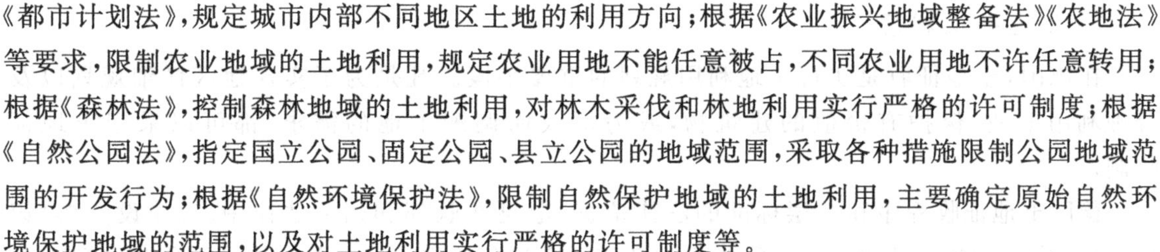

《都市计划法》，规定城市内部不同地区土地的利用方向；根据《农业振兴地域整备法》《农地法》等要求，限制农业地域的土地利用，规定农业用地不能任意被占，不同农业用地不许任意转用；根据《森林法》，控制森林地域的土地利用，对林木采伐和林地利用实行严格的许可制度；根据《自然公园法》，指定国立公园、固定公园、县立公园的地域范围，采取各种措施限制公园地域范围的开发行为；根据《自然环境保护法》，限制自然保护地域的土地利用，主要确定原始自然环境保护地域的范围，以及对土地利用实行严格的许可制度等。

2. 对休闲土地的管理

对休闲两年没有利用的土地，劝告土地所有者按照要求进行合理利用，并要求在六周内制订出休闲土地的利用计划。

3. 编制国土利用形态分类图表

为了掌握国土利用形态的变化，尤其是土地利用的转化，对国土利用形态进行分类，并编制有关图表。其项目包括农地、林地、荒地、水域和水路、道路、宅地、其他用地等，而且每年还要统计各类土地利用的变化，了解土地转用情况。

4. 控制土地交易和地价

虽然日本的土地所有制为土地私有制，但《国土利用计划法》规定政府要严格控制土地交易和地价变动。其主要工作是：①调查地价动向，并采取有力措施控制地价。②实行土地交易许可制和土地交易申报制。③政府公布公示地价。根据《地价公布法》，从 1970 年第一次公布地价后，每年 4 月都要公布公示地价，全国土地价格由国土交通省的土地鉴定委员会确定标准宗地，然后再评价土地，以确定各类土地的公示地价，由政府统一公布，作为土地交易的依据。

5. 组织国土调查

根据《国土调查法》和《促进国土调查特别措施法》，对国土的实际情况进行科学的、综合的调查，精确掌握国土情况。

但土地建设产业局不掌握土地权属管理，土地权属由司法部门负责。日本的不动产登记具体由日本法务省的不动产登记所进行。

三、德国土地制度

德国现行土地所有制是土地私有制，其形式有联邦政府（国有）土地、州和地方政府所有土地、教堂占有土地、私人占有土地。

（一）土地先买制度和土地征收制度

1. 土地先买制度

在德国，凡详细规划区内的土地交易，地方政府都可以行使一般先买权。除此之外，在一些特定地区，如再开发区、新开发区等，政府还可以行使特别先买权。土地的先买价格依照交易价格确定。联邦德国 1987 年的《建设法典》对行使先买权做了比以前更多的限制。如在详细规划区内，划定只有作为公共性使用的项目建设才可行使先买权。

2. 土地征收制度

在德国，土地征收是实现土地利用规划的重要手段。凡是为了实现地区详细规划以及合理利用土地、保护有价值的建筑物，或为征收而调配土地的需求，都可以采用土地征收制。

德国土地征收程序和补偿标准的法律依据，散见在联邦和州的法律中。《建设法典》第104条规定了为执行建设计划而征收不动产和财产权利的程序。此外，《土地取得法》第28条也详细规定了征收程序和补偿标准。所有州也都制定了规范的土地征收法律。具体来说，土地征收程序包括：①征收申请；②口头审理的准备；③征收程序的开始；④颁发许可；⑤协议的达成；⑥征收机关的决议。除了有关征收许可性和征收程序的规定外，征收法律还包括有关补偿的复杂规则。根据《建设法典》，应当补偿：①因征收造成的权利损失；②因征收造成的其他财产损失。补偿采取货币方式，但也可以采取调换土地、提供其他权利的方式。征收土地的补偿价格标准，以政府公布征收决定时土地交易价格为准。在城市再开发地区，为了防止利用预期的公共开发事业进行投机活动，规定凡因预测土地将变为公共用地而引起的价格上涨部分，都不能计算在补偿价格中。

（二）土地利用规划制度

德国土地利用规划因规划范围和等级的不同，分为项目规划和实施计划两种。联邦政府制定项目规划，地方政府完成项目的实施计划。上一级规划是下一级规划的依据和指导，下一级规划是上一级规划的完善和落实。联邦规划是地方规划的框架，城镇规划是州、地区规划的落实。联邦土地利用规划根据地方发展的需求制定宏观政策、发布指导性战略；地方政府结合微观现状编制规划的实施方案，地方规划是联邦项目的实施基础。地方规划的重点是分解上级项目规划中提出的各类用地规划指标并将其具体落实到地块。

土地利用规划机构纵向和横向相结合。纵向为从上向下、“联邦—州—地区—城镇”的一条线，各级政府又有其相应的土地利用立法和规划部门。横向是指行业之间，如农业、工业、交通运输、环境规划、水资源管理等。各部门有各自的总体规划和活动范围，制定规划过程中各部门的规划互有重叠，如土地景观和环境规划、农林业计划和交通运输规划。土地利用总体规划则要把不同空间的方方面面都纳入综合规划之中。

土地利用总体规划的目标是统筹分配各业用地，各级各部门之间相互协调，既能反映各行各业的用地需求，又能结合不同空间的活动和需求，综合考虑社会、经济和生态方面的效益。联邦土地规划调整全国土地利用结构，平衡和协调各地区之间的关系，满足城乡发展对土地的需求。

土地利用规划的编制和执行是一个动态过程。步骤之间相互联动、互为依存，并不能截然分割。德国的土地利用规划程序为：明确规划目标，分析现状和评价土地，寻找解决方法并制定规划，实施规划，检测规划和再规划。

（三）土地整理制度

德国是开展土地整理较早、土地整理制度完备、土地整理理论与技术较发达的国家之一，其土地整理在改善农林业生产条件、维护生态环境和保护景观、促进农村发展和新农村建设等方面发挥了重要作用。

德国的土地整理是在土地整理官方机构的指导下，按照一定的程序，在地产主、公共利益代表和农业职工代表的共同参与下进行的。土地整理既重视农业利益，又重视自然环境保护和景观保持，它已经成为德国城乡政府实施发展计划、实现经济社会发展目标的一个重要综合性手段。德国的土地整理基本制度有以下几个方面：①土地整理与农村经济社会发展相结合，重视生态环境保护；②分类指导；③重视景观的维持，以及对民族历史、文化遗产的继承与保护；④民主决策，公众参与；⑤地籍管理贯穿始终。

（四）土地管理机构

德国土地管理以地籍管理为核心，联邦基本法规定地籍管理属州立法。因此，联邦未设统一的土地管理机构，工作分散在许多部门管理，通过立法形成各部门的分工合作机制。同时各州的土地管理机构在形式上也不尽相同，在主体上可分三类：一是地籍管理与测量部门；二是土地登记部门；三是土地整理部门。地籍管理与测量部门的设置和隶属不尽相同，主要有三种模式。第一种模式是黑森州模式，州经济科技部下设州测量局，州测量局下设各地籍局；第二种模式是下萨克森州模式，州内政部下设地区政府和州测量局，地区政府下设各县地籍局，州测量局与县地籍局开展技术合作；第三种模式是部分面积较小州模式，实行两级管理，州主管部门直接下设各县地籍局。土地登记部门是统一在地方法院设立的产权登记局。土地整理部门一般设在粮食农林部门。德国的土地管理，在法规的配套与实施、机构的设置与协调、土地规划、土地评价、土地整理、地籍管理、土地登记等方面形成了一套比较完善、符合实际、和谐有序、稳定有效的工作体系和管理机制。

各州的土地管理机构设置虽然不同，但有几个共同点：①机构网络健全。从州到地区、县，都设置了土地或地籍管理机构。②职能分工明确。地籍局、测量局、产权登记局明确分工，各负其责。③密切协作配合。地籍局为产权登记局和测量局提供基本数据，产权登记局为地籍局提供登记结果，测量局为地籍局提供基本图件，形成了以地籍局为主体的管理机制。

四、新加坡土地制度

1965 年新加坡独立之前，国有土地约占 60%，私人保有和公用的土地约占 40%。1965 年新加坡独立以后，在建设发展地区，政府大量征收私人土地，目前土地总面积中国有土地约占 80%，私人土地约占 20%。

新加坡的土地使用制度与中国香港地区类似，除少数历史遗留土地保有私人永业权外，一般没有永业权。新加坡的国有土地使用权出让采用有限年期制，根据不同的用途，规定不同的使用年限。如娱乐场所用地一般为 15 至 30 年，到期后必须续办用地手续；厂矿等生产用地，使用年限一般为 60 至 90 年；文化教育用地一般为 30 年；住宅用地一般为 99 年，到期后续用的，可办续用手续。新加坡法律规定，私人保有的土地，可以买卖，但必须报经国家土地管理部门审批，如获批准，即可办理登记发证手续。

（一）土地征收和割让制度

征收土地是指新加坡政府为了发展公共、公益事业，需要使用一定数量的私有土地，采取强制性的办法把私有土地收归国有，然后分配给申请用地的主办单位使用。征收土地是法律规定的政府专有行为。

割让土地是指新加坡政府为发展公共、公益事业需要使用国有土地，采取由政府分配划拨和招标出让的办法提供土地。

土地征收和割让的程序通常如下：

(1)申请用地者向土地局递交申请报告，并缴纳手续费。在申请书中要注明用地的地点和用途，附上建设发展蓝图。

(2)土地局将申请报告及有关资料转给规划局征求意见。

(3)规划局签署意见后，由土地局转请财政部估价师对这块土地进行估价(土地价格因位置、用途和使用年限不同而不同)。

(4)土地局将土地价格通知申请者，然后双方就价格问题谈判直至成交。

(5)申请者同意价格后，先缴付相当于地价10%的抵押金。由土地局写报告(建议书)给律政部长，报告中列明土地价格、面积、批准用途、地权种类等，报告如果被部长接受，则由部长呈报总统批准。

(6)总统批准后，申请者缴纳地价其余的90%，如果不能一次性付清，可以分期付款，但要经过部长批准，并且支付较高的利息。

(7)收清地价后，由测量局或测量专业社团勘测土地(费用由买主支付)，测量者将测量图交土地局。

(8)土地局根据准确的测量图，发给一张共和国地契，地契正本寄给律政部地契注册局，副本留在土地局。地契注册局接到地契后，向申请人发一张地契证书。

国家出让土地，视不同的使用对象采取不同的政策。对于政府用地和公用设施用地，基本上为无偿划拨，但也要计算价格备案。对于国家所属大的建设用地单位(法定机构、国有公司)，如建房发展局、裕廊工业管理局、港务局、民航局等，则采取上述批租程序，由土地局将土地直接卖给它们。国家对大面积的、可供单独发展的国有土地，一般只考虑直接出让给这些法定机构和国有公司作为特定的用途。私营公司和个人申请购买国有土地则一律通过投标程序，以确保土地在公平竞争下求得合理分配。

土地局卖给建房发展局的土地，使用期为103～115年，这样规定主要考虑的是，建房发展局出售房屋给私人，使用期是99年，加上房屋建设还需要几年时间。

建房发展局购买土地建成房屋后，按户发放分层地契。工业管理局购买土地后，向建厂投资者或购买通用厂房者发放地契。以上单位发放地契，不得超过土地局发放地契的年限。

(二)土地立法与执法

新加坡的立法机构是国会，国会通过后报总统批准实施。有关土地的政策、法规由律政部负责制定，在上报国会之前，交内阁讨论。律政部是法律制定部，其他部门制定的法律文件在交国会讨论之前，也要交给律政部常务秘书。

新加坡先后制定的与土地有关的法规有20多种，其中主要有土地权属法、界标法、特别物产法、产业转让法、滩涂法、土地征收法、土地契约登记法、土地改良法、土地局授权法、土地税征收法、规划法、地价租赁金法、国有土地法、土地侵权边界及测量绘图法等。

土地局是执行有关土地法规的主要机构。土地局的三个主要管理机构中都设有土地稽查员，负责监督法律的贯彻执行。其中，土地割让署的土地稽查员在国有土地出让后，定期巡回检查，如发现土地使用者擅自改变原批准用途，则令其在规定的时间内恢复土地的原定用途，否则收回其土地。

土地管理与监督署除设有土地稽查员外，还有专门的执法组负责拆除违法建筑。对于领有临时用地证的违法者，如果不拆除，或吊销临时用地执照，或由拆除队强行拆除。对于未经批准占用国有土地的，如果违法者不自行拆除，土地局则依照《侵占国有土地法》的有关规定，向法院起诉，由法院向违法者发传票，开庭审理，并下令将其逐出国有土地。对于一些技术性违法，如超过批准的面积多建了房屋，不一定都拆除，可以采取罚款的方法处理。

（三）土地管理机构

新加坡的土地管理体制是根据政府关于国家土地实行统一和有效管理的目标建立的。新加坡在独立之前，已设置了土地统管机构，即新加坡土地局，直属国家总理领导。独立以后，在精兵简政和高效服务原则的指导下，国家对行政管理机构的设置做了统一调整。基于土地管理本身的职能具有直接为国家利益服务的明显特点，以及政策性、科技性和综合性都比较强的实际情况，决定实行土地管理以土地局为主、有关部门密切配合的“主从型”土地管理体制，土地局从属于律政部管辖，与土地局业务紧密相关的地契登记局、测量局也归属律政部领导。

新加坡土地局代表政府对全国土地实行统一管理。它既通过制定政策、法规、计划、规划从宏观上对土地进行管理，又通过出让国有土地、征收私人土地、监督和处理违法占地和用地以及征收地税等微观手段管理土地，是对土地实施全面管理的综合性行政管理机构。其主要职责是：①保护和管理国家土地，巡回检查和处理违法占地和非法建筑；②代表国家出让或临时出租国有土地，发放地契或临时土地使用证；③根据建设需要强制征收私人土地；④代表国家征收土地税；⑤负责管理和分配空闲的国家建筑；⑥负责填海造地的计划、规划和审批工作；⑦负责土地管理业务需要的测量、制图和地籍档案管理工作。

根据上述规定的职能任务，新加坡进一步研究审定了土地局下属机构的设置方案。土地局下设土地割让署、土地征收署、国家土地管理与监督署、综合服务署，其工作职责如下：

(1)土地割让署。该机构负责审查和出售国有土地使用权的工作（包括地契的登记、发放工作），同时负责处理取消地权限制、放弃地权的申请，以及认真做好围海造地和海岸建设的计划编制工作。

(2)土地征收署。该机构负责制订征收土地的计划，举办与征收土地有关的各种听证会，主管土地征收计划的实施，负责土地征收后地籍的变更和赔偿费的发放。

(3)国家土地管理与监督署。该机构负责对土地进行定期巡察；主管违法用地的查处（包括对非法建筑物的拆除），负责发放和转让临时性用户的土地准用证；负责国有土地和地上国有产业的招标、投标；主管政府闲置建筑物的分配。

(4)综合服务署。该机构负责人事调配、财务收支、存储土地档案和承办制图；负责土地税、费的征收（包括土地产业税金、土地临时使用费、土地税、土地租金及土地溢价等税、费的征收）；负责全系统土地信息的研究和处理（其中包括土地局各办公室信息化的筹研工作）等。

第三节　城市土地制度

一、土地供给制度

(一)土地供给制度概述

土地供给是国家或村集体以土地所有者的身份,依据土地利用计划和规划,通过出让和划拨等方式提供建设用地的行为。建设用地供应主要涉及供地政策、供地方式、供地数量、供地时间以及供地位置等内容。

1.供地政策

依据国家有关规定,不同类别的项目有相应的供地政策,一般划分为以下三类:

(1)国家鼓励类项目。该类项目可以供地,甚至要积极供地。

(2)国家限制类项目。该类项目要限制供地。凡列入《限制供地项目目录》,属于在全国范围内统一规划布点、生产能力过剩需总量控制和涉及国防安全、重要国家利益的建设项目,地方人民政府批准提供建设用地前,须先取得自然资源部许可证,再履行批准手续;凡列入《限制供地项目目录》,属于大量损毁土地资源或以土壤为生产料的,需要低于国家规定地价出让、出租土地的,按照法律法规限制的其他建设项目,各省、自治区、直辖市人民政府土地行政主管部门应采取有效措施,对其供地进行严格的监督管理和指导。对限制供地项目用地,必须根据建设用地标准和设计规范进行严格审查,对超过用地标准、违反集约用地原则的,要坚决予以核减用地面积。

(3)国家禁止类项目。该类项目要禁止供地。按照《禁止供地项目目录》,禁止供地项目包括危害国家安全或者损害社会公共利益的,国家产业政策明令淘汰的生产方式、产品和工艺所涉及的,国家产业政策规定禁止投资的,按照法律法规规定禁止的其他建设项目。凡列入《禁止供地项目目录》的建设用地,在禁止期限内,土地行政主管部门不得受理其建设项目用地报件,各级人民政府不得批准提供建设用地。

此外,自然资源部和商务部将根据经济技术进步、社会发展、集约用地和保护环境等要求,依照国家产业政策和建设用地状况,不定期组织编制、发布和调整《限制供地项目目录》和《禁止供地项目目录》。

2.供地方式

计划经济时代,我国实行的是划拨用地的政策。随着社会主义市场经济体制的建立,土地作为市场生产要素,有偿使用制度逐步建立起来。1988 年全国人民代表大会通过了宪法修正案,删去了禁止土地出租的相关规定,提出土地使用权可以依法转让,为土地使用制度的改革提供了法律上的保障。同年,土地管理法也以此进行了修改。国务院于 1990 年颁布了《城市国有土地使用权出让和转让暂行条例》和《外商投资开发经营成片土地暂行管理办法》,开始对国有土地使用权实行有偿出让。1994 年全国人大常委会通过的《城市房地产管理法》确定了国有土地使用权的供应采用有偿使用和划拨两种方式。现行《中华人民共和国土地管理法》通过对国有土地使用制度改革的经验进行系统的总结，充分借鉴国外市场经济条件下土地管理的经验，确定了国有土地的供应方式以有偿使用方式为主、有偿使用和划拨方式并存的基本思路。

(1)土地划拨供应。《中华人民共和国土地管理法》规定，凡具体列入《划拨供地项目目录》的建设项目，可按划拨方式供地。

(2)土地有偿使用供应。土地有偿使用的形式包括国有土地出让、出租、作价出资或者入股。除以划拨方式供给建设用地以外的建设项目外，其余项目要按有偿方式提供土地。

3. 供地数量

供地数量取决于国家规定的具体建设用地定额指标。

4. 供地时间

供地时间取决于建设时间和土地供应年度计划。

5. 供地位置

供地位置则取决于土地利用总体规划、城市规划、村庄规划、集镇规划。

(二)土地划拨供应

1. 土地划拨供应概念及特征

土地划拨供应是指经县级以上人民政府依法批准后，在土地使用者依法缴纳了土地补偿费、安置补助费及其他费用之后，国家将土地交付给土地使用者使用或者将土地使用权无偿交付给土地使用者使用的行为。

划拨土地使用权具有以下几个主要特点：

(1)划拨土地使用权没有期限的规定。出让土地使用权是有期限规定的，且期限在出让合同中有明确规定，出让合同期满，土地使用者若要继续使用应该申请续期，重新签订出让合同，取得续期的土地使用权。

(2)划拨土地使用权支付的费用较低。一般来说，取得划拨土地使用权，只需缴纳国家取得土地的成本和国家规定的税费，不需要缴纳土地有偿使用费，所以其所缴纳的费用往往要低于有偿受让方式取得的土地使用权，甚至常常是无偿性质的。

(3)划拨土地使用权不得转让、出租、抵押，即不得流转。用地单位通过行政划拨方式取得的土地使用权，仅是有权使用，而不是一项独立的财产权利。如果需要转让、出租、抵押等，应当先办理土地出让手续或经政府批准。土地使用者不需要使用时，由政府无偿收回其土地使用权。

(4)对划拨土地的用途不得改变，若要改变用地用途需经有关行政主管部门批准，改变后不属于划拨范围的土地，要实行有偿使用。

2. 土地划拨供应范围

《中华人民共和国土地管理法》规定，下列建设项目经过批准可以采取划拨方式提供国有土地使用权。

1)国家机关用地

国家机关包括国家权力机关，即全国人大及其常委会，地方人大及其常委会；国家行政机关,即各级人民政府及其所属工作或者职能部门;国家审判机关,即各级人民法院;国家检察机关,即各级人民检察院;国家军事机关,即国家军队的机关。以上机关用地属于国家机关用地。

2)军事用地

军事用地是指军事设施用地,包括军事指挥机关、地面和地下的指挥工程、作战工程;军用机场、港口、码头、营区、训练场、试验场;军用油库、仓库;军用通信、侦察、导航、观测台站和测量、导航标座;军用公路、铁路专用线、军用通信线路等输电、输油、输气管线;其他军事设施用地。

3)城市基础设施用地

城市基础设施用地是指城市给水、排水、污水处理、供电、通信、煤气、热力、道路、桥涵、市内公共交通、园林绿化、环境卫生、消防、路标、路灯等设施用地。

4)公益事业用地

公益事业用地是指各类学校、医院、体育场馆、图书馆、文化馆、幼儿园、托儿所、敬老院、防疫站等文体、卫生、教育、福利事业用地。

5)国家重点扶持的能源、交通、水利等项目用地

该项目用地是指中央投资、中央和地方共同投资以及国家采取各种优惠政策重点扶持的煤炭、石油、天然气、电力等能源项目,铁路、公路、港口、机场等交通项目,水库水电、防洪、江河治理等水利项目用地。

6)其他项目用地

其他项目用地是指法律和法规明确规定可以采用划拨方式供地的其他项目用地。

《国务院关于促进节约集约用地的通知》规定,自然资源部要严格限定划拨用地范围,及时调整划拨用地目录。今后除军事、社会保障性住房和特殊用地等可以继续以划拨方式取得土地外,对国家机关办公和交通、能源、水利等基础设施(产业)、城市基础设施以及各类社会事业用地要积极探索实行有偿使用,对其中的经营性用地先行实行有偿使用。其他建设用地应严格实行市场配置,从而实行有偿使用。

3.土地划拨供应管理

《城镇国有土地使用权出让和转让暂行条例》和《城市房地产管理法》对划拨土地使用权的管理有以下规定。

1)划拨土地使用权的转让

划拨土地的转让有两种规定:一是有批准权的人民政府批准予转让的,应当由受让方办理土地使用权出让手续,并按照国家有关规定缴纳土地使用权出让金;二是可不办理出让手续,但转让方应将所获得的收益中的土地收益上缴国家。

2)划拨土地使用权出租

(1)房产所有权人以营利为目的,将划拨土地使用权的地上建筑物出租的,应当将租金中所含土地收益上缴国家。

(2)用地单位因发生转让、出租、企业改制和改变土地用途等不宜办理土地出让的,可实行租赁。

(3)租赁时间超过 6 个月的,应办理租赁合同,合同期限不得超过出让年限。

3)划拨土地使用权抵押

划拨土地使用权抵押时，其抵押的金额不应包括土地价格，因抵押划拨土地使用权造成土地使用权转移的，应办理土地出让手续并向国家缴纳地价款才能变更土地权属。

4)非法划拨土地使用权

对未经批准擅自转让、出租、抵押划拨土地使用权的单位和个人，县级以上人民政府土地管理部门应当没收其非法收入，并根据情节处以罚款。

5)国有企业改制中的划拨土地

对国有企业改革中涉及的划拨土地使用权，可分别采取国有土地出让、租赁、作价出资(入股)和保留划拨土地使用权等方式予以处置。

(三)土地有偿使用供给

《中华人民共和国土地管理法》第二条明确规定，任何组织或者个人不得侵占、买卖或者以其他形式非法转让土地，土地的使用权可以依法转让，国家实行国有土地有偿使用制度，但是国家在法律规定的范围内划拨国有土地使用权的除外。

1. 土地使用权出让

1)概念与特征

城镇国有土地使用权出让，是指市、县人民政府代表国家以土地所有者的身份将土地的使用权在一定年限内出让给土地使用者，并由土地使用者向国家支付土地出让金的行为。

国有土地使用权出让主要有两种情况：一是根据国家建设需要，将城市规划区内的国有土地，即按行政建制设立的直辖市、市、镇规划范围内的国有土地有偿让与用地单位使用；二是集体土地征收后出让，即根据国家建设需要，将城市规划区内的集体土地，经依法征收为国家土地后，再有偿让与用地单位使用。

通过出让方式取得城市土地使用权主要有以下特征：

(1)受让主体广泛。《中华人民共和国城镇国有土地使用权出让和转让暂行条例》第三条规定“中华人民共和国境内外的公司、企业、其他组织和个人，除法律另有规定外，均可按照本条例取得国有土地使用权”。因此，只要法律未做禁止规定的公司、企业、其他组织和个人，无论是在我国境内还是在境外，均可成为我国城镇土地出让行为的受让方。

(2)有偿性。这是相对城镇土地使用权划拨方式而言的。通过出让方式取得国有土地使用权，必须签订国有土地使用权出让合同，再支付土地使用出让金，依照有关规定办理土地登记，领取土地使用证书，方可取得土地使用权。划拨方式取得国有土地使用权是指国有土地使用者通过国有土地出让以外的方式取得国有土地使用权，其国有土地使用权的取得，总的来说是无偿的，即使是通过征收程序所支付的征地拆迁补偿费用，也是对被征地单位在土地上的原始投入及其生活安置的补偿，并未支付土地使用权的购买价格，这与以出让方式支付的土地出让金有本质的区别。

(3)计划性。《城市房地产管理法》规定：“土地使用权的出让，必须符合土地利用总体规划、城市规划和年度建设用地计划。县级以上地方人民政府出让土地使用权用于房地产开发的，须根据省级以上人民政府下达的控制指标拟订年度出让土地使用权总面积方案，按照国务院规定，报国务院或省级人民政府批准。”这表明，土地使用权出让有很强的计划性。根据《国务院关于出让国有土地使用权批准权限的通知》,“出让使用权的国有土地用地指标,要纳入国家下达的地方年度建设用地计划,未经批准,不得突破”。县、市土地管理部门应当会同计划部门、城市规划和建设管理部门、房产管理部门,根据本地区国民经济发展计划、城镇总体规划以及年度建设用地计划编制土地使用权出让年度计划,经同级人民政府批准实施。

2)出让方式

我国当前的土地出让方式分为协议出让、招标出让、拍卖出让和挂牌出让四种方式。

(1)协议出让是指国家以协议方式将国有土地使用权在一定年限内出让给土地使用者,由土地使用者向国家支付土地使用权出让金的行为。协议出让主要包括以下情况:

①供应工业、商业、旅游、娱乐和商品住宅等各类经营性用地以外用途的土地,其供地计划公布后同一宗地只有一个意向用地者的。

②原划拨、承租土地使用权人申请办理协议出让,经依法批准,可以采取协议方式,但《国有土地划拨决定书》、《国有土地租赁合同》、法律、法规、行政规定等明确应当收回土地使用权重新公开出让的除外。

③划拨土地使用权转让申请办理协议出让,经依法批准,可以采取协议方式,但《国有土地划拨决定书》、法律、法规、行政规定等明确应当收回土地使用权重新公开出让的除外。

④出让土地使用权人申请续期,经审查准予续期的,可以采用协议方式。

⑤法律、法规、行政规定明确可以协议出让的其他情形。

对不能确定是否符合协议出让范围的宗地,可由国有土地使用权出让协调决策机构集体认定。

(2)招标出让是指市、县人民政府国土资源行政主管部门(以下简称出让人)发布招标公告,邀请特定或者不特定的自然人、法人和其他组织参加国有建设用地使用权投标,根据投标结果确定国有建设用地使用权人的行为。

(3)拍卖出让是指出让人发布拍卖公告,由竞买人在指定时间、地点进行公开竞价,根据出价结果确定国有建设用地使用权人的行为。

(4)挂牌出让是指出让人发布挂牌公告,按公告规定的期限将拟出让宗地的交易条件在指定的土地交易场所挂牌公布,接受竞买人的报价申请并更新挂牌价格,根据挂牌期限截止时的出价结果或者现场竞价结果确定国有建设用地使用权人的行为。

出让国有土地使用权,依照法律、法规和规章的规定应当采用招标、拍卖或者挂牌方式进行。出让的情形包括以下几种:

①供应工业、商业、旅游、娱乐和商品住宅经营性用地;

②其他土地供地计划公布后同一宗地有两个或者两个以上意向用地者的;

③划拨土地使用权改变用途,《国有土地划拨决定书》或法律、法规、行政规定等明确应当收回土地使用权,实行招标拍卖挂牌出让的;

④划拨土地使用权转让,《国有土地划拨决定书》或法律、法规、行政规定等明确应当收回土地使用权,实行招标拍卖挂牌出让的;

⑤出让土地使用权改变用途,《国有土地使用权出让合同》约定或法律、法规、行政规定等明确应当收回土地使用权,实行招标拍卖挂牌出让的;

⑥依法应当招标拍卖挂牌出让的其他情形。

对不能确定是否符合上述规定条件的宗地，可由国有土地使用权出让协调决策机构集体认定。

表1－1针对四种出让方式的特点以及适用范围进行了对比。

表1－1 城市土地出让方式的特点及适用范围对比

项目	协议出让	招标出让	拍卖出让	挂牌出让
特点	自由度大，不利于公平竞争	利于公平竞争，出让方有选择余地	利于公平竞争，但出让方不易控制	考虑时间长，报价理性
适用范围	适用公益、福利事业，科教文研，非营利的机关团体	适用对开发有较高要求的建设用地	适用竞争性项目用地	适用竞争性项目用地

从引入市场机制的程度来讲，协议方式引入市场机制的程度最低，招标方式次之，拍卖方式最高，挂牌方式处于招标与拍卖之间。招、拍、挂都是市场配置土地资源的有效方式，三者没有优劣之分，只是适用范围有区别，在具体的批租活动中，土地行政主管部门应视国家产业政策、政府对土地的要求、土地用途、规划限制条件等因素选择适宜的出让方式。

对开发建设要求较高、仅有少数单位和个人可能有受让意向的土地使用权出让，可以采取招标方式，按照综合条件最佳者得的原则确定受让人；其他的土地使用权出让，应当采取招标、拍卖或挂牌方式，按照价高者得的原则确定受让人。采用招标方式出让国有土地使用权的，应当采取公开招标方式；对土地使用者有严格的限制和特别要求的，可以采用邀请招标方式。

2.土地使用权转让

1)概念与特征

土地使用权转让是指以出让方式取得的自有土地使用权在民事主体之间再转移的行为，是平等民事主体之间发生的民事法律关系。土地使用权转让的基本形式有出售、交换和赠予。

土地使用权转让具有如下特征：

(1)土地使用权转让是发生在平等民事主体之间的民事法律行为，是当事人之间进行的民事活动，遵循平等、自愿、等价有偿、诚实、信用、不损害社会公共利益等民事活动基本原则。

(2)土地使用权转让只是转让一定年限(有效出让年限内)的国有土地使用权，所有权仍属于国家。这是由我国的社会主义土地公有制性质所决定的。

(3)土地使用权转让时，原受让人同时转让了该土地使用权出让合同中规定的权利和义务，新的受让人成为出让合同规定的权利和义务的新的承受者。在我国香港，土地使用权可以多次转让，无论转让到谁的手里，土地使用者与国家的权利、义务关系也随之转移。《城镇国有土地使用权出让和转让暂行条例》第二十一条规定："土地使用权转让时，土地使用权出让合同和登记文件中所载明的权利、义务随之转移。"这就是要求新的土地使用权受让人使用土地必须按照国家与原受让人之间订立的土地使用权受让合同进行，不得随意改变。

(4)土地使用权与其地上建筑物、附着物在转让时不可分离。即土地使用权转让，其地上建筑物必须同时转让;地上建筑物转让,土地使用权也同时转让。但地上建筑物和其他附着物作为动产转让的除外。

2)转让条件

土地使用权转让是土地使用者将土地使用权再转移的行为。转让包括出售、交换和赠予。土地使用权转让的条件有以下两种情况。

(1)直接通过出让方式取得土地使用权。《城市房地产管理法》第三十八条、第三十九条,《城镇国有土地使用权出让和转让暂行条例》第十九条第二款对直接通过出让方式取得土地使用权的转让条件做了如下规定:按照出让合同的约定已经支付全部土地使用权出让金,并取得土地使用证书的;按照出让合同的约定进行投资开发,属于房屋建筑工程且完成开发投资总额25%以上的;属于成片开发土地且形成工业用地或者其他建设用地条件的;转让房地产时房屋已建成且持有房屋所有权证书的。

(2)以划拨方式取得土地使用权。首先应当报经有批准权的人民政府审批。有批准权的人民政府准予转让的,有两种处置方式:一种是受让方办理土地使用权出让手续,并依照国家规定缴纳土地使用权出让金,受让方以此取得土地使用权;二是有批准权的人民政府依照国务院规定,决定可以不办理土地使用权出让手续的,转让方应当将转让划拨土地使用权所获得的土地收益上缴国家或做其他处理。

对土地使用权转让做出上述明确限制性规定,这与国家出让土地使用权的立法宗旨是一致的,即出让的目的在于合理开发、利用、经营土地,提高土地利用效益,促进城市建设和经济发展;土地使用者不得非法转让使用权, 否则,要承担相应的法律责任。

3.土地使用权出租

土地使用权出租是指合法取得国有土地使用权的民事主体(即出租人)将土地使用权及地上建筑物、其他附着物全部或部分提供给他人(承租人)使用,承租人为此而支付租金的行为。

土地使用权出租的法律特征表现为以下几方面:

(1)土地使用权出租也是一种民事法律行为,与土地使用权转让一样,遵循平等、自愿、等价有偿、诚实、信用等民法原则。

(2)土地使用权出租是出租人在保留土地使用权的前提下,把部分土地使用权租赁给他人使用,并收取租金,不发生物权的整体转移。

(3)出租地块必须是合法取得且法律允许出租的地块。通过出让方式取得土地使用权的民事主体可以依法出租土地使用权。以划拨方式取得国有土地使用权的民事主体以营利为目的出租房屋的,应当补办划拨土地使用权出让手续,否则应当将租金中所含土地收益上缴国家。

(4)土地使用权出租后,出租人仍需继续履行出让合同规定的义务。《城镇国有土地使用权出让和转让暂行条例》第三十条明确规定:“土地使用权出租后,出租人必须继续履行土地使用权出让合同。”

(5)土地使用权出租主体(出租人)是通过出让或者转让而取得土地使用权的受让人,不同于土地所有人——国家或代表的出让主体,这也是土地使用权出租的法律特征之一。

(6)土地使用权出租必须将出租土地上的建筑物、其他附着物连同土地使用权一并出租,而民法上的财产租赁合同无此限制。

4. 土地使用权抵押

土地使用权抵押是指土地使用权人以土地使用权作为履行债务的担保，当土地使用权人不能按期履行债务时，债权人享有从变卖土地使用权的价款中优先受偿权的债务担保形式。在土地使用权上所设定的是土地使用权抵押权。

土地使用权抵押在经济生活中有其积极的作用。首先，对债务人（即土地使用权人）来说，一方面通过抵押权的设立取得所需资金，用于土地的开发建设，达到利用土地及使土地增值的目的；另一方面，由于抵押权的设立，无须转移占有供担保的土地，债务人又可以继续对土地在开发建设的基础上进行占有、使用和收益，发挥土地的双重效用。其次，对债权人来说，土地不转移占有，既免除了债权人对抵押地块的责任，又在债务人到期未能履行债务时，通过处分土地使用权，发挥抵押权的担保作用而获得优先于其他债权人受偿的权利，从而保障了债权人的利益。

综上所述，土地使用权抵押使资金融通更为便利，为在土地开发经营领域的土地开发者提供了筹资渠道，从而推动和活跃了土地开发经营活动。

二、土地利用规划与计划

（一）土地利用总体规划

土地利用总体规划是指政府依照法律规定，在相应的规划区域内，根据国民经济和社会发展规划、国土整治和资源环境保护要求、土地供给能力以及各项建设对土地的需要，确定和调整土地利用结构、用地布局的总体战略部署。

1. 土地利用总体规划体系

土地利用总体规划是一个多层次的规划体系。我国地域广阔，各地区之间的自然、经济状况差别很大，故按不同行政辖区实行分级管理。土地利用总体规划也按行政区域分为全国、省（自治区、直辖市）、地（市）、县和乡（镇）五级，即五个层次。

各级土地利用总体规划的性质有所不同。全国和省级土地利用总体规划属宏观调控性规划，主要任务是在确保耕地总量动态平衡和严格控制城市、集镇和村庄用地规模的前提下，将土地资源在各产业部门间和地域间进行调整和合理分配。县、乡（镇）级土地利用总体规划属实施性规划，其主要任务是按照上级土地利用总体规划的控制指标和布局要求，划分土地利用区，明确各土地利用区的土地用途和使用条件。地（市）级土地利用总体规划是介于省、县级之间的过渡性规划。

2. 土地利用总体规划的内容

土地利用总体规划主要是根据区域内土地资源和土地利用状况、上一级土地利用总体规划下达的规划控制指标和布局要求、当地国民经济和社会发展对土地的需求状况，确定区域内土地利用总体规划的目标以及为实现这一目标所应遵循的土地利用基本方针。

根据确定的土地利用总体规划目标和土地利用方针，可确定土地利用结构和用地指标。根据土地利用结构和用地指标，划分土地利用区，可规定各土地利用区的土地用途和土地使用规则，并确定规划范围内重点工程项目与设施的用地范围，接着将土地利用总体规划的主要指标按行政辖区进行分解，为编制下一级规划提供依据，最终拟定实施规划的政策和措施。

3. 土地利用总体规划与其他有关规划的关系

国土规划是土地利用总体规划的编制依据之一，土地利用总体规划应该与国土规划相衔接，国土规划要靠土地利用总体规划来落实。国土规划是为了处理好经济发展与人口、资源、环境之间的关系而编制的规划。国土规划的主要任务是在国土开发整治基本蓝图的前提下，进行生产力和人口、城镇的总体布局，明确重点开发地区的发展方向，提出重大国土整治任务和要求。

城市总体规划应当与土地利用总体规划相衔接。城市总体规划中建设用地规模不得超过土地利用总体规划确定的城市和村庄、集镇建设用地规模。在城市规划区内，城市建设用地应当符合城市规划，城市建设用地规模应当符合国家规定的标准，充分利用现有建设用地，不占或者尽量少占农用地。

村庄和集镇规划应当与土地利用总体规划相衔接。村庄、集镇规划中建设用地规模不得超过土地利用总体规划确定的村庄、集镇建设用地规模。在村庄和集镇规划区内，村庄、集镇建设用地应当符合村庄和集镇规划。

江、河、湖泊综合治理和开发利用规划应当与土地利用总体规划相衔接。在江河、湖泊、水库的管理和保护范围以及蓄洪滞洪区内，土地利用应当符合江、河、湖泊综合治理和开发利用规划，符合河道、湖泊防洪、蓄洪和输水的要求。

（二）土地利用专项规划

土地利用专项规划是在土地利用总体规划的框架控制下，针对土地开发、利用、整治和保护某一专门问题而编制的规划。土地利用专项规划主要包括以下内容。

1. 基本农田保护规划

基本农田保护规划是土地利用总体规划的一项内容，主要任务是明确基本农田保护的布局安排、数量指标和质量要求。基本农田保护规划是指对规划期间基本农田保护的数量和布局所做的统筹安排。基本农田保护规划主要包括六方面的内容：①土地利用特别是耕地利用及保护现状分析评价；②基本农田保护规划的指导思想、方针、原则和任务；③划定基本农田保护区范围，确定保护的数量指标，分类分级保护和布局安排；④基本农田建设和保护的重点项目；⑤基本农田保护与建设的质量标准；⑥拟定规划实施的保障措施。

2. 土地整理、复垦与开发规划

1）土地整理规划

土地整理规划通常包括农村土地整理规划和城市土地整理规划。农村土地整理规划主要依据土地利用总体规划进行编制，城市土地整理规划主要依据城市规划进行编制。

2）土地复垦规划

土地复垦规划根据土地利用总体规划编制，重点是确定复垦的重点区域以及复垦的目标任务和要求。土地复垦主要分为政府投资进行复垦、土地权利人自行复垦或者社会投资进行复垦。土地复垦规划的主要内容有六个方面：①规划的目的、原则和要求；②土地复垦工程技术方案；③土地复垦生物方案；④土地复垦资金方案；⑤土地复垦的生态影响评价；⑥土地权属调整方案。

3)土地开发规划

土地开发规划主要是指对未利用地采取措施加以利用所做的计划和安排。土地开发规划的主要内容有：①规划的目的、原则和要求；②未利用地开发的工程技术方案；③未利用地开发的生物方案；④未利用地开发的生态影响评价；⑤未利用地的权属确认等。

3. 土地保护规划

土地保护规划是指从保障土地生态环境或满足社会需要出发，为防止土地退化及不合理占用土地等，以一定的法律、行政、经济和技术手段，对某些区域或地块所采取的限制和保护措施。土地保护规划的主要内容有：①以保护资源尤其是以耕地资源为主要内容的土地保护规划；②以保护土地生态环境为主要内容的土地保护规划；③以保护珍稀物种为主要内容的土地保护规划。

4. 部门用地规划

部门用地规划是指各行政主管部门依据本部门的建设发展需要，对一定规划期间部门建设用地所做的规划。部门规划中涉及用地规划的主要有农业发展规划、林业发展规划、渔业发展规划、畜牧业发展规划、交通发展规划、水利发展规划、旅游发展规划等。

5. 城市用地规划

城市用地规划是指为了确定城市的规模和发展方向，实现城市的经济和社会发展目标，合理地进行城市建设，对城市的性质、发展目标和发展规模，城市主要建设标准和定额指标，城市建设用地布局、功能分区和各项建设的总体部署，以及城市综合交通体系和河湖、绿地系统等所做的统筹安排。

6. 村镇用地规划

村镇用地规划是指为了改善村庄、集镇的生产、生活环境，合理利用村庄、集镇用地，加强村庄、集镇的建设管理，促进农村经济和社会发展，对村庄和集镇用地所做的统筹安排。

(三)土地利用计划

土地利用计划是落实土地利用规划的具体安排，国民经济和社会发展规划、国家产业政策、土地利用总体规划、建设用地和土地利用的实际状况是编制土地利用计划的依据。

相对于土地利用规划，土地利用计划具有期限短、可操作性强等特点。土地利用计划的期限不超过五年，一般为五年或一年。土地利用计划有广义和狭义之分。广义的土地利用计划包括土地利用总体规划、土地利用中期计划和土地利用年度计划；狭义的土地利用计划仅指土地利用具体实施计划，包括土地利用中期计划和年度计划。由于我国现行土地利用总体规划已对近 5 年的土地利用做出了安排，因此，编制土地利用计划实际上主要是编制土地利用年度计划。土地利用年度计划的内容主要包括新增建设用地计划指标、耕地保有量计划指标和土地开发整理计划指标等。

三、建设用地管控

（一）建设用地管理概述

建设用地管理是指国家调整建设用地关系，合理组织建设用地利用而采取的行政、法律、经济等的综合性措施。调整建设用地关系主要是指通过调整建设用地的来源、供给、使用要求等，促进建设用地的用途管制、总量控制、合理供给和高效利用，并以此来调整建设与耕地保护的关系，实现可持续发展。建设用地管理主要聚焦于国有土地有偿使用管理和农村建设用地管理两方面。

建设用地管理是土地管理工作重要的组成部分，需要认真贯彻"十分珍惜和合理利用每寸土地，切实保护耕地"这一基本国策。当前我国正处于高速城镇化和工业化阶段，建设用地的需求量非常大，耕地保护与经济建设的矛盾十分突出。土地管理部门必须协调好"一要吃饭，二要建设"的关系，在保护好耕地的同时，提供经济发展、城市发展、人口增长所需要的建设用地。因此，必须加强对建设用地的管理，不占或少占耕地，同时采取措施努力提高土地利用效率，充分利用和盘活现有存量土地。

（二）建设用地规划管理

建设用地规划管理就是根据已依法批准的规划，对规划区内建设项目用地的选址、定点和范围进行审查核发建设用地许可证和土地使用证等各项管理工作的总称。建设用地的规划管理不仅涉及建设项目的立项审批，也涉及建设项目的进展与落实情况，因此，对建设用地实行严格的规划管理是规划实施的基本保证。涉及建设用地规划管理的规划主要有土地利用总体规划、城镇体系规划、城市规划、村庄和集镇规划、江河湖泊综合治理规划以及项目用地详细规划等。

1. 建设用地规划管理的内容

从具体内容上看，建设用地规划管理涉及土地用途管制、建设用地定额管理和建设用地总量控制。土地用途管制主要涉及农用地转用审批制度、建设用地用途转用审批制度、禁止供地与限制供地制度。建设用地定额管理主要是通过用地定额指标来进行的，用地定额指标是建设项目评估、编审项目建议书的依据，也是确定建设项目用地规模、核定审批用地面积的尺度，对项目建设用地的管理和监督具有指导作用。建设用地总量控制是指国家对建设项目用地实行一定程度的限制，为防止建设项目乱占农用地而实行的从总量上对建设用地的规模进行控制的制度。建设用地总量控制的基础是土地利用总体规划、城市规划和土地利用年度计划。在总量控制过程中，还要考虑用途管理制度、闲置土地管理制度。

在实践的基础上，我国逐步形成了以土地利用年度计划、建设项目用地预审和建设用地报批规划审查为主的规划管理制度。

2. 建设用地规划管理的实施

1）建设用地分区与控制性规划

为更好地进行土地管理，规划通常根据功能，把土地利用进行分区，并提出不同的管制措施。建设用地分区是我国实行土地用途管制和耕地保护制度的基础，一般可以分为非农业建

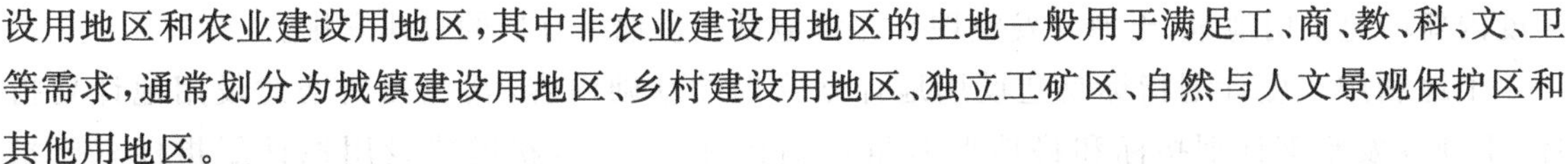

设用地区和农业建设用地区，其中非农业建设用地区的土地一般用于满足工、商、教、科、文、卫等需求，通常划分为城镇建设用地区、乡村建设用地区、独立工矿区、自然与人文景观保护区和其他用地区。

2)土地用途管制

土地用途管制能使农用地得到有效的保护和合理利用，不仅能够防止对土地的破坏性和掠夺性利用现象的发生，同时有利于提高现有建设用地的利用效率。建设用地用途管制的内容主要涉及农用地转用审批制度、建设用地用途转用审批制度、禁止供地与限制供地制度。

3)土地收购、出让规划管理

土地收购的规划管理主要是指城市规划行政主管部门对拟收购土地进行规划审查，出具拟收购土地的选址意见书，为后续的征地、拆迁等活动提供相关手续。土地出让规划管理是指国有土地出让之前，城市规划行政主管部门依据控制性详细规划对出让地块出具拟出让地块的规划设计条件和附图，国有土地使用权出让成交签订合同时，必须将规划设计条件和附图作为合同的重要内容和组成部分。

土地出让后，对其后续的监督管理也必不可少，对已出让土地的监督管理，实际上就是规划的跟踪管理。受让人取得国有土地使用权后，必须按照国有土地使用权出让合同和建设用地规划许可证规定的规划设计条件进行开发建设，一般不得改变规划设计条件；如因特殊原因，确需改变规划设计条件的，应当向城市规划行政主管部门提出改变规划设计条件的申请，经批准后方可实施。受让人需要转让国有土地使用权的，必须符合国家有关出让土地使用权转让的规定和国有土地使用权出让合同的约定。转让国有土地使用权时不得改变规定的规划设计条件。

(三)建设用地计划管理

建设用地计划管理是指国家按照土地利用计划来进行建设用地管理的活动。完整的建设用地计划体系包括年限较长的土地利用总体规划、五年用地计划和年度用地计划的规划及计划体系。土地利用总体规划是体现土地综合利用、保护耕地的纲要，是建设用地五年计划的重要依据；建设用地五年计划是指导编制建设用地年度计划的依据。目前，实践中应用较多的是土地利用总体规划和土地利用年度计划。建设用地计划管理控制包括建设用地总量控制和年度计划指标控制。

1.建设用地总量控制

建设用地总量控制是国家为防止建设项目乱占农用地而实行的从总量上控制建设用地规模的制度。建设用地总量控制是针对我国人多地少、土地资源尤其是耕地资源匮乏的实际情况而提出的重要措施，其根本目的和作用在于制止目前建设项目占用土地导致耕地大量流失的情形，保持耕地总量动态平衡。建设用地总量控制的基础是土地利用总体规划、城市规划和土地利用年度计划。

2.建设用地年度计划指标控制

土地利用年度计划是土地利用总体规划的基本构成。土地利用年度计划是指国家对计划年度内新增建设用地量、土地开发整理补充耕地量和耕地保有量的具体安排。

土地利用年度计划指标是建设用地计划管理的基础内容，其包括新增建设用地计划指标、土地开发整理计划指标和耕地保有量计划指标。其中，新增建设用地计划指标主要指建设占用农用地和未利用地的情形，包括新增建设用地总量指标以及占用农用地等的指标，新增建设用地计划指标应依据国民经济和社会发展计划、国家宏观调控要求、土地利用总体规划、国家供地政策和土地利用的实际情况进行确定；土地开发整理计划指标是指补充耕地计划，包括土地整理复垦补充耕地和土地开发补充耕地两类，其应当依据土地利用总体规划、土地开发整理规划、建设占用耕地、实现耕地保有量目标等情况进行确定；耕地保有量计划指标依据国务院向省、自治区、直辖市下达的耕地保护责任考核目标确定，其完成情况直接与建设用地指标挂钩，耕地保有量计划指标不能完成的，相应地扣减下一年度建设用地指标。

（四）建设用地指标管理

建设用地指标管理是指工业项目用地中对其用地规模进行的指标控制。其主要涵盖用地定额指标、工业项目建设用地控制指标两类。

1988 年，国家土地管理局会同建设部组织有关行业部门编制划分行业的《工程项目建设用地指标》，成为建设单位进行项目初步设计、土地管理部门审核建设项目用地规模的重要依据。2004 年国土资源部发布实施了《工业项目建设用地控制指标（试行）》，并根据社会经济发展、技术进步、节约集约用地要求和具体实施情况对试行控制指标进行了修订，于 2008 年 2 月国土资源部发布了《关于发布和实施〈工业项目建设用地控制指标〉的通知》，其主要目的是全面贯彻落实《国务院关于深化改革严格土地管理的决定》《国务院关于加强土地调控有关问题的通知》和《国务院关于促进节约集约用地的通知》，加强工业项目建设用地管理，促进节约集约用地。2021 年 3 月，自然资源部发布关于《工业项目建设用地控制指标（征求意见稿）》公开征求意见。

1. 用地定额指标

建设用地定额指标是指在平均的生产工艺水平、规划设计水平、经济技术水平和通常的场地条件下，一个建设项目的主体工程和配套工程所需占用的额定土地面积。建设用地定额指标一般可以分为总体和单项建设用地定额指标两个层次。总体建设用地定额指标是指按设计任务书和初步设计文件规定的一个独立、完整项目的总平面用地定额指标，如矿山、电厂、钢铁厂等的总用地定额指标。单项用地定额指标是指在建设项目中有独立设计、可以独立发挥效益的各个单项工程的用地定额指标，如大型企业的主要装置和分厂、民航机场的跑道等的用地定额指标。

2. 工业项目建设用地控制指标

工业项目建设用地控制指标是对一个工业项目或单项工程及其配套工程在土地利用上进行控制的标准。工业项目建设用地控制指标是国土资源管理部门在建设用地预审和审批阶段核定工业项目用地规模的重要标准，是工业企业和设计单位编制工业项目可行性研究报告和初步设计文件的重要依据。工业项目所属行业已有国家颁布的有关工程项目建设用地指标的，应与原国土资源部发布的《工业项目建设用地控制指标》共同使用。工业项目建设用地控制指标包括投资强度、容积率、建筑系数、行政办公及生活服务设施用地所占比例、绿地率五项。

四、土地利用监测制度

（一）土地利用动态监测

土地利用动态监测是指通过采取各种技术手段，对行政管辖范围内的土地利用状况、土地用途管制状况、土地利用规划实施状况等进行的监督和管理。土地利用状况不是永恒的，它常随着自然条件和社会经济条件的变化而变化，对土地利用动态变化进行监测，随时掌握土地利用变化趋势，采取相应对策，确保管理目标的实现，是土地利用监督的一个主要方面，也是实现土地利用监督和对土地利用进行调控的技术基础。

土地利用监测能及时地掌握土地利用及其时空动态变化状况，有效地利用土地资源，使其发挥最佳利用效益。目前，我国开展的土地利用动态监测主要是对耕地和建设用地等土地利用变化情况进行及时、直接和客观的定期监测，检查土地利用总体规划和年度用地计划执行情况，重点核查每年土地变更调查汇总数据，为国家宏观决策提供比较可靠、准确的依据。

1. 区域土地利用状况监测

区域土地利用状况监测主要是针对耕地变化和建设用地扩展进行监测。耕地占补平衡是我国重要的耕地保护制度，非农建设经批准占用耕地的，应当按“占多少，垦多少”的原则进行耕地补充，通过监测耕地变化及建设用地扩展状况，可以及时发现耕地的减少与增加情况，对不按照要求落实耕地占补平衡制度的，可以及时予以纠正，确保耕地总量动态平衡。

2. 土地政策措施执行情况监测

通过土地利用动态监测获取土地信息和反馈土地政策执行情况、检验土地管理措施执行结果，从而为政策制定提供准确的信息，如土地利用规划目标实现情况监测、建设用地批准后的使用情况监测、土地违法行为监测等。

3. 土地生产力监测

土地生产力是动态变化的，其受制于自然和社会经济两大因素，对其进行监测可以掌握土地生产力动态变化的方向与规律，为调整生产力布局和确定合理对策提供依据。

4. 土地环境条件监测

土地与环境相互影响、相互制约。对土地环境条件的监测，重点是考察环境条件的变化、环境污染等对土地利用产生的影响，如对农田防护林防护效应的监测、基本农田保护区内耕地环境污染的监测与评价、自然保护区生态环境监测、土地植被变化监测等。

(二)国家土地督察制度

土地的使用和保护涉及国家和社会的公共利益,关系到国家的长久生存和发展。党中央、国务院建立国家土地督察制度,是加强土地管理和调控,强化土地管理的重大决策。

1. 土地督察机构的职权

国家土地督察机构的职权主要包括检查权、审核权、调查权、纠正和整改权、报告和通报权以及建议权六种。检查权是指国家土地总督察、派驻地方的国家土地督察局等,通过组织检查组或委派工作人员,对省级及计划单列市人民政府及其下级政府执行国家土地政策和法律法规,落实耕地保护责任制、土地审批、土地执法等土地利用和管理情况进行检查的权力;审核权是指派驻地方的国家土地督察局依法审核报国务院审批和省级人民政府审批的土地相关事项是否符合法律、规划和国家产业政策,以及上报事项实施情况的真实性、合法性的权力;调查权是指国家土地督察机构,对土地利用及管理中存在的违法违规问题、滥用职权问题以及玩忽职守问题进行依法调查的权力;纠正和整改权是指针对督察范围内的省级和计划单列市监督检查中发现的问题,派驻地方的国家土地督察局对其人民政府提出纠正和整改意见的权力;报告和通报权主要是指国家土地总督察和派驻地方的国家土地督察局通过督察工作报告、定期报告、专报等方式向党中央、国务院、自然资源部等汇报土地督察情况,国家土地督察机构针对督察中发现的问题对相关单位进行通报的权力;建议权是指国家土地督察机构除对其发现的土地利用和管理问题直接督促地方政府整改外,还拥有对地方政府进行工作建议、问责建议以及政策建议的权力。

2. 土地督察的实施方式

1)例行督察

例行督察是国家土地督察机构的核心业务之一,国家土地督察机构依据有关法律法规和政策,集中对督察区域内一个地区某时间段内的土地利用和管理情况进行全面或者专项常规性监督检查和评估,从而及时发现土地利用年度计划执行情况、中央土地调控政策和国家产业政策执行情况、建设用地审批的合法性和真实性、供地政策执行情况和节约集约用地等存在的主要问题。

2)审核督察

审核督察是国家土地督察机构常规性工作,国家土地督察机构依照规定的权限和程序,对应报国务院审批和由省、自治区、直辖市人民政府审批的农用地转用和土地征收事项以及批后实施情况通过日常重点抽查、实地核查等方式进行监督检查。

3)专项督察

专项督察是指国家土地督察机构针对土地利用与管理中的特定事项进行监督检查,开展专门督察活动,向国家土地总督察提交督察报告,针对土地利用存在的违法违规突出性问题,向督察对象提出督察意见和建议。

4)督察巡视

督察巡视是指国家土地督察机构向有关省、自治区、直辖市或计划单列市派发国家土地督察专员和工作人员,对其进行土地巡视。土地巡视主要通过“走、听、看、问”等形式,多渠道了解地方的土地管理情况,广泛听取各方面意见和建议。

(三)违法用地查处

1.违法用地类型

违法用地一般可以分为三大类:一是非法占用土地;二是非法使用土地;三是非法批地。

非法占用土地是指不依照法律法规规定的程序,占有特定土地的行为。非法占用土地的行为包括未经批准占用土地、采取欺骗手段骗取批准占用土地、超过批准的数量占用土地等。非法使用土地是指不按照规定的期限、用途、使用条件、要求等使用土地。非法批地是指不依法批准使用土地,主要包括无权批地、越权批地、分散批地、非法下放批地权、不按土地利用总体规划确定的用途批地、不按法律规定的程序批地等情形。

2.违法用地的查处

1)非法占地的查处

未经批准或者采取欺骗手段骗取批准、非法占用土地的,由县级以上人民政府土地行政主管部门责令退还非法占用的土地,农村村民未经批准或者采取欺骗手段骗取批准、非法占用土地的,除责令退还非法占用的土地之外,责令其限期拆除土地上的房屋;对违反土地利用总体规划擅自将农用地改为建设用地的,限期拆除在非法占用的土地上新建的建筑物和其他设施,恢复土地原状;对符合土地利用总体规划的,没收在非法占用的土地上新建的建筑物和其他设施,可以并处罚款;对非法占用土地单位的直接负责的主管人员和其他直接责任人员,依法给予行政处分,构成犯罪的,依法追究刑事责任。超过批准的数量占用土地,多占的土地以非法占用土地论处。

2)非法用地的查处

根据土地管理法的有关规定,占用耕地进行建设或破坏耕种条件造成土地荒漠化、盐渍化的,由县级以上人民政府土地行政主管部门责令限期改正或者治理,可以并处罚款;构成犯罪的,依法追究刑事责任。拒不履行土地复垦义务的,由县级以上人民政府土地行政主管部门责令限期改正;逾期不改正的,可以处以罚款,责令缴纳复垦费,专项用于土地复垦。

针对已经办理审批手续的情况,若属于非农业建设占用耕地,一年内不用而又可以耕种并收获的,应当恢复耕种;一年以上未动工建设的,应当按照省、自治区、直辖市的规定缴纳闲置费;连续两年未使用的,经原批准机关批准,由县级以上人民政府无偿收回用地单位的土地使用权;承包经营耕地的单位或者个人连续两年弃耕抛荒的,原发包单位应当终止承包合同,收回发包的耕地。

3)非法批地的查处

无权批准征收、使用土地的单位或者个人非法批准占用土地的,超越批准权限非法批准占用土地的,不按照土地利用总体规划确定的用途批准用地的,或者违反法律规定的程序批准占用征收土地的,其批文无效,对非法批准征收、使用土地的直接负责的主管人员和其他直接责任人员,依法给予行政处分;构成犯罪的,依法追究刑事责任。非法批准征收、使用的土地应当收回;有关当事人拒不归还的,以非法占用土地论处。非法批准征收、使用土地,给当事人造成损失的,依法应当承担赔偿责任。

第四节 我国农村土地制度

一、土地用途管制与耕地保护制度

（一）土地用途管制制度

随着经济的飞速发展和人口的迅猛增长，加上土地资源的稀缺性和不可再生性，势必造成各业用地的竞争使用。为了让有限的土地资源实现效益最大化使用，土地用途管制制度应运而生，这是社会发展到一定阶段保护和合理利用土地资源的必然抉择。土地用途管制的内容是基于土地管理法划分的，包括对农用地的管制、对建设用地的管制和对未利用地的管制。

土地用途管制主要是通过编制和执行土地利用规划来实现的。通过编制土地利用总体规划，可以确定土地使用性质，确定各种性质用地的规模、空间布局以及土地开发时空顺序，土地所有者和使用者必须按照规划的内容开发利用土地，土地管理者必须按照规划的内容批准使用土地。

1. 农用地管制

农用地是指直接用于农业生产的土地，分为耕地区和农用非耕地区。农用地管制可分为限制转移管制和许可转移管制。

其中，限制转移管制是指依据土地利用总体规划，划定一定数量的农用地（主要是耕地）作为特殊保护的区域严格加以管制。对这类特殊保护的区域，通常情况下不得进行任何形式的转用。许可转移管制是指根据规划的布局，在一定条件的限制下，允许一部分农用地进行规定用途的转用。对农用地的管制主要包括：一是农用地内部转移制，即耕地向其他农业生产用地的转移，其农业内部调整应符合规划。二是农用地向非农用地的转移管制，在规划期内不得擅自占用和转用，严禁占用基本农田进行非农业建设。城市、村庄和集镇建设以及项目建设需占用耕地的，要依法定程序严格履行农用地转用审批手续等。三是耕地后备资源的开发转移管制。现阶段，农用地许可转移管制的重点应放在农用地向非农用地的转移管制和耕地后备资源的开发转移管制。

2. 建设用地管制

建设用地是指建造建筑物、构筑物的土地。对建设用地的管制主要包括对现有、存量和增量建设用地的管制。建设用地管制要合理确定建设规划区内的界限和用地数量，确保人均占地或总规模不突破规划标准，城市、村庄和集镇的建设用地规模和范围不得超过土地利用总体规划的规定。对于土地使用用途符合建设用地区中的详细分区、土地利用方向以及规定用途的情况准予供地。

3. 未利用地管制

未利用地是指农用地和建设用地范围以外的土地。国家鼓励单位和个人按照土地利用总体规划，在保护和改善生态环境、防止水土流失和土地荒漠化的前提下对未利用土地进行开发，但禁止任何不符合规划、破坏自然生态环境的开发行为，不得擅自围湖造田。开垦未利用土地前，必须经过科学论证和评估。

4. 土地用途转变制度

所谓土地用途转变是指土地利用从一种现状用途转变为另一种用途。

我国土地用途管制的根本目的在于盘活存量建设用地，控制建设用地对耕地资源的浪费性占用，确保耕地总量动态平衡目标的实现。因此，土地用途管制的核心是耕地总量控制制度，这是中国特色的土地用途管制制度。

（二）耕地保护制度

耕地是指经常进行耕锄的以种植农作物为主的田地，包括熟地、当年新开荒地、连续撂荒未满 3 年的耕地和轮歇地。耕地是土地资源中最重要、最珍贵的部分。

原国土资源部提出土地管理层面“最严格”的四个方面：一是必须依照法律和规划实行最严格的用途管制制度；二是严格划定基本农田保护区；三是必须严格执行耕地“占一补一”规定；四是严格控制由于农业结构调整导致对耕地的破坏，其中重要方面是切实抓好耕地占补平衡。党中央、国务院高度重视耕地保护工作，强调在不影响经济发展的前提下，实行严格的耕地保护政策，珍惜和合理利用每寸土地。

《中华人民共和国土地管理法》建立健全了耕地保护措施，主要包括：建立严格的土地用途转用审批机制；建立基本农田保护区，对耕地实行重点保护；建立耕地占补平衡制度，鼓励土地整理等。其主要分为对耕地数量的保护以及对耕地质量的保护。

1. 耕地数量的保护

对耕地数量保护的核心是保证耕地总量动态平衡，而不是绝对不变。对耕地数量的保护主要包括以下几个方面。

（1）耕地总量只能增加，不能减少。各省、自治区、直辖市必须按照耕地总量动态平衡的要求，采取有效措施，做到本行政区内耕地数量只能增加，不能减少。

（2）严格控制建设用地占用耕地。为切实保护耕地，要严格控制非农业建设占用耕地，各项建设须占用耕地的，必须符合土地利用总体规划，并办理耕地转用审批手续。

（3）建立基本农田保护制度。划定基本农田保护区，不得长期占用，确保该部分耕地不减少或很小减少。基本农田保护区经依法划定后，任何单位和个人不得改变占用；基本农田保护区调整划定工作完成后，要按照有关规定建立健全基本农田保护的各项制度。基本农田保护制度包括规范的基本农田保护责任制度、占用基本农田严格审批与占补平衡制度等。

（4）建设项目占用耕地，按照“占多少、垦多少”的原则执行。经批准的非农业建设项目占用耕地的，按照“占多少、垦多少”的原则，由占用耕地的单位负责开垦与所占耕地数量与质量相当的耕地；没有条件开垦的或者开垦后耕地不符合要求的，应当按照省、自治区、直辖市的规定缴纳耕地开垦费，专款用于开垦新耕地。

（5）进行土地开发整理，增加有效耕地面积。为弥补各项建设占用的耕地，实现耕地总量的动态平衡，应积极开展土地开发整理，搞好土地建设工作，通过土地开发、整理、复垦等增加有效耕地面积。在进行开发时，应以保护和改善土地生态环境为前提，做到在开发中保护、在保护中开发。

2. 耕地质量的保护

(1)建立基本农田保护制度。基本农田是耕地中极为重要的组成部分，建立基本农田保护制度意味着对耕地中质量最好的部分进行严格保护。

(2)增加地力，提高耕地质量。为提高耕地质量，国家鼓励和提倡农业生产者对其经营的耕地使用有机肥料，合理施用化肥和农药，不断增加地力。同时，进行农田基本建设，对田、水、路、林进行综合治理，建设高产稳产农田。

(3)禁止闲置和荒芜耕地。《中华人民共和国土地管理法》规定禁止任何单位和个人闲置、荒芜耕地。已办理审批手续的非农业建设占用耕地的，一年内不用而又可以耕种并收获的，应由原耕种者进行耕种；占用 1 年以上未动工的，应收取土地闲置费；连续 2 年未使用的，经上级机关批准由县级以上人民政府无偿收回，交原耕种植者恢复耕种。

(4)新增耕地质量不低于原占用耕地质量。对耕地减少的行政区，或为实现"占补平衡"目的，通过开发新增加的耕地，其质量不应低于减少耕地或占用耕地质量。

(5)土地退化防治。各级人民政府应当采取措施，防治土地荒漠化、盐渍化、水土流失和污染耕地。

二、农村建设用地管理制度

(一)建设用地管理

1. 建设用地概念

农村建设用地是指乡(镇)村建设用地，即由农村基层政权组织或者农村集体经济组织以及农村居民个人投资或集资，依据农村建设规划进行各项非农业建设、依法使用的农村集体土地，是用于建造建筑物、构筑物的土地，包括原有的建设用地和经批准办理农用地转建设用地手续的农用地。需要强调的是，《中华人民共和国土地管理法》明确规定严格限制农用地转为建设用地，控制建设用地的总量。

农村集体建设用地使用主要是通过集体所有土地使用权转移的方式取得的，不改变土地所有制的性质。乡(镇)村建设用地属于农民集体所有，在一般情况下，其所有权和使用权是相分离的：乡(镇)村企业对其建设用地只有使用权，没有所有权；农村居民住宅用地的所有权，归农民集体所有，农村居民只有宅基地使用权，没有宅基地所有权。乡(镇)村建设用地的所有权与地上建筑物和其他设施的所有权一般也是分离的。

2. 建设用地使用权流转

1)建设用地流转的概念

农村集体建设用地流转是指集体建设用地在符合规划和用途管制的前提下，允许集体经营性建设用地出让、租赁、入股，实行与国有土地同等入市流转、同权同价，推行集体建设用地流转，有利于农村经济改革的深化，有利于农村土地法律制度的完善。集体建设用地的流转形式主要包括以下几种：

(1)农村集体经济组织直接转让、出租土地使用权;

(2)农村房屋产权人转让、出租房产时,连带转让、出租土地使用权;

(3)乡村企业的兼并、改制过程中涉及集体土地转让、出租;

(4)农村集体经济组织以土地使用权作价入股、联营等形式新办企业;

(5)村集体经济组织以土地使用权合作的方式开发项目;

(6)经征用、补办为国有土地进行转让、出租;

(7)由于企业破产清算或债权债务因素,经司法裁定发生流转。

2)建设用地使用权流转管理

农村集体建设用地使用权流转制度的建立是一项系统的工程,需要通过一系列程序进行管理。

(1)完善农村土地产权体系。

明晰的产权界定是进行市场交易的基础性条件。当前集体土地所有权和集体建设用地使用权的界定不清、权利设置不完整以及权利内容不全的现状,从根本上限制了集体对其所拥有的土地所有权行使设定权利。因此,依法明确集体土地的所有权和建设用地使用权主体及权能对建立集体建设用地使用权流转制度基础至关重要。农村集体土地所有权证书,是保障产权主体产权和利益的凭证,切实加快农村集体土地所有权登记发证步伐,通过发证工作,明确土地所有权的主体,增强农民对土地财产权的控制、流转以及收益的行为能力,从根本上促进农村集体建设用地的“公开、公平、公正”流转。此外,要同时加强集体土地使用权登记工作和信息公开制度建设。

(2)完善价格形成机制。

在集体建设用地流转前对其资产价值进行评估,一方面可以为集体土地市场的建立和发展提供地价标准,另一方面也是实现地产公平交易、合理征收土地税费的基础。当前集体土地交易市场正处于初步阶段,有意识地根据当前国有土地流转市场的经验,为集体建设用地流转市场价格形成机制的建立创造条件是极为重要的,其同时也是建立城乡统一的土地市场的必然要求。因此,对于集体经营性建设用地,应当建立与当前国有建设用地定级估价技术规范与程序相适应的估价规则体系,为建立城乡统一的土地市场构建基础。

(3)加强土地用途管制与利用规划。

土地用途管制是为了保护土地资源,国家以管理者身份对土地采取保护性措施而行使的一项管理职能。当前农村集体建设用地普遍存在多占、乱占、占而不用的现象,严格控制新增建设用地的总量无疑是需要解决的首要问题,其需要相关土地管理部门在做好产权发证工作的同时,强化土地利用规划的作用和地位,发挥规划在管理中的基础性作用。在科学规划的引导下,配合用途管制制度的实施,严格控制农用地转非农建设的数量和速度,进而确保耕地保护工作的落实。

(4)改革完善土地流转市场监管体系。

针对建立完善的集体建设用地流转市场监管体系,可以采取相应的措施:一是要建立完善城乡一体化的建设用地招、拍、挂制度,集体建设用地凡是用于工业、商业、旅游、娱乐和商品住宅等经营性用地的,一律以招、拍、挂方式出让或租赁。二是要建立完善土地交易许可管制制度，对集体建设用地流转市场准入要坚持维护农村稳定的原则，防止农村集体经济组织内部出现提供虚假证明骗取审批，甚至擅自处置农村集体土地资产的现象发生，要求在办理集体建设用地流转前必须召开村民代表大会或股东代表大会，经三分之二以上代表同意并形成决议后，方可办理。三是对各类违法违规形成的集体建设用地要进行清理和处理，严格限定集体建设用地流转的条件。只有符合土地利用规划、用地性质合法、用地手续齐全、不存在权属争议的集体建设用地，才能经交易许可后依法流转；不符合条件的违法违规用地、用地手续不全的用地、不符合规划的用地等，在进行处理前一概不准流转。

3. 集体经营性建设用地入市

1)集体经营性建设用地入市的概念

中共十八届三中全会审议通过的《中共中央关于全面深化改革若干重大问题的决定》指出，要建立城乡统一的建设用地市场。集体经营性建设用地入市是指在符合规划和用途管制的前提下，允许农村集体经营性建设用地出让、租赁、入股，实行与国有土地同等入市、同权同价。此外，缩小征地范围，规范征地程序，完善对被征地农民合理、规范、多元保障机制，扩大国有土地有偿使用范围，减少非公益性用地划拨，建立兼顾国家、集体、个人的土地增值收益分配机制，合理提高个人收益，允许集体土地与国有土地同等入市。

集体经营性建设用地入市的主要任务有三个：一是完善集体经营性建设用地产权制度；二是明确入市范围和途径；三是建立健全市场交易规则和服务监管制度。其目标是建立同权同价、流转顺畅、收益共享的入市制度。

2)集体经营性建设用地入市管理

(1)入市条件。

集体经营性建设用地入市有三个主要条件：一是必须是规划确定的。规划包括土地利用总体规划和城乡规划，以及“多规合一”的国土空间规划，国土空间规划应当统筹并合理安排集体经营性建设用地布局和用途。二是必须是经营性用途的。也就是主要土地用于工业、商业等经营性用途，公益性公共设施用地不在这个范围。三是必须要登记。只有经过依法登记的集体经营性建设用地，才可入市使用。

(2)用地来源。

集体经营性建设用地主要有两种来源：一是存量建设用地，也就是现有的集体建设用地。二是新增建设用地，即每年安排的新增建设用地指标，通过只转不征，使其成为可入市的集体经营性建设用地。《中华人民共和国土地管理法》第二十三条规定，土地利用年度计划应当对本法第六十三条规定的集体经营性建设用地做出合理安排。此外，通过盘活利用闲置宅基地，可以使其成为可入市的集体经营性建设用地。2019 年 9 月 30 日，农业农村部印发的《关于积极稳妥开展农村闲置宅基地和闲置住宅盘活利用工作的通知》提出：“鼓励利用闲置住宅发展符合乡村特点的休闲农业、乡村旅游、餐饮民宿、文化体验、创意办公、电子商务等新产业新业态，以及农产品冷链、初加工、仓储等一、二、三产业融合发展项目。”但这个文件没有体现出规划管控、用途管制和依法登记等方面的内容。2021 年 6 月 28 日，河北省委农村工作领导小组印发《河北省农村闲置宅基地盘活利用指导意见》提出：“允许农村集体经济组织在妥善处理产权和补偿关系后，在农民自愿的前提下，依法把有偿收回的闲置宅基地、废弃的集体公益性建设用地依法登记后，按照规划确定的用途，稳妥有序地引导集体经营性建设用地入市。”河北这个文件表述是非常严谨的，而且允许废弃的集体公益性建设用地也可转变为集体经营性建设用地。

(3)使用情形。

对于可使用集体经营性建设用地的情况，主要指工业、商业等经营性用途，并鼓励乡村重点产业和项目使用集体经营性建设用地。此外，当前政策规定保障性租赁住房也可以使用集体经营性建设用地。2021 年 6 月 24 日，国务院办公厅出台《关于加快发展保障性租赁住房的意见》，提出对于人口净流入的大城市和省级人民政府确定的城市，在尊重农民集体意愿的基础上，经市人民政府同意，可探索利用集体经营性建设用地建设保障性租赁住房；应支持利用城区、靠近产业园区或交通便利区域的集体经营性建设用地建设保障性租赁住房；农村集体经济组织可通过自建或联营、入股等方式建设运营保障性租赁住房；建设保障性租赁住房的集体经营性建设用地使用权可以办理抵押贷款。需要注意的是，目前有些开发商打着“农村集体经营性建设用地入市”的旗号，借“民宿”之名，实际占用集体建设用地建“别墅”，继续搞“小产权房”，公开对外销售，这是现行法律法规不允许的。

(4)使用方式。

集体经营性建设用地主要通过出让和出租两种方式进行使用。《中华人民共和国土地管理法》第六十三条规定，土地所有权人可以通过出让、出租等方式将土地交由单位或者个人使用。对如何出让和出租，具体要求是两个“应当”：一是应当签订书面合同，载明土地界址、面积、动工期限、使用期限、土地用途、规划条件和双方其他权利义务。二是应当经本集体经济组织成员的村民会议三分之二以上成员或者三分之二以上村民代表同意。

(5)使用年限。

集体经营性建设用地使用期限参照国有建设用地使用年限。《中华人民共和国土地管理法实施条例》第四十三条规定，集体经营性建设用地的出租，集体建设用地使用权的出让及其最高年限、转让、互换、出资、赠予、抵押等，参照同类用途的国有建设用地执行，法律、行政法规另有规定的除外。

(6)程序规定。

①自然资源主管部门提出规划条件和相关要求。《中华人民共和国土地管理法实施条例》第三十九条规定，土地所有权人拟出让、出租集体经营性建设用地的，市、县人民政府自然资源主管部门应当依据国土空间规划提出拟出让、出租的集体经营性建设用地的规划条件，明确土地界址、面积、用途和开发建设强度等。市、县人民政府自然资源主管部门应当会同有关部门提出产业准入和生态环境保护要求。

②编制出让、出租方案。《中华人民共和国土地管理法实施条例》第四十条规定，土地所有权人应当依据规划条件、产业准入和生态环境保护要求等，编制集体经营性建设用地出让、出租等方案，并依照《中华人民共和国土地管理法》第六十三条的规定，由本集体经济组织形成书面意见，在出让、出租前不少于十个工作日报市、县人民政府。市、县人民政府认为该方案不符合规划条件或者产业准入和生态环境保护要求等的，应当在收到方案后五个工作日内提出修改意见。土地所有权人应当按照市、县人民政府的意见进行修改。集体经营性建设用地出让、

出租等方案应当载明宗地的土地界址、面积、用途、规划条件、产业准入和生态环境保护要求、使用期限、交易方式、入市价格、集体收益分配安排等内容。

③出让并签订合同。《中华人民共和国土地管理法实施条例》规定，土地所有权人应当依据集体经营性建设用地出让、出租等方案，以招标、拍卖、挂牌或者协议等方式确定土地使用者，双方应当签订书面合同，载明土地界址、面积、用途、规划条件、使用期限、交易价款支付、交地时间和开工竣工期限、产业准入和生态环境保护要求，约定提前收回的条件、补偿方式、土地使用权届满续期和地上建筑物、构筑物等附着物处理方式，以及违约责任和解决争议的方法等，并报市、县人民政府自然资源主管部门备案。未依法将规划条件、产业准入和生态环境保护要求纳入合同的，合同无效；造成损失的，依法承担民事责任。

④交费和办理登记。《中华人民共和国土地管理法实施条例》规定，集体经营性建设用地使用者应当按照约定及时支付集体经营性建设用地价款，并依法缴纳相关税费，对集体经营性建设用地使用权以及依法利用集体经营性建设用地建造的建筑物、构筑物及其附属设施的所有权，依法申请办理不动产登记。

（二）宅基地管理

1.宅基地的概念

农村居民主要包括农村村民，回原籍乡村落户的城镇职工、退伍军人、离退休干部，回乡定居的华侨等。宅基地则是指以上农村居民建设住宅所使用的集体土地，通常包含地上主要建筑物（居住用房），附属建、构筑物（如厨房、仓库、厕所、畜禽舍、沼气池等）以及房屋周围独家使用的土地，但不包括农民生产晒场用地。农村居民宅基地虽然规模小，但分布比较广，遍及千家万户，是村镇建设用地管理的主要工作之一。

农村居民点布局和建设用地规模应当遵循节约集约、因地制宜的原则合理规划。县级以上地方人民政府应当按照国家规定安排建设用地指标，合理保障本行政区域农村居民对宅基地的需求。乡（镇）、县、市国土空间规划和村庄规划应当统筹考虑农村居民生产、生活需求，突出节约集约用地导向，科学划定宅基地范围。依法取得的宅基地和宅基地上的农村居民住宅及其附属设施受法律保护。禁止违背农村居民意愿强制流转宅基地，禁止违法收回农村居民依法取得的宅基地，禁止以退出宅基地作为农村居民进城落户的条件，禁止强迫农村居民搬迁退出宅基地。

此外，国家允许进城落户的农村村民依法自愿有偿退出宅基地。乡（镇）人民政府和农村集体经济组织、村民委员会等应当将退出的宅基地优先用于保障该农村集体经济组织成员的宅基地需求。

2.宅基地的申请条件

农村宅基地具有严格的用地规范与标准，《中华人民共和国土地管理法》规定，农村居民一户只能拥有一处宅基地，且宅基地的面积不得超过省、自治区、直辖市规定的标准；农村居民建住宅，应当符合乡（镇）土地利用总体规划，并尽量使用原有的宅基地和村内空闲地；宅基地涉及占用农用地，应先依法办理农用地转用审批手续；出租、出卖房屋和非法转让房屋的，再申请宅基地不予批准。

依据《中华人民共和国土地管理法》，结合各省（自治区、直辖市）宅基地管理的有关规定，农村村民有下列情况之一的，可以以户为单位申请宅基地。

（1）无宅基地的；

（2）因子女结婚等原因确需分户而现有的宅基地低于分户标准的；

（3）现住房影响乡（镇）村建设规划，需要搬迁重建的；

（4）符合政策规定迁入村集体组织落户为正式成员且在原籍没有宅基地的；

（5）因自然灾害损毁或避让地质灾害搬迁的。

此外，各省（自治区、直辖市）对农户申请宅基地条件有其他规定的，应同时满足其他条件要求。

有下列情况之一的，不得批准使用宅基地：

（1）出卖、出租或者以其他形式非法转让房屋的，村民因住房出卖、出租或以其他形式非法转让房屋的，即使宅基地面积达不到标准，或没有宅基地，申请宅基地，也不予批准；

（2）户口已迁出，不在当地居住的；

（3）户口已合法迁入，但原籍宅基地未退还集体的；

（4）一户有一处或一处以上住宅的；

（5）其他规定不应建房和安排宅基地用地的。

《中华人民共和国土地管理法》规定，农村村民一户只能拥有一处宅基地。对于因房产继承原因形成的多处宅基地，原则上不做处理，村民可以以出卖方式进行处理，但只能出卖给宅基地面积达不到标准的本村村民；也可以维持原状，但房屋不得翻建，房屋损坏不能利用的，应退出多余的宅基地。因其他原因造成一户多宅的，可以由农村集体经济组织将多余的宅基地依法收回，统一安排使用，有地面附着物的，应当给予补偿，补偿标准由村民会议确定，也可以实行有偿使用，交纳宅基地超标使用费，但房屋损坏不能利用的，不准翻建，必须退出多余的宅基地。此外，对收回和退出的宅基地，应当依法办理集体土地使用权注销登记手续。

3.宅基地用地审批主体以及程序

土地管理法第六十二条规定，农村村民住宅用地，由乡（镇）人民政府审核批准；其中，涉及占用农用地的，依照该法第四十四条的规定办理审批手续。

为完善农村宅基地审核批准机制，《农业农村部自然资源部关于规范农村宅基地审批管理的通知》（以下简称《通知》）明确要求，乡镇政府要探索建立对外受理、多部门内部联动运行的农村宅基地用地建房联审联办制度，方便农民群众办事。根据农业农村部、自然资源部等部门联审结果，由乡镇政府对农户宅基地申请进行审批，出具农村宅基地批准书，鼓励地方将乡村建设规划许可证由乡镇一并发放，并以适当方式公开。

农村宅基地分配实行农户申请、村组审核、乡镇审批的程序。按照《通知》规定，宅基地申请审批流程包括农户申请、村民小组会讨论通过并公示、村级组织开展材料审核、乡镇部门审查、乡镇政府审批、发放宅基地批准书等环节。没有分设村民小组或宅基地和建房申请等事项已统一由村级组织办理的，农户直接向村级组织提出申请，经村民代表会议讨论通过并在本集体经济组织范围内公示后，报送乡镇政府批准。其审批程序如下：

(1)农户提出书面申请。符合宅基地申请条件的农户,以户为单位向所在村民小组提出宅基地和建房(规划许可)书面申请。

(2)村民小组讨论公示。村民小组收到申请后,应提交村民小组会议讨论,并将申请理由、拟用地位置和面积、拟建房层高和面积等情况在本小组范围内公示。公示无异议或异议不成立的,村民小组将农户申请、村民小组会议记录等材料交村级组织审查。

(3)村级组织审查。村级组织重点审查提交的材料是否真实有效、拟用地建房是否符合村庄规划、是否征求了用地建房相邻权利人意见等。审查通过的,由村级组织签署意见,报送乡镇政府。没有分设村民小组或宅基地和建房申请等事项已统一由村级组织办理的,农户直接向村级组织提出申请,经村民代表会议讨论通过并在本集体经济组织范围内公示后,由村级组织签署意见,报送乡镇政府。

(4)乡镇受理审核。农业农村部门负责审查申请人是否符合申请条件、拟用地是否符合宅基地合理布局要求和面积标准、宅基地和建房(规划许可)申请是否经过村组审核公示等,并综合各部门意见提出审批建议;自然资源部门负责审查用地建房是否符合国土空间规划、用途管制要求,其中涉及占用农用地的,应在办理农用地转用审批手续后,核发乡村建设规划许可证。

(5)乡镇政府审批。根据各部门联审结果,由乡镇政府对农民宅基地申请进行审批,出具农村宅基地批准书。

(6)县级政府备案。乡镇要建立宅基地用地建房审批管理台账,有关资料归档留存,并及时将审批情况报县级农业农村部门、自然资源部门等备案。

在宅基地用地审批中,要切实做到"三到场"。一是宅基地申请审查到场。收到宅基地和建房(规划许可)申请后,乡镇政府要及时组织农业农村部门、自然资源部门等相关人员实地审查申请人是否符合条件、拟用地是否符合规划和地类等。二是批准后丈量批放到场。经批准用地建房的农户,应当在开工前向乡镇政府或授权的牵头部门申请划定宅基地用地范围,乡镇政府及时组织农业农村部门、自然资源部门等到现场进行开工查验,实地丈量批放宅基地,确定建房位置。三是住宅竣工后验收到场。农户建房完工后,乡镇政府组织相关部门进行验收,实地检查农户是否按照批准面积、四至等要求使用宅基地,是否按照批准面积和规划要求建设住房,并出具农村宅基地和建房(规划许可)验收意见表。

三、农村土地经营制度

(一)农村土地经营制度演变

1. 农民土地私有制

1949 年以前,我国农村土地实行的是封建私有制,大部分土地归地主所有,土地使用实行租佃制,此种情况下,土地的所有权与使用权基本上是分离的。由于长期实行土地私有制,我国的土地交易、土地投机现象十分活跃。结果形成了土地集中的情形,不仅难以保证土地的生产效率,更导致了一系列社会矛盾,致使土地问题几乎成为社会矛盾的焦点。1950 年冬至 1952 年春,我国开始并逐步完成了针对 3 亿多无地或少地的农业人口地区的土地运动,并实现了以"耕者有其田"为特征的农民土地私有制,其是一种典型的强制性制度变迁,是我国无产阶级在推翻封建地主、官僚资本家和"三座大山"后,通过国家力量建立起的一种新制度。国家力量的介入有效矫正了自发形成的制度变迁所导致的供给不足，因为在特定历史条件下，依靠农民和地主协商和谈判实现土地权利的转移基本是无法实现的。此外，国家力量支持下的农民土地私有制不仅实施成本较低，而且运行成本也不高，制度的运转效率要远远超过封建地主土地私有制。

2. 农村土地集体所有制

由于农民土地私有制客观上具有不稳定性和脆弱性，为避免重新出现土地财富两极分化，从 1952 年起，全国开展了农业合作化运动。经历了 4 年左右的时间，劳动群众集体所有制逐渐替代了农民土地私有制。该过程主要分为三个阶段：第一阶段是农民成立农业生产互助组，在这一阶段，土地和其他生产资料仍属于农民私有，对土地不实行统一经营，土地产权关系并未改变。第二阶段将几个互助组联合起来，成立初级农业生产合作社，实行土地和其他生产资料入股，集体劳动、统一经营，收入以按劳分配与按股份分红相结合。该阶段土地所有权归私人所有，但土地使用权属于集体，土地使用权与所有权发生了分离。第三阶段则是 1955 年夏季以后，成立高级农业合作社，农民个人的土地和其他生产资料无偿转归高级合作社集体所有，实行土地统一经营、按劳分配，这样农村土地集体所有制取代了农村土地私有制。1958 年的人民公社化运动，宣布了土地私有制的终结和农民集体农地所有制的最终确立。

1962 年，为巩固土地的集体所有制从而稳定农业生产，我国确立了“三级所有、队为基础”的体制，即将原先的公社所有改为以生产队为基础的公社、生产大队、生产队三级所有。生产队成为土地等资产的主要所有者，是核算、自负盈亏的基本经济单位，生产队拥有相应范围内的土地所有权。至此，农村形成了以土地所有权和经营权高度集中统一、集体土地无偿使用为主要特征的土地农村集体所有产权制度。在传统的农业生产方式下，这种产权制度明显不利于农村土地经营效益的提高。土地集体所有者与土地使用者之间的权利、利益和责任难以明确界定，土地使用者之间劳动分工也存在着不合理性。更严重的是收益分配中的平均主义不断滋生，不仅束缚了广大农民的生产积极性，而且也影响着包括土地在内的各种农业资源的合理有效利用，使农业生产长期处于缓慢发展的状态。

3. 土地家庭联产承包责任制

20 世纪 70 年代末推行的农村土地家庭联产承包责任制是一个非常重要的土地制度变革。在家庭联产承包责任制下，集体仍享有土地的所有权和处分权，承包土地的农户则获得了土地的占有、使用与收益权。尽管农户不享有土地的处分权，但通过土地家庭联产承包责任制的改革，在土地集体所有制下，部分产权权能以经营权的形式回归到农户的手中，这极大地调动了农民劳动生产的积极性，使农业生产迅速摆脱了长期徘徊的局面，实现了经济的巨大增长。总体而言，我国农村土地产权制度的改革虽然有所波折，但基本上是符合产权制度变革方向的，尤其是土地所有权、使用权与经营权的分离更是一个变革的基本趋势。我国农村家庭联产承包责任制的实施初步跳出了土地所有权（即代表所有土地产权）的窠臼，农民开始拥有土地的部分产权（即相对的经营权）以及由此引起的部分收益权。

(二)农村土地承包经营制度

农村土地承包经营制度是指有关以家庭联产承包为主的责任制和统分结合的双层经营体制以及承包的期限、承包土地的调整与收回、土地使用权的流转等方面的内容。

1. 家庭联产承包责任制

我国农村集体经济经营体制是以家庭联产承包为主的责任制和统分结合的双层经营体制。家庭联产承包责任制是以集体经济组织为发包方,以家庭为承包主,以承包合同为纽带而组成的有机整体。通过承包使用合同,把承包户应向国家上交的定购粮和集体经济组织提留的粮款等义务同承包土地的权利联系起来,把发包方应为承包方提供的各种服务明确起来。家庭联产承包责任制的实质是打破人民公社体制下土地集体所有、集体经营的旧的农业耕作模式,实现土地集体所有权与经营权的分离,确立在土地集体所有制基础上以户为单位的家庭承包经营的新型农业耕作模式。

针对农村家庭联产承包责任制,绝大部分地区采用的是包干到户的形式,它是我国农村集体经济的主要实现形式,主要生产资料仍归集体所有,在分配方面仍实行按劳分配原则,在生产经营活动中,集体和家庭有分有合。家庭联产承包责任制的实行取消人民公社,且没有走土地私有化的道路,而是实行以家庭联产承包为主,统分结合,双层经营,既发挥集体统一经营的优越性,又调动农民生产的积极性,是适应中国农业特点和当前农村生产力发展水平及管理水平的一种较好的经济形式。家庭联产承包责任制是中国农民的伟大创造,是农村经济体制改革的产物,它极大地改变了中国农业生产和农民生活方式,被邓小平同志誉为中国农村改革与发展的"第一次飞跃"。

2. 土地承包经营权期限

《中华人民共和国民法典》规定了关于土地承包期,其中:耕地的承包期为三十年;草地的承包期为三十年至五十年;林地的承包期为三十年至七十年;特殊林木的林地承包期,经国务院林业行政主管部门批准可以延长。土地承包经营权人依法对其承包经营的耕地、林地、草地等享有占有、使用和收益的权利,有权从事种植业、林业、畜牧业等农业生产。

3. 土地承包经营权互换、转让

土地承包经营权可以采取互换、转让方式进行流转,进行互换、转让的,当事人双方应当签订书面合同。

(1)互换是指基于需要,土地承包经营权可以在不同的土地承包经营权人之间互换。土地承包经营权人之间为方便耕种或者各自需要,可以对属于同一集体经济组织的土地的承包经营权进行互换。

(2)转让即土地承包经营权具有可让与性,如果土地承包经营权人有稳定的非农职业或者有稳定的收入来源,经土地所有权人同意,可以将全部或者部分土地承包经营权转让给其他从事农业生产经营的农户,由该农户与土地所有权人确立新的承包关系,原土地承包经营权人与土地所有权人在该土地上的承包关系即行终止。

采取互换方式流转的,应当报土地所有权人备案;采取转让方式流转的,应当经土地所有权人同意。土地承包经营权采取互换、转让方式流转,受让一方对土地承包经营权的取得是继受取得，而不是原始取得。土地承包经营权的原始取得，是农民家庭通过承包经营合同的设立而取得的，法律规定应当进行登记。对于通过互换或者转让继受取得土地承包经营权的，也应当向登记机构申请登记，如果未经登记，也取得该物权，不得对抗善意第三人。

四、农村公益性公共设施用地管理制度

（一）公益性公共设施用地的概念

乡（镇）村公共设施、公益事业建设用地是指农村基层政权组织及其农业集体经济组织为兴建各项生产、生活及社会服务设施和兴办各项公共福利事业的需要而依法使用的农村集体土地，村集体经济组织依法对用于本集体经济组织公益性活动和建设公共设施的非农用地享有土地使用权。

依据《中华人民共和国土地管理法》第六十一条的规定，乡（镇）村公共设施、公益事业建设需要用地的，必须依法提出申请，并按规定的批准权限取得批准。乡村公共设施和公益事业主要指乡村行政办公、文化科学、医疗卫生、教育设施、生产服务和公用事业等，如乡（镇）政府、村民委员会公安、税务、办公用地，医院、敬老院以及乡村级道路、供水、排水、电力、公共厕所等用地。按本法规定，乡村公共设施、公益事业符合土地利用总体规划，经过批准可以使用农村集体的土地。

依法审批后，经农村集体经济组织拨付，用地申请人取得乡村公益用地使用权，若用地申请人为农村集体经济组织的，不经拨付径自取得乡村公益用地使用权。乡村公益事业用地使用权人对土地享有占有权和使用权，非农公益性用地使用权人不得擅自改变土地用途，不得擅自将土地用于经营性活动，不得将土地使用权转让、出租或抵押。

（二）用地审批程序

《中华人民共和国土地管理法》对乡（镇）村企业建设用地，乡（镇）村公共设施、公益事业建设用地，农村村民宅基地等农村集体建设用地的审批权限分别进行了规定，一般情况下，除涉及占用农用地外，按照省级人民政府规定的批准权限，由县级或者县级以上地方人民政府批准。农村公益性建设用地审批程序主要分为以下两个步骤。

1. 申请

乡（镇）村公共设施、公益事业建设，需要使用土地的，建设单位首先向其所在地的乡级人民政府提出申请。经乡（镇）人民政府审核，向县级以上地方人民政府相关部门正式提出申请，且用地单位应按规定填写建设用地用地申请表。

2. 审核

县级地政部门依据乡（镇）计划控制指标和乡（镇）村建设规划，会同有关部门安排适宜的地址，并依法对该申请及提交的有关资料进行审查、核实，并提出审查意见。相关部门审核后，应分情况上报，涉及占用农用地的，逐级上报省级人民政府批准；占用其他土地的，按照省级人民政府规定的批准权限，逐级上报有批准权限的地方人民政府批准。

第五节　土地征收制度

一、土地征收制度概述

（一）土地征收的概念、原则与特征

1. 土地征收的概念

土地征收是指国家为了公共利益的需要，依法将农民集体所有的土地强制地转为国有土地的行为；土地征用是指国家为了公共利益的需要，依法强制使用集体土地，在使用完毕后再将土地归还集体的一种行为，类似于临时使用土地。征收与征用是两个不同的法律概念，既有共同之处，也有不同之处。共同之处在于，二者都是为了公共利益的需要，都要经过法定程序，都要依法给予补偿。不同之处在于：征收主要是所有权的改变，是国家将集体土地强制地征归国有，不存在归还的问题；征用只是使用权的改变，是国家强制地使用集体土地，被征用的集体土地使用完毕后，应当返还被征用人。

2004 年之前，我国在法律上没有区分“土地征收”与“土地征用”两种不同情形，统称为“土地征用”。2004 年 3 月 14 日第十届全国人民代表大会第二次会议通过《中华人民共和国宪法修正案》，将宪法第十条第三款“国家为了公共利益的需要，可以依照法律规定对土地实行征用”修改为“国家为了公共利益的需要，可以依照法律规定对土地实行征收或者征用并给予补偿”。

2. 土地征收的原则

为了防止土地的滥征滥用，在征收土地时，必须遵循以下原则。

1)节约用地原则

国家征收土地，要注意节约用地。各级人民政府和土地管理部门应当严格掌握用地控制指标，应当根据建设项目的性质和规模，确定征收土地的面积，不得多征、早征。国家建设征收土地，应当依据土地利用总体规划和城市规划，合理确定建设用地的位置。凡是有荒地可以利用的，不得占用耕地。在确定占用耕地时，凡是有可能利用劣地的不得占用好地。

2)兼顾各方利益原则

在征收土地时，要注意处理好各方面的关系，做到兼顾国家、集体和个人的利益。首先，被征收土地的农村集体经济组织要维护国家利益，服从国家建设需要，协助国家顺利实现土地征收。相应地，国家也要给予被征收土地的农村集体经济组织适当补偿，对因征收土地而受损失的个人给予妥善安置和补助。

3)谁使用谁补偿原则

征收土地时要做到谁使用土地谁进行补偿的原则，土地征收的补偿，不是由国家支付，而是由用地单位支付。国家并不直接使用所征收的土地，也不因建设项目而受益，用地单位则兼具这两个因素，由其支付征收土地补偿是合理的。用地单位必须按法定的标准，向被征收土地的农村集体经济组织给予补偿。

4)妥善安置被征主体原则

土地征收意味着农民集体土地所有权的丧失,也即农民对土地的使用所产生价值的丧失,故用地单位应当根据国家法律规定,妥善安排被征地单位和农民的生产和生活,妥善安排被征地单位,妥善安置被征地农民,对因征地给农民造成的损失要进行相应的补偿和补助。

5)保证国家建设原则

对于国家建设征收土地,被征地单位必须无条件服从,征收土地是国家政治权力的行使,且是为了维护社会的公共利益。社会公共利益是一国的最高利益,是全体人民共同利益的体现,私人行使权利不得违背社会公共利益,而且在与社会公共利益相抵触时就得对私人利益加以限制以维护社会公共利益。国家建设即是社会公共利益的体现,因此,应在贯彻节约土地、保护土地的前提下保证国家建设用地。

6)十分珍惜、合理利用土地和切实保护耕地原则

我国人口众多,耕地数量少并且在某些地区又存在严重浪费。随着人口的逐年增长,为防止我国耕地进一步减少,土地管理法规定要十分珍惜和合理利用每寸土地,切实保护耕地。各级人民政府应当采取措施,全面规划,严格管理,保护开发土地资源,制止非法占用土地的行为。

3. 土地征收的特征

1)主体是国家

我国宪法规定:“国家为了公共利益的需要,可以依照法律规定对土地实行征收或者征用并给予补偿。”土地征收的主体只能是国家,其他任何组织和个人均不得享有土地征收权。一方面,只有国家才能够利用公共权力对集体或他人财产进行干预,甚至将其所有权进行强制性移转。另一方面,“为了公共利益的需要”是土地征收的正当性理由,而国家及相关政府部门正是公共利益的唯一合法代表。

2)客体是集体土地

根据《中华人民共和国民法典》规定,土地征收的对象包括集体所有的土地及其上权利和单位、个人的房屋及其他不动产。我国社会主义公有制性质决定土地所有权只能归属于国家或农民集体。《中华人民共和国宪法》《中华人民共和国土地管理法》规定,城市的土地属于国家所有;农村和城市郊区的土地属于集体所有,法律另有规定属于国家所有的除外;宅基地和自留地、自留山也属于集体所有。因此,国家征收土地的对象只能是集体所有的土地。当土地所有权收归国有后,原存在于土地上的用益物权,如土地承包经营权、宅基地使用权,则归于消灭;原建筑于其上的住宅或其他房产,根据“房随地走”的原则亦应一并征收。

3)土地征收的目的是公共利益之需

《中华人民共和国民法典》规定:“为了公共利益的需要,依照法律规定的权限和程序可以征收集体所有的土地。”《中华人民共和国土地管理法》规定:“国家为了公共利益的需要,可以依法对集体所有的土地实行征收。”公益性目的是我国土地征收制度正当性的唯一目的,但由于法律未对公共利益进行具体化的规定,“公益性目的”在法律概念上具有高度的抽象性和内容的不确定性,在土地征收的实践中变成了一个较为模糊的概念,并影响土地征收的范围标准。

4)土地征收是移转土地所有权的行为

土地征收与土地征用内涵并不相同,征收与征用最大的区分就在于是否发生了所有权的移转。征收作为政府的行政行为,其引起了所有权的变动,即原土地所有人的所有权消灭,国家依法原始取得该土地的所有权。剥夺所有权引起的权利或财产的损失是征收问题的关键,如果不发生土地所有权的移转,仅是对土地的使用权进行一定限制,则不属于征收行为。

5)土地征收具有强制性

在征收土地过程中,国家与集体经济组织属于管理与被管理的关系。土地征收尽管具有强制性,但政府并非不受监督,被征收人也并非仅处于被动地位,没有任何表达意愿的渠道。行政机关应当充分保护被征收人的参与权,依法公告征地有关事项,聆听并认真研究被征地农村集体经济组织、农村村民或者其他权利人对征地补偿、安置方案的不同意见。集体经济组织可依法对政府的违法征收行为提起行政复议或行政诉讼。

6)土地征收具有补偿性

在土地征收的过程当中,对被征地单位和农民进行征收补偿尤其重要,征收补偿应当至少是被土地征收的对价。农民集体所有土地作为集体经济组织成员的基本生产资料,一旦被国家征收,将直接威胁其基本生存和生活水平,只有合理地安置补偿,才能够保障被征地农民的合法权益,并且要求国家在补偿过程中一定要兼顾农村集体经济组织和农村村民的眼前利益和长远利益,并通过直接补偿措施和间接补偿措施使失地农民眼前能够生存、长远能够发展。

(二)征地范围

1.征地范围

2011年国务院常务会议通过的《国有土地上房屋征收与补偿条例》规定:"为了保障国家安全、促进国民经济和社会发展等公共利益的需要,有下列情形之一,确需征收房屋的,由市、县级人民政府做出房屋征收决定:(一)国防和外交的需要;(二)由政府组织实施的能源、交通、水利等基础设施建设的需要;(三)由政府组织实施的科技、教育、文化、卫生、体育、环境和资源保护、防灾减灾、文物保护、社会福利、市政公用等公共事业的需要;(四)由政府组织实施的保障性安居工程建设的需要;(五)由政府依照城乡规划法有关规定组织实施的对危房集中、基础设施落后等地段进行旧城区改建的需要;(六)法律、行政法规规定的其他公共利益的需要。"2019年《中华人民共和国土地管理法》对土地征收的范围进行了一定的完善,但基本沿用以上规定。

《中华人民共和国宪法》和《中华人民共和国民法典》均明确规定国家实施土地征收必须是"为了公共利益的需要"。公共利益通常是指全体社会成员的共同利益和社会的整体利益,但是其在法律上并无明确界定。一般认为,公共利益是指有关国防、教育、科技、文化、卫生等关系国计民生的利益,其无法在市场中自动实现,需要通过政府的行政行为完成。土地征收虽具有强制性,但并不意味着可以任意为之,否则就是对土地所有者利益的侵害。政府只有在公共利益需要时才有权行使土地征收权,也就是说,公共利益是政府行使土地征收权的依据和界限,是行使土地征收权的正当性和合法性的前提。征收土地的情况基本可以分为两类:一类是城市建设需要占用农民集体所有的土地,另一类是城市外能源、交通、水利、矿山、军事设施等项目建设占用的集体土地,这两类均需办理征收土地手续。

2. 征地审批权限

《中华人民共和国土地管理法》和《中华人民共和国土地管理法实施条例》明确规定了征地的审批权限，主要包括以下方面：

（1）基本农田、基本农田以外的耕地超过三十五公顷的、其他土地超过七十公顷的，由国务院批准；

（2）征收征用国务院批准权限以外其他土地的，由省、自治区、直辖市人民政府批准，并报国务院备案；

（3）征用农用地的，按照《中华人民共和国土地管理法》中的规定办理农用地转用审批。其中，经国务院批准农用地转用的，同时办理征地审批手续，不再另行办理征地审批；经省、自治区、直辖市人民政府在征地批准权限内批准农用地转用的，同时办理征地审批手续，不再另行办理征地审批；超过征地权限的，应报国务院审批，办理征地审批手续。

二、土地征收程序

2019 年《中华人民共和国土地管理法》明确规定将原来土地征收的“告知、确认、听证”三步程序调整为“调查、评估、公告、听证、登记、协议”六步程序。规定在土地现状调查等相关前期工作完成后，县级以上地方人民政府方可申请征收土地；被征收土地所在市、县人民政府在收到征收土地方案后，需以书面形式或其他形式进行公告，包括征收土地公告、征地补偿安置方案公告等。在征地依法报批前，要将拟征地的用途、位置、补偿标准、安置途径告知被征地农民；对拟征土地现状的调查结果须经被征地农村集体经济组织和农户确认；确有必要的，国土资源部门应当依照有关规定组织听证，并且要将被征地农民知情、确认的有关材料作为征地报批的必备材料。

根据《中华人民共和国土地管理法》和有关规定，土地征收程序如下：

1. 调查

开展拟征收土地现状调查。征收土地实施单位对拟征收土地的现状进行调查，并将调查结果告知被征收土地农村集体经济组织和农民。

2. 评估

开展社会稳定风险评估。更加注重征地项目合法性评估；积极探索征地项目合理性评估；完善征地项目可行性评估；细化征地项目安全性评估以及强化征地项目可控性评估。

3. 公告

将征收范围、土地现状、征收目的、补偿标准、安置方式和社会保障等在拟征收土地所在的乡（镇）和村、村民小组范围内公告至少三十日，听取被征地的农村集体经济组织及其成员、村民委员会和其他利害关系人的意见。

4. 听证

多数被征地的农村集体经济组织成员认为征地补偿安置方案不符合法律、法规规定的，县级以上地方人民政府应当组织召开听证会，并根据法律、法规的规定和听证会情况修改方案。

5.登记

拟征收土地的所有权人、使用权人应当在公告规定期限内，持不动产权属证明材料办理补偿登记。

6.协议

县级以上地方人民政府应当组织有关部门测算并落实有关费用，保证费用足额到位，与拟征收土地的所有权人、使用权人就补偿、安置等事项签订协议；个别确实难以达成协议的，应当在申请征收土地时如实说明。

三、土地征收补偿标准

（一）征地补偿标准

土地的补偿范围和补偿、补助标准的确定，是征地工作的主要内容，也是一项难度较大的工作，涉及国家、集体、个人的利益。土地征收要依据兼顾国家、集体和个人利益的原则，依法确定征收补偿标准和程序的原则，妥善安排群众生产生活的原则以及征地费用公平合理的原则进行开展，其最基本的准则是被征地单位或农民生活水平不降低，长远生计有保障。需要强调的是，征地告知后，在拟征土地上抢栽、抢种的青苗和抢建的附着物，一律不进行补偿。

《中华人民共和国土地管理法》强调，征收土地应当依法及时足额支付土地补偿费、安置补助费以及农村村民住宅、其他地上附着物和青苗等的补偿费用，并安排被征地农民的社会保障费用，县级以上地方人民政府应当将被征地农民纳入相应的养老等社会保障体系。

征收农用地的土地补偿费、安置补助费标准由省、自治区、直辖市通过制定并公布区片综合地价确定。制定区片综合地价应当综合考虑土地原用途、土地资源条件、土地产值、土地区位、土地供求关系、人口以及经济社会发展水平等因素，并至少每三年调整或者重新公布一次。

征收农用地以外的其他土地、地上附着物和青苗等的补偿标准，由省、自治区、直辖市制定。对其中的农村村民住宅，应当按照先补偿后搬迁、居住条件有改善的原则，尊重农村村民意愿，采取重新安排宅基地建房、提供安置房或者货币补偿等方式给予公平、合理的补偿，并对因征收造成的搬迁、临时安置等费用予以补偿，保障农村村民居住的权利和合法的住房财产权益。

征地补偿费主要包括以下几方面：

1.土地补偿费

土地补偿费是征地补偿费的主要部分，是指国家在征用土地时，为补偿被征地和原土地使用人的经济损失而向其支付的款项。征收耕地的土地补偿费为该耕地被征用前三年平均年产值的6至10倍，其支付对象为农民集体经济组织。

2.安置补助费

安置补助费是指国家在征用土地时，为了安置以土地为主要生产资料并取得生活来源的农业人口的生活所给予的补助费用。按需要安置的农业人口数计算，每一个需要安置的农业人口的补偿费标准为该耕地被征用前三年平均年产值的4至6倍，但每公顷被征用耕地的安置补助费最高不得超过被征用前三年平均年产值的15倍。安置补助费支付对象为：由农村经济集体组织安置的人员，由农村集体经济组织管理和使用；由其他单位安置的人员，支付给安置单位；不需要统一安置的人员，发给个人。

3. 地上附着物和青苗补偿费等

地上附着物和青苗的补偿费标准由省、自治区、直辖市规定。地上附着物是指依附于土地上的各类地上、地下建筑物和构筑物，如房屋、水井、地上（下）管线等，青苗是指被征收土地上正处于生长阶段的农作物。地上附着物和青苗补偿费的支付对象为地上附着物和青苗补偿费的所有者。

4. 临时用地补偿

临时用地补偿按该耕地前三年平均年产值逐年给予补偿。

《国务院关于深化改革严格土地管理的决定》中明确提出土地补偿费和安置补助费的总和达到法定上限，但尚不足以使被征地农民保持原有生活水平的，当地人民政府可以用国有土地有偿使用收入予以补贴。省、自治区、直辖市人民政府要制订并公布各市县征地的统一年产值标准或区片综合地价，征地补偿做到同地同价。

（二）征地补偿纠纷及解决方式

征地补偿纠纷是指在征地的过程中所产生的争议与纠纷，其主要包括征地标准争议、征地补偿费用分配纠纷以及征地信息公开纠纷三种类型。

其中，补偿标准争议是由征地补偿标准引发的矛盾争议，对于此种争议，应当先由县级以上政府协调，协调不成的，由批准征用土地的人民政府裁决；补偿费用分配纠纷是由补偿费用分配事项引发的纠纷，其性质为民事纠纷，当事人为村委会或农村集体经济和村民，当事人可以通过民事诉讼解决；而征地信息公开纠纷，属于行政争议，当事人可以通过行政复议和行政诉讼的方式解决。

四、中外土地征收制度对比

（一）土地征收的目的与范围

世界各国都把土地征收的目的限定于公共目的或公共利益，即只有在出于公共利益的情况下，国家才有可能进行土地征收。这也是防止公共权力无限扩大而损害私人财产权益的一种关键措施。由于社会制度、历史和文化背景不同，不同国家对“公共利益”形成了不同的认识。“公共利益”的多种定义体现了每个社会私有土地拥有者的权利与公共土地需求两者之间的平衡关系。

界定公共利益的方式主要有两种，即列举式和概括式。列举式是在与土地征收有关的法律中详尽地列出在哪些“公共利益”的情况下才能发动征收权，最典型的是日本、韩国、印度、波兰等。列举式的国家分两种情况：一是以日本为代表的国家，在土地征收有关的法律法规中“穷尽性”地列出了所有 35 种可以进行土地征收权的“公益事业”，并且几乎每种“公益事业”均相应有一部法律来约束，政府没有任意行政权，没有超法律限制，没有特殊条款或保留条款，在这种情况下，不可能出现“因公之名”而为私益发动征收权的现象。二是以中国台湾地区为代表的情况，在土地法中列出 12 种可以发动土用权的条件，但没有“穷尽式”地列举，有保留条款或特殊条款，即11条规定的“其他以公益为目的的事业”，这种范围可宽可窄，有一定的自由裁量权。

概括式是在与土地征收有关的法律法规中仅原则性地规定“只有出于公共利益方可发动土地征收权”，但到底哪些属于“公共利益”未加以明确界定，如澳大利亚、美国等。在概括式的国家，也不存在“因公之名”而为私益（或部分公益部分私益）进行土地征收的可能。实行概括式的国家，通过议会法律来规定何者为公共利益，如澳大利亚规定，“公共目的”是指议会有权力制定法律来限定的与国家土地有关意图的任何目的，或是通过法院来判决土地征收是否符合“公共利益”。

依据《中华人民共和国土地管理法》的规定，土地征收的理由只能是为了公共利益目的，私人或商业用地建设是不能通过征收集体土地进行的。但是“国有土地和农民集体所有的土地，可以依法确定给单位或者个人使用。使用土地的单位和个人，有保护、管理和合理利用土地的义务”。也就是说法律并未限定死“任何单位和个人进行建设需要使用土地的，如商业用地，不得使用土地征收手段”。这就导致为了非公共利益的需要而征地的现象存在。由于缺乏对公共利益的清晰界定，在现实中，经常被人提到的公共利益是广义的，根据这个从而演变出大量土地被披着公益外壳的商业性用途征用、征收。有些地方行政部门仅仅为了短期利益，无视地方发展的可持续性，与房地产开发商合作获得差价利润，而农民作为土地的所有人，其获得的补偿低于本来生活水平，除此之外存在个别地方政府对政绩过分看重，不注重公益内涵，错用滥用征地，导致耕地荒漠化、耕地土质受损现象产生，并且城乡联合开发非法占用土地，使农民的合法权益受到严重伤害。

（二）土地征收补偿

土地征收补偿是直接关系到被征地者经济利益的敏感问题，甚至直接关系到补偿的公平性和土地征收工作能否顺利进行，因此能否正确合理地处理征收补偿问题，是一个国家或地区土地征收制度发展完善与否的标准之一。

从具体情况来看，一些国家或地区，如美国、加拿大、英国、法国和中国香港等，是站在被征地者利益的角度上进行补偿的，对由于征地造成的当前和将来的以及相关的利益损失进行相当于被征收土地市场价格的赔偿；而另一些国家则是通过立法来控制补偿价格，如新加坡是以规定的市场价格中较低者为标准进行补偿。瑞典的土地征收补偿是以10年以前的土地价格为准。有的国家对于原业主不做迁移的地上物，以及对相关和相邻业主造成经济上、使用上、就业上的损害，也都列为补偿范围。此外，如果业主希望自己迁移地上物，则迁移费也属于补偿范围。这种相关补偿的全面程度也是反映一个国家或地区征收补偿是否合理、公平的重要方面。

从各国以及地区情况来看，土地征收补偿标准大致可分为三类：①按市场价格补偿，即以被征收土地征收时在公开市场上能得到的出售价格为补偿标准，例如英国、美国、中国香港等。②按裁定价格补偿，即按估价机构裁定或估定的价格补偿，如法国以征收土地周围土地的相关价格或所有者纳税时的申报价格为参考，由征收裁判所裁定补偿标准。③按法定价格补偿，即按法律规定的基准地价或法律条文直接规定的标准补偿，前者如韩国，执行公示地价的地域，土地补偿额以公示的基准地价为准；后者如瑞典，对土地征收补偿价格的计算以10年前该土种的价格为准。

我国土地征收补偿是按照"产值倍数法"来确定补偿的，补偿原则是"维护农民原有的生活水平不降低"。征地补偿费用包括土地补偿费、安置补助费以及地上附着物和青苗补偿费等。

最新《中华人民共和国土地管理法》规定，征收农用地的土地补偿费、安置补助费标准由省、自治区、直辖市通过制定并公布区片综合地价确定，制定区片综合地价应当综合考虑土地原用途、土地资源条件、土地产值、土地区位、土地供求关系、人口以及经济社会发展水平等因素。改变了原有的"按照被征收土地的原用途给予补偿"原则，原有规定中"被征收土地的原用途"即是指农业生产收益，与二、三产业相比农业收益明显偏低，故对农民支付的土地补偿费和安置补助费必然要低得多，这对农民是不公平的，其实质是对农民的一种低价掠夺，因此本次征地补偿的标准的修订进一步完善了我国的征地补偿制度。并且，现有规定中"农民生活水平不降低，长远生计有保障"相较于原有的"维护农民原有生活水平"的补偿原则是比较合理的。因为，对农民而言，土地是他们借以长期发展的生产资料，一旦失去土地，就失去了作为农民的生产权，即由农民转化为了市民，城乡生活差异和就业形式的改变使他们的生活方式发生了根本改变，故"维护其原有生活水平"根本就无从谈起。但是，我国的土地征收补偿中没有涉及诸如残余损失补偿、经营补偿、生活方式改变带来的精神补偿等，这尚待进一步发展完善。

（三）土地征收程序

除基本的土地征收申请、土地现状调查等活动外，国外土地征收程序主要包括征收土地的公告或通知、被征收土地权利人参与土地过程的透明程序以及申诉程序三个步骤。

以加拿大和美国的土地征收程序为例，加拿大的征地程序主要为：①征地者向征地审批机构提出申请；②征地者通知被征收地的所有者；③当地媒体上发布公告；④审批机构派调查员调查；⑤发送审批证明；⑥土地所有者申请补偿；⑦与征地者达成补偿协议；⑧征地者进入土地等。

美国征地程序主要为：①审核员在征得土地所有者同意后进行被征土地调查、汇总并提交审核报告给负责征地的机构；②高级督察员进一步研究能否同意审核员提交的报告中的补偿价格；③征地机构向土地所有者报价，若产权人与政府机关间有分歧则进行谈判；④达到新的补偿价格；⑤若仍不能达成一致意见，政府及有关机关可实施强制征收。

最新《中华人民共和国土地管理法》将土地征收程序由原来土地征收的"告知、确认、听证"三步程序调整为"调查、评估、公告、听证、登记、协议"六步程序。我国现有的土地征收程序改变了以往土地征收过程中被征地者参与度低，征收者在土地征收过程中不能充分表达自己意见以及土地征收程序不透明等。纵观我国法律规定的土地征收程序，不难发现我国的土地征收程序仍欠缺征地是否符合公益目的的审查程序。无论是《中华人民共和国宪法》还是《中华人民共和国土地管理法》皆规定了土地征收只能是出于公共利益目的，但是这一规定却缺乏程序保障。《国土资源听证规定》指出："土地主管部门在报批非农业建设占用基本农田方案之前，应当书面告知当事人有要求举行听证的权利。"但是听证是否包含对农用地转用公益目的要件的确认，该规定并未说明。

除此以外，我国现有征地程序对行政机关的监督机制并不完善。政府是我国的行政机关，它既是土地征收的决定者，也是土地征收的执行者，其在土地征收的过程当中，有着绝对的优势地位。只有对政府进行严加监督，才能够防止权力的滥用和误用。目前我国的土地立法并没有规定必要的监督机制，在土地征收过程当中的环节和问题，都是由政府机关自主决定的，若缺少对行政机关的必要监督，就会导致权力的膨胀。没有监督机制可能会导致违法征地行为大量发生，使集体和个人的合法权益受到侵害，也会带来行政权力的泛滥，阻碍政府和人民之间和谐关系的构建，同时也不利于社会的稳定和社会的繁荣发展。

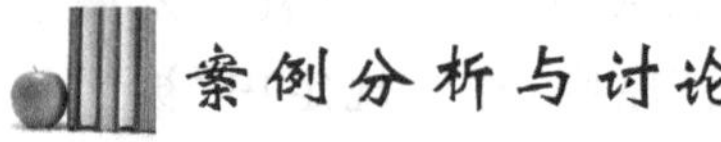

案例分析与讨论

以下为德国、美国、英国和日本关于土地征收补偿的几个经典案例，这里将这些经典案例进行总结并做简要分析。

一、经典案例描述

德国磨坊的故事

号称"军人国王"的普鲁士国王弗里德里希被德意志各邦君主拥立为德国皇帝，深受人民群众爱戴(其助手就是铁血宰相俾斯麦)。当年他在距离柏林不远的波茨坦修建了一处行宫，有一次这位皇帝登高远眺波茨坦市的全景，却被附近的一座磨坊挡住了。于是，他派人前往同磨坊主商量，希望能够买下这座磨坊。然而，该磨坊主声称，这座磨坊是从祖上传下来的，不能败在自己手中，坚决不卖。皇帝多次派人协商，许以高价，然而该磨坊主就是不卖。后来，皇帝派人将磨坊给拆掉了。第二天，该磨坊主在当地将皇帝告上了法庭，地方法院受理了该案件并判决皇帝败诉。判决皇帝必须"恢复原状"并赔偿由于拆毁磨坊给磨坊主造成的损失。皇帝没有办法，只好执行，恢复了磨坊并给了磨坊主一定的赔偿。后来，该皇帝和磨坊主都过世了。新皇帝和小磨坊主继承了王位和磨坊。小磨坊主想进城，就想把这个磨坊卖掉。于是就想到了原来的老买主，便给新皇帝写信。然而，新皇帝并没有同意买下，而是给他回了信："我亲爱的邻居，来信已阅。得知你现在手头紧张，作为邻居我深表同情。你说你要把磨坊卖掉，朕以为期期不可。毕竟这座磨坊已经成为我德国司法独立之象征。理当世世代代保留在你家的名下。至于你的经济困难，我派人送去三千马克，请务必收下。如果你不好意思收的话，就算是我借给你的，解决你一时之急。"这座磨坊虽然过去很多年，经历了许多个统治者，到现在仍然作为德国司法独立的象征，屹立在德国的土地上。

美国"拥有自己的橡树"的故事

在美国一座不大不小的城市，有一条名为"Flynt Street"的街道，该街道为双车道。在这条街与另一条街相交的地方有一棵参天大树，长在路边，围着大树有一圈栅栏，占掉了街道的一个车道。来往车辆到这个地方需要先停下来看看对面是不是有车，等对面没有车的时候才能够通过。这棵大树为什么占了一个车道而不被砍掉或移植到其他地方呢？因为这是一棵"拥有自己的橡树"。为什么会这样？据说，在近200年前，该城一居民后院有一棵老橡树，给了他很大乐趣。在他老的时候，考虑到过世之后不知道人们会如何对待这棵橡树，就在遗嘱中把这棵树的所有权连同树下八英尺(2.44米)半径的土地赠送给了这棵树。这份遗嘱在本城政府登记有效。一个世纪前，这棵树被大风刮倒了，本城一个妇女园艺组织用老橡树的种子培育了一棵树苗栽种在原来的地方，经过一个多世纪，这棵小树苗也已经成为参天大树。老橡树对自己的所有权在小橡树那里得到了"继承"。后来，修建道路要通过该橡树所在的土地，但是当地居民认为，这条街道交通所受影响的公共利益，在质和量上没有压倒这棵橡树的财产权。任何人没有权利为任何理由，剥夺这棵橡树对自己的所有权。

日本的成田机场案

1966年6月，当时的日本内阁决定，为修建东京成田机场跑道，把宫内厅下属的皇室牧场所在地的千叶三里冢芝崎地区作为机场候选地，但是原有的皇室牧场只占机场用地不到一半的面积，需要另外大量征地。在7月4日的内阁会议上，内阁做出了修建成田机场的计划，由于日本早在1951年就通过了《土地征用法》，授权政府在修建公共设施时向社会征用土地，所以内阁没有与公众协商。7月20日，三里冢农民成立了机场反对同盟。1971年2月22日，政府开始了第一次强制征地行动，反对同盟成员与警察发生冲突；9月16日，日本政府第二次强制征地，反对同盟成员与警察再次发生冲突，造成双方许多人员伤亡，其中3名警察死亡。政府凭借《土地征用法》强行征用了建设1号跑道及配套设施所需要的土地，并最终在1978年建成投入使用。1985年10月20日，因反对机场二期工程建设，反对同盟成员在三里冢第一公园进行集会，约有3900人参加，警方派出四个机动队包围了现场，警视厅航空队还派出直升机巡逻。冲突最终发生，恶斗持续了两个多小时。有59名警察受伤，3台装甲车被严重损毁，反对同盟有241人被逮捕。为了寻找出路，从1990年开始日本内阁开始了与反对同盟成员对话、和谈。经过多次讨论，逐步达成和解。1995年，当时的日本首相村山富市向机场反对同盟谢罪，赢得了部分人心。内阁政府看到反对同盟内部瓦解，迫不及待地于1999年开始修建2号机场跑道。2号机场跑道是在没有与所有被征地农民达成协议的条件下动工开建的，机场南端仍然有7户农家尚未同意政府的征收。这7户农民拒绝了政府和成田机场公司所有的和谈请求，迫使2号机场跑道比原计划向北移动了800米，并缩短了320米，给起降前后的飞机来往候机楼造成了极大的不便，而且改变后的跑道还触及已经运行的国道干线隧道。由于改变2号机场跑道位置，不仅花费了大量的时日，而且多耗费了大量资金。2005年7月15日，日本政府放弃谈判，日本成田机场的建设计划终止，只建成了一个存在缺陷的机场。日本的这项征地计划不仅耗费了40年，而且还没有完全实施。

苏格兰农场主对抗美国地产大亨

2003年，美国纽约地产大亨特朗普计划投资10亿英镑在苏格兰东海岸建一座世界顶级的高尔夫球场，还计划建设一座8层的五星级酒店、36栋豪华别墅、500套私人高档住宅和950间度假公寓。特朗普是在欧洲进行了广泛的考察后才选定这个“最理想的地方”的，英国政府和当地政府都非常欢迎和支持特朗普的这项投资计划。然而，这项投资计划却在一个农场主福布斯那里受阻了。福布斯的农场位于开发区的中心，大约有23公顷，就在规划的高尔夫球场的第二个洞和豪华酒店的中间。福布斯世世代代生活在此，对特朗普提出的45万英镑的报价一口回绝，后来特朗普又提出了一份年薪5万英镑的终身工作岗位，还承诺照顾他的母亲，但福布斯态度依然坚决，不接受任何谈判。这项计划由于福布斯被搁浅了4年。福布斯在这4年中还在世界各地到处寻求声援。后来，当地的环境保护人士也强烈反对特朗普的开发计划，因为该区域内风景独特，有获得苏格兰自然遗产的绵延沙丘，有多种珍稀鸟类。2007年11月29日，特朗普的开发计划被当地议会否决。官方对此做出的解释是:“旅游业或许能带来6000个工作机会,但是议会认为,先要保护那里的鸟类和人民自由栖息。”最终,这位苏格兰农场主“打败”了地方政府,也“打败”了美国的地产大亨。

美国的凯洛诉新伦敦市案

新伦敦市位于美国东北部的康涅狄格州,曾经是美国海军的一处基地,该城市的经济活力主要来自于此。1996年,美国联邦政府裁军的时候关闭了这个基地,解雇了1500名雇员,该市失去了经济支柱,迅速走向萧条。1998年,该市的失业率达到州平均失业率的2倍,人口大量流失,只剩下2万多人。面对这种困境,州政府和市政府开始考虑重新规划原海军基地所在地区的发展。随后,康涅狄格州政府批准新伦敦市发行535万美元的债券,资助一个民间的非营利组织新伦敦开发公司的经济规划活动;同时,发行1000万美元的债券,计划在原海军基地的地区建立一个州立公园和博物馆。同年2月,美国的辉瑞公司宣布计划在州立公园附近投资3亿美元建立一个研发机构。当地政府官员希望该研发中心能够像当年的海军基地一样带来就业机会,重振经济。接着,为了配合辉瑞公司研发中心的建立,新伦敦市开发公司重新进行规划,计划建立一座酒店、一个会议中心、一个州立公园,80～100幢民居和其他一些商用大楼。2000年,市政府批准了新伦敦市开发公司的开发计划。这片土地大约90英亩(大约合36.42公顷),涉及115户居民和商家。新伦敦开发公司计划将这片土地全部买下,但是其中的15户居民不肯卖,因为他们有的世代生活在这个地方,并打算继续生活在此。对于这15户居民,新伦敦市政府打算动用“征用权”,强行征收15家“钉子户”的土地和房屋。15户居民的9户成为本案的原告,以苏珊·凯洛为代表。他们先是把新伦敦市政府告上了康涅狄格州法院,他们控告的依据是新伦敦市政府滥用“征用权”,因为新伦敦市开发公司是一家公司,其开发计划不是“公用”。然而,康涅狄格州没有支持原告方。后来,凯洛等将新伦敦市告到了美国联邦最高法院。2005年2月2日,美国联邦最高法院进行了口头辩论,并在6月23日做出了判决,以5∶4的微弱优势支持新伦敦市政府。该判决结果一出,引起了美国许多州、议员和民众的广泛反对。有人甚至认为这完全是劫贫济富的判决,因为这将不利于弱势群体;有人认为这将导致越来越多的州或地方政府以发展经济为由征用土地。实际上,在该判决之前,美国已经有许多州明确禁止以发展经济为由使用“征用权”:在该判决之后,截止到2007年,美国已经有42个州通过法律来对以经济发展为目的的土地征用进行限制,其中21个州明确禁止了类似凯洛诉新伦敦市案判决的土地征用。虽然美国联邦最高法院支持了新伦敦市的判决,但是原告仍然可以通过索要高价补偿来维护其权利,新伦敦市答应给他们160万美元的补偿,并同意将凯洛的房子移到市中心。然而,由于招商引资失败,凯洛诉新伦敦市案判决两年后,市政府未能够在征用的土地上进行任何开发,2009年11月,辉瑞公司宣布关闭了在新伦敦市的研发中心

二、案例分析和讨论

这些关于土地征收的案例具体到土地征收问题,可以引起很多思考。

第一,土地征收的前提是公共使用还是公共利益,促进经济发展是否可以构成征地的前提。国家或政府进行土地征收所依据的前提,有的国家是公共利益,有的国家是公共使用,公共使用与公共利益不同,但是促进经济发展、促进就业是否就是公共利益或者就是公共使用呢?在凯洛诉新伦敦市案中,这是争论的焦点。在联邦最高法院判决之后,有人就得出了支持

新伦敦市的人所拥有的逻辑是：充作公用＝公共目的＝经济发展＝创造就业和增加税收＝开发商可以征收私人住宅。在日本成田机场的例子中，成田机场使用是否可以等价于公共使用呢？公有事业建设是否就一定是公共使用呢？在苏格兰农场主对抗美国地产大亨的例子中，也涉及当地经济发展的问题，是否就是公共使用呢？在德国磨坊的例子中，皇帝行宫的建设、妨碍皇帝的视线是否也是公共使用的问题呢？

第二，法院与行政权力的关系。如果说征地权是政府的一项权力行使的话，那么公民最后的救助途径是什么？在德国磨坊和美国凯洛诉新伦敦市案中，最后的救助途径是法院。不管法院最终的判决如何，公民至少有通过法院寻求司法救助的途径，如果征地者是政府，当被征地者不同意征地者的征地或补偿时，只能与作为征地者的政府协商或者申请批准征地的上级政府裁决，实际上被征地者没有了任何的司法救助途径。如果被征地者没有任何合法途径可以维护自己的权利时，也只能走向极端以吸引媒体和公众的关注，进而以此获得同情或其他形式的救助。

第三，财产权与国家征用权。这些案例发生的国家都实行的是土地私有制，公众拥有土地所有权，土地是公民的财产，政府一方面保护公民的财产权，另一方面也可以运用征用权征用公民的财产。征用权本身包含“高的”“高于一切之上的权力”“国家对一切财产的支配权”的意思，它意味着政府可以为了公共利益凌驾于一切人之上，对一切财产行使权利。政府之所以拥有这项权利，就是当土地征用或征收与公民的财产权发生冲突、而公民又不愿让渡的时候，政府可动用这项权利强行征收。但是，从“拥有自己的橡树”这个案例来看，似乎保护私人财产比征用权更重要；从凯洛诉新伦敦市案来看，政府虽然可以行使征用权，但是公民仍然拥有就补偿进行谈判的权利。

思考与练习题

1. 我国城市基本土地制度有哪些？
2. 我国农村基本土地制度有哪些？
3. 请你对国内外土地制度进行对比分析并提出自己的见解。
4. 论述我国土地征收制度的概念、程序与补偿标准。

参考文献

[1]卢新海. 城市土地管理与经营[M]. 北京：科学出版社，2006.
[2]卢新海，黄善林. 土地估价[M]. 上海：复旦大学出版社，2010.
[3]刘胜华，刘家彬. 土地管理学概论[M]. 武汉：武汉大学出版社，2005.
[4]毕宝德. 土地经济学[M]. 6 版. 北京：中国人民大学出版社，2010.
[5]陆红生. 土地管理学总论[M]. 北京：中国农业出版社，2002.
[6]朱道林. 土地管理学[M]. 北京：中国农业大学出版社，2007.
[7]周江. 城市土地管理[M]. 北京：中国发展出版社，2007.
[8]曲福田. 土地行政管理学[M]. 北京：中国农业出版社，2011.
[9]王秋兵. 土地资源学[M]. 北京：中国农业出版社，2003.

[10]张绍良,顾和和.土地管理与地籍测量[M].北京:中国矿业大学出版社,2003.
[11]周生路,等.土地评价学[M].南京:东南大学出版社,2006.
[12]王万茂.土地资源管理学[M].2版.北京:高等教育出版社,2010.
[13]吴次芳,宋戈.土地利用学[M].北京:科学出版社,2009.
[14]倪绍祥,等.土地类型与土地评价概论[M].3版.北京:高等教育出版社,2009.
[15]杨文士,焦叔斌,张雁,等.管理学原理[M].2版.北京:中国人民大学出版社,2008.
[16]邵冲.管理学概论[M].4版.广州:中山大学出版社,2008.
[17]邵金菊,孙家良.微观经济学[M].杭州:浙江大学出版社,2010.
[18]吴光华.经济学原理[M].武汉:华中科技大学出版社,2008.
[19]葛洪义.法理学[M].北京:中国政法大学出版社,2008.
[20]魏清沂.法理学[M].兰州:兰州大学出版社,2006.
[21]卓泽渊.法理学[M].4版.北京:法律出版社,2004.
[22]张荣群,袁勘省,王英杰.现代地图学基础[M].北京:中国农业大学出版社,2005.

第二章
土地利用规划与管理

第一节　土地利用规划概述

一、土地利用的概念

土地利用和土地利用规划是两个密切联系的概念，要准确理解土地利用规划的内涵与外延，首先就必须准确界定土地利用的概念。土地利用是土地利用方式、利用程度和利用效果的总称。它是指人类通过一定的行为，以土地为劳动对象或手段，利用土地的特性来满足自身需要的过程。这一过程是人与土地进行物质、能量和信息的交流及转换的过程。

土地利用实质上是一个综合性概念，即指在特定的时间和空间条件下，对土地资源的开发、利用、治理、保护和管理，并通过一系列的合理利用，组织、协调人与资源的关系，以期达到最大生态经济效益的过程。

土地利用既是人类生产和生活的物质基础，也决定着人们在生产生活过程中的社会关系和利益分配机制。具体而言，它既可以是生产性的活动，如种植作物、养殖动物、建造工厂等；也可以是非生产性活动，如修建公园、建造住宅、设立自然资源保护区等。

影响土地利用的因素主要包括自然因素、社会经济因素和人的文化因素。自然因素主要指气候、地形地貌、土壤、水文等，它们很难为人力所改变，我们要尽量在自然条件允许的范围内做到“因地制宜”。社会经济因素主要指社会制度、政策，城市化与工业化，土地所处的位置、交通条件，成本与效益，土地利用现状等。土地所有制和国家的经济政策对土地利用有着巨大影响；位置、交通条件对土地的经济用途、利用方式和利用效益有着重要影响；单位面积投入的成本和取得的收益，也在很大程度上影响着土地利用结构。人的文化因素是指人类的知识水平、科学技术水平，对土地利用的整体性、长远性的认识，它会给土地利用带来深远的影响。因而通过宣传教育，普及科学知识，提高对自然规律和社会经济规律的认识，可以促进对土地资源的合理利用。

土地利用是一个复杂的系统，土地的用途、土地资源的分配、土地利用效益都会随着其影响因素的变化而不断变化。因而，在土地利用的动态过程中，我们必须坚持生态平衡原则、最大经济效果原则和节约原则。尤其是在习近平生态文明思想的指引下，更要处理好土地利用和生态环境保护的关系，实现成本最小化、收益最大化的土地利用目标，做到经济建设与耕地保护统筹兼顾。一个好的土地利用方案应该是：自然因素适宜，经济因素可行，社会因素容许。

二、土地利用规划的概念

何谓土地利用规划？西方学术界把以研究合理组织土地利用为对象的学科称为土地利用规划或土地整治。

在我国，王万茂等结合我国政府主导土地利用的规划实践将土地利用规划定义为：在时空上进行土地资源分配和合理组织土地利用的综合技术经济措施。梁鹤年主要关注城市土地利用问题，他认为土地利用规划是通过土地的合理利用和开发，在城市中保护、改进生活、生产和娱乐环境的过程。具体而言，上述定义包括以下几层含义：①土地利用规划是对土地利用的一种计划和安排；②土地利用规划针对的是未来的土地利用而不是过去或者现在的土地利用；③土地利用规划既涉及土地资源的配置，也涉及土地利用的协调组织；④土地利用规划既要考虑土地的自然历史特性，又要考虑社会经济发展因素。

因此，土地利用规划可以理解为人们为了改变并控制土地利用方向，优化土地利用结构和布局，提高土地产出率，对一定区域范围内的土地利用进行空间上的优化组合，并在时间上予以实现的统筹安排。土地利用规划是经济和社会计划中最基本的规划之一。无论在何种社会制度下，也无论实行何种土地制度，都需要进行土地利用规划工作。

综上所述，土地利用规划不单研究制约土地利用的生产力因素，也不单研究制约土地利用的生产关系因素，更不是研究土地利用的全部内容，而是着重研究土地资源合理分配和土地利用协调组织，这就构成了土地利用规划学的研究范畴。

土地利用规划与城市规划、区域规划、国土规划、土地利用计划之间既有明显的区别，又有着密切的联系。

城市规划是一定时期内城市建设的总体部署，也是城市建设的管理依据。其任务是根据国民经济计划，在全面研究城市区域经济发展的历史和自然条件的基础上，确定城市的性质和规模、城市各部分的组成，选择各部分用地并加以合理组织和安排，使它们各得其所、相互配合，为生产和生活创造良好的环境。从规划的空间范围看，城市总体规划的范畴比土地利用总体规划小，二者是局部与整体的关系。

区域规划是指在一定区域范围内，对整个国民经济建设进行总体的战略部署。即根据国民经济发展的要求，从当地具体的自然条件和经济条件出发，通过综合平衡和多方案比较，确定区域经济发展方向和地域生产类型，使一定区域国民经济各个组成部分、各部门、各行业之间形成协调发展的格局。区域规划是具体落实国民经济计划的重要手段，也是编制土地利用规划的基本依据。

国土规划是从宏观角度，对全国或地区国土资源的综合开发利用所进行的长远性、战略性筹划。国土资源包括土地资源、生物资源、水资源(包括海洋资源)、矿产资源、气候资源等；土地资源是国土资源的一部分。土地利用规划与国土规划是局部与整体的关系，国土规划成果是编制土地利用规划的重要依据。

土地利用计划是指立足经济发展规律和国民经济发展要求，依据土地利用总体规划，从科学、合理用地的角度，对区域未来一定时期内土地的开发和利用所做的安排。土地利用总体规划是编制土地利用计划的主要依据，规划在计划之前，计划是规划的具体落实。

三、国外土地利用规划的起源及发展

国外现代土地利用规划概念起源于 1948 年，是美国数学家魏纳确立和命名的控制论。以控制论为基础的现代土地利用规划，其重点不在于详细描述预期达到的最终状态，而是着重研究土地利用规划所要完成的目标，以及为实现目标可能采取的途径和政策措施；同时分析各种政策、措施可能造成的各种土地利用后果，并从中找出最满意的行动方案。

在美国，主要通过法律法规的形式制定土地利用目标和规划，其规划形式包括城市和大都市规划、联邦州和区域规划以及农村土地利用规划。从规划体系来看，可以分为三大类（总体规划、专项规划和用地增长管理规划）和六个层次（国家级、区域级、州级、亚区域级、县级和市级）。从规划内容看，一般包括七个要素：土地利用形式（公有地、农业用地、林业用地、城市用地和乡村用地）、交通、居住地、空旷地（绿地）、保护地、安全设施和防噪声污染。规划的核心目标主要有三个：保护农业用地、控制大城市扩大用地规模、保护森林及生态系统。

在德国，土地利用规划相当于地方规划中的预备性土地利用规划。它是根据城市发展的战略目标和各种土地需求，通过调研预测，确定土地利用类型、规模以及市政公共设施的规划。该规划对市、镇、村政府或公共的建设单位有约束力，限制其必须要按照规划进行，但是对于市民没有法律上的直接约束力。

日本的《国土利用计划法》(1974)规定，土地利用计划内容包括明确国土利用的目标和基本理念，提出国土利用相关的基本构想，划分土地使用分区，拟定各分区的规模和发展目标，以及实现分区发展规模和目标的必要措施。土地利用基本规划的功能是通过直接或间接限制开发，来协调不同规划的用地冲突。其内容包括规划图和规划说明书。规划分为全国规划、都道府县规划和市镇村规划三级。在都道府县范围内，还要制定“土地利用基本规划”，主要内容有确定土地利用的基本方向，按照城市、农业、森林、自然公园、自然保护的五种地域类型进行土地利用区划。从整体上看，日本以土地私有制和自由市场经济为基础，着重通过土地利用规划和土地利用基本规划对土地资源进行宏观调控，以法律和行政手段间接实现土地利用的微观调控。

在英国，规划分为四级：国家级规划（规划政策指南）、区域规划（区域规划指南）、郡级规划（结构规划）和区级规划（地方规划）。土地利用规划的实施大多依靠制定专门的法律，主要控制手段为土地用途管制或规划许可。

在荷兰，其《空间规划法》(2008)规定，土地利用规划是实施空间规划最重要的工具。土地利用规划规定了未来可能发生的建筑物区位、建筑物类型、建筑物大小和可能的用途。

四、我国土地利用规划的实践与发展

在我国，土地利用规划也具有久远的历史。可以说，规划的思想贯穿于我国几千年的农耕史和建设史中，我国西周时期的井田制就是土地利用规划的雏形。

新中国成立后，我国的土地规划事业经历了曲折的过程，伴随着土地管理工作的不断推进，土地利用总体规划工作得到了前所未有的发展，逐步确立起在整个土地管理工作中的“龙头”地位。

(一)第一轮土地利用规划:应宏观管理要求而生

1978年12月18日,党的十一届三中全会召开,开启了中国改革开放的新纪元。我国的土地管理事业迎来了蓬勃发展的机遇期。1985年左右,开发区热和房地产热逐渐在沿海城市兴起,各类开发区面积迅速扩大,城市和交通、工矿用地急剧增加,大量耕地被占用。仅1985年全国耕地就减少100.05万公顷。1986年2月21日,国务院决定成立直属国务院领导的国家土地管理局,统筹管理全国土地和城乡地政,改变长期实行的分散、低效的土地利用管理制度。各级土地管理部门相继成立之后,以土地利用总体规划、土地利用计划、土地开发复垦和基本农田保护工作为主要内容的土地利用宏观管理工作陆续起步。

1986年3月21日,中央7号文件《关于加强土地管理、制止乱占耕地的通知》下发,明确指出加强土地统一管理的重要性和必要性,要求"组织有关部门编制土地利用总体规划""尽快制定和完善土地利用总体规划"。同年6月25日,全国人大通过《中华人民共和国土地管理法》,规定各级人民政府组织编制土地利用总体规划,地方人民政府的土地利用总体规划经上级人民政府批准执行。将编制土地利用总体规划作为各级政府的重要职责写进《中华人民共和国土地管理法》,标志着我国的土地利用总体规划工作走上了依法、统一、全面、科学的轨道。

1987年,国务院办公厅下发《关于开展土地利用总体规划的通知》,指出土地利用总体规划是国土规划的组成部分,是土地利用宏观的、指导性的长期规划;土地利用总体规划按行政区划分为全国、省(自治区、直辖市)级、市县级三个层次;要求1990年前后完成全国和省级土地利用总体规划(草案)编制工作,"八五"期间基本完成市、县级土地利用总体规划编制任务。

原国家土地管理局成立后,在总结过去农业生产合作社和人民公社土地规划、城市规划以及部分地区区域规划经验基础上,第一次尝试编制《全国土地利用总体规划纲要》。并先后在我国平原区、山区、沿海开放地区、内陆干旱地区等不同类型地区布置了试点。在总结试点经验的基础上,全国各地陆续展开了改革开放以来的第一轮土地利用总体规划编制工作。1993年2月,《全国土地利用总体规划纲要(1987—2000年)》经国务院批准实施。这是我国第一部土地利用总体规划。到1996年底,我国大部分省、自治区、直辖市完成了省级土地利用总体规划的编制工作,地(市)、县级规划分别完成了64%和75%,乡级规划编制工作也普遍开展。

这一阶段,土地规划工作有了较大发展。在规划体系上,除了过去重点进行的农村土地规划外,又增添了区域性土地规划和城镇土地规划。在规划类型上,不仅包括各级土地利用总体规划,而且增添了不同类型的土地利用专项规划和土地利用规划设计。土地利用规划的内容在深度和广度方面也有了很大的发展。新中国土地管理史上第一个土地利用总体规划的实施,在协调各业用地、保护耕地、合理开发利用后备土地资源等方面起了重要作用,但是由于这个规划实质上还是分散、多头管理体制的产物,无法有效解决土地供应总量的控制问题。很长一段时间内,"按需定供"的规划力量孱弱,难以摆脱"纸上画画、墙上挂挂"的命运。

(二)第二轮土地利用规划:五级规划实现国土全覆盖

中央1997年《关于进一步加强土地管理、切实保护耕地的通知》即11号文件,带来了土地管理的大转折,也带来了土地利用规划的新转机。业内人士甚至称之为"规划修编年"。中央11号文件把加强土地宏观管理特别是土地利用总体规划工作放在土地管理各项治本之策的首位，强调规划要以耕地保护为重点、严格控制占用耕地、统筹安排各业用地，凡不符合这一原则和要求的土地利用总体规划，都要重新修订；土地利用总体规划的编制和修订要经过科学论证，严密测算，达到切实可行；在修订的土地利用总体规划批准前，原则上不得批准新占耕地。

1997 年 5 月，全国范围内冻结非农业建设项目占用耕地一年。国家土地管理部门抓紧酝酿和部署新一轮（即第二轮）全国土地利用总体规划修编工作。7 月，原国家土地管理局发出《关于认真做好土地利用总体规划编制、修订和实施工作的通知》，规定规划修编以 1996 年为规划基期，2010 年为规划期，并展望 2030 年；明确提出规划修编的总体目标是：全国各省、自治区、直辖市都要实现耕地总量只能增加、不能减少，并努力做到耕地质量逐步提高，实现耕地占补平衡有余。

新修订的《中华人民共和国土地管理法》于 1999 年 1 月 1 日起施行，赋予土地利用规划前所未有的权威性地位，使这一轮规划与上一轮规划不可同日而语。新法提出实行土地用途管制制度，进一步突出了土地利用总体规划的法律地位和作用。在新的土地管理制度中，规划是实行土地用途管制的基础和前提，是土地管理主要工作的关键环节。土地利用年度计划制定，基本农田保护区划定，土地开发整理，建设项目用地预审，农用地转用和建设用地审批，土地执法检查等工作，无不以规划为依据。规划是“龙头”，这个喊了多年的口号，在新法中得到了体现。新法明确了土地利用总体规划的总体目标、原则、基本内容、审批权限，要求省、自治区、直辖市编制的土地利用总体规划，应当确保本行政区域内耕地总量不减少；要求城市总体规划、村庄和集镇规划应当与土地利用总体规划相衔接，城市总体规划、村庄和集镇规划中建设用地规模不得超过土地利用总体规划确定的建设用地规模。

将规划的作用以法律形式固定下来，标志着我国土地利用规划作为一项制度正式确立。新法是新一轮土地利用总体规划的催生剂。冻结令和新法将规划的地位和作用提到了一个空前的高度，要解除冻结，前提是修编规划；实施新法，前提也要先修编规划。可以说，新法给规划的修编实施铺平了道路，反过来，规划又成为新法实施的基础。

各地纷纷行动，对土地利用规划工作的重视程度空前提高。1999 年 4 月，《全国土地利用总体规划纲要（1997—2010 年）》经国务院批准开始实施。到 2001 年 2 月，需国务院审批的 112 个省、市级规划全部批准实施，其中包括 31 个省（区、市）和 81 个 50 万人口以上的城市。以《中华人民共和国土地管理法》为依据，适应土地集中统一管理与分级管理相结合的要求，在较短的时间内，我国逐渐形成了国家、省级、地市级、县级和乡镇级五个层次的土地利用总体规划体系。从此，从国家到乡镇无所不在的五级土地利用总体规划，一级辖一级，紧密无隙，钩织成网，覆盖着中国的每一块土地。

这个阶段，我国基本形成了以土地利用总体规划为龙头，总体规划与基本农田保护、土地整理、土地复垦、土地开发等土地利用专项规划相结合的土地利用规划体系。与上轮规划相比，这轮规划的显著特点是：一是按照供给制约和统筹兼顾的原则编制规划，促进了各类建设用地由外延扩张向内涵挖潜转变；二是各级规划按照自上而下、上下结合的方法进行，强化了土地利用的宏观控制；三是依法加强了与城市规划、村镇规划等相关规划的协调，保证了相关规划在用地规模和布局上与土地利用总体规划衔接一致；四是县级和乡级规划通过土地利用分区，确定每一块土地的用途，为实施土地用途管制奠定了基础。

总体上看，这轮规划的实施，有力地促进了耕地保护，促进了节约集约用地。规划期间，在工业化、城镇化加速发展的情况下，建设占用耕地数量仍有所下降。1997—2005 年，全国累计建设占用耕地 183.1 万公顷，年均建设占用耕地 20.34 万公顷，与 1991—1996 年的年均29.33万公顷相比，降低了 31%。2005 年与 1996 年相比，每公顷建设用地二、三产业产值从18.5万元增加到 50 万元，增长了 1.7 倍，土地利用效率显著提高。

但是，在肯定规划重要作用的同时，人们也清醒地认识到规划实施当中出现了一些新的情况和问题。正如一位长期从事规划编制和管理的人士所说，“从现阶段中国土地利用规划的实践来看，最突出的问题莫过于规划的权威性不强，表现为权力过分干预、频繁修改规划和随意违反规划。这个问题又直接关联着另两个问题，一是规划科学性不强，二是规划精细化不足”。随着经济社会的发展，土地利用规划工作也面临新的形势。这一轮规划实施以来，党中央、国务院相继提出了扩大内需、调整经济结构和布局、加强基础设施和生态环境建设、加快城镇化进程、实施西部大开发、振兴东北老工业基地等一系列重大发展战略和政策。这些发展战略和政策的实施，给土地利用提出了新的要求。

（三）第三轮土地利用总体规划：保护与保障的双重使命

从 2003 年开始，国务院部署了以全面清查开发区为重点的全国土地市场秩序治理整顿。中央果断提出，运用土地政策参与宏观调控。2004 年，《国务院关于深化改革严格土地管理的决定》（国发〔2004〕28 号）出台，我国土地管理事业揭开了崭新的一页。第三轮土地利用总体规划修编启动，各级领导高度重视，全国各地热切期盼。一系列迹象表明，这一轮规划修编迎来了一个好时期。

国务院原总理温家宝在 2008 年《政府工作报告》中强调：“按土地利用总体规划从严审查调整各类规划的用地规模和标准，严格执行土地用途管制制度，依法严格管理农村集体和个人建设用地，坚决制止违法违规占用耕地和林地行为。”各地也普遍表现出积极的态度，不少地方政府主要领导亲自挂帅，在经费、人员上全力给予保障。新一轮土地利用规划修编在面临重要机遇的同时，也承受着巨大的压力。全国建设用地呈全面扩张之势，上轮规划确定的全国建设用地净增面积突破控制指标约 32%。而同期全国耕地已从 1996 年的 1.30 亿公顷减少到 2005 年的 1.22 亿公顷。21 世纪头 20 年是经济社会发展的重要战略机遇期，也是资源约束加剧、供需矛盾凸显的时期，我国土地利用中长期存在的深层次问题将进一步显现，发展中还将面临新的挑战。这是这一轮土地利用总体规划修编的难点，也是党中央、国务院高度重视规划修编工作的根本原因。

经过几年的前期研究、调研以及试点工作，2005 年，新一轮土地利用总体规划修编拉开序幕。一开始，不少地方将修编的注意力集中在扩大用地规模、降低耕地保有量和基本农田保护面积上，希望能够多分配一些建设用地指标。有关行业、部门提出的用地需求也普遍过大。2005 年 6 月，国务院办公厅转发了《国土资源部关于做好土地利用总体规划修编前期工作的意见》，规定规划修编工作要以节约利用土地、严格保护耕地为根本指导方针，坚决防止借规划修编名义随意扩大建设用地规模现象的发生。同时部署全面开展清查耕地、建设用地、违法用地、规划和计划执行情况的“四查清、四对照”工作，要求开展加强耕地和基本农田保护、促进节约和集约利用土地、优化城乡用地结构和布局、统筹区域土地利用、协调土地利用与生态环境建设、强化规划管理保障措施等重大问题研究工作。

2006 年 7 月，在前期工作的基础上，经过反复协商沟通、征求意见以及多次审议，国土资源部按时完成《全国土地利用总体规划纲要(2006—2020 年)》的编制工作，并于当年 9 月正式上报国务院。9 月 6 日，国务院第 149 次常务会议做出了暂缓批准《全国纲要》的决定，要求“从长计议、加强研究、继续推进，编制历史性、危机性、战略性土地利用总体规划”。会议从可持续发展的战略高度，分析判断了我国耕地保护面临的严峻形势，要求进一步严格保护耕地，节约集约用地，明确提出全国耕地不少于 1.2 亿公顷的目标。与此同时，国务院下发《关于加强土地调控有关问题的通知》，明确提出，地方各级人民政府主要负责人应对本行政区域内耕地保有量和基本农田保护面积、土地利用总体规划和年度计划执行情况负总责。

面临着更加严峻的形势和更加严格的要求，土地利用规划工作到了一个更为关键的时期。此后两年内，围绕 1.2 亿公顷耕地红线目标的落实，原国土资源部(现为自然资源部)组织力量重新进行了论证，进一步调整完善了规划修编思路。第一，围绕落实 1.2 亿公顷耕地红线目标，进一步压缩了建设占用耕地规模，提出坚持开源节流，加大存量建设用地挖潜，积极拓展建设用地新空间的要求；重视和发挥耕地的生态功能，严格控制占用耕地进行生态建设，保持农用地基本稳定；稳定基本农田数量和质量，从数量和产能两方面严格考核耕地占补平衡。第二，围绕土地节约集约利用，强化土地利用总体规划对土地利用的统筹和控制，严格控制城乡建设用地总规模；加强建设用地空间管制，严格划定城乡扩展边界，控制建设用地无序扩张；交通、厂矿、城镇等各类建设，都要把规划节地放在首位，以土地供应的硬约束推进土地利用方式和经济发展方式的转变。第三，围绕落实共同责任，健全规划实施管理制度，强化经济激励约束措施；建立土地利用规划实施问责制，地方各级政府主要负责人要对本行政区域内的土地管理和耕地保护负总责；把严格保护耕地、节约集约用地作为地方经济社会发展评价和干部实绩考核的重要因素，完善相关评价和考核办法。

2008 年，对于第三轮土地利用总体规划修编来说，既是一个收获的年份，也是一个面临挑战的年份。8 月 13 日，国务院原总理温家宝主持第 22 次常务会议，审议并原则通过了《全国土地利用总体规划纲要(2006—2020 年)》。会议指出，土地利用总体规划是落实土地宏观调控和土地用途管制、规划城乡建设的重要依据，是实行最严格土地管理制度的一项基本手段。新一轮纲要展现出鲜明的耕地红线意识、资源节约意识、统筹协调意识和共同责任意识，对规划期内我国土地开发、利用和保护做出了科学、合理的安排和部署。全国土地利用总体规划修编工作由此全面展开。10 月，党的十七届三中全会审议通过的决定，要求实行最严格的耕地保护制度和最严格的节约用地制度。落实“两个最严格制度”，关键是实施土地用途管制。土地利用总体规划是土地用途管制的基础，只有科学修编和严格实施各级土地利用总体规划，落实土地利用空间管制，才能真正把“两个最严格制度”落到实处。

中央做出的重大部署，都将在以未来土地资源安排利用为己任的土地利用总体规划中得以落实。新的形势和使命再一次把土地利用总体规划推向了前台。2008 年 12 月 1 日，原国土资源部部长徐绍史强调，各地要抓住新一轮土地利用总体规划修编的有利时机，极其认真地做好修编工作，在确保耕地保有量、基本农田面积和城乡建设用地总规模的基础上，把本地区的经济社会发展规划、城乡建设规划、产业发展规划、基础设施规划等，统统叠加到土地利用规划上去。

（四）第四轮国土空间规划："多规合一"的可持续发展蓝图

近年来，编制统一的国土空间规划成为日益迫切的现实需要，党中央领导人多次对其进行重要批示，并提出明确要求。2013 年 5 月，习近平总书记在十八届中央政治局第六次集体学习时指出，国土是生态文明建设的空间载体。要按照人口资源环境相均衡、经济社会生态效益相统一的原则，整体谋划国土空间开发，科学布局生产空间、生活空间、生态空间，给自然留下更多修复空间。要坚定不移加快实施主体功能区战略，严格按照优化开发、重点开发、限制开发、禁止开发的主体功能定位，划定并严守生态红线，构建科学合理的城镇化推进格局、农业发展格局、生态安全格局，保障国家和区域生态安全，提高生态服务功能。要牢固树立生态红线的观念。2014 年 2 月习近平总书记在北京考察时强调："城市规划在城市发展中起着重要引领作用，考察一个城市首先看规划，规划科学是最大的效益，规划失误是最大的浪费，规划折腾是最大的忌讳。"

2018 年 4 月习近平总书记在深入推动长江经济带发展座谈会上指出："要按照'多规合一'的要求，在开展资源环境承载能力和国土空间开发适宜性评价的基础上，抓紧完成长江经济带生态保护红线、永久基本农田、城镇开发边界三条控制线划定工作，科学谋划国土空间开发保护格局，建立健全国土空间管控机制，以空间规划统领水资源利用、水污染防治、岸线使用、航运发展等方面空间利用任务，促进经济社会发展格局、城镇空间布局、产业结构调整与资源环境承载能力相适应，做好同建立负面清单管理制度的衔接协调，确保形成整体顶层合力。要对实现既定目标制定明确的时间表、路线图，稳扎稳打，分步推进。"

2019 年 3 月全国人民代表大会期间，习近平总书记再次强调："要坚持底线思维，以国土空间规划为依据，把城镇、农业、生态空间和生态保护红线、永久基本农田保护红线、城镇开发边界作为调整经济结构、规划产业发展、推进城镇化不可逾越的红线，立足本地资源禀赋特点、体现本地优势和特色。"

2019 年 8 月 26 日，中央颁布了《全国人民代表大会常务委员会关于修改〈中华人民共和国土地管理法〉、〈中华人民共和国城市房地产管理法〉的决定》，其中新增加了第十八条内容，明确指出，我国要建立国土空间规划体系；经依法批准的国土空间规划是各类开发、保护和建设活动的基本依据。

随着国土空间规划体系的建立和实施，土地利用总体规划和城乡规划将不再单独编制和审批，最终将被国土空间规划所取代。为了解决改革过渡期的规划衔接问题，新《中华人民共和国土地管理法》明确规定，已经编制国土空间规划的，不再编制土地利用总体规划和城乡规划。同时在附则中增加规定，编制国土空间规划前，经依法批准的土地利用总体规划和城乡规划继续执行。

第二节 土地利用规划的理论基础

自诞生以来，现代土地利用规划涌现出很多理论流派，具体包括 20 世纪 50 年代前的“物质形态规划论”“马克思主义规划论”，20 世纪 60 年代的“综合理性规划论”“渐进规划论”“人本主义规划论”“自由主义规划论”，20 世纪 70—80 年代的“新马克思主义规划论”“新自由主义规划论”，以及 20 世纪 90 年代以来的“沟通规划论”“可持续规划论”“新制度主义规划论”。借鉴国外规划理论和实践经验，并适应社会主义市场经济的发展要求，我国在新世纪也形成了有自己特色的“公共政策规划论”。

土地利用规划学作为经济学、地理学、管理学、政治学和工程学的交叉学科，它的形成和发展既具有深刻的时代烙印，又呈现出多样化的理论视角和侧重点。就目前而言，我国土地利用规划学的研究主要基于以下五种理论：地租和地价理论、土地区位理论、持续利用理论、外部性理论和系统工程理论。

一、人地和谐理论

远在古代中国的《周易》就提出了“天人者与天地合其德，与日月和其明，与四时合其序，与鬼神合其凶，先天而天弗违，后天而奉天时”，表达了一种朴素的“天人合一”思想。“天人合一”的人地观认为，人与自然处于同一个整体中，人与环境之间不是对立而是统一的，要求人们遵循自然，合理利用自然，不能违背天，要能与天融合为一体，而且认为“和”是协调人地关系的关键。荀子就曾说过“万物各得其和为生”(《荀子·天论》)。因此，“天人合一”的人地观与现代的人地协调(和谐)论相比是一种朴素的人地协调(和谐)理论。

人类对人地关系的认识从地理环境决定论到人地和谐论，经历了漫长的探索。一方面，以古希腊亚里士多德(公元前 384—前 325)为代表的西方学者提出了地理环境决定论，其核心思想就是自然环境对人类社会、经济、政治等起绝对支配作用，是社会发展的决定性因素。与此相对立的人地观是生产关系决定论或唯意志论。生产关系决定论以苏联的一些学者为代表，他们认为生产关系的改变可以超越对自然环境的考虑，忽视地理环境对人类社会的制约作用；而唯意志论则过分强调了人的主观能动作用，从中国古代荀子的“制天命而用之”，《圣经》中关于人能主宰和统治万物的表述，再到近代英国哲学家培根的“知识就是力量”，用中国的俗话说就是“人定胜天”。显然，地理环境决定论与“人定胜天”论都把“人”与“地”(或天)放在两个对立面上，在人类发展的漫长历史中影响着人类社会的发展。与此同时，人地和谐理论日益受到人们的普遍认同。

人地和谐论能被当今人类社会普遍接受是人类历史发展的必然。18 世纪以来人类对自然的过度索取导致人地关系恶化，极大地威胁到人类自身的生存和发展，人们开始意识到迫切需要及早协调人地关系，人地和谐(协调)理论应运而生。如《联合国世界自然保护大纲》提出“如果不建立一个新的国际秩序，不控制人口，不通过一项新的环境法，则人类与地球的关系将继续恶化”。恩格斯指出，“我们这个世界面临的两大变革，即人同自然的和解以及人同本身的和解”。

虽然，人地和谐论作为一种新型的人地关系思想已在学术界达成共识，但是，人地和谐论的含义仍然缺乏严格的、权威的定义。其中最具共性、最核心的内容就是 1972 年和 1979 年联合国人类环境会议和资源、环境、人口相互关系座谈会所指的人口增长与经济发展速度要同自然环境和资源的保护相协调。其实质就是，通过协调人地关系及人与人的关系，实现社会生产力与自然生产力相和谐、经济再生产与自然再生产相和谐、经济系统与生态系统相和谐、人与自然的和谐共处。

人地和谐论的基本内涵大致包括几个方面：第一，承认地理环境对人类经济社会发展的影响与制约作用。因此，人类活动必须重视对自然环境和资源的保护，遵从生态系统演化的基本规律。第二，人类在实现人地和谐关系中具有能动性。人类在遵从生态系统演化的基本规律的同时，通过实践对地理环境进行合理的改造与开发利用，建立起相互协调、有利于人类生存发展的人地关系。第三，人地和谐与人人和谐的包容性。人地系统的和谐关系中，人是主体，地是客体，人类是一个整体概念，人地关系的和谐是个系统工程，需要人类与地理环境进行协调才能实现。第四，人地和谐是动态的和谐。协调与和谐不只是手段，更是目标，需要在世代的人类活动与自然演变中持续不断地协调以保证人地和谐关系的永续发展，从这一层面看，人地和谐论即经济与人口、资源、环境协调发展的可持续发展理论。

二、可持续发展理论

目前，学界对于“可持续发展”的定义还没有形成一致认识。世界环境与发展委员会(WCED)在 1987 年发表了《我们共同的未来》报告(《布伦特兰报告》)，这被认为是人类建立可持续发展概念的起点：“既满足当代人需求，又不损害后代人满足其自身需求的能力。”针对该定义，后续研究对“可持续发展”的解释大多围绕人类需求和价值观展开，其强调未来，并具有时间依存性。

实际上，可持续发展的概念深植于我国传统儒家文化的思想内核中。如孔子主张的“钓而不纲，弋而不射宿”；管仲提出的“山林虽近，草木虽美，宫室必有度，禁发必有时”。18—19 世纪，诸如国际和代际公平、自然资源保护和对未来的关注等问题，也开始被欧洲哲学家们所热议。他们认为，“人类需要选择牺牲一定程度的个人自由才能实现更加安全、平衡的社会生活。”这种思想与今天的可持续发展观不谋而合。

现代可持续概念提出的基础是环境限制思想和环境承载力思想。英国人口学家、经济学家马尔萨斯(1766—1834)被认为是第一个预见到资源短缺导致经济增长被限制的学者，他认为：土地是一种绝对资源，随着人口随几何级数增长，生活资源只能实现算术级增长；当人类的生活条件降低到仅能维持生存，那时人口或将停止增长。在此基础上，他与李嘉图共同提出了“环境限制”思想，这被认为是可持续发展概念的前身。同时，为定义可持续发展的起源，基德着重强调了承载力的概念。他指出，这一概念早已被用来描绘人与自然的关系，因为地球的承载力决定了增长的极限，从而最终创造出可持续发展的意识。

20 世纪 60、70 年代，越来越多的人开始关注环境保护，人类活动所产生的外部性问题也开始得到广泛重视。美国水生生物学家卡逊开始撰写大量的文章来探讨环境保护问题，如过度捕鱼将导致海洋生物资源枯竭和生物链的断裂，超量抽取河水会造成水资源缺乏而引发一系列严重后果，大气、土壤、水污染将给人类带来生存与发展的灾难等。1962 年，由她撰写的《寂静的春天》展示了杀虫剂对鸟类和其他动物群体的不良影响，她指出将有害化学物质释放到环境中而不考虑其长期影响是严重错误的行为。这本著作也成为促使环境保护事业在美国和全世界迅速发展的导火线。

随着污染企业的发展，石油泄漏、火灾和其他环境灾难时有发生，在此背景下，美国环境运动爆发。同时，受到物质财富积累和越南战争等影响，美国地方和联邦政府颁布各项法律、法规来处理空气污染、水污染、荒野保护等问题，并最终签署《国家环境政策法案》，这些政治运动为“可持续发展”的正式提出奠定了基础。

1972 年，联合国人类环境会议在斯德哥尔摩举行，该会议深入探讨了环境的重要性问题，并向人们传递出一个重要信息：环境管理已迫在眉睫。会后，美国保护基金会出版《粗心的技术：生态与国际发展》一书，展示了一系列工业化发展对环境造成严重损害的案例，以表明工业化发展应当优先和充分考虑其对环境的影响。与此同时，“罗马俱乐部”就当时的自然环境状况做出全面评估并强调：如果继续按照 20 世纪 60、70 年代的经济增长速度，大部分工业社会将会在几十年内超越生态界限。此后，人们很少再将“环境”与“发展”定义为独立的个体，1978 年，“生态发展”在联合国环境规划署审查报告中首次出现。

自 1978 年《布伦特兰报告》给出“可持续发展”的官方定义以来，可持续发展委员会、可持续发展机构间委员会和可持续发展高级别咨询委员会机制先后建立，越来越多的研究人员开始更加深入、全面地思考可持续发展问题，各国政府也开始朝可持续的方向展开合作。

可持续发展的重要内容是自然环境的持续能力。围绕自然环境的持续能力，国际研究的热点之一就是土地资源持续利用。自 20 世纪 80、90 年代以来，我国的城市化和工业化加速发展，自 1978 年到 2015 年，我国的城市化率从 17.9％上升至 56.19％。在此背景下，更应该将持续利用理论运用到我国的土地利用规划中，控制城市用地的肆意扩张，进行存量建设用地的集约利用，协调处理好土地数量的有限性和土地需求的增长性这一对特殊矛盾。

三、地租和地价理论

地租和地价理论是土地利用规划的重要理论基础。地租是一个历史范畴，它产生于有组织的土地利用和土地所有权。任何社会只要存在着土地所有者和不占有土地的直接生产者，生产者在土地利用中的收益为土地所有者所共享，这就是地租产生的经济基础。

英国古典政治经济学之父威廉・配第(1623—1687)在 1662 年出版的《赋税论》中提出“劳动是财富之父”“土地是财富之母”的观点。地租是剩余劳动的产物，是剩余价值的基本形态，也是赋税的最终源泉。由于土壤肥沃程度和耕作技术水平的差异，以及土地距市场远近的不同，地租也有差异。配第还首次确定了土地价格，它是购买一定年限的地租总额。

英国经济学之父亚当・斯密(1723—1790)在 1766 年出版的《国富论》中指出，地租是“使用土地的代价”，是“使用土地而支付的价格”。具体而言，斯密的地租理论有四种。第一种理论认为：地租也是工人劳动所生产的价值的一部分，是投入土地的劳动的生产物(或价值)在其工资、利润以外的一种扣除，是地主阶级“不劳而获”的收入。第二种理论认为：地租是土地本身的产物，是土地的自然报酬，因而是商品价值或生产费用的一个构成部分，是商品价值的源泉。第三种理论认为：地租是一种垄断价格或是这种垄断价格的结果，因为在农业生产中，土地资源不能无限度增加。第四种理论认为：地租是“自然力的产物”，是自然力参与生产的结果。

英国古典经济学理论的完成者大卫·李嘉图(1772—1823)在1817年出版的《政治经济学与赋税原理》中指出，地租是为了使用土地而付给地主的金额。他还认为，地租是由于土地有限以及每块耕地的位置和肥沃程度不一致而产生的(即土地具有稀缺性和异质性两项条件)，从而进一步将地租分解为丰度地租、位置地租和资本地租(即资本利息)。

德国政治学家、哲学家、经济学家、社会学家马克思(1818—1883)提出的地租理论不仅以劳动价值论为基础，而且紧密联系社会生产关系进行考察。他认为一切形态的地租都是土地所有权在经济上的实现，一切地租都是剩余劳动的产物，是以土地所有权的存在为前提的。马克思还依据地租产生的原因，将地租分为级差地租、绝对地租和垄断地租三种形态。其中，级差地租Ⅰ是由于土地的肥沃程度和土地位置的不同而产生的；级差地租Ⅱ是由于在同一块土地上连续投入等量资本所产生的生产率差别而形成的。

在地租理论的基础上，政治经济学家、古典经济学家和新古典经济学家又进一步思考土地价格的理论含义。亚当·斯密认为，土地价格是地租资本化的比率，可以用年地租除以利息率之商来加以确定。李嘉图认为，不是地租决定土地的价格，而是土地产品的价格决定地租。马克思在批判地继承了古典政治经济学地价理论的基础上，提出了以劳动价值论为基础的地价理论，称土地价格是“虚幻的价格”，是没有价值的价格。英国新古典经济学派创始人阿尔弗雷德·马歇尔(1842—1924)提出二元论的供求均衡价格体系，他认为商品的价格应该由需求和供给双方共同决定。

地租和地价理论对于土地资源的综合评价、合理开发利用和制定土地利用政策具有重要的指导作用。为了实现土地利用效益的最大化、合理配置土地资源，必须应用经济手段对其加以调节和控制。通过合理地组织、利用土地，不断提高土地肥力，修筑交通运输网络，改变土地的相对经济地理位置和区位条件，追加活劳动和物化劳动的投入，必将导致土地级差地租的变化。这就是常说的“规划即地价”。规划是影响地价的重要因素，规划也应该根据地价的空间分布规律合理配置各产业用地。

在地租和地价理论的指导下，应该把位于和接近城市中心区的土地规划为高价用地，如商业用地或居住用地；把其他类型用地如工业用地、行政办公用地规划于远离城市中心的地段上。对于农用地而言，应该把集约经营用地，如果、蔬种植用地，规划在城市近郊区；而将粗放经营用地，如粮食作物生产用地，规划在远离城市的地段上。

四、土地区位理论

1826年，德国经济地理学和农业地理学创始人约翰·杜能(1783—1850)的著作《农业和国民经济中的孤立国》正式出版，这标志着区位论的问世。区位有两层含义：一方面指该事物的位置，另一方面指该事物与其他事物的空间联系。区位论是关于人类社会事物的空间位置及其结构关系的理论。区位理论包括杜能的农业区位论("孤立国"理论),德国经济学家韦伯(1868—1958)的工业区位论,德国经济地理学家、城市地理学家克里斯塔勒(1893—1969)和德国经济学家廖什(1906—1945)的中心地理论和市场区位论。

杜能是第一个对区位论做了系统分析计算的学者,他对土地利用及规划理论的发展起着重要作用。在"孤立国"理论中,他提出六个假设条件:肥沃的平原中央只有一个城市;马车是唯一的交通工具;土壤条件不存在差别;距城市 50 英里(80.47 千米)之外是荒野,与其他地区彼此隔绝;人工产品供应只来源于中央城市,城市的食品供应只来源于周围平原;重要的自然资源都在城市附近。因而,在不考虑各种自然条件差异的假想空间里,杜能着重关注农业生产方式的配置与距城市距离的关系:对同样的作物而言,运费随距市场距离的增加而增加,地租随距市场距离的增加而减少;当地租收入为零时,即使技术上可行,经济上也不合理,而成为某种作物的耕作极限;每种作物都有一条地租曲线,其斜率大小由运费率所决定,不容易运输的农作物一般斜率较大,相反则较小。因而,在城市近处种植的往往是相对于其价格而言笨重而体积大的作物,或者是易于腐烂或必须在新鲜时消费的产品。在城市的周围,将形成在某一圈层以某一种农作物为主的同心圆结构(杜能圈),由里向外依次为自由式农业、林业、轮作式农业、谷草式农业、三圃式农业和畜牧业。

韦伯于 1909 年出版了《工业区位论》一书,他认为任何一个理想的工业区位,都应选择在生产和运输成本最小的点上。他假定所分析的对象是一个孤立的国家或地区,内部的自然、技术条件匀质化分布;工业原料、燃料产地已知,一般性原料普遍分布;产品销售地已知,销售量不变;劳动力供给已知,不流动,工资固定;生产和交易就同一产品进行讨论;运输费与货运量、距离成正比;运输方式为火车。经过分析、筛选,韦伯将决定生产区位的主导因子确定为运费、劳动力费用和集聚因子,并相应提出三条区位法则——运输区位法则、劳动区位法则和集聚或分散法则。进一步地,他通过逐步引入变量的方式,将工业区位的优化分为三个阶段。第一阶段:假定不存在运费以外成本的区域差异,运费是影响工业区位的唯一因子(由原料指数和距离两大因素决定);根据确定的运费最低点,形成工业布局的初优区位。第二阶段:以前一程序为前提,加入劳动力成本的影响,当节省的劳动费用大于随之引起的运费增量时,初优区位发生第一次偏移,形成工业布局的较优区位。第三阶段:在引入集聚因子后,当集聚获得的利益大于企业因集聚而增加的运输费用和劳动费用之和时,较优区位再次发生偏移,从而形成工业布局的最优区位。在以上分析中,韦伯首次提出"区位因素"这一概念,把对运费的分析作为区位理论推导的重点,并首次提出用费用等值线方法进行分析。

受杜能和韦伯的影响,克里斯塔勒的中心地理论也建立在"理想地表"之上,其基本特征是每一点与其他任一点的通达性只与距离成正比;在此基础上,他又引入新古典经济学中"理性经济人"假说,假定生产者为了谋取最大利润,掌握最大化的市场,彼此之间的间隔距离都会扩大,消费者为了减少旅行费用,都选择去最近的中心地购买商品或服务。从而,他得出以下结论:中心地的等级由中心地所提供的商品和服务的级别所决定;中心地的等级决定了中心地的数量、分布和服务半径;中心地的数量和分布与中心地的等级高低成反比,中心地的服务范围与等级高低成正比;一定等级的中心地不仅提供相应级别的商品和服务,还提供所有低于这一级别的商品和服务；中心地的等级性表现在每个高级中心地都附属几个中级中心地和更多的低级中心地，形成中心地体系。在中心地体系形成的过程中，克里斯塔勒提出了三个支配性原则：市场原则、交通原则和行政原则。这三个原则也共同导致了城市等级体系的形成，城市等级越高，功能越全面，服务半径越大，数量越少。

廖什的市场区位理论把市场需求作为空间变量来研究区位理论，进而探讨了市场区位体系和工业企业最大利润的区位，形成了市场区位理论。他将空间均衡的思想引入区位分析，研究了市场规模和市场需求结构对区位选择和产业配置的影响。廖什认为，每一单个企业产品销售范围，最初是以产地为圆心、最大销售距离为半径的圆形，而产品价格又是需求量的递减函数，所以单个企业的产品总销售额是需求曲线在销售圆区旋转形成的圆锥体。随着更多工厂的介入，每个企业都有自己的销售范围，由此形成了圆外空当，即圆外有很多潜在的消费者不能得到市场的供给。但是这种圆形市场仅仅是短期的，因为通过自由竞争，每个企业都想扩大自己的市场范围，因此圆与圆之间的空当被新的竞争者所占领，圆形市场被挤压，最后形成了六边形的市场网络。廖什对传统工业区位理论研究的贡献之一，是他提出的关于工业企业配置的总体区位方程，当方程的约束条件得到满足时，方程的解就确定了整个区域总体平衡的配置点。

五、外部性理论

外部性是经济学的一个重要概念，也是新制度经济学研究的理论起点之一。马歇尔在1990年出版的《经济学原理》中首次提出“外部经济”这一概念：“我们可以把因任何一种货物的生产规模之扩大而发生的经济分为两类：一类是有赖于该产业的一般发达所形成的经济；另一类是有赖于某产业的具体企业自身资源、组织和经营效率的经济。我们可把前一类称作‘外部经济’，将后一类称作‘内部经济’。”虽然马歇尔提出的这种“外部经济”概念和我们今天所熟知的“外部性”有很大区别，但是这种关于外部经济的论述引起了其他经济学家的广泛关注和思考。

马歇尔的嫡传弟子、英国福利经济学之父庇古（1877—1959）在1920年出版了他的代表作《福利经济学》一书。在书中，他首次用现代经济学的方法从福利经济学的角度系统地研究了外部性问题。首先，庇古将外部性问题的研究从外部因素对企业的影响，转为企业或居民对其他企业或居民的影响；其次，在马歇尔提出的“外部经济”概念的基础上，他进一步提出“外部不经济”的概念和内容。具体而言，他把生产者的某种生产活动带给社会的有利影响（即边际社会净值大于边际私人净值的部分）叫作边际社会收益，把生产者的某种生产活动带给社会的不利影响，叫作边际社会成本。相应地，庇古还对政府应该采取的经济政策给出了建议：当存在外部经济效应时，政府应该对行为人进行奖励和津贴；当存在外部不经济效应时，政府应该对其进行征税。通过补贴和征税方式实现外部效应内部化的方法，被称为庇古税。

新制度经济学的奠基人科斯（1910—2013）在其诺贝尔经济学奖获奖论文《社会成本问题》中，对庇古税进行了一系列批判。首先，他认为外部效应往往不是一方侵害另一方的单项问题，而具有相互性，政府是否对行为人进行直接干预，取决于这项行为是否在行为人的法定权利范围内。其次，科斯认为，在交易费用为零的情况下，可以通过双方自愿协商的方式实现资源配置的最优化结果，因而庇古税此时根本没有必要。最后，在交易费用不为零的情况下，实现外部效应内部化的方式要通过各种政策的成本—收益比较才能确定，而庇古税有可能不是经济上最高效的选择。

时至今日，外部性仍旧是一个“模糊不清”的概念，它既包括外部成本、外部收益，也包括不能被金钱表征的外部性。基于上述学者的研究，外部性可以被理解为“一个人（消费者）或企业（生产者）的行为有可能会对其他人或企业产生影响，但是这个主体不会为其行为进行赔偿，也不会得到相应的报酬”。

外部性问题是城市土地利用规划中不得不面对又要小心面对的一个问题。以城市为例，无论是宏观层面的城市规模还是微观层面的基础设施建设，会对其他城市功能体、环境、居民带来不同程度的外部性效应。正是由于这些外部性问题的普遍存在，因而很难单纯依靠市场机制来处理这些问题。规划作为公共干预的一种方式，其特殊作用就在于对土地用地物质性控制，通过预测和控制的方式，土地利用规划就可以以较低的交易费用来解决城市土地利用中的外部性问题。

六、系统工程理论

系统工程是系统科学的一个应用分支学科，是一门综合性组织管理技术。它以大型的复杂系统为研究对象，并有目的地对其进行规划、研究、设计和管理，以期达到总体最优的效果。

20 世纪 40 年代，系统的观点与方法开始应用于工程设计领域。美国生物学家贝塔朗菲（1901—1972）1937 年提出了一般系统论的初步框架，1945 年在《德国哲学周刊》18 期上发表《关于一般系统论》的文章，1947 年在美国讲学时再次提出系统论思想，1955 年出版专著《一般系统论》，该书成为该领域的奠基性著作。1972 年，他发表的《一般系统论的历史和现状》一文，把一般系统论扩展到系统科学范畴，也提及生物技术；1973 年修订版《一般系统论：基础、发展与应用》再次阐述了机体生物学的系统与整合概念，在生物学研究中提出开发系统论，并提出计算机方法和数学建模方法在系统科学研究中的应用。

系统被定义为由相互作用和相互依赖的若干部分组合起来的具有某种特定功能的有机整体，而且它本身又从属于一个更大的系统。系统工程以各种科学技术和管理方法如管理工程、质量分析、质量管理、运筹学和价值工程为基础，从而形成一个具有普遍意义的、综合性很强的应用技术体系。它在当今已经被广泛用于土地利用、城镇建设、交通运输、生态环境、资源开发和人口控制等社会经济领域，在资源环境管理等方面发挥着日益显著的作用。

系统工程的方法论是研究方法上的整体化、技术应用上的综合化、组织管理上的科学化。系统工程的思想要求子系统的行动和矛盾要从总体协调的角度选择方案。以土地利用为例，对于土地资源十分紧缺的地区，有限的土地资源如何分配给各个产业和部门，就需要从全局出发来协调考虑。土地利用是涉及社会、经济、生态环境等多个因素的负责系统，因此，促进自然科学、技术科学和系统科学紧密结合、协同作战，是解决复杂土地利用系统的有效途径。

七、生态价值理论

生态价值主要包括以下三个方面的含义:第一,地球上任何生物个体,在生存竞争中都不仅实现着自身的生存利益,而且也创造着其他物种和生命个体的生存条件,在这个意义上说,任何一个生物物种和个体,对其他物种和个体的生存都具有积极的意义(价值)。第二,地球上的任何一个物种及其个体的存在,对于地球整个生态系统的稳定和平衡都发挥着作用,这是生态价值的另一种体现。第三,自然界系统整体的稳定平衡是人类存在(生存)的必要条件,因而对人类的生存具有"环境价值"。

对于"生态价值"概念的理解有两点尤其值得我们关注:首先,生态价值是一种"自然价值",即自然物之间以及自然物对自然系统整体所具有的系统"功能"。这种自然系统功能可以被看成一种"广义的"价值。对于人的生存来说,它就是人类生存的"环境价值"。其次,生态价值不同于通常我们所说的自然物的"资源价值"或"经济价值"。生态价值是自然生态系统对于人所具有的"环境价值"。

从生态学角度看,生态价值是由生态系统内在性质决定的。一个完整、健康的自然生态系统通过生产者、消费者(捕食者)、分解者的有机组合,形成了物种和自然物质的更新、演替、再生的良性循环。这种按自然力进行的物质循环或自然再生产保持了生态系统的相对稳定,也为生命有机体的生存、繁衍提供了充足的物质和能量。从经济学角度看,生态价值主要是由生态系统中生物和非生物的资源性决定的。随着社会生产力的发展,自然再生产已无法满足人类的需要,人类需要投入必要的劳动对自然生态系统进行保护,对自然物质进行社会再生产,让它们参与商品的流通和交换。这种社会再生产与凝结在商品中的一般的无差别的人类劳动或抽象的人类劳动一样,使得自然物质具有了经济价值,这就是生态系统的经济价值。从哲学角度看,生态作为包括人在内的生命有机体生存和发展的基础,其物质性是肯定的。以人为主体的经济社会对以自然为客体的自然生态系统的长期相处,建立了人与自然的基本关系,也就是哲学意义上的生态价值。建立与市场经济相适应的循环经济运行体制是生态价值实现的重要保障,也是调节人与自然关系的重要支撑。在自然特征上,生态的天然属性决定了生态资产的公有性,任何个人和企业都无法有效行使生态产权,只有国家政府有权代表社会来行使。但在现实中,国家产权得不到很好的实施和贯彻。

党的十八大以来,以习近平同志为核心的党中央从中华民族永续发展的高度出发,深刻把握生态文明建设在新时代中国特色社会主义事业中的重要地位和战略意义,坚持把生态文明建设作为统筹"五位一体"的中国特色社会主义总体布局和协调推进"四个全面"战略布局的重要内容,树立创新、协调、绿色、开放、共享的发展理念,把生态文明建设融入经济建设、政治建设、文化建设、社会建设各方面和全过程,大力推动生态文明理论创新、实践创新、制度创新,提出了一系列关于生态文明的新理念、新思想、新战略,形成了习近平生态文明思想,开辟了人与自然和谐发展的新境界,为全面推进中国特色社会主义生态文明建设,保障中华民族的永续发展提供了科学系统的思想引领与行动指南。在党的二十大报告中,习近平总书记进一步指出:"必须牢固树立和践行绿水青山就是金山银山的理念,站在人与自然和谐共生的高度谋划发展。"

首先,习近平生态文明思想的哲学基础包括辩证唯物主义、历史唯物主义、马克思主义生态思想以及中国传统文化“天人合一”“道法自然”等思想。其次，其科学内涵体现在“坚持人与自然和谐共生”“坚持绿水青山就是金山银山”“坚持良好生态环境是最普惠的民生福祉”“坚持山水林田湖草沙是生命共同体”“坚持用最严格制度最严密法治保护生态环境”“坚持共谋全球生态文明建设”等方面，是科学自然观、绿色发展观、基本民生观、整体系统观、严密法治观和全球共赢观的集大成。再次，建设生态文化体系、生态经济体系、生态文明制度体系、目标责任体系、生态安全体系是习近平生态文明思想指导中国特色社会主义生态文明建设的主要任务。最后，人民性、科学性、实践性是习近平生态文明思想的本质特征，如“坚持人与自然和谐共生”“坚持良好的生态环境是最普惠的民生福祉”等是人民性的重要体现。总之，习近平生态文明思想深化了对共产党执政规律、社会主义建设规律、人类社会发展规律的认识，对生态环境保护规律、经济社会发展规律、政党执政规律做出了系统的理论设计，具有严密、完整的理论框架和内在逻辑，同时又指导了新时代生态文明建设、美丽中国建设，推动了构建人类命运共同体，具有很强的实践性，是建设“富强、民主、文明、和谐、美丽”的社会主义现代化强国的行动指南。

第三节 我国土地利用规划的原则

土地利用规划是公共政策工具，它的编制必须要符合国家的意志和政策；与此同时，它又是土地资源配置的重要环节，因为它要遵循经济学、生态学、系统工程学的一般规律。

一、维护社会主义土地公有制原则

随着生产力的发展，生产关系也在不断调整变化，以适应生产力的发展要求，其中就包括土地产权制度。土地的占有和使用、土地权益的分配都要求有相应的土地制度，从而构成整个社会制度的一部分。

新中国成立初期，我国在全国范围内进行了土地改革。1949 年 9 月的“共同纲领”规定，新中国将“有步骤地将封建半封建的土地所有制改变为农民的土地所有制”。到 1952 年，全国共有 90%以上的农业人口完成了土改，全国大约有三亿农民分得了大约七亿亩土地，每年免除地租 3000 万吨粮食。此外，农民的生产积极性也高涨起来。据统计，1951 年全国粮食产量比 1949 年增加 28%，1952 年比 1949 年增加 40%左右，棉花等经济作物的产量也在 1951 年超过历史最高年产量。

我国 1982 年宪法第 9 条、10 条对土地所有制和土地所有权、使用权都做了明确规定：“矿藏、水流、森林、山岭、草原、荒地、滩涂等自然资源，都属于国家所有，即全民所有；由法律规定属于集体所有的山岭、草原、荒地、滩涂除外”；“城市的土地属于国家所有，农村和城市郊区的土地，除由法律规定属于国家所有的以外，属于集体所有；宅基地和自留地、自留山，也属于集体所有。”[①]宪法的上述规定，是新中国成立以来第一次以国家根本大法的形式对国家和集体

① 在 2019 年新颁布的《中华人民共和国土地管理法实施条例》中，对该条表述修改为：“城市市区的土地属于国家所有；农村和城市郊区的土地，除由法律规定属于国家所有的以外，属于农民集体所有；宅基地和自留地、自留山，属于农民集体所有。”

两种土地所有权的确定。这项规定是土地利用规划的根本指导原则，是合理组织土地利用的根本依据。

自新中国成立以来，我国政府都非常重视土地利用规划，将其作为合理组织土地利用，调整土地关系，巩固社会主义土地公有制的重要手段和措施。从1954到1958年夏的农业合作化阶段，土地用规划具体贯彻了党有关农业合作化和建立大型国家农场的决议和指示；1954年，结合大型国有友谊农场的建立，在我国第一次开始有组织地进行土地利用规划工作。20世纪80年代初，在农业部中恢复土地利用局，各省相继建立土地利用管理机构，后于1986年成立国务院直属机构国家土地管理局[①]。

《中华人民共和国土地管理法》是我国土地利用规划制定的直接依据，它自颁布以来几经修订，每一次修订都反映了特定历史时期我国主要的用地矛盾。20世纪80年代，我国进入了改革开放的新纪元，经济建设得到高速发展。无论是城市扩张，或是农村建房，都需要大量的土地资源，由于改革开放初期我国并没有一部统一完整的土地管理方面的基本法，导致大量占用耕地、滥用土地的现象非常突出。在这种背景下，我国于1986年第六届全国人民代表大会常务委员会第十六次会议上审议通过了我国第一部《中华人民共和国土地管理法》。

1987年12月，深圳市轰动全中国的土地拍卖第一槌，拉开了土地有偿使用制度的帷幕，全国各地争相效仿。深圳的先河之举，直接促成了《中华人民共和国宪法》中有关土地使用制度内容的修改。1988年12月29日，第七届全国人大常委会第五次会议根据宪法修正案对《中华人民共和国土地管理法》进行了第一次修正，新增“国有土地和集体所有的土地的使用权可以依法转让”“国家依法实行国有土地有偿使用制度”等内容，新增的规定扫清了土地作为生产要素进入市场的法律障碍，拉开了国有土地有偿使用制度的序幕，为我国工业化、城镇化的快速推进奠定了重要基础。

我国地少人多，珍惜合理利用每寸土地是我国的基本国策。而随着我国经济建设的快速发展，各地乱用滥用耕地现象愈演愈烈，1988年修改的《中华人民共和国土地管理法》已不能适应耕地保护的需要。为适应市场经济体制下严格保护耕地的需要，1998年8月29日第九届全国人民代表大会常务委员会第四次会议对《中华人民共和国土地管理法》进行了全面修订，明确规定：国家依法实行国有土地有偿使用制度。这次修订首次以“立法”形式确定了土地基本国策，明确强调“十分珍惜、合理利用土地和切实保护耕地是我国的基本国策”，确立了以耕地保护为核心的土地用途管制制度，强化了国家管理土地的职能。

随着我国经济与社会发展进程不断加快，用地需求再次盲目扩张。地方政府低价出让土地、圈占土地，各类开发区遍地开花，政府或政府部门土地违法案件仍高居不下，我国耕地数量迅速减少。随着耕地被大量征用，当时的征地制度，在很大程度上忽视了农民的利益，已不能适应新的经济形势下对失地农民进行合理安置补偿的要求，部分失地农民成为种田无地、就业无岗、社保无份的“三无农民”，生活水平下降。基于上述背景，2004年8月28日，第十届全国

① 后于2008年改立为国土资源部，为国务院组成部门，下辖国家海洋局、国家测绘地理信息局、国家土地督察局、中国地质调查局；于2018年国务院机构改革方案中改组为自然资源部。

人大常委会第一次会议对土地管理法进行适宪性修改，这也是《中华人民共和国土地管理法》的第二次修正。它把原来"国家为了公共利益的需要可以对土地实行征用"修改为"国家为了公共利益的需要，可以依法对土地实行征收或者征用并给予补偿"，同时把《中华人民共和国土地管理法》中的"征用"全部修改为"征收"。

随着实践的不断发展和改革的不断深入，现行农村土地制度与社会主义市场经济体制不相适应的问题日益显现，包括：土地征收制度不完善，因征地引发的社会矛盾积累较多；农村集体土地权益保障不充分，农村集体经营性建设用地不能与国有建设用地同等入市、同权同价；宅基地取得、使用和退出制度不完整，用益物权难落实；土地增值收益分配机制不健全，兼顾国家、集体、个人之间利益不够等。为了进一步扫除城乡一体化进程中的制度障碍，我国于 2019 年对《中华人民共和国土地管理法》进行了第三次修正。

本轮的修订坚持土地公有制不动摇，坚持农民利益不受损，坚持最严格的耕地保护制度和最严格的节约集约用地制度，其内容主要可以概括为七个方面。第一，允许集体经营性建设用地在一定条件下出让或转让给集体经济组织以外的单位或个人使用，从而打破了集体经营性建设用地入市的法律障碍。第二，改革土地征收制度，包括对土地征收的公共利益进行界定，明确征收补偿的基本原则是"保障被征地农民原有生活水平不降低、长远生计有保障"，改革土地征收程序。第三，完善宅基地制度，在原来一户一宅的基础上，增加宅基地户有所居的规定；允许进城落户的农村村民自愿有偿退出宅基地；并下放宅基地审批权限，明确农村村民住宅建设由乡镇人民政府审批。第四，为"多规合一"预留法律空间，随着国土空间规划体系的建立和实施，土地利用总体规划和城乡规划将不再单独编制和审批，最终将被国土空间规划所取代。第五，将基本农田提升为永久基本农田，"永久基本农田经依法划定后，任何单位和个人不得擅自占用或者改变用途"，且各省、自治区、直辖市划定的永久基本农田一般应当占本行政区域内耕地的 80%以上。第六，合理划分中央和地方土地审批权限，国务院只审批涉及永久基本农田的农用地转用，其他的由国务院授权省级政府审批。第七，将土地督察制度正式入法，正式成为我国土地管理的法律制度。

我国开展土地利用规划工作的实践证明，合理组织土地利用不能离开维护和巩固社会主义土地公有制这项重要原则，不能离开生产力和生产关系这一对基本矛盾。任何一方发生变化都会引起土地利用规划形式、内容和任务的重大变动。基于这点，土地利用规划所研究的内容和所肩负的任务不是一成不变的。在不同社会生产方式下，甚至在同一方式下，生产力和生产关系发展的不同阶段，土地利用规划的内容、原则和方法都不尽相同。

二、因地制宜原则

地球陆地表面如同自然界其他物质一样，有其形成和发展的过程。地球表面由于受不同自然因素的影响，形成了一系列相互区别且各具特色的土地。由于各地区自然和社会经济条件千差万别，直接影响着土地利用方向、方式、深度和广度，使土地利用具有显著的空间性差异。不同的土地利用环境不仅反映出土地本身的适宜性和限制性，而且反映了当前生产力的发展水平，以及对土地的改造能力和利用程度。因此，土地利用必须遵循因地制宜的原则，才能把土地利用的潜在可能性变为现实生产力。

土地构成要素的不同，以及它们组合方式的不同，形成了表面形态和利用特性各异的土地。严格来讲，在地球表面很难找到性质和特征完全相同的两块土地；另一方面，国民经济各产业部门对其用地的质量和区位有特殊的要求，于是构成了土地利用的主要矛盾，协调好两者之间的关系就成为土地利用规划的核心内容。

因地制宜是编制土地利用规划应当遵循的重要原则之一。因地制宜原则具体表现为土地特性和用地要求的协调上。要坚持因地制宜原则，就要在编制土地利用规划时，把客观上业已存在的土地质量及其利用适宜性借助土地评价的方法加以评定。一定意义上，土地评价是落实因地制宜原则的重要途径和手段。土地适宜性是指对于特定用途的土地质量水平，土地适应性离不开特定的土地用途。土地适宜性可以从自然和经济两个角度加以评定。土地适宜性评价就是对土地质量相对于各种可能用途的综合评定。评价结果可以反映出各可能用途的适宜土地的信息，包括等级、数量和分布。在此基础上，综合考虑社会经济发展和科技进步水平，最终制订出土地利用的备选方案，提供决策依据。

土地利用与土地适宜是相互关联的对立统一。人类对土地的利用在不断地改变土地适宜性，它一时一刻也不能离开土地适宜性而独立存在。随着社会生产力的发展和科技的进步，人类改变土地适宜性的程度在不断提高。当今世界，人类已经对自然环境做出了大量改变，对自然界的物质循环进行了广泛干预，人类仍然无法割断自己与土地的联系，这种依赖关系会随时间推移而变化，但是永远不会消失。

土地质量是一个动态概念，随着生产力的发展、技术的进步、人类需求的变化，土地质量也在不同程度地发生变化。为此，必须建立经常性的土地数量和质量统计制度，建立土地资源信息系统，即在计算机软件和硬件的支持下，完善土地空间数据的贮存、变换、派生、综合、分析和显示系统，从而把土地评价与土地利用规划两项系统相结合，把土地评价结果作为制定土地利用规划的重要基础，把土地利用规划视为土地评价及其成果应用的延续，使土地利用规划方案表现为各类土地适宜性的最佳组合。

土地利用规划没有固定的模式和标准设计，必须坚持因地制宜原则，才能寻求紧密结合当地自然和社会经济条件的规划方案。土地利用规划具有鲜明的地域性特征，不同地区有着不同的规划方针、任务、内容和方法，如城市土地利用规划不同于农村土地利用规划，平原地区不同于山区，灌溉农业地区也不同于旱作地区。同一项目规划由于地区的特点，其规划方法也不尽相同，如经济技术开发区规划的重点是建筑物和线性工程项目的规划；丘陵山区的重点是合理安排农民牧副渔业用地，坡地改造，防止水土流失，植树造林，绿化荒山等。总之，土地利用规划过程中，要深入实地调查研究，反对“一刀切”，协调主观愿望与客观可能的关系。只有这样，才能充分发挥土地利用规划在国民经济发展中的积极作用。

三、综合效益原则

人类合理地组织土地利用，其目的在于在有限的资源限制下获取最大的效益。由于现代科学技术发展具有明显的整体化特征，土地利用所追求的效益绝对不再是单项效益，而是融社会效益、经济效益和生态效益为一体的综合效益。

在社会主义国家，尤其是在人口基础庞大的中国，土地利用的合理目标是：既要满足人民群众生活和工业生产对农产品的不断需求，又要为国民经济各部门提供其利用的土地，促进其持续发展。社会经济的稳步、协调和长足发展，必须要有足够的土地资源，尤其是耕地资源，作为保障。但是，耕地资源具有明显的稀缺性，它与社会发展、人口增长的需求形成日益加剧的供求矛盾，这就要求土地利用规划合理地进行各部门间的土地分配，为社会经济发展提供基本的土地保障。

为了获得土地利用的最大经济效益，必须学会应用经济杠杆对其加以调节和控制。地租和地价理论对于土地资源的综合评价和合理开发利用，以及制定合理的土地政策具有重要的指导作用。通过合理组织土地利用，不断提高土地肥力和质量，改善土地的地理位置和交通条件，实行土地集约化经营，必将导致土地级差地租的变化。在我国地少人多的现实条件下，提高单位面积土地的利用效率已成为实现土地利用效益最大化的必然选择。

土地资源利用产生的经济效果，常常以单位土地资源利用所产生的经济效果数值来衡量，它也被称为土地资源利用效果系数。该系数的实质是反映任何用地方案在占用或消耗单位数量的土地资源时，所引起的国民收入的增加或数量的减少。由于土地资源利用效果系数与被利用的土地资源数量、质量和用途等因素有关，必须选用土地资源利用经济效果标准系数，它可以用一般方法、平均数方法、综合平衡法和最低利润法求取。需要注意的是，在计算农用地的土地资源利用效果系数时，要谨慎选用单位面积土地纯收入或国民收入，因为它受到许多其他因素的影响，如地区气候、地理位置、土地质量和作物种类等。而这些因素具有明显的地域性差异，因而不同地区在计算时应采用不同的土地资源利用效果系数。

土地利用还要考虑生态效益。整个地球表层是一个巨大的生态圈，包含着海洋、湖泊、陆地、森林、草原、城市等多个生态系统。土地生态系统在其利用过程中与土地经济系统之间进行物质和能量的交换，土地生态系统向土地生态系统输入土地产品，通过生产、分配、交换、消费等各个环节转换为经济物质和能量，再输入回土地生态系统，这样在物质能量循环过程中又转变为经济产品回输给土地经济系统。土地生态系统和土地经济系统之间这种互为反馈的关系，使两个系统在结构上相互交织，在功能上相互促进和制约，在效益上相互矛盾又统一，从而使两者耦合成为一个统一的土地生态经济系统。土地利用中必须追求土地生态经济系统的最大净生产力，包括实物形态、价值形态与能量形态。

人类全部活动，包括土地利用，都在直接或间接地消耗环境质量和自然资源。反言之，这种消耗导致的环境污染和生态破坏，又直接影响正常的土地利用经营活动，从而造成严重的经济损失。因此，当评价土地利用综合效益时，不仅要顾及土地使用单位内部的经济性，还要同时考虑由此造成的社会外部的不经济性（负外部性），而内部经济性往往是以外部不经济性为代价的。因此，为了公正地评价土地利用的综合效益，可以采用费用-效益分析方法，分别计算费用（用 C 表示，包括工程费用、经营费用、各环境损害费用）和效益（用 B 表示，包括工程效益和环境改善效益），最后以净效益（$B-C$）或消费率（B/C）评定其优劣。同时，在费用-效益分析中，还要考虑时间因素，即用费用和效益的现值进行计算，从而使整个时期的费用和效益具有可比性。

综上所述，土地利用综合效益原则就是，明确了土地利用的最终目标是将土地利用置于社会经济发展和维护生态系统平衡中，追求经济效益、社会效益和生态效益的统一。此外，土地利用综合效益原则还要求要处理好近期土地利用和长远土地利用二者之间的关系。不合理的土地利用所带来的危害，有时需要经过一段时间方能显现出来。因此，必须对未来社会效益和生态环境影响加以科学预测，而这种影响往往是非货币化的、隐蔽的，因而我们更要对此予以足够重视。

四、逐级控制原则

土地利用规划往往同地域概念相联系，一般而言，土地利用规划都是在一定地域范围内进行的。地域是地区和区域的总称。地区是一个广泛的概念，系指地球的一部分；地区边界从某种意义上来说是任意的，可以根据现实需要和具体要求划定。区域是地区中的一部分，不同于地区，区域的边界是由内聚力决定的，或者区域也可以定义为具有内聚力的地区。内聚力的概念原本来自物理学，指物质内部相邻两部分的分子间的引力；而经济内聚力包括生产力的发展水平、条件，经济发展的主要任务和开发方向。

依照不同的标志，我国土地资源可以被划分为不同的地区和区域。土地资源行政管理的层次性决定管理土地利用规划的类型、范围和内容的多样性，从而从上到下地构成了结构有序的、等级分明的土地利用规划系统。最低层次的用地单元如一块水田、一片林地或者一座城市；再上一层就是区域，可以是行政区，如省、市、县、乡，也可以是跨区域或特定区域，如长江三角区或珠江三角区；一国之内最高层次为国家级。从横向上看，同一区域土地利用系统由各类土地利用子系统组成，如耕地、林地、牧地、市地、工矿地、水地等，从而形成相互渗透、相互依托的关系。

各层次土地利用规划均对下一层次的土地利用规划起着控制作用，同时它本身也接受其上一层次土地利用规划的控制。遵循主机控制的原则，就要等上一层次土地利用规划有关项目完成以后，才可以着手进行下一层次的土地利用规划。但是下一层次的土地利用规划也可以对上一层次的土地利用规划加以修改、补充和落实，使其更加完善和可行。由于土地利用规划涉及的内容相当繁杂，按照逐级控制原则的要求，应首先对关系到全局的、具有控制作用的项目进行规划，如各种用地结构、优化和布局，主要水利、道路工程项目和居民点用地规划等，之后再进行土地利用细部规划。

五、动态平衡原则

土地本身是自然产物，经投入于社会生产活动之后，就成为社会物质生产必备的物质条件。为了保证国民经济各部门协调发展，客观上要求提供适合用途的土地，但是土地总面积相对而言是一个常数，在做不同时期的土地利用规划时，在规划区域内土地总面积限度内，合理地进行部门间的土地分配和再分配，满足各部门变动的用地要求，实现土地利用供求结构的动态平衡。

土地综合平衡是国民经济范围内土地利用的宏观动态平衡，它要求社会对土地的总需求和所能提供的土地达到总量平衡和结构平衡。土地综合平衡受制于社会经济综合平衡，是社会经济规模和结构在土地利用方面的具体体现，也就是说，土地综合平衡是随着社会经济不断发展而实现的一种平衡，与社会经济综合平衡同步进行。

动态平衡原则要求在分析过去、摸清现状的基础上，估算计划期内每一种类型用地可能新增加的土地资源数量和土地需求量，从供求双方进行反复平衡。具体而言，一方面应根据计划安排的投资和消费需求来估算所需土地数量，另一方面从土地开发和节约、调整土地利用结构、提高生产力来估算土地资源可能供给的数量，直至两方平衡为止。规划的制定需要反复平衡，规划的实施仍然需要不断进行反复平衡。从这个意义上讲，综合平衡是动态的平衡，平衡是某个时间点相对的，不平衡是长期绝对的，如此循环往复，以致无穷。

平衡关系常常表现为比例关系，换而言之，平衡就是按比例，因此，平衡关系也可称为平衡比例关系。土地利用中的平衡，按其范围可分为全国平衡、地区平衡和企业平衡；按其性质又可分为单项用地平衡和综合用地平衡。土地资源平衡是国民经济存在和发展的条件。要搞好土地综合平衡，一是要加强土地利用计划的综合平衡，根据需要与可能，安排国民经济各部门的平衡比例关系；二是要在规划执行的过程中进行控制和调节。为此，必须掌握及时、全面、准确的统计资料，加强土地综合平衡的统计工作。

第四节 国土空间规划

一、国土空间规划的依据与原则

2019 年 5 月 10 日，中央印发了《中共中央、国务院关于建立国土空间规划体系并监督实施的若干意见》(以下简称《意见》)，它是当前我国建立国土空间规划体系最重要的指导性文件，对我国国土空间规划编制的意义、原则、依据、方法、内容和管理都进行了系统性的论述。它指出，国土空间规划是国家空间发展的指南、可持续发展的空间蓝图，是各类开发保护建设活动的基本依据；建立国土空间规划体系并监督实施，将主体功能区规划、土地利用规划、城乡规划等空间规划融合为统一的国土空间规划，实现“多规合一”，强化国土空间规划对各专项规划的指导约束作用，是党中央、国务院做出的重大部署。

过去，各级各类空间规划在支撑城镇化快速发展、促进国土空间合理利用和有效保护方面发挥了积极作用，但也存在规划类型过多、内容重叠冲突，审批流程复杂、周期过长，地方规划朝令夕改等问题。为了解决上述问题，我国将建立一套全国统一、责权清晰、科学高效的国土空间规划体系，以便从整体上谋划新时代国土空间开发保护的格局。

《意见》要求国土空间规划的编制要以习近平新时代中国特色社会主义思想为指导，全面贯彻党的十九大和十九届二中、三中全会精神，紧紧围绕统筹推进“五位一体”总体布局，协调推进“四个全面”战略布局，坚持新发展理念，坚持以人民为中心，坚持一切从实际出发，按照高质量发展要求，综合考虑人口分布、经济布局、国土利用、生态环境保护等因素，科学布局生产空间、生活空间、生态空间。

此外，《意见》还强调，坚持生态优先、绿色发展，尊重自然规律、经济规律、社会规律和城乡发展规律，因地制宜开展规划编制工作；坚持节约优先、保护优先、自然恢复为主的方针，在资源环境承载能力和国土空间开发适宜性评价的基础上，科学有序地统筹布局生态、农业、城镇等功能空间。可以说，生态优先、绿色发展是新时代国土空间规划的基本价值观，节约优先、保护优先、自然恢复为主是新时代国土空间规划的基本原则。

其中，节约优先要求在国土空间规划制定的过程中要划定生态保护红线、永久基本农田边界、城镇开发边界等空间管控边界，强化底线约束，为可持续发展预留空间；保护优先，要坚持山水林田湖草生命共同体理念，加强生态环境分区管治，保护生态屏障；自然恢复力优先要求构建生态廊道和生态网络，推进生态系统保护和修复。

二、国土空间规划的方法

(1)贯彻生态文明思想和新发展理念，突出体现国土空间规划的战略性、科学性、协调性、操作性、权威性。体现国土空间规划在空间开发保护方面的战略引领地位，各级国土空间总体规划编制要按照生态文明建设和中华民族永续发展的要求，对空间开发保护做出战略性、系统性、长远性的安排，强调底线约束，探索以生态优先、绿色发展为导向的高质量发展新路子。

采用科学的理念、方法、工作方式编制和实施规划，运用城市设计、乡村营造、大数据等手段，提高规划编制水平，协调好国土空间规划和相关规划的关系。一方面，国土空间规划要结合主体功能定位，为国家发展规划确定的重大战略任务落地实施提供空间保障；另一方面，坚持底线思维，充分发挥国土空间规划在国家规划体系中的基础作用，发挥好对各专项规划的指导约束作用，促进经济社会发展格局、城镇空间布局、产业结构调整与资源环境承载力相适应，约束不合理的发展诉求。

注重操作性，在规划编制的过程中要考虑规划如何实施，综合运用各种政策工具，保障规划实施。要强化规划权威，规划一经批复，不得随意修改、违规变更，对规划编制和实施中的违规行为，要严肃追责。

(2)统一规划数据基础和规划期限，谋划全域全要素、陆海统筹、区域协调发展的国土空间开发保护格局。基础数据要以三调数据作为规划现状底数和底图基础，统筹考虑全国水资源、森林资源、草原资源、湿地资源、矿产资源等调查监测评价成果。规划成果数据库按照统一的国土空间规划数据库标准与规划编制工作同步建设，实现城乡国土空间规划管理全域覆盖、全要素管控。

将各类相关专项规划叠加到统一的国土空间基础信息平台上，形成全域“一张图”。做好陆海统筹，编制陆海统筹规划的“一张图”，确定陆海统一分区，明确管制要求，做好海域、海岛和海岸带保护利用，推进陆海空间整体优化。实施好区域协调发展战略，优化生产力的空间布局，促进协调发展、开放发展。

(3)夯实基础研究，在全面摸清家底、深入分析评价的基础上开展规划编制工作。开展原有空间规划实施评估，对国土空间开发保护现状和未来风险点的评估，以及自然资源承载能力和国土空间开发适宜性评价，在评估评价的基础上制定国土空间规划。根据中央要求，要在科学评估既有生态保护红线等重要控制线划定情况的基础上，结合国土空间规划编制提出优化调整意见，在2020年前完成“三线”划定工作。划定城镇开发边界要尽可能避让永久基本农田红线和生态保护红线，科学优化城镇布局形态和功能结构，提升城镇人居环境品质，促进城镇发展由外延扩张向内涵提升转变。

(4)坚持问题导向和目标导向相结合,因地制宜编制规划。国土空间规划的编制必须做到立足实际、实事求是、因地制宜、分类指导。根据当地自然条件、人文特色、发展阶段等特点,找准实际问题,有针对性地开展规划编制。比如,大城市、特大城市、超大城市要提出都市圈、城镇圈以及跨行政区域规划协调要求;沿海市县要统筹陆海分区,做好海域、海岛和海岸带保护利用。

地级市要加强对所辖县(市、区)的统筹,合理分配建设用地规模指标,统筹安排市域交通基础设施网络,均衡配置各类空间资源;自然保护地、海岸带、生态敏感脆弱区等特殊区域,要在规划中明确特殊保护要求和实施措施;村庄规划要结合县和乡级国土空间规划编制,优化村庄布局,通盘考虑土地利用、产业发展、居民点布局、人居环境整治、生态保护和历史文化传承等,按照“应编尽编”的原则编制“多规合一”的实用性规划。

(5)同步搭建信息系统。以国土空间基础信息平台为基础,同步搭建国土空间规划“一张图”实施监督信息平台,统筹建设国家、省、市、县各级系统,实现上下贯通,做到自上而下一个标准、一个体系、一个接口,形成国土空间规划“一张图”。

三、国土空间规划内容

按照规划编制的层次不同,我国国土空间规划也可以划分为五级,分别对应我国行政管理层级:国家级国土空间规划、省级国土空间规划、市级国土空间规划、县级国土空间规划、乡(镇)级国土空间规划。不同层级的规划体现不同空间尺度和管理深度要求。五级规划自上而下编制,落实国家战略,体现国家意志,下层级规划要符合上层级规划要求,不得违反上层级规划确定的约束性内容。

全国国土空间规划是对全国国土空间做出的全局安排,是全国国土空间保护、开发、利用、修复的政策和总纲,侧重战略性,由自然资源部会同相关部门组织编制,由党中央、国务院审定后印发。

省级国土空间规划是对全国国土空间规划的落实,指导市县国土空间规划编制,侧重协调性,由省级政府组织编制,经同级人大常委会审议后报国务院审批。

市县和乡镇国土空间规划是本级政府对上级国土空间规划要求的细化落实,是对本行政区域开发保护做出的具体安排,侧重实施性。需报国务院审批的城市国土空间总体规划,由市政府组织编制,经同级人大常委会审议后,由省级政府报国务院审批;其他市县及乡镇国土空间规划由省级政府根据当地实际,明确规划编制审批内容和程序要求。

此外,依据不同的规划任务,国土空间规划还可以分为国土空间总体规划、国土空间详细规划和国土空间专项规划。各层级的国土空间总体规划是对行政辖区范围内国土空间保护、开发、利用、修复的全局性安排,强调综合性。

相关专项规划可在国家、省、市、县层级编制,强调专业性,是对特定区域(流域)、特定领域空间保护利用的安排。其中,海岸带、自然保护地等专项规划及跨行政区域或流域的国土空间规划,由所在区域或上一级自然资源主管部门牵头组织编制,报同级政府审批;涉及空间利用的某一领域专项规划,如交通、能源、水利、农业、信息、市政等基础设施,公共服务设施,军事设施,以及生态环境保护、文物保护、林业草原等专项规划,由相关主管部门组织编制。相关专项规划可在国家、省和市县层级编制，不同层级、不同地区的专项规划可结合实际选择编制的类型和精度。

详细规划在市县及以下编制，强调可操作性。详细规划是对具体地块用途和开发建设强度等做出的实施性安排，是开展国土空间开发保护活动、实施国土空间用途管制、核发城乡建设项目规划许可、进行各项建设等的法定依据。在城镇开发边界内的详细规划，由市县自然资源主管部门组织编制，报同级政府审批；在城镇开发边界外的乡村地区，以一个或几个行政村为单元，由乡镇政府组织编制"多规合一"的实用性村庄规划，作为详细规划，报上一级政府审批。

总体规划与详细规划、相关专项规划之间体现"总-分关系"。国土空间总体规划是详细规划的依据、相关专项规划的基础；详细规划要依据批准的国土空间总体规划进行编制和修改；相关专项规划要遵循国土空间总体规划，不得违背总体规划强制性内容，其主要内容要纳入详细规划。

需要说明的是，并不是所有地方都要求编制"五级三类"的国土空间规划。例如，各地可以因地制宜，将市县域乡镇国土空间规划合并编制，也可以几个乡镇为单元编制乡镇级国土空间规划；村庄规划编制也应该按照"应编尽编"的原则编制"多规合一"的实用性村庄规划。

四、国土空间规划的管理

与传统的土地利用总体规划审批制度相比，国土空间规划的审批制度具有以下特征：减少国务院审批的城市数量，提高行政效能；精简规划审批内容，压缩审查时间；简政放权，对地方的国土空间规划审批留了弹性空间；强调了省级和国务院审批城市的国土空间规划报批前需经同级人大常委会审议的要求；增加了相关专项规划与国土空间规划的衔接及"一张图"核对的要求。《意见》中当前对国土空间规划的实施与监管进行明确要求和具体描述。

（一）强化规划权威

规划一经批复，任何部门和个人不得随意修改、违规变更，防止出现换一届党委和政府改一次规划。下级国土空间规划要服从上级国土空间规划，相关专项规划、详细规划要服从总体规划；坚持先规划、后实施，不得违反国土空间规划进行各类开发建设活动；坚持"多规合一"，不在国土空间规划体系之外另设其他空间规划。相关专项规划的有关技术标准应与国土空间规划衔接。因国家重大战略调整、重大项目建设或行政区划调整等确需修改规划的，须先经规划审批机关同意后，方可按法定程序进行修改。对国土空间规划编制和实施过程中的违规违纪违法行为，要严肃追究责任。

（二）改进规划审批

按照谁审批、谁监管的原则，分级建立国土空间规划审查备案制度。精简规划审批内容，管什么就批什么，大幅缩减审批时间。减少需报国务院审批的城市数量，直辖市、计划单列市、省会城市及国务院指定城市的国土空间总体规划由国务院审批。相关专项规划在编制和审查过程中应加强与有关国土空间规划的衔接及"一张图"的核对，批复后纳入同级国土空间基础信息平台，叠加到国土空间规划"一张图"上。

（三）健全用途管制制度

以国土空间规划为依据，对所有国土空间分区分类实施用途管制。在城镇开发边界内的建设，实行"详细规划＋规划许可"的管制方式；在城镇开发边界外的建设，按照主导用途分区，实行"详细规划＋规划许可"和"约束指标＋分区准入"的管制方式。对以国家公园为主体的自然保护地、重要海域和海岛、重要水源地、文物等实行特殊保护制度。因地制宜制定用途管制制度，为地方管理和创新活动留有空间。

（四）监督规划实施

依托国土空间基础信息平台，建立健全国土空间规划动态监测评估预警和实施监管机制。上级自然资源主管部门要会同有关部门组织对下级国土空间规划中各类管控边界、约束性指标等管控要求的落实情况进行监督检查，将国土空间规划执行情况纳入自然资源执法督察内容。健全资源环境承载能力监测预警长效机制，建立国土空间规划定期评估制度，结合国民经济社会发展实际和规划定期评估结果，对国土空间规划进行动态调整完善。

（五）推进"放管服"改革

以"多规合一"为基础，统筹规划、建设、管理三大环节，推动"多审合一""多证合一"。优化现行建设项目用地（海）预审、规划选址以及建设用地规划许可、建设工程规划许可等审批流程，提高审批效能和监管服务水平。

第五节 土地利用规划管理

一、土地利用规划管理的概念

土地利用规划管理是为了合理利用和保护土地资源，维护土地利用的社会整体利益，组织编制和审批土地利用规划，并依据规划对城乡各项土地利用进行控制、引导和监督的行政管理活动。土地利用规划管理是国家土地行政管理的重要组成部分，管理活动的主体是国家土地行政机关，包括中央土地行政管理机关和地方各级土地行政管理机关。客体是土地利用规划及与之相关的组织和个人的行为。土地利用规划管理是各级人民政府的重要工作之一。

土地利用规划管理的根本目的是维护土地利用的社会整体利益，促进经济社会可持续发展。其管理贯穿于土地利用规划编制、审批和实施的全过程，是土地行政管理的重要内容。规划是管理的前提和依据，管理是规划依法科学制定和有效实施的保证。土地利用规划管理主要包括三方面的工作：一是依法组织制定（包括编制和审批）土地利用规划；二是按照经批准的土地利用规划控制并引导城乡各项土地利用，即依法实施土地利用规划；三是对土地利用规划实施情况进行监督检查。

二、土地利用规划管理的原则

（一）依法行政原则

土地利用规划管理实施依法行政的原则，是贯彻依法治国方针的必然要求，同时这也是由其职能特点和工作性质决定的。土地利用规划是一项国家措施，是国家加强土地宏观调控、规范土地开发利用行为、保障经济社会可持续发展的重要手段。因此，规划管理必须以法律为依据，体现国家和政府的意志。与此同时，土地利用规划是一项全局性、综合性、长期性的工作，规划的编制和实施涉及不同主体、不同层级、不同方面的利益关系，这些利益关系只有依靠法律手段来调整和规范，才能实施有效的管理，保证社会整体利益和长远利益。

（二）民主管理原则

民主管理原则是由我国社会主义国家性质决定的，是与依法行政原则相辅相成的。土地利用规划管理中贯彻民主管理的原则，最根本的是实行参与式管理，即重视规划管理的公众参与。在规划管理决策过程中，对涉及社会公共利益的，要尽可能广泛征求各方意见，集思广益；对只涉及个别单位、个人利益的，也要听取受影响单位代表、个人的意见，维护其合法利益。

（三）集中统一管理原则

土地利用规划管理实行集中统一管理的原则，是土地集中统一管理的重要体现，是长期实践经验的总结。土地利用涉及国家的长远利益和整体利益，必须实行集中统一管理，既包括集中统一规划，也包括集中统一规划管理。具体体现在以下几个方面：土地利用规划的编制必须符合法律、法规，必须认真贯彻国家的方针、政策；土地利用规划的制定、建设项目用地预审、农用地转用和土地征用审批、基本农田保护区的划定、土地开发复垦整理等，都必须按照法律程序批准的土地利用总体规划进行；对土地利用总体规划进行修改；必须符合法律、法规的规定，并报原批准规划的人民政府批准，不得下放规划审批权。

（四）政务公开原则

政务公开是各级土地行政管理部门推进依法行政和民主化决策、加强勤政廉政建设、改善部门形象的一项改革措施，有利于增强土地管理人员的服务意识，提高依法行政水平和行政管理效能，完善监督机制，防止腐败行为。土地利用规划管理中的政务公开，包括编制规划的公开（公众参与）、规划成果的公开（规划公告）和规划实施管理中有关办事的程序、规则、标准和结果的公开等。

（五）经济效率原则

土地利用规划管理也要遵循用最小的投入（消耗）获得最大的产出（社会综合效果）的原则。为此，土地利用规划管理要努力实现组织机构合理化、行政工作程序化、工作责任制度化、管理方法现代化。

三、土地利用规划管理的方法

土地利用规划管理的方法很多，概括起来，可以分为行政的方法、法治的方法、经济的方法、社会的方法和科技的方法。为了提高规划管理效能和管理水平，往往需要综合采用多种管理方法。

（一）行政的方法

行政的方法是指依靠行政组织，运用权威性的行政手段，采用命令、指示、规定、制度、计划、标准等行政方式来组织、指挥、监督土地利用规划编制、审批和实施的方法。行政方法是土地利用规划管理的一项基本方法，其优点是便于集中统一管理和及时贯彻执行，且具有较强的针对性，手段比较灵活，同时也是实施其他管理方法的必要手段。其缺点是容易导致行政权力的滥用。行政方法的正确有效运用，首先必须遵循行政合法性原则，即行政管理权的存在与行使必须依据法律、符合法律，不得与法律相抵触。其次，必须遵循行政合理性原则，即在法律没有规定或规定比较模糊的情况下，按照客观、适度的标准或对法律的合理解释采取必要的措施。

行政方法的有效施行，必须要有一套完善的管理制度。目前，我国土地利用规划实施管理的基本制度已经形成，主要依托三项制度：一是实行土地利用年度计划管理制度，即将土地利用总体规划确定的指标按年度分解实施，通过计划的执行保证规划的实施。二是实行建设项目用地预审制度，即在建设项目可行性研究论证阶段，由土地行政主管部门根据土地利用总体规划进行审查，凡不符合规划的建设项目不得通过预审，土地行政主管部门不受理农用地转用和建设用地申请，从源头上控制不合理用地。三是实行土地利用项目的规划审查制度，即根据土地利用总体规划审查农用地转用、土地征用、土地整理复垦开发等各种土地利用项目，确保城乡建设、土地整理开发等各项土地利用活动符合土地利用总体规划，节约和合理利用土地。此外，还建立了规划公告、规划备案、基本农田保护规划管理、城镇规划用地规模审核、规划信息管理、规划动态监测、规划执法监察等一系列管理制度。

（二）法治的方法

法治的方法，就是通过法律、法规、规章和种种具有强制力的规程、标准，规范和管理土地利用规划制定和实施的行为。从世界范围看，法治方法是土地利用规划管理最通行、最基本的方法，在当前发展社会主义市场经济和推进依法治国的重要历史时期，必须把规划法治建设作为加强土地利用规划管理的首要任务和根本措施。具体要求包括：有法可依，即加强立法建设，完善土地利用规划管理的法律、法规、规章；执法必严，即严格执法，严格按照经批准的土地利用总体规划和有关法律法规审批、使用土地，切实维护法律和规划的严肃性；违法必究，即加强规划监督检查，加大对违反规划用地、批地和违法修改规划等违法行为的查处力度。另外，法治方法适合处理管理中的共性问题，但对于某些特殊性、个性的问题则不尽适宜，而行政方法具有一定的灵活性，两种方法是相辅相成的关系。

（三）经济的方法

经济的方法，就是按照经济运行客观规律的要求，通过经济杠杆，运用价格、水费、奖金、罚款等经济手段来进行土地利用规划管理，促进规划的实施。由于在社会主义市场经济中还客观存在着国家与企业，企业与企业，以及劳动者个人之间的物质利益差异，要处理好各种物质利益关系，仅靠行政方法是不够的，必须通过各种经济手段来处理。土地利用规划的实施既要尊重经济规律，也要自觉运用经济机制，把积极的经济手段与政府的规划意图、社会的整体利益结合起来，有利于高效、合理利用土地，有利于土地利用规划的实施。

（四）社会的方法

社会的方法，就是发动社会大众参与规划的制定，监督和维护规划的实施。土地利用系统是一个庞大而复杂的社会经济生态系统，土地利用规划是一个复杂的系统工程，规划决策需要考虑多种因素、处理各种关系。通过公众参与，可以集思广益，比较准确地表达社会需求，减少决策失误。规划实施同样需要积极运用社会方法，通过规划的公布和管理的公开，可以促使政府部门公正执法，有效制约和避免各种违反规划的行为发生，有利于从源头上防止腐败，提高工作效率。

（五）科技的方法

科技的方法，就是运用科学的管理方法、先进的管理工具与手段进行土地利用规划管理，提高管理效率和管理水平。目前在土地利用规划管理中应用较多的现代科学技术是“3S”技术,即遥感(RS)、地理信息系统(GIS)和全球定位系统(GPS)技术。通过大范围的遥感监测,能够实现对规划实施情况的快速监测与跟踪管理,并为规划执法监察和查处提供依据。最近几年,国家应用遥感监测成果对规划实施情况进行检测,收到了很好的效果。运用地理信息系统技术,建设土地利用规划管理信息系统,在规划编制管理、土地利用计划管理和用地审批管理中也将发挥重要作用。全球定位系统技术监测精度更高,在规划核查上也有广阔的应用前景。这些方法的应用,丰富了土地利用规划监管手段,提高了规划管理的科技水平,也拓宽了土地利用规划的功能和作用。

四、土地利用规划管理的内容

土地利用规划管理包括编制和审批管理、实施管理和监督管理。此外,为例保证各项管理活动的顺利进行和实施,还要有相应的保障措施。具体来说,土地利用管理的内容主要包括以下方面。

(一)土地利用规划的组织编制和审批管理

土地利用规划的组织编制管理主要包括提出规划的目标和任务,组织编制规划草案,协调相关部门用地矛盾,组织专家论证和群众评议,确定规划送审方案等。土地利用规划的审批管理主要包括将规划送审方案报请政府审核、修改和通过,依照法定程序逐级申报,由法定审批机关审核并批准规划。土地利用规划的组织编制管理和审批管理是一个连续的过程,组织编制管理是制定土地利用规划的前期管理工作,审批管理是制定土地利用规划的后期管理工作。

(二)土地利用规划的实施管理

土地利用规划的实施管理的主要内容包括土地利用年度计划管理、建设项目用地预审管理、农用地转用和土地征用规划审查管理、土地整理复垦开发项目规划审查管理、基本农田保护区规划管理、城市规划和村镇规划审核等。土地利用规划实施管理是土地利用规划管理工作的主要内容。所谓“三份规划,七分管理”,其中的“管理”主要是指土地利用规划实施管理,它也充分说明了规划实施管理在土地利用规划工作中的重要地位。

(三)土地利用规划实施的监督检查管理

土地利用规划实施的监督检查管理既包括对违反规划的用地行为进行查处,又包括对下级规划是否符合上级规划以及土地利用计划执行情况的检查处理;既包括由行政管理机关进行的定期和不定期监督检查,又包括社会监督以及发动群众对规划实施及其管理活动的监督等。监督检查管理是保证土地利用规划实施的重要措施,也是及时反馈规划实施信息、改进规划管理的必要手段。

(四)土地利用规划的基础保障管理

土地利用规划工作的正常开展,需要从组织、人员、法制、机制、科技等各方面创造和提供相应的保障条件,进行必要的基础管理。现阶段土地利用规划的基础保障管理主要包括建立健全规划管理目标责任制、规划的立法、规划技术规范的制定、规划人员执业资格和设计单位资质管理、规划成果管理、规划管理信息系统建设等。这些方面不仅影响当前各项规划工作的开展,而且对规划的长远发展具有重要保障作用。

案例分析与讨论

随着国土空间规划体系的建立和实施，传统的土地利用总体规划将逐渐被国土空间规划所取代。本教材分别列出了《北京市土地利用总体规划(2006—2020年)》和《北京市国土空间近期规划(2021—2025年)》两个文件的目录。阅读下面的材料请通过对比分析，归纳总结国土空间规划体系的特点和优势。

《北京市土地利用总体规划(2006—2020年)》目录

前言

第一章 总则

第1条 规划前提；第2条 指导思想；第3条 规划原则；第4条 规划依据；第5条 规划范围；第6条 规划期限；第7条规划重点。

第二章 总体战略和规划目标

第一节 土地利用总体战略

第8条 明确首都的土地功能定位；第9条 积极推行和谐持续发展战略；第10条 大力推进节约集约用地战略。

第二节 土地利用规划目标

第11条 实现“城乡和谐发展、节约集约用地”的总目标；第12条 严格落实各项用地调控指标。

第三章 统筹城乡区域土地利用

第一节 构建首都土地利用总格局

第13条 划分四大土地利用区域；第14条 构筑“三圈九田多中心”。

第二节 统筹平原山区土地利用

第15条 优化首都功能核心区用地功能；第16条 整合城市功能拓展区用地布局；第17条推动城市发展新区集约用地；第18条 提升生态涵养发展区生态服务功能。

第四章 保护和合理利用农用地

第一节 规模化保护耕地和基本农田

第19条 严格保护农用地、耕地；第20条 集中连片保护基本农田。

第二节 适度推进农村土地整治

第21条 切实落实耕地占补平衡制度；第22条 加强农用地综合整治；第23条 积极开展废弃地复；第24条 科学开发未利用地；第25条 确定土地整理复垦开发重点区域。

第三节 引导都市型现代农业有序发展

第26条 加强都市型现代农业用地管理。

第五章 节约集约利用建设用地

第一节 统筹管理城乡建设用地

第27条 强化城乡建设用地统一管控；第28条 推动城镇建设用地集约发展；第29条 促进集体建设用地资源盘整。

第二节　优先保障中央党政军单位用地

第 30 条 优先保障中央党政军单位用地。

第三节　积极引导各类设施用地高效利用

第 31 条 引导交通基础设施合理布局、节约用地；第 32 条 推动市政基础设施节约集约用地；第 33 条 强化社会公共服务设施高效用地。

第六章　加强生态安全网络体系建设

第一节　构筑城乡生态安全网络

第 34 条 保护“两山八水”，建设“九楔九田”；第 35 条 重点保护基础性生态用地；第 36 条 分类管制土地利用空间。

第二节　推进生态基础设施建设

第 37 条 维护水资源和水环境安全；第 38 条 完善生态基础设施体系；第 39 条 加强国土资源综合整治。

第三节　探索环境友好型土地利用模式

第 40 条 探索城镇乡村布局优化的平原模式；第 41 条 探索自然生态本底差别化的山区模式。

第七章　有机协调土地利用时序与布局

第一节　近期规划与远景展望

第 42 条 近期规划目标；第 43 条 近期规划要点；第 44 条 远期目标和远景展望。

第二节　区(县)规划的调控要求

第 45 条 促进人口产业发展与用地布局相协调；第 46 条 强化区(县)规划目标调控。

第八章　强化规划实施保障机制

第一节　健全规划管理体系及制度

第 47 条 加强土地利用总体规划的整体控制；第 48 条 健全土地利用规划实施管理制度；第 49 条 加大土地利用规划监督执法力度。

第二节　完善促进重要生态用地保护的保障机制

第 50 条 落实耕地和基本农田保护责任制度；第 51 条 完善基本农田保护区的管理机制；第 52 条 探索生态基础设施用地的储备与管制制度。

第三节　建立健全节约集约用地机制

第 53 条 建立新增与存量建设用地挖潜相挂钩的制度；第 54 条 制定盘活存量建设用地资源的激励机制；第 55 条 制定各业各类用地节约集约利用标准体系；第 56 条 加强基础设施及公益性项目论证；第 57 条 提高建设用地的市场化配置程度。

第四节　加强规划实施基础信息建设

第 58 条 积极推进土地利用总体规划的立法；第 59 条 加快推进规划管理信息系统建设；第 60 条 加强规划宣传，推进民主决策。

第九章　附则

第 61 条 生效

第 62 条 组织实施与解释

《北京市国土空间近期规划(2021—2025年)》目录

总则

第1条 指导思想;第2条 发展目标;第3条 规划依据;第4条 规划范围;第5条 规划期限。

第一章 牢牢守住首都城市战略定位,加强"四个中心"功能建设与服务保障

第一节 深化完善政治中心功能体系和服务保障体系,营造安全优良的政务环境

第6条 加强中央政务功能服务保障,突出政治中心建设;第7条 加强重点地区综合整治和环境风貌提升,营造优良的政务环境。

第二节 扎实推进全国文化中心建设,全力做好首都文化这篇大文章

第8条 围绕"一核一城三带两区"的总体框架,高质量建设全国文化中心;第9条 不断拓展各类文化空间,打造多元文化交流展示平台。

第三节 服务国家总体外交,开创国际交往中心功能建设新局面

第10条 优化"一核、两轴、多板块"空间格局,强化综合承载和服务保障能力;第11条 吸引集聚国际高端要素,拓展多层次对外交流合作平台,提升大国首都美誉度。

第四节 创建国际科技创新中心,全面服务国家创新驱动发展战略需求

第12条 坚决落实创新在现代化建设全局中的核心地位,建设好国际科技创新中心;第13条 完善创新服务体系,优化创新创业生态,培育创新特色融合区。

第五节 以"城"的更高水平发展服务保障"都"的功能,支撑大国首都战略目标要求

第14条 加强"四个中心"建设统筹联动,强化首都功能综合承载能力;第15条 加强政务安全保障,坚决维护首都安全稳定;第16条 提升住房及公共服务水平,为首都功能提供充足优质的保障和服务;第17条 综合提升轨道交通网络与"四个中心"功能建设的空间匹配能力;第18条 完善重大国事活动常态化服务保障机制,全面提升服务保障能力;第19条 充分发挥首都规划建设委员会的作用。

第二章 持续推进规模结构调整与提质增效,深入推进城市更新

第一节 优化人口分布和结构,提高劳动生产效率

第20条 严守人口规模上线,引导人口布局优化,促进人口合理有序流动;第21条 解决好"一老一小"问题,完善养老和生育配套政策;第22条 加强各类人才吸引,建设高水平人才高地,保持城市发展活力;第23条 建立健全人口服务机制,全面提升人口服务水平。

第二节 持续推进城乡建设用地减量以及布局优化,促进提质增效

第24条 推进城乡建设用地规模减量,持续降低平原地区开发强度;第25条 优化城乡建设用地结构,调整职住用地比例;第26条严控战略留白用地,分区分类制定清理方案;第27条 加强多部门多领域综合施策,建立减量提质长效机制。

第三节 加强建筑规模管控,支撑首都高质量发展

第28条 实施分圈层、差异化的建筑规模管控;第29条 加强建筑规模流量精准投放。

第四节 实施城市更新行动,推动空间治理方式高品质转型

第30条 加快推进城市更新,全面提升城市品质和活力;第31条根据存量更新资源特点,加强分类引导;第32条 积极推进城市更新项目实施,促进城市更新政策体系逐步完善。

第三章　坚定不移疏解非首都功能，持续优化城市空间布局

第一节　持续提升首都功能核心区政务环境、文化魅力和人居环境品质

第33条 加强规模管控，做好疏解腾退空间统筹利用；第34条 优化空间布局，推进重点地区功能升级和整体提升；第35条 深入推进精细化治理，推动一流人居环境建设。

第二节　推进中心城区功能疏解提升，增强服务保障能力

第36条 加强非首都功能疏解，将空间腾退与功能重组相衔接，推动功能优化提升；第37条 发挥重点功能区的承载作用，保障和服务首都功能，增强综合竞争力；第38条 积极推动存量资源更新，提升城市品质和活力；第39条 持续开展城市修补、生态修复，提升生态空间品质。

第三节　聚焦主导功能谋发展，高质量推进城市副中心建设

第40条 围绕科技创新、金融商务、文化旅游主导功能，加快集聚高端要素和创新资源，打造北京发展新高地；第41条 进一步推动非首都功能承接，强化与中心城区联动发展；第42条 落实"一带、一轴、多组团"的城市空间结构，创建新时代城市建设发展典范；第43条 构建大尺度绿色空间，探索"绿色发展、循环发展、低碳发展"的副中心模式，建设国家绿色发展示范区；第44条 加大改革力度，增强城市发展动力活力。

第四节　加强两轴统领作用，推动功能优化和品质提升

第45条 积极推进传统中轴线申遗，加强中轴线延长线保护建设；第46条 推进长安街及其延长线功能布局优化与环境品质提升，强化国家行政、军事管理、文化、国际交往功能。

第五节　强化多点支撑，提升新城综合承接能力

第47条 积极承接中心城区适宜功能和产业转移，着力打造首都发展新的增长极；第48条 全面提升新城综合服务能力和宜居水平，增强新城吸引力；第49条 坚持生态立城，推动留白增绿和大尺度绿化建设。

第六节　坚决守护好生态涵养区绿水青山，走好绿色发展之路

第50条 持续巩固首都生态安全格局，提升生态环境品质；第51条 发挥生态价值内在优势，更好地服务首都功能，加快构建绿色产业体系；第52条 以新城为核心统筹好小城镇和美丽乡村建设，发挥以城带乡作用，增强城乡融合发展水平。

第七节　加强统筹协调，强化主副结合、内外联动、南北均衡、山区与平原地区互补发展

第53条 加强主副结合、内外联动发展，构建分工协作的紧密关系；第54条 实施新一轮城市南部地区高质量发展行动计划，加快提升南部地区发展能级；第55条 加强山区和平原的互补发展，深化完善生态涵养区综合性生态保护补偿机制。

第四章　统筹全域全要素系统治理，为高质量发展做好空间保障和引导

第一节　支撑"双循环"经济结构，推动产业空间集约高效

第56条 支撑"五子"联动，保障高精尖产业发展；第57条 系统推进"三城一区"主平台、中关村国家自主创新示范区主阵地建设；第58条 协同推进国家服务业扩大开放综合示范区、中国(北京)自由贸易试验区建设，建设新时代改革开放新高地；第59条 加强高端引领，不断提升现代服务业发展水平；第60条 加快产业园区内低效产业用地"腾笼换鸟"，推动传统产业转型升级；第61条 持续推动零散低效的产业用地进一步压缩。

第二节　促进生活空间宜居适度，提高民生保障和服务水平

第 62 条 多主体供给、多渠道保障住房有效供给；第 63 条 加强生活空间与生产空间、轨道交通的统筹，促进产居融合、职住平衡；第 64 条 持续完善各类配套服务及“一刻钟社区服务圈”，不断提升居住品质。

第三节　推动生态空间山清水秀，促进系统治理、量质双升

第 65 条 强化顶层设计，构建全域全要素国土空间治理体系；第 66 条 强化生态空间整体保护，筑牢首都生态安全屏障；第 67 条 推进国土空间系统修复，提升生态系统质量和功能；第 68 条 加强重点地区综合整治，优化生态空间格局。

第四节　增强轨道交通与城市功能的协调匹配水平，推动城市空间效率持续提升

第 69 条 加快构建分圈层的轨道交通发展模式，精准服务首都超大城市空间发展需求；第 70 条 加强轨道建设，支撑引领城市空间结构优化；第 71 条 强化轨道交通与城市功能的耦合，推动职住联通、产业联动，要素联结；第 72 条 推进站城一体化和轨道微中心建设，强化轨道站点对城市功能提升以及要素的集聚作用。

第五章　贯彻碳达峰、碳中和重大决策部署，积极培育绿色发展新动能

第一节　实现碳排放总量达峰后稳中有降，碳中和迈出坚实步伐

第 73 条 构建低碳发展新格局，碳排放总量实现达峰后稳中有降；第 74 条 强化顶层设计，统筹谋划、系统设计低碳转型道路。

第二节　强化科技创新引领作用，构建绿色低碳经济体系

第 75 条 推动产业结构深度优化，促进产业低碳化发展；第 76 条 培育绿色发展新动能，打造现代化绿色经济体系；第 77 条 加强低碳技术创新应用，建设新能源技术创新策源地和发展高地。

第三节　持续提升能源利用效率，全面推动能源低碳革命

第 78 条 强化能耗管理，持续提高能源利用效能；第 79 条 严控化石能源利用规模，逐步推动能源供应脱碳化；第 80 条 实施可再生能源替代行动，构建坚强韧性、绿色低碳智慧的能源体系。

第四节　推动重点领域低碳发展，提升生态系统碳汇能力

第 81 条 加强新建建筑绿色低碳发展，持续推进建筑节能降耗；第 82 条 引导城市交通强化减排，打造绿色低碳交通体系；第 83 条 不断提升生态系统碳汇能力，有效发挥固碳作用。

第六章　持之以恒抓好历史文化名城保护工作，提升城市风貌品质

第一节　构建更完善的历史文化名城保护治理体系，积极创新保护利用路径

第 84 条 完善历史文化名城保护体系，深入推进保护工作；第 85 条 活化历史文化遗产，创新保护利用路径；第 86 条 细化管理机制，构建精细化管理体系。

第二节　推动老城整体保护与复兴，建设弘扬中华文明的典范地区

第 87 条 强化老城空间秩序管控，展现千年古都菁华；第 88 条 有序推进街区保护更新，改善老城人居环境；第 89 条 加强历史文化资源保护利用，焕发老城文化活力。

第三节　推进三山五园地区整体保护，全力创建国家文物保护利用示范区

第 90 条 强化历史文脉与生态环境交融，展现恢弘山水胜景；第 91 条 深入挖掘历史文化

资源，系统保护历史文化遗产；第 92 条 保护山水形胜的整体格局，再现历史环境与青山绿水交相辉映的景观风貌。

第四节 以国家文化公园为引领，大力推动“三条文化带”建设

第 93 条 系统开展大运河文化遗产保护，建设大运河国家文化公园（北京段）；第 94 条 守护传承好长城文化精神，积极推进长城国家文化公园（北京段）建设；第 95 条 加强文化遗产保护传承利用，打造西山永定河山水人文家园。

第五节 推动城市设计落地实施，塑造城市风貌特色，形成生活方便、环境宜人、景观优美、具有丰富文化体验的公共空间

第 96 条 加强对重点地区的景观风貌引导，进一步强化“绿水青山、两轴十片多点”的城市整体景观格局；第 97 条 加强公共空间城市设计，塑造尺度宜人、亲切实用、品质活力兼具的公共空间环境；第 98 条 完善城市设计实施推进机制，保障城市设计在各项工作中得到良好落实。

第七章 围绕以人民为中心，深入推进超大城市治理体系和治理能力现代化

第一节 持续治理交通拥堵，推动交通系统高效协调运转

第 99 条 推进轨道与地面公交协调发展，提升公共交通系统服务水平；第 100 条 提高道路实施率和路网密度，大力改善慢行环境；第 101 条 优化拥车、用车管理策略，加强停车综合治理，多措并举缓解停车难题；第 102 条 加强货运交通与物流设施的衔接协同，推动交通物流融合发展。

第二节 优化住房供给结构，提升市场调控与管理服务水平

第 103 条 深化供给侧结构改革，精细化对接住房需求，强化住房保障力度，完善租购并举政策体系；第 104 条 坚持“房住不炒”，完善房地产市场平稳健康发展的长效机制。

第三节 健全公共服务体系，努力提高保障和改善民生水平

第 105 条 多渠道扩大基础教育设施供给，建设公平优质创新开放的教育体系；第 106 条 持续优化医疗设施布局，构建功能健全布局均衡的医疗服务体系；第 107 条 多渠道、多方式增加养老服务设施供给，推进街乡镇、市区养老服务联动支援机制；第 108 条 扩大公共文化设施有效供给，构建均衡发展、服务高效的现代公共文化服务体系；第 109 条 优化完善公共体育服务体系，满足人民多层次多样化的体育活动需要；第 110 条 优化商业设施布局，激发城市消费活力，推动国际消费中心城市建设；第 111 条 加快构建与经济社会发展相适应的现代物流体系，提升物流服务保障能力和水平；第 112 条 探索减量背景下公共服务设施共享空间、复合建设、兼容使用、灵活转换的机制。

第四节 持续推进污染防治攻坚战，全面改善环境质量

第 113 条 坚持源头减排和过程管控相结合，巩固深化大气治理成效；第 114 条 加强流域水环境综合治理，建立“源头减排、过程阻断、末端治理”的水污染全过程防控体系；第 115 条 坚持预防为主、保护优先，保障土壤环境安全。

第五节 加强基层治理的基石作用，不断推动城市治理体系和治理能力现代化

第 116 条 完善基层治理机制，夯实城市治理根基；第 117 条 加强社区治理，发挥城市治理最小单元的基础作用；第 118 条 围绕高频民生诉求精准施策，推动源头治理；第 119 条 推动协

同治理创新，充分借助社会和市场力量参与城市治理；第 120 条 加大新技术的应用力度，实现智慧精细治理。

第八章　加强首都安全保障，多措并举提高城市韧性

第一节　落实首都防疫设施专项规划，加强首都公共卫生应急管理体系建设

第 121 条 构建现代化首都防疫设施体系，提升疫情应对能力；第 122 条 优化空间布局，筑牢首都安全屏障；第 123 条 完善快速反应、有效识别的传染病预防控制体系；第 124 条 建立高度敏感、全域覆盖的传染病监测预警网络；第 125 条 构建精准处置、有效救治的传染病救治设施体系；第 126 条 健全城市支撑保障系统，实现疫时城市平稳运行。

第二节　强化规划引领和源头治理，不断增强城市空间韧性

第 127 条 强化规划引领，统筹谋划城市安全空间布局；第 128 条 推动源头治理，加强防灾薄弱环节和脆弱地区的综合治理；第 129 条 持续完善各类安全设施，全面提升应急响应能力；第 130 条 统筹和深化应急物资设施建设，完善分级分类的物资储备体系；第 131 条 注重平疫结合、平灾结合、平战结合及战略空间预留，筑牢安全屏障。

第三节　推进市政设施建设完善，提升城市支撑保障能力

第 132 条 严格控制用水总量，完善水资源安全保障体系；第 133 条 完善防洪防涝体系，保障区域防洪防涝安全；第 134 条 加快供排水设施建设，提升城乡供水安全保障水平，巩固和提升水环境治理成效；第 135 条 强化外送通道和本地管网建设，构建坚强韧性能源体系；第 136 条 强化生活垃圾分类管理，提升固废处理处置能力；第 137 条 因地制宜推动重点地区综合管廊建设，健全投资、建设、运营、管理体制机制；第 138 条 加强智慧基础设施建设，提升城市信息化服务水平。

第四节　聚焦超大城市灾害风险的特殊性，完善风险防控体系和应急管理机制

第 139 条 坚持底线思维，完善超大型城市公共安全风险防控体系；第 140 条 增强城市灾害监测预警能力，提升突发事件应对水平；第 141 条 构建广域防灾体系，建立京津冀三地政府以及社会力量间的联合响应机制。

第九章　加强城乡统筹，全面推进城乡发展一体化

第一节　发挥北京超大城市优势，增强城镇与农村发展新动能

第 142 条 分类推进新市镇、小城镇发展建设，发挥好乡镇在城乡融合发展中的重要作用；第 143 条 稳步实现村庄布局优化，加强美丽乡村营建。

第二节　在城乡规划、资源配置、基础设施、产业、公共服务、社会治理等方面探索城乡融合发展新路径

第 144 条 完善镇村规划全过程管理机制，提升镇村地区规划统筹力度；第 145 条 探索更大范围内城乡联动、资源统筹的实施机制，畅通城乡要素流动；第 146 条 推动城乡基础设施同规同网，完善乡村基础设施和人居环境长效管护机制；第 147 条 加强城乡产业融合，完善生态价值实现路径；第 148 条 以城带乡推动公共服务品质提升，着力补齐农村公共服务短板；第 149 条 加强农村综合治理，不断提升治理水平。

第三节　完善绿化隔离地区治理长效机制，持续推动减量提质增绿

第 150 条 统筹推进绿化隔离地区建设，明确减量增绿目标；第 151 条 加快绿化隔离地区

公园体系建设，形成绿带互通、绿道贯通、生境相连的“绿色项链”；第 152 条 完善绿化隔离地区实施评估监督政策体系，构建治理长效机制。

第十章　建设现代化首都都市圈，推动京津冀世界级城市群主干构架基本形成

第一节　持续推动非首都功能疏解，促进区域高质量发展

第 153 条 统筹非首都功能疏解与承接，优化区域发展格局；第 154 条 构建疏解承接双向发力的政策体系。

第二节　进一步强化两翼联动，促进城市副中心、河北雄安新区与中心城区错位联动发展

第 155 条 继续强化两翼联动，打造城市群主干构架的重要支点；第 156 条 高水平建设城市副中心，打造京津冀协同发展的“桥头堡”；第 157 条 主动支持河北雄安新区建设，推动符合河北雄安新区定位的非首都功能疏解转移。

第三节　加快建设现代化首都都市圈，推动形成京津冀城市群主干构架

第 158 条 推进现代化首都都市圈建设，形成梯次有序的城镇体系结构；第 159 条 积极推动环京周边地区职住协同，构建更加紧密的一体化发展格局；第 160 条 围绕疏解和承接工作，促进京津雄地区功能互补、错位联动发展；第 161 条 推动创新链产业链供应链联动，形成紧密的分工协作和产业配套格局。

第四节　持续推进交通、生态、产业、公共服务等领域的协同广度和深度，形成更加紧密协同发展格局

第 162 条 加快建设“轨道上的京津冀”，形成更加便捷高效的交通网络；第 163 条 深化生态环境协同治理，共筑绿色生态屏障；第 164 条 促进区域产业深度协同，打造区域协同创新共同体；第 165 条 协同提升公共服务水平，深化共建共享机制。

第五节　高质量完成北京 2022 年冬奥会和冬残奥会筹办任务，促进奥运遗产可持续利用

第 166 条 高质量完成筹办任务，举办一届简约、安全、精彩的奥运盛会；第 167 条 加强奥运遗产综合保护和开发利用，树立奥林匹克运动与城市良性互动、共赢发展的典范。

第十一章　深化体制机制改革，保障总体规划实施

第一节　完善国土空间规划编制管理体系，强化总体规划战略目标和刚性管控要求的逐级传导

第 168 条 完善国土空间规划体系，推动规划落实落细；第 169 条 高标准高质量组织控制性详细规划编制，保障规划实施衔接有序、协同高效；第 170 条 实现乡镇国土空间规划全覆盖，推动全域空间管控。

第二节　建立健全规划实施体系，充分发挥规划引领作用和资源管控统筹能力

第 171 条 建立健全规划引领的项目生成机制，引导实现要素跟着项目走、项目跟着规划走；第 172 条 深入改革规划实施机制，严格国土空间规划实施管控。

第三节　完善规划体检评估、监督考核机制，提升规划实施监督反馈的智能化、精细化水平。

第 173 条 持续推进城市体检和规划评估工作，强化体检评估结果对规划动态维护和下阶段政策制定的反馈作用；第 174 条 进一步完善监督考核体系，切实发挥以治理促改革、以改革促发展的作用。

第四节 进一步释放规建管体制改革成效，搭建完整、规范、稳定、管用的政策体系

第175条 改革政策综合配套，搭建一套完整、规范、稳定、管用的政策体系；第176条 加大重点领域、重点任务的改革力度，加强对重点工作的政策保障；第177条 充分发挥首规委“把好关、管重点、强监督”的职能作用，维护首都规划的严肃性和权威性。

思考与练习题

1. 我国土地利用规划的原则是什么？
2. 我国国土空间规划的内容是什么？
3. 论述土地利用规划管理的主要方法，对比各种方法的优缺点。

参考文献

[1]DEMSETS，H. Towards a theory of property rights Ⅱ：the competition between private and collective ownership[J]. Journal of Legal Studies，2002，31：653－672.

[2]LICHTENBERG E，DING C R. Assessing farmland protection policy in China[J]. Land Use Policy，2008，25(1)：59－68.

[3]毕宝德.土地经济学[M].北京：中国人民大学出版社，2020.

[4]董藩，丁宏，淘斐斐.房地产经济学[M].北京：清华大学出版社，2017.

[5]胡光伟.土地利用规划学[M].北京：中国建材工业出版社，2020.

[6]李良玉.建国初期的土地改革运动[J].江苏大学学报(社会科学版)，2004，6(1)：39－44.

[7]陆红生.土地管理学总论[M].北京：中国农业出版社，2015.

[8]曲福田.可持续发展的理论与政策选择[M].北京：中国经济出版社，2000.

[9]彭补拙，周生路，陈逸，等.土地利用规划学[M].修订版.南京：东南大学出版社，2013.

[10]王万茂，王群.土地利用规划学[M].北京：中国农业出版社，2021.

[11]王向东，刘卫东.现代土地利用规划的理论演变[J].地理科学进展，2013，32(10)：1490－1500.

[12]吴次芳.土地利用规划[M].北京：地质出版社.2000.

[13]吴启焰，何挺.国土规划、空间规划和土地利用规划的概念及功能分析[J].中国土地，2018(4)：16－18.

[14]严金明.中国土地利用规划：理论、方法、战略[M].北京：经济管理出版社，2001.

[15]张凤荣.持续土地利用管理的理论与实践[M].北京：北京大学出版社，1996.

[16]张晓玲.可持续发展理论：概念演变、维度与展望[J].中国科学院院刊，2018，33(1)：10－19.

[17]张占录，张正峰.土地利用规划学[M].北京：中国人民大学出版社，2010.

[18]张正峰.土地资源管理学[M].北京：中国人民大学出版社，2022.

[19]朱道林.土地管理学[M].北京：中国农业大学出版社，2022.

第三章 土地工程评价与土地治理

第一节 土地工程评价的内容与过程

一、土地工程评价的内容

土地工程评价是指对照土地工程项目立项决策、设计的技术经济要求及其项目投资的目标，通过对土地工程投资活动实践的检查总结，找出土地工程项目实际结果和规划设计目标之间的差异，客观分析土地工程投资项目在营运管理过程中取得的成绩和存在的问题，评价项目的效果、效益、作用和影响。

（一）项目目标评价

评定项目立项时原定目标的实现程度是土地工程评价所需要完成的主要任务之一。判别项目目标的指标一般包括宏观目标，即对项目所在地区经济和社会发展的总体影响和作用。目标评价的另一项任务是要对项目原定决策目标的正确性、合理性和实践性进行分析评价。

（二）项目实施过程评价

项目的过程评价应对照可行性研究评估时所预计的情况和实际执行过程进行比较和分析，找出差别，分析原因。过程评价一般需要分析以下几个方面：

(1)项目的准备、评估和立项；

(2)项目建设规模和工程内容；

(3)项目工程进度和实施情况；

(4)配套设施和服务条件；

(5)受益者范围及其反应；

(6)项目的实施管理机制；

(7)财务执行情况。

（三）项目效益评价

项目的效益评价包括经济效益评价、环境效益评价和社会效益评价。

1.经济效益评价

衡量项目实施所带来的经济效益大小可用以下指标衡量：新增耕地面积比率，耕地质量提高程度，新增粮食生产能力，新增国民生产总值，新增国民收入，单位面积承载人口数量，投入产出率，农产品人均占有量，农产品商品率，单位面积新增产值、产量、收入、利润等。

2. 环境效益评价

环境效益评价用来说明项目的实施对生态、环境造成的影响。这种影响既包括正面影响，也包括负面影响。衡量生态环境效益的指标包括生物总数、生物种类构成、生物多样性、水土流失、土地沙漠化、土壤盐渍化、林草覆盖率、土壤污染等。

3. 社会效益评价

社会效益评价是指项目的实施是否符合当地的文明观、价值观、社会与文化传统，是否能满足社会发展的需求，是否能带来一定的社会效益。衡量社会效益的指标包括人均受教育程度、就业指数、社会优秀文化遗产、美学欣赏等。

(四)项目持续性评价

项目持续性评价是指在项目建设资金投入之后，既定目标是否还能继续，是否可以持续地发展下去，接受投资的项目业主是否愿意并可能依靠自己的力量继续实现既定目标。项目持续性的影响因素一般包括政策因素、管理因素、组织和地方参与因素、财务因素、技术因素、社会文化因素、环境和生态因素、外部因素等。

二、土地工程评价的过程

(一)土地工程评价的步骤

(1)接受委托，明确任务；

(2)制订工作计划；

(3)成立专家组；

(4)收集资料；

(5)编制调查提纲；

(6)现场调查；

(7)形成专家组意见；

(8)评价报告初稿的编写；

(9)评价报告初稿的修改；

(10)报告与反馈。

(二)土地工程评价的反馈机制

评价成果的反馈是土地工程评价的主要特点，评价成果反馈的好坏是评价能否达到其最终目的的关键之一。

要保证土地工程项目评价成果能及时反映到拟建工程的决策和管理过程中，就要做到以下几方面：

1. 建立和健全投资管理的法规

从法律、制度、程序上形成体系，建立必要的执行和管理机构。

2. 建立工程管理的信息数据库

从项目筛选、立项、实施、完工到营运全过程进行建设管理。

3. 培训和发展评价队伍

在实践中运用与国际接轨的评价理论和方法，不断提高评价质量。

第二节　我国的土地整治政策

土地整治是人类开发、利用和改造土地的活动，贯穿于人类发展历史的各个阶段。换言之，人类发展史就是一部土地利用史，也是一部土地整治史。它是人类利用土地、协调自然、促进区域可持续发展的重要措施；它立足于我国土地资源匮乏的国情，是保障建设用地供应数量、保持耕地质量和生态提升的有效途径；是改善农村生产条件、提高农业综合生产能力、促进新农村建设和农村经济发展的重要手段。通过积极开展土地整治，能有效地解决我国“吃饭”“建设”与“生态”间的矛盾，促进人地关系的和谐和土地利用结构的优化，实现土地资源的可持续利用，达到人类与环境的和谐发展。

一、土地整治的国家战略

1986 年 6 月，全国人民代表大会通过的《中华人民共和国土地管理法》在“合理利用土地、切实保护耕地”作为立法目标的导向下，对国有荒山、荒地、滩涂开发和生产建设损毁土地做出了原则性规定，从此开始了中国现代意义上的土地整治探索起步工作。

1997 年中共中央、国务院出台了“11 号文”，明确“实行占用耕地与开发、复垦挂钩政策”，提出要“积极推进土地整治、搞好土地建设”。1998 年 8 月修订的《中华人民共和国土地管理法》提出“国家鼓励土地整理。县、乡(镇)人民政府应当组织农村集体经济组织，按照土地利用总体规划，对田、水、路、林、村综合整治，提高耕地质量，增加有效耕地面积，改善农业生产条件和生态环境。地方各级人民政府应当采取措施，改造中、低产田，整治闲散地和废弃地”，这进一步强化了土地整治在促进耕地保护中的法律地位。2011 年修订的《中华人民共和国土地管理法实施条例》要求“县、乡(镇)人民政府应当按照土地利用总体规划，组织农村集体经济组织制订土地整理方案，并组织实施”，土地整治从而成为土地利用计划管理的重要内容，成为支撑和促进地方经济和社会发展的重要手段。

此外，国家出台的一系列政策文件也一再强调土地整治在社会经济发展中的基础性作用。2008 年，中国共产党十七届三中全会要求“大规模实施土地整治”，土地整治正式纳入国家层面的战略布局。2012 年国务院《政府工作报告》明确提出要“加大土地开发整理复垦力度，大规模建设旱涝保收高标准基本农田”。国务院批准实施的《全国土地整治规划(2011—2015)》明确提出“十二五”期间建设 2760 万公顷(4 亿亩)高标准基本农田，计划投资 6000 亿元。国务院批准实施《全国土地整治规划(2016—2020)年》，明确提出未来五年国家土地整治战略部署，确定土地整治的指导思想、基本原则、目标任务和方针政策，统筹安排各项土地整治活动和高标准农田建设任务，明确土地整治重点区域和重大工程，提出规划实施保障措施。2017 年 1 月 9 日，中共中央、国务院联合下发了《关于加强耕地保护和改进占补平衡的意见》，明确提出“像保护大熊猫一样保护耕地，着力加强耕地数量、质量、生态‘三位一体’保护”“将大力实施土地整治，落实补充耕地任务”。可见，土地整治已上升为国家战略，成为实现保护耕地的基本国策，是确保粮食安全、推动生态文明建设的重要手段。

二、我国土地整治政策出台的背景与意义

（一）保护国家粮食安全

我国是一个拥有960万平方公里国土面积的泱泱大国，然而由于复杂的地形和地势条件，我国面临着严重的土地资源稀缺问题。根据国家统计局的数据，我国的未利用土地面积占土地总面积的四分之一以上，而耕地资源和建设用地资源分别仅占国土面积的13.71%和3.4%。我国人多地少的基本国情，决定了我们必须把关系十几亿人吃饭大事的耕地保护好，绝不能有任何闪失。

首先，从资源禀赋上看，我国人均耕地面积不足世界平均水平的40%，全国优、高等耕地面积比例不足30%。其次，从对外依存度上看，依据2018年粮食进口量计算，我国耕地资源缺口超过0.47亿公顷，约占现有耕地数量的35%，是全国耕地后备资源数量的8倍多。再次，由于有限的土地资源，任何一种用地类型的增加都需要"牺牲"别的用地类型来提供。受限于地形条件和区位条件，这种此消彼长的关系大多存在于耕地资源与建设用地资源之间。根据现有研究，近80%的新增城市建设用地都是农地转用得来的。自1996年到2003年，我国耕地面积年均减少0.6%。从变化趋势上看，我国城镇化率每提高1%，耕地面积减少约13.34万公顷；2030年，我国的城镇化率预计将达到70%左右，这大约还需损耗133.4万公顷耕地，尤其是生产力高的优质耕地。此外，从生态建设上看，退耕还林还草、轮作休耕带来的耕地面积减少不可避免。目前，优质耕地持续减少、现有耕地的持续高强度利用状况难以得到根本性扭转，在人口高峰即将来临、国际政治经济格局调整的背景下，国内学者认为我国已经处于国家粮食安全、耕地资源安全最艰难的时刻。

早在1995年，布朗就提出我国过度的农地转用难以满足持续增长的粮食需求，并会进一步引发粮食安全问题。自此，耕地保护成为促进我国经济社会持续发展的关键问题。为了供养持续增长的人口，我国政府采用了一套自上而下的指令-控制体系，主要通过三种指标来严格控制耕地非农化速度：新增建设用地总量指标，新增建设占用农用地、耕地指标，耕地保有量指标。2006年，经国家统计局和农业农村部研究，我国正式划定了1.2亿公顷的耕地保护红线。自此，我国的土地治理陷入了两难的困境：一方面要为了维持经济增长持续供应城市建设用地，另一方面要为了保护粮食安全切实保护耕地资源。在这一背景下，内涵式的发展路径成为我国城市化的必然选择。

2004年，我国的建设用地总量接近0.32亿公顷，城市建设用地仅占9.76%。2004年到2006年，我国的农村人口分别减少了1161万、1384万、1214万，而农村建设用地却分别增加了25.51万公顷、66.63万公顷、30.02万公顷。在这一背景下，"空心村"现象开始在我国广大农村地区蔓延，农村房屋空置率预计达到5%～15%。建设用地的城乡分配和人口的城乡流动之间的不匹配，使得农村地区的土地整治变得尤为重要，这也成为我国当前土地整治得以持续开展的关键动力。

(二)促进城乡统筹发展

土地整治是对山、水、田、林、路、村的综合治理和功能提升,是促进区域发展和城乡统筹的重要手段,能有效促进土地利用的有序化和集约化,不断提高土地利用率、生产率,以满足经济社会可持续发展对乡村发展的需求。土地整治对提高耕地质量、增加耕地数量、改善农业生产条件和农村生态环境、促进农业产业结构调整、发展现代农业、增加农民收入、改善农村面貌等都具有十分重要的作用。更具体地说,土地整治有政策、有经费、有平台、有技术,更有国家战略的支撑和对乡村发展的独特功能。

改革开放以来,我国切实把城乡统筹作为重中之重来抓,乡村面貌发生了根本性的变化。然而,城乡统筹发展的形势依然严峻,任务仍然艰巨。第一,城乡发展不平衡,乡镇发展动力不足,村庄发展无特色。第二,农村基础设施相对落后,"脏,乱,差"现象依然存在。第三,城乡居民收入差距大,尤其体现在居民人均可支配收入方面。第四,低收入农民群体的长期存在。第五,村级集体经济组织力量薄弱,发展严重不平衡。第六,城乡教育资源分布不均,医疗卫生资源配置不合理,养老保障水平较低。

促进城乡融合,就是要在加快城镇化的同时,使公共资源更多地向农村地区倾斜,加快推进社会保障、公共服务均等化。自愿退出宅基地和承包地的转产农民在城镇得以安居乐业,享受市民的同等权利,尽快融入城市社会;留在农村的人,有更多的创业空间和就业机会,让广大农村群众共享改革成果。在这一进程中,土地整治是最重要、最基础性的抓手。例如,充分利用土地整治中宅基地整理复垦带来的收益,更好地把中心村中心镇建设、村庄整治建设与发展村级集体经济有机结合起来,为村级集体经济营造一个稳定的收入来源。同时,土地整治还可以有力地促进发展休闲农业和乡村旅游、农家乐,增加农民创业就业平台,增加农民收入,有利于深度培育和挖掘地方文化特色,给乡村发展提供更为丰富的内涵和动力。

(三)加强生态文明建设

从党的十七大首次提出建设生态文明,到十八大把生态文明建设纳入中国特色社会主义事业"五位一体"总体布局,到十九大明确"建设生态文明是中华民族永续发展的千年大计",再到二十大进一步指出"尊重自然、顺应自然、保护自然,是全面建设社会主义现代化国家的内在要求",这表明推进生态文明建设已经成为中国实现高质量发展的战略选择。从本质上看,高质量开展土地综合整治工作,能够协调人地关系,全面提高土地承载能力,实现土地资源的可持续利用,强化生态文明建设水平的根基。

人类的生存既需要农产品、工业品等物质产品,也需要清新的空气、清洁的水源、舒适的环境、宜人的气候等生态产品。土地综合整治是对两种必需品的科学兼顾。通过土地综合整治,可以保持山体、水系和地形地貌形成的景观格局特征,保护原生生物群落和生态系统,延续地域文化景观特征,实现绿脉、文脉的传承与发展。

农村土地利用碎片化、无序化、低效化是造成农村环境污染的重要诱因,构成了农村环境保护的深层次难题。实践证明,土地综合整治可有效解决因土地利用碎片化带来的环境污染问题,是创新农村环境治理的有效策略。通过土地综合整治,提升公共空间的配套设施,营造出干净整洁、生态宜居的农村社区。同时,通过农村"垃圾革命""厕所革命"和"污水革命",可显著提升乡容村貌,改善环境质量,实现农村人口的生态化居住。同时,通过定期对村民开展环境保护教育，也将明显提升村民的生态环保意识。

山水林田湖草是一个生命共同体，对山水林田湖草进行统一保护、统一修复是习近平生态文明思想的重要内容，是土地综合整治工作遵循的根本原则。土地综合整治从国土空间治理的高度，注重系统性，体现综合治理，突出整体效益。当前，耕地资源浪费、农业劳动力和机械的生产效率低下仍不同程度存在。通过土地综合整治，采用土地平整、沟壑填充、废旧宅基地复耕等方式，在土地经营权流转的基础上推行生态化经营。

三、占补平衡政策

耕地占补平衡政策是工业化、城镇化建设占用耕地的补救措施，据统计，1999—2005 年，全国建设占用耕地 395.40 万公顷，同时补充了耕地 462.16 万公顷，有效地弥补了各类建设占用耕地造成的损失。与此同时，占补平衡政策对节约集约用地有一种倒逼的效果，全国年均建设占用耕地的规模从 1985—1996 年的 50.03 万公顷左右下降到 1999—2015 年的 23.35 万公顷左右，倒逼效果是非常显著的。

20 世纪 80 年代，我国在面临经济社会快速发展带来的新增建设用地大幅增长，人地矛盾凸显的同时，土地管理尚未形成完整的管理体系，由此出现了土地管理城乡分立、部门多头分管等问题。有的省份一年减少一个中等县的耕地面积，有的城镇郊区农民几乎已无地可种，为了遏制耕地急剧减少的势头蔓延，1986 年 3 月，中共中央、国务院颁布了《关于加强土地管理、制止乱占耕地的通知》，规定："城市规划区内的商品菜地，一般不得占用，确需占用的，必须同时落实新菜地。"该项规定凸显了"占一补一"的理念。

1986 年 6 月，我国颁布了第一部《中华人民共和国土地管理法》，正式将土地管理纳入了法制化轨道。1992—1993 年，伴随着经济社会改革深化，全国掀起了以"开发区热""房地产热"形式出现的"圈地炒地热"，再次出现了建设占用大量耕地，闲置土地严重，耕地保有量锐减的境况，面对存在的问题，现有管理制度显现了其局限性，主要表现在农用地转为建设用地缺乏严格的法律限制、对土地违法行为缺乏强有力的法律监督体制和手段、对土地征用缺乏严格的法律限制且比较分散等。在此背景下，中共中央、国务院出台了《关于进一步加强土地管理切实保护耕地的通知》，要求在"耕地总量动态平衡"的基础上，按照提高土地利用率，占用耕地与开发、复垦挂钩的原则，以保护耕地为重点，严格控制占用耕地，统筹安排各业用地，认真做好土地利用总体规划的编制、修订和实施工作。首次提出了耕地占补平衡要求。

1998 年，为适应新的土地管理要求，第二次修订的《中华人民共和国土地管理法》第三十一条规定："国家实行占用耕地补偿制度。非农业建设经批准占用耕地的，按照'占多少，垦多少'的原则，由占用耕地的单位负责开垦与所占耕地的数量和质量相当的耕地；没有条件开垦或者开垦的耕地不符合要求的，应当按照省、自治区、直辖市的规定缴纳耕地开垦费，专款用于开垦新的耕地。"1999 年 1 月起实施的《中华人民共和国土地管理法实施条例》对此做了进一步说明。自此，耕地占补平衡制度正式确立。经过多年来对耕地占补平衡制度的完善，我国已经初步建立起一套较为完善的非农业建设占用与补充耕地的制度体系。

2004 年国务院发布的《关于深化改革严格土地管理的决定》，重申"严格执行占用耕地补偿制度"，要求定期考核地方政府土地开发整理补充耕地情况。2005 年国务院办公厅印发《省级政府耕地保护责任目标考核办法》,确定省级人民政府对本行政区域内的耕地保有量和基本农田保护面积负责。2006 年国土资源部下发《耕地占补平衡考核办法》,确立了占补平衡考核制度,明确提出开展年度耕地占补平衡考核。土地整治工作因为直接关系地方政府耕地保护目标能否实现而受到全社会更多关注。

四、城乡建设用地增减挂钩政策

城乡建设用地增减挂钩(以下简称增减挂钩)政策是指依据土地利用总体规划,将若干拟整理复垦为耕地的农村建设用地地块(即拆旧地块)和拟用于城镇建设的地块(即建新地块)等共同组成建新拆旧项目区(以下简称项目区),通过建新拆旧和土地整理复垦等措施,在保证项目区内各类土地面积平衡的基础上,最终实现增加耕地有效面积,提高耕地质量,节约集约利用建设用地,使城乡用地布局更合理的目标。城乡建设用地增减挂钩是国家推出的支持社会主义新农村建设、促进城乡统筹发展、破解保护与保障"两难"困境的一项重要管理措施,其运行逻辑如图 3-1 所示。

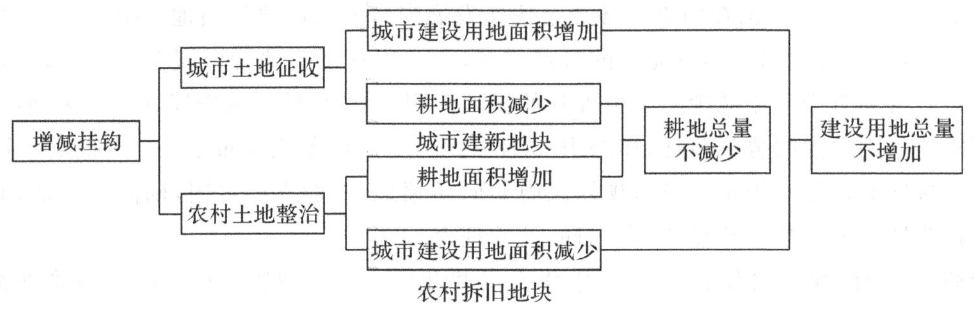

图 3-1 增减挂钩政策运行逻辑

从 20 世纪 90 年代后期开始,一些地方相继采取建设用地置换、周转和土地整理折抵等办法,盘活城乡存量建设用地,解决城镇和工业园区建设用地不足的问题。为了引导城乡建设集中、集约用地,解决小城镇发展用地指标问题,2000 年 6 月《中共中央国务院关于促进小城镇健康发展的若干意见》提出"对以迁村并点和土地整理等方式进行小城镇建设的,可在建设用地计划中予以适当支持""要严格限制分散建房的宅基地审批,鼓励农民进镇购房或按规划集中建房,节约的宅基地可用于小城镇建设用地"。

2008 年 6 月 27 日,国土资源部印发《城乡建设用地增减挂钩试点管理办法》。该办法指出:试点工作应以落实科学发展观为统领,以保护耕地、保障农民土地权益为出发点,以改善农村生产生活条件、统筹城乡发展为目标,以优化用地结构和节约集约用地为重点。具体遵循以下原则:①以规划统筹试点工作,引导城乡用地结构调整和布局优化,推进土地节约集约利用,促进城乡协调发展;②以挂钩周转指标安排项目区建新拆旧规模,调控实施进度,考核计划目标;③以项目区实施为核心,实行行政辖区和项目区建新拆旧双层审批、考核和管理,确保项目区实施后,增加耕地有效面积,提高耕地质量,建设用地总量不突破原有规模;④因地制宜,统筹安排,零拆整建,先易后难,突出重点,分步实施;⑤尊重群众意愿,维护集体和农户土地合法权益;⑥以城带乡、以工促农,通过挂钩试点工作改善农民生产、生活条件,促进农业适度规模经营和农村集体经济发展。该办法对试点具备的条件、实施管理等做出了具体规定。

为了稳妥推进增减挂钩政策，原国土资源部积极组织开展挂钩试点工作，相继出台了一系列文件，明确了基本政策要求。试点工作初期，增减挂钩试点数量有限且试点项目区直接由原国土资源部批准、指导和管理。自 2009 年起，国土资源部改变批准和管理方式，将挂钩周转指标纳入年度土地利用计划管理，国土资源部负责确定挂钩周转指标总规模及指标的分解下达，有关省（自治区、直辖市）负责对试点项目区的批准和管理。

2010 年 12 月 27 日，《国务院关于严格规范城乡建设用地增减挂钩试点切实做好农村土地整治工作的通知》要求各地严格规范增减挂钩试点，切实做好农村土地整治工作。该通知要求：①以促进农业现代化和城乡统筹发展为导向。要坚持最严格的耕地保护制度和最严格的节约用地制度，促进农业农村发展和农业现代化，促进新农村建设和城镇化发展；要增加耕地数量、提高耕地质量，促进农业产业结构调整，提高农业集约化水平；要优化城乡用地结构，加强农村基础设施和公共服务设施建设，提高节约集约用地水平，促进城乡统筹发展。②以增加高产稳产基本农田和改善农村生产生活条件为目标。要按照“有利生产、方便生活、改善环境”的原则，以农田整治为重点，立足提高高产、稳产基本农田比例，加快改善农村生产生活条件，促进农民增收、农业增效、农村发展。③以切实维护农民权益为出发点和落脚点。要始终把维护农民权益放在首位，充分尊重农民意愿，坚持群众自愿、因地制宜、量力而行、依法推动。

2014 年 1 月 26 日，财政部印发《关于城乡建设用地增减挂钩试点有关财税政策问题的通知》。该通知指出：为支持增减挂钩工作，减轻增减挂钩项目负担，对增减挂钩项目实施税费优惠政策。根据《耕地占用税暂行条例实施细则》的有关规定，增减挂钩项目中农村居民经批准搬迁，原宅基地恢复耕种，新建农村居民安置住房占用耕地面积不超过原宅基地面积的，不征收耕地占用税；超过原宅基地面积的，对超过部分按照当地适用税额减半征收耕地占用税；新建农村居民住房社区中学校、道路等占用耕地符合减免条件的，可以依法减免耕地占用税。增减挂钩项目中新建农村居民安置住房和社区公共基础设施用地，以及增减挂钩项目所在市县利用节余指标供应国有建设用地，未超过国土资源部下达增减挂钩周转指标的，可以不缴纳新增建设用地土地有偿使用费、耕地开垦费。

2016 年 2 月 17 日，国土资源部印发《关于用好用活增减挂钩政策积极支持扶贫开发及易地扶贫搬迁工作的通知》。该通知明确，按照应保尽保的要求，加大对扶贫开发及易地扶贫搬迁地区增减挂钩指标支持。集中连片特困地区、国家扶贫开发工作重点县和开展易地搬迁、扶贫搬迁的贫困老区开展增减挂钩的，可将增减挂钩节余指标在省域范围内流转使用，充分显化土地级差收益，加大对扶贫开发及易地扶贫搬迁的支持力度。省级国土资源主管部门要建立台账，对全省增减挂钩节余指标进行统一管理。市、县级国土资源主管部门要加强对增减挂钩项目区实施管理，核定节余指标，并上报备案。

2016 年 9 月，财政部印发的《关于城乡建设用地增减挂钩支持易地扶贫搬迁有关财政政策问题的通知》明确：城乡建设用地增减挂钩政策是通过将整治节约的农村建设用地以指标调剂的方式调整到城镇使用，不新增建设用地，不减少耕地。为支持易地扶贫搬迁工作，利用增减挂钩政策在连片特困地区、国家扶贫开发工作重点县和贫困老区开展易地扶贫搬迁的，其增减挂钩项目所在省份利用节余指标供应国有建设用地，未超过原国土资源部下达增减挂钩周转指标的，视同已开垦耕地，可以不缴纳新增建设用地土地有偿使用费、耕地开垦费。

2017 年 4 月 7 日，国土资源部印发《国土资源部关于进一步运用增减挂钩政策支持脱贫攻坚的通知》，该通知明确：省级扶贫开发工作重点县可以将增减挂钩节余指标在省域范围内流转使用，并按照《关于用好用活增减挂钩政策积极支持扶贫开发及易地扶贫搬迁工作的通知》的规定执行。按照“中央统筹、省负总责、市县抓落实”的脱贫攻坚工作管理体制，各省（自治区、直辖市）在优先保障国家扶贫开发工作重点县、集中连片特困地区增减挂钩节余指标流转使用的前提下，是否允许全部或部分省级扶贫开发工作重点县增减挂钩节余指标在省域范围内或市域范围内流转使用，由各省（自治区、直辖市）自行决定。对我国土地政策具有重要影响的《国务院关于深化改革严格土地管理的决定》也提出“鼓励农村建设用地整理，城镇建设用地增加要与农村建设用地减少相挂钩”。

第三节　土地整治的分类与过程

一、土地整治的主要类型

（一）土地整治类型划分原则

1. 综合性原则

随着经济社会的发展，土地整治从原来仅仅进行零散地块的合并到农业基础设施的完善，再到综合进行农村道路、水利、居民点建设，最后发展到耕作区与生态环境保护及自然景观塑造，土地整治的内涵在不断扩展。因此，土地整治类型划分必须从全面分析土地整治要素入手，明晰各要素在土地整治中的功效，着重考虑各组成要素共同作用下的土地整治特征。

2. 层次性原则

土地整治体系内各类型之间形成各种相互关系，构成系统的结构，形成不同的层次，类型结构的层次性决定其划分体系具有结构层次性。

3. 主导性原则

在对土地整治各构成要素进行综合分析的前提下，必须考虑特定条件下某要素所起的主导作用。不同类型土地整治内涵不同，其起主导作用的主导因素也往往不同。

4. 实用性原则

土地整治类型划分具有鲜明的实践性，即为土地整治项目立项、规划设计、工程实施、管理服务。在进行土地整治类型划分时，在凸显土地整治类型的主体特征前提下，分类依据尤其分类指标的确定尽量考虑实用性目标。

（二）土地整治的主要类别

无论从土地整治后主导用途划分的类型，还是从土地整治对象划分的类型均需要通过土地开发、土地整理和土地复垦其中一种或几种途径来实现。

1. 土地开发

土地开发是指对未利用土地(包括荒山、荒地、荒滩等)通过工程或生物措施,使其改造成为可利用土地的行为。按开发后土地用途来划分,土地开发可分为农用地开发和建设用地开发两种形式。其中,农用地开发包括耕地、林地、草地、养殖水面等的开发;建设用地开发指各类建筑物、构筑物用地开发。按开发的程度划分,可以分为初级开发和全程开发。土地开发工作必须在土地利用规划的指导下进行。

2. 土地整理

土地整理是指合理组织土地利用的调整与治理。通过对土地利用环境条件的改善和生态景观建设,消除土地利用中对社会经济发展起制约或限制作用的因素,促进土地利用的有序和集约化。在土地整理过程中还会涉及地权调整问题。土地整理的范畴广泛,从地域表现形态角度可分为农地整理和市地整理。农地整理是我国当前和今后相当长一段时期调整的主要内容。其特点在于以增加有效耕地面积并提高耕地质量为中心,通过对田、水、路、林、村实施综合整治开发,改善农业生产和土地利用条件、居住环境和生态环境。农地整理包括农田整治、农地改造、地块调整、土地结构调整、宜农荒地的开发、农村建设用地整治。市地整理是对城镇而言的,土地整理主要是立足于内部挖潜,集约利用土地,充分利用建成区内的闲散地,并对已被利用的土地结合产业结构调整和提高城市功能的需要,在用途、布局与产出率方面重新进行优化配置,从而全面提高城市载体功能,并改善城市环境。另外,交通、工矿用地整理也是建设用地整理的重要方面。

3. 土地复垦

土地复垦是指对人为和自然灾害损毁的土地,采取整治措施,使其达到可利用状态的活动。土地复垦分为五种类型:第一类是各类工矿企业在生产建设过程中压占、挖损、塌陷等造成破坏土地的复垦;第二类是水利建设、农村砖瓦窑取土等造成的废弃塘、坑、洼地的废弃土地的复垦;第三类是因建筑物废弃、道路改线、垃圾压占以及村庄搬迁等遗弃荒废土地的复垦;第四类是地质灾害、水灾及其他自然灾害引起的灾后土地复垦;第五类是各种工业污染引起的污染土地的复垦。

4. 土地开发、土地复垦、土地整理之间的区别和联系

从现阶段土地整理、土地开发与土地复垦的含义看,三者为并列关系。从上面的概念可以看出,土地整理、土地开发与土地复垦三者针对的对象不同。

土地整理是针对已利用土地的不合理利用现象进行调整、重新布置,使田、水、路、林、村的布局和利用结构更加合理,从而挖掘出土地利用的潜力,提高土地利用率;土地开发是对未利用的耕地后备资源“四荒”采取措施,使其可以利用;土地复垦是对已经利用的土地由于工矿业生产和自然灾害造成破坏或损坏的土地采取措施,使其重新得以利用。

从三者对生态环境的扰动程度来看:土地开发是破坏旧的生态系统,建立一个新的生态系统,其对生态环境的扰动最大;土地复垦工程中周围的宏观环境已经形成,只需要对破坏的生态环境进行重新布置,因此,对生态环境的扰动较土地开发小;土地整理对生态环境的扰动最小,因为它是根据周围的环境对土地利用结构进行调整,其对生态环境的扰动最小。

从三者追求的结果来看，三者的目的相同，均为增加耕地面积，提高土地利用率和土地质量，促进耕地总量的动态平衡，并达到社会、经济生态效益的统一。

二、土地整治的主要过程

（一）土地整治项目规划

土地整治项目规划（以下简称“项目规划”）是指在符合土地利用总体规划和土地整理规划的前提下，开发土地整治项目（以下简称“项目”）具体工作之前，根据项目的施工设计及项目预算编制要求，依照土地整治相关政策规定、技术标准，通过对地块物理形态和产权结构的调整以及农田基础设施的配套建设，在三维空间和时间序列上建立合理的用地结构和布局，以充分发掘土地潜力，提高土地利用效率所做的安排和布置而制订的土地整治项目工程定位与计算标准等具体的工作方案。

宏观上，进行土地整治项目规划是发现整治项目中各要素之间关系的重要手段，是做好土地整治项目布局的有效方法，还是提高土地利用系统负熵的理想工具。合理规划土地整治项目既能减少重复工作的损失，又能提高整治项目工作的连续性和连贯性，还能减少全局中局部决策的个体局限性，提高决策的整体性和科学性。

土地整治项目规划是土地整治规划实施过程中控制性详细规划，是落实区域土地整治规划、保护土地整治活动按计划实施的具体措施，是科学指导土地整治活动的重要依据。土地整治项目规划是以提高土地利用率和产出率为目标，根据土地资源学、生态学、土地经济学、土壤学、地理学、地质地貌学、农田水利学、测量学等科学原理，通过对田、水、沟、林、路、渠、村等详细规划，土地平整，水土流失的治理，改造盐碱地、风沙地和沼泽地，充分利用边际土地等具体措施，实现耕地数量的增加和质量的提升，提高土地集约利用度，改善土地利用生态环境和进行土地可持续利用的系统工作。

土地整治项目规划的内容总体而言包括两方面：①调整土地利用结构和土地利用布局。其中，土地利用结构是指各类用地之间的面积比例，土地利用布局是指在各个项目区确定与其相对应的土地利用最优方式和空间定位。②规划工程总体布局、建设内容及工程技术措施。

土地整治项目规划必须完成以下基本任务：①分析项目区基本情况；②分析项目区土地利用情况；③确定规划目标和方针；④编制土地整治项目规划方案；⑤对规划方案进行效益评价；⑥确定项目区的建设内容和建设标准；⑦确定实施规划的措施。

（二）土地整治项目设计

土地整治项目设计是指根据土地整治项目设计建设和法律法规的要求，对土地整治项目设计建设所需的技术、经济、资源、环境等条件进行综合分析、论证，编制土地整治项目设计文件，提供相关服务的活动。它是土地整治项目生命周期中的重要环节，是体现具体实施意图的重要过程，是确定与控制工程造价的重点阶段。土地整治设计是否因地制宜，是否合理、经济，都将对土地整治项目的成效产生影响。

土地整治项目设计必须遵循以下原则：①与相关规划衔接原则，这主要是指土地整治项目设计应符合土地利用总体规划、土地整治专项规划以及土地整治项目规划的要求；

②整体性原则，这是指土地整治项目设计不但能使当代人能够获得较好的经济效益，而且可以为子孙后代创造一个良好的生态效益，同时要考虑对周边区域的影响；③工程技术可行、经济合理原则，这是指土地整治项目设计必须根据其建设目的和要求，并结合当地地形、地质、土壤、气候、水资源、地下水位、自然灾害等自然条件、社会经济发展水平和生态环境状况等因素，基于技术可行、经济合理、经久耐用、运行安全和管理方便的原则和条件完成工程方案的设计；④因地制宜原则，这是指土地整治项目设计应充分考虑地域的差异性和特殊性要求，因地制宜，有针对性地进行设计；⑤社会、经济和生态效益兼顾，这是指土地整治项目设计应遵循改造区域土地系统功能最优、综合效益最佳的原则，建立一个既能生产出更多物质财富，又能保持良好生态环境的自然-社会-经济复合土地利用系统。综上所述，土地整治项目涉及依据主要有国家的相关法律法规、相关的技术标准和行业规范、项目规划和设计任务书等。

土地整治项目设计的主要内容包括土地平整工程、灌溉与排水工程、田间道路、农田防护与生态环境保持工程。土地整治项目设计的程序是：确定项目区土地利用布局；因地制宜，优选并确定工程布局方案；确定各单项工程的建设内容、数量及技术参数，计算工程量；编制项目预算，安排施工进度计划。设计标准主要包括新增耕地率标准、土地平整标准、灌溉标准、排水标准、田间道路标准和农田防护标准。其中，新增耕地率标准为：土地开发项目新增耕地率不低于60%，土地复垦项目新增耕地率不低于40%，土地整理项目新增耕地率不低于3%，高标准基本农田建设项目可适当低于3%。

（三）土地整治项目概预算

土地整治项目概预算就是按照客观规律要求，根据技术设计、预算定额标准、取费标准、国家及地方有关规定进行编制的反映单项工程或单位工程建设费用的经济文件。土地整治项目概预算是编制项目计划和确定项目资金的依据，由项目承担单位组织具备相应资质的项目预算编制单位负责编制，编制人员必须具有相关执业资格。土地整治项目概预算根据其编制的阶段、编制依据和编制的目的不同，可分为投资估算、设计预算、业主预算、招投标价格、施工预算、竣工结算和竣工决算等。

土地整治项目概预算主要包括资金来源和预算支出：①资金来源主要反映土地整治项目资金的来源渠道，主要包括新增建设用地土地有偿使用费、耕地开垦费、土地复垦费和土地出让金中用于农业土地开发的资金；②预算支出是反映土地整治项目资金运用的预算，包括工程施工费、设备购置费、其他费用和不可预见费。土地整治项目属于公益性项目，投资体量大，投资回收期长，投资利润率不高，根据财政部、发改委相继出台的关于推进PPP（公共私营合作制）模式的指导文件和具体操作办法，应充分考虑融入社会资本金，更好解决政府融资、债务、运营管理等难题，提高社会资源的有效配置，有效控制成本，提高运营管理效率。

土地整治项目概预算应在项目设计、施工组织设计或施工方案等已完成的基础上，依据预算定额标准，按照相应的编制依据、要求、程序和方法进行编制。项目概预算编制的依据主要是国家及有关部门的政策性文件、项目批准文件、预算定额标准和其他相关资料等。

项目概预算的编制程序主要包括前期准备工作和项目概预算编制。①前期准备工作主要包括：搜集各种依据和资料；熟悉项目设计图纸及其说明；施工组织设计和施工现场。

②项目概预算的编制主要包括：确定工程项目，计算工程量；根据有关规定和施工组织设计，编制基础单价和工程施工费单价；编制项目概预算表；预算复核、装订、签章与审批。

（四）土地整治施工

土地整治施工是指在土地整治项目规划设计通过评审的基础上，根据设计内容组织土地整治项目工程施工。土地整治工程进入施工阶段，参与建设的各方都要按照合同要求对工程施工进行管理，完成合同规定的任务。项目承担单位要与咨询单位、勘测设计单位、施工单位、监理单位、材料供应单位合作，运用系统工程的管理理念和方法，通过加强沟通和协调，严格合同管理，实现对建设任务、实施进度、工程质量、建设成本和权益维护五方面的有效控制。在土地整治项目施工过程中，要做好施工条件分析，安排好施工总体布置，按照各类工程施工方法科学组织施工，同时做好工程总体进度计划，进行项目进度控制、项目质量控制和项目成本控制，确保土地整治项目施工符合验收标准。

为便于施工组织，方便各项资源调度，降低工程造价，根据施工组织需要，对土地整治区域进行划分，确定施工分区。施工分区一般以自然地貌、基础设施、行政边界等为界线进行划分，重点保证各作业区工程施工的连续性和物资运输的有效性。在一个施工分区内，统一协调施工用地，开展施工交通、供水、供电、料场、加工厂、施工管理及生活区等布置。根据施工工序要求，进行施工分区内各项施工作业规划，保障施工期间人力、材料、机械的有效供应和合理调配；集中安排环境保护措施，对施工区及周围环境进行保护，减少噪声、污水、粉尘、弃渣、垃圾等对居住区的危害，确保在工程竣工后将环境污染降到最低。在工程施工中，最主要的是进行三大控制：进度控制、质量控制、成本控制。

进度控制是指在土地整治项目工程建设中执行经审核的施工进度计划，利用相应手段定期检查施工实际进展情况，经与原计划进度比较找出进度偏差，通过对偏差产生的原因及影响工期目标程度进行分析，监督工程施工单位及时采取措施调整实施进度，确保计划得到执行。进度控制在项目建设中与质量控制、成本控制之间有着相互影响、相互依赖、相互制约的关系。项目的工期确定下来后，就要根据具体的工程项目及其影响因素，对项目的施工进度进行控制，以保证项目在预定工期内完成建设任务。施工进度应突出关键工程和重要工程，明确开工、完工日期。施工进度计划的表现形式应该采用甘特图和网络图。

质量控制是指为满足工程项目建设的质量需求而采用的作业技术和活动。项目质量是指根据现行的有关法律、法规、规范、技术标准、设计文件及工程合同对工程项目的安全、适用、经济、美观等性能在规定期限内的综合要求。土地整治项目工程施工阶段的质量控制是工程项目全过程质量控制的关键环节。根据质量形成的时间，工程施工阶段的质量控制可分为事前控制、事中控制和事后控制，其中事前控制为重点控制。

成本控制是指在项目承包、发包阶段和工程施工阶段把成本的发生控制在批准的投资限额内，随时纠正发生的偏差，以保证项目成本管理目标的实现。土地整治项目成本是指为进行土地整治项目工程建设所花费的全部费用，主要由工程施工费、设备购置费和其他费用组成。土地整治项目施工阶段成本控制的内容包括组织审核费用支出、把好预付备料款关口、严格工程价款结算、及时调整工程变更价款等。

(五)土地整治管理

土地整治管理机构主要包括国家、省、市、县四个层级的土地整治管理机构。《中华人民共和国土地管理法》于1986年第六届全国人民代表大会常务委员会通过,1988年第七届全国人民代表大会常务委员会进行第一次修正,1998年第九届全国人民代表大会常务委员会进行修订,2004年第十届全国人民代表大会常务委员会进行第二次修正,2019年第十三届全国人民代表大会常务委员会进行第三次修正。其间,原国土资源部(现为自然资源部)联合有关部门就土地整治工作连续下发一系列政策性文件,初步构建起以项目管理和资金管理为核心的土地整治政策制度体系。它主要包括:①土地整治规划管理制度。截至2013年底,31个省级土地整治规划全部由同级人民政府批准实施,标志着国家、省、市、县四级土地整治规划体系基本形成。②土地整治项目管理制度。自2000年以来,原国土资源部围绕国家投资土地整治项目实施确定了法人责任制、招投标制、工程监理制、公告制和合同制等土地整治项目实施具体制度。③土地整治资金管理制度。自然资源部、财政部发布的《新增建设用地土地有偿使用费收缴使用管理办法》确定新增费专项用于耕地开发和土地整理;④土地整治权属管理制度。原国土资源部2012年下发了《关于加强农村土地整治权属管理的通知》,重点围绕保障群众权益,形成了土地整治权属管理制度框架。⑤土地整治绩效评价制度。2013年,国务院批准实施《全国高标准农田建设总体规划》,提出建立健全高标准农田建设目标责任制度和绩效评价制度,将项目建设完成情况作为考核地方领导干部的重要内容。

土地整治管理内容主要包括:①规划管理。区域土地整治规划是土地利用总体规划的深化和补充,是土地利用总体规划的重要组成部分。②项目立项管理。规定不同类别土地整治项目申报的时间、程序,明确项目申报的必要条件(如基础条件、建设规模、新增耕地比例、资金筹集等),规范项目申报的具体要求(包括建设期、投资额、资金使用规定等),规范项目的申报材料,对上述材料进行立项审查。③项目实施管理。这是指对项目实施全过程、全方位的指导、监督与管理,包括实施准备管理、质量管理、进度管理、技术管理、成本控制和资金管理等。④项目验收管理。这是指规定项目验收的依据、标准、程度等,建立规范的项目验收报告制度。⑤项目后期管理。这是指在土地整治项目工程完工后,项目承担单位以委托等方式确定关乎组织或个人,关乎组织或个人按照业主单位的有关规定,对项目土地、农田水利设施、道路、林网等设施进行管理、养护等行为。

第四节　土地整治区域规划

一、土地整治区域规划概述

土地整治区域规划是土地整治的起点,是各项专项土地整治规划的先期工作,各项专项规划必须以其为依据。

土地整治区域规划的目的是在对规划区域土地利用现状分析和土地整治潜力评价的基础上,对土地整治做出总体安排,并确定规划区域的重点整治区域、重点工程和重点项目,确定土地整治的近期任务和实施措施。

土地整治规划的主要任务为:①评价上一轮土地整治规划实施情况;②调查评价土地整治潜力;③调查基本农田整治条件;提出土地整治目标任务;④确定土地整治规模、布局和时序;⑤资金供需分析和效益评价;⑥制定规划的保障措施;⑦确保规划目标的实现;⑧土地整治数据库建设。

二、土地整治区域规划的原则

土地整治区域规划的原则包括:①土地整治规划必须符合土地利用总体规划和相关法律政策;②土地整治规划以土地利用现状为基础,不能违背现状,应充分利用现状;③土地整治规划以提高土地利用率、有效增加农用地和耕地为基本指导思想;④土地整治规划必须有利于生态环境的保护和改善,杜绝以破坏生态环境为代价换取耕地面积的增加的问题,在土地整治方向上要因地制宜,不要仅考虑耕地,只要对生态环境有利,还可以考虑林地、园地、牧草地等;⑤土地整治规划力争做到生态、经济和社会效益的统一;⑥土地整治规划以内涵挖潜和外延开发相结合,在整治安排上做到先易后难,以尽快实现土地整治的经济效益;⑦土地整治规划必须切实保护权利人的合法权益,正确处理国家、集体和个人之间,集体和集体之间,集体和个人之间,个人和个人之间的关系;⑧土地整治规划必须在多方案基础上确定规划方案,根据对土地潜力的分析,确定出不同区域的多种利用方向,制订出多个规划方案,然后从经济、社会和环境效益等方面评价不同方案的效果,从中选择出最优方案;⑨土地整治规划必须以政府决策与公众参与相结合,参考各方意见,以免规划实施后引起冲突。

三、土地整治区域规划的层次体系

县级以上地方人民政府应组织编制和实施本区域土地整治规划,形成全国、省、市、县四级土地整治规划体系。乡(镇)、村可结合实际,组织编制乡(镇)村土地整治规划,将土地整治任务落实到项目和地块。县(市、区)可结合实际,组织编制土地复垦专项规划、耕地后备资源开发专项规划和城乡建设用地增减挂钩专项规划。

全国规划主要阐明国家土地整治战略,确定未来五年土地整治指导思想、基本原则和目标任务,明确土地整治重点区域,统筹安排土地整治重大工程和示范建设,明确规划实施的保障措施,是指导全国土地整治工作的纲领性文件,是规范有序开展土地整治工作的基本依据,是各地大规模建设和保护旱涝保收高标准基本农田的基本依据。

省级规划主要阐明全省土地整治战略,提出规划期内省域土地整治的指导思想、基本原则、目标任务和政策措施,确定土地整治的重点区域、重点工程、重大项目和投资方向,落实示范建设任务,制定规划实施的政策措施,是指导全省土地整治活动的纲领性文件,是积极稳妥推进土地整治工作的基本依据,是大规模建设高标准基本农田的重要依据。

市级规划在规划体系中处于承上启下地位,主要明确本行政区土地整治战略方向,提出规划期内市域范围内土地整治的规模、结构和布局方案,划定土地整治区域,确定土地整治重点项目和资金安排,划定规划实施措施,是落实省级规划的重要依据,是深化市(地)级土地利用总体规划的重要手段,是指导市级行政区土地整治活动的政策性文件。

县级规划主要提出规划期内县域范围内土地整治的目标任务,确定土地整治项目、布局、时序和资金安排，制定规划实施措施，是县级行政辖区组织实施土地整治活动的基本依据，是落实市级土地整治规划和县级土地利用总体规划的重要手段。

四、土地整治区域规划的程序

土地整治是一项复杂的系统工程，涉及多个部门，因此其工作必须按照一定的程序才能达到其规划的目的。整个规划工作程序可用图 3-2 所示。

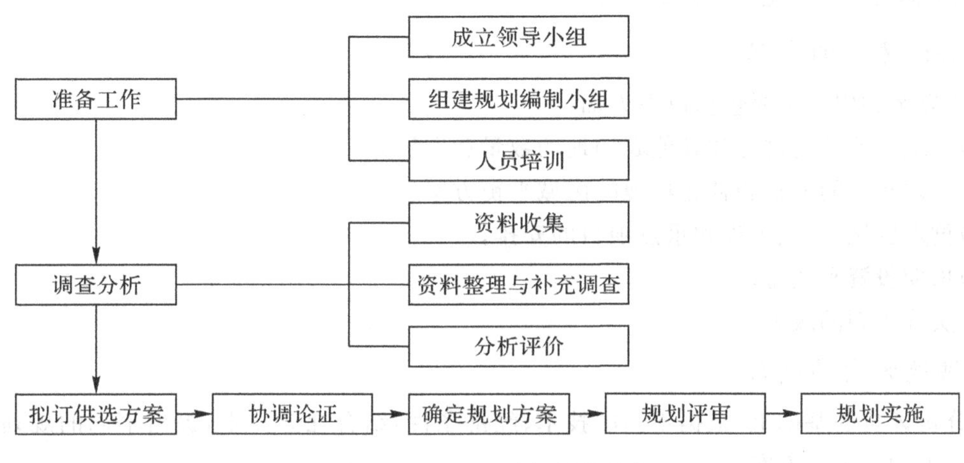

图 3-2 土地整治规划的程序

(一)准备工作

1. 成立规划领导小组

领导小组一般由分管领导和各相关部门领导组成，其主要职责是制订工作计划，落实经费，协调部门关系，解决规划中的重大问题，审查规划方案。

2. 组建规划编制小组

规划编制小组由国土资源部门有关工作人员组成，具体负责规划的编制工作。

3. 人员培训

规划编制人员对土地整治规划的法律、法规、技术要求可能不熟悉，因此在规划编制之前应对规划编制人员进行相关培训。

4. 制订工作计划

工作计划又称工作方案，主要包括指导思想、工作内容、人员配备、工作经费等。

5. 制订技术方案

技术方案包括规划内容、编制方案、技术路线、成果要求等。

(二)调查分析

1. 收集资料

收集资料包括自然条件资料、自然资源资料、社会经济资料、生态环境状况、土地利用现状和潜力、相关规划和标准、图件资料。

2. 资料整理与补充调查

资料整理是指对资料计算口径、计算方法、计算单位等进行统一处理，使资料在横向和纵向上具有可比性，同时对资料的合法性、可靠性、真实性进行检查；补充调查是由于资料收集的过程中，可能收集不全所需资料，或者资料陈旧；分析评价主要包括现状分析、潜力评价和分析、供需平衡等。

（三）拟订土地规划供选方案

1. 供选方案的内容

供选方案的内容主要包括以下方面：

(1)土地整治补充耕地和其他农用地的数量和布局；

(2)规划指标的分解和补充耕地的区域平衡方案；

(3)重点区域、重点工程和重点项目的安排；

(4)预期投资和效益；

(5)实施规划的政策。

2. 供选方案的制订

在分析评价的基础上，根据不同的技术、经济条件，结合社会需求，提出不同的规划目标，据此制订不同的规划方案。

（四）协调论证

供选方案出台后，应对各方案进行论证，评价比较，广泛征求多方意见，在不违背土地利用总体规划和相关规划的基础上调整规划方案，提出一个切实可行、综合效益较好的方案作为推荐方案。

（五）确定规划方案

规划推荐方案形成后，广泛征求各部门、专家和公众的意见，修改完善后，报规划领导小组审定，形成规划方案。

（六）规划评审

1. 规划评审的内容

规划评审的内容主要包括以下方面：

(1)规划是否符合相关法规和政策，是否实现了社会、经济和生态效益的统一；

(2)采用的基础资料是否翔实可靠；

(3)调查研究是否深入，分析测算是否符合实际；

(4)规划目标是否切实可行；

(5)规划方案论证是否充分；

(6)规划指标分解是否合理；

(7)重点区域划定、重点工程、重点项目安排是否切实可行；

(8)补充耕地地区平衡方案是否合理和可行；

(9)规划投资估算和其效益评价依据是否充分，方法是否科学；

(10)规划协调是否到位；

(11)规划实施措施是否可行；

(12)规划文本和说明书的内容是否符合要求，论述是否清楚；

(13)规划图件内容是否完整，表现是否清晰，编绘方法是否正确，是否符合制图要求。

2. 规划评审的要求

规划评审的要求主要包括以下方面：

(1)为保证土地整治规划成果的质量，上一级土地行政主管部门应对规划成果组织评审；

(2)评审应对规划成果做出结论，并提出修改或补充意见；

(3)规划成果根据评审意见修改完善后，按照有关规定上报审批。

(七)规划实施

1. 规划方案的投资预算

规划方案批准后，应进行规划方案的详细投资预算，并编制土地整治规划预算报告。

2. 规划方案的可行性研究和综合平衡

根据预算情况，结合规划地区的人力、物力、财力水平对规划方案的可行性进行研究。

3. 编制年度实施计划

土地整治规划是一个长期规划，规划期一般 10～15 年，因此规划方案中的目标不可能一年完成，需要根据当地的社会经济状况，结合需求制订详细的实施计划。在年度计划的制订中一般坚持先易后难、边实施边见效的原则，以发挥土地整治效益的最大化。

4. 制订规划实施的具体政策和措施

年度计划制订后，可按计划逐步实施规划方案，为确保方案的实施，必须制订详细的实施措施，包括资金的落实、人力的准备、材料的准备、政策的制订等方面。

5. 检查规划实施情况

为确保土地整治的质量，有关部门应及时检查和验收土地整治的实施情况，主要包括土地整治指标的完成情况、整治后的土地质量问题、土地权属调整问题、土地整治对环境的影响问题等。

五、土地整治区域规划的内容

1. 分析土地整治的现状和存在的问题

根据土地利用总体规划，进行土地开发、复垦及农用地和村庄土地整治的现状分析，从中找出存在的主要问题和解决的途径，为土地整治规划提供依据。

2. 进行土地整治的潜力分析

根据土地整治的现状，分别分析土地开发、土地复垦、土地整治的潜力及方向。

3. 确定土地整治的目标和任务

土地整治工作是确保耕地总量动态平衡的主要措施，因此其目标主要是增加农用地特别是耕地面积，同时对各种荒地、废弃地进行生态重建。根据土地利用总体规划，确定土地整治的任务。

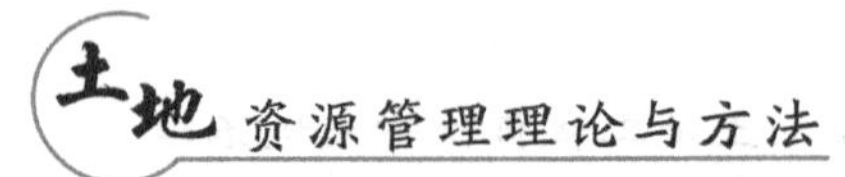

4. 确定土地整治的规模、布局和项目

根据土地利用总体规划和潜力分析，确定土地开发、复垦和整治的规模、位置，对土地整治进行总体安排。依据土地利用现状确定土地整治的重点区域和项目。

5. 分析评价土地整治的预期投资和效益

根据土地政治的项目、规模计算其投资情况，并根据土地整治后增加的农用地和耕地的面积计算增加的经济效益。

6. 制订实施土地整治规划的措施

(1)加强宣传，提高全社会对土地整治重要性的认识。

(2)健全规划体系，强化土地整治的规划管理。

(3)稳定和拓宽投入渠道，探索完善土地整治经济运行机制。

(4)完善配套法规，加强对土地整治的监督和指导。

(5)完善制度，规范土地整治项目管理。

(6)加强基础建设，提高土地整治的整体水平。

案例分析与讨论

从土地整理到土地整治，再到土地综合整治以及全域土地综合整治，土地整治的内涵和外延不断扩展，它已成为保障粮食安全、改善生态环境质量、促进乡村振兴的重要工具和抓手。阅读下面的材料，分析全域土地综合整治在乡村振兴中发挥了哪些重要作用。

全域土地综合整治是以科学规划为前提，以乡镇为基本实施单元，以农用地整理、建设用地整治和乡村生态保护修复等为主要内容，将山水林田湖草等全要素作为作用对象，以保护耕地、集约节约用地、改善生态环境为核心目标的土地整治模式。2019年6月《自然资源部办公厅关于加强村庄规划促进乡村振兴的通知》(自然资办发〔2019〕35号)，对乡村规划定位、工作原则、工作目标做出进一步要求。2019年12月《自然资源部关于开展全域土地综合整治试点工作的通知》(自然资发〔2019〕194号)，明确了全域土地综合整治的核心内容和主要目标，系统指导地方组织开展试点工作。2020年6月自然资源部国土空间生态修复司印发《关于全域土地综合整治试点实施要点(试行)》的函(自然资生态修复函〔2020〕37号)，对试点选址、整治区域划定、村庄规划编制、整治任务确定、双5%标准、指标认定、内容审查、监测监管、验收评估、负面清单等任务做出明确要求。2021年4月国土空间生态修复司印发《全域土地综合整治试点实施方案编制大纲(试行)》，指导实施方案编制。“十四五”规划将“规范开展全域土地综合整治”作为实施乡村建设行动的一项重点内容。

浙江省人民政府办公厅关于实施全域土地综合整治与生态修复工程的意见

各市、县(市、区)人民政府，省政府直属各单位：

为合理配置农村土地资源要素，加强农村建设用地盘活利用，促进乡村振兴战略实施和生态文明建设，经省政府同意，现就实施全域土地综合整治与生态修复工程提出以下意见。

一、总体要求

(一)指导思想

以习近平新时代中国特色社会主义思想为指导,围绕农业农村现代化、城乡融合发展和生态文明建设总目标,按照产业兴旺、生态宜居、乡风文明、治理有效、生活富裕的总要求,通过实施全域土地综合整治与生态修复工程,创新土地制度供给和要素保障,优化农村生产、生活、生态用地空间布局,形成农田连片与村庄集聚的土地保护新格局、生态宜居与集约高效的农村土地利用空间结构,促进乡村振兴,助推全省“两个高水平”建设。

(二)基本原则

(1)生态为基、保护优先。坚持“绿水青山就是金山银山”的理念,始终将生态环境保护放在优先位置,统筹推进山水林田湖草整体保护、系统修复、综合治理。切实保护耕地特别是永久基本农田,夯实粮食安全和农村农业发展基础。

(2)规划引领、节约集约。以土地利用总体规划为基础,加强多规融合和规划引导,按照控制总量、优化增量、盘活存量、释放流量、实现减量的要求,促进土地资源要素有序流动、优化布局,提升土地节约集约利用水平。

(3)政府主导、农民主体。发挥政府主导作用,加强政策引导和工作统筹,完善工作机制,形成工作合力。坚持农村集体经济组织和农民主体地位,尊重和保障农民知情权、参与权、表达权、收益权,让农民共享全域土地综合整治与生态修复工程成果。

(4)守住底线、改革创新。坚持底线思维,确保土地公有制性质不改变、耕地红线不突破、粮食生产能力不减弱、农民利益不受损。深化农村土地制度改革,坚持目标导向和问题导向,不断创新农村土地管理利用制度。

(5)因地制宜、循序渐进。根据各地实际情况,合理确定整治目标、整治方式、整治项目。尽力而为、量力而行,有序推进,杜绝形象工程。

(三)工作目标

按照山水林田湖草系统治理的理念,进行全域规划、全域设计、全域整治,对田水林路村进行全要素综合整治,建成农田集中连片、建设用地集中集聚、空间形态集约高效的美丽国土新格局。到 2020 年,全省在国务院确定的重点城市中心城区范围之外,实施 500 个以上全域土地综合整治与生态修复工程,其中 2018 年启动实施 100 个以上。

二、主要任务

(一)编制村土地利用规划

对开展全域土地综合整治与生态修复工程的乡村,乡镇政府(街道办事处)要结合乡村建设规划、新农村建设规划、村庄布点规划和水土保持规划等,编制村土地利用规划,作为开展全域土地综合整治与生态修复工程的规划依据。在编制村土地利用规划中,要准确把握乡村特色、地域特征、农村实际、发展现状和功能定位,因地制宜地做好总体设计,合理划定农业生产、村庄建设、产业发展和生态保护等功能分区。

(二)开展农用地综合整治

适应发展现代农业和适度规模经营需要,统筹推进高标准农田建设、旱地改水田、耕地质量提升、宜耕后备资源开发以及农田基础设施建设等工作,在优化耕地布局、增加耕地面积的同时，提高耕地质量和连片度，为农业适度规模经营和发展现代农业创造条件。

（三）推进闲置浪费、低效利用建设用地整治

按照“亩均论英雄”的理念和土地节约集约高效利用的要求，推进存量建设用地整治利用，优化用地结构和布局，统筹农房建设、产业发展、公共服务、公益事业、基础设施、生态保护等各项用地。充分利用城乡建设用地增减挂钩政策，有计划地开展农村宅基地、工矿废弃地以及其他存量建设用地复垦，合理安排新建区块，为农村一、二、三产业融合发展和城乡统筹发展提供土地要素保障。在建设用地整治中，注重保护好历史文化（传统）村落、传统建筑、街巷空间等。

（四）统筹推进生态环境整治修复

统筹推进村庄建设用地整治、各类违法建筑违法用地整治、废弃矿山整治、人居环境整治和美丽清洁田园建设，加快农村治危拆违和基础设施提档升级，推动生产、生活、生态空间优化，促进生态文明建设。开展生态环境整治修复工程，保护水源涵养地，维护生物多样性，改善农村生态宜居环境。

（五）建立农村土地民主管理机制

按照乡风文明、治理有效的要求，建立和完善村级组织自主管理、自主服务、自主教育、自主监督的农村土地民主管理机制。在实施全域土地综合整治与生态修复工程中，有关村土地利用规划草案、整治项目方案、建设用地规划选址、新农村建设、整治工程实施、土地权属调整、土地指标调剂和收益分配等直接涉及农民合法权益的事项，依法听取农民群众意见，保障农民的知情权、参与权、表达权和监督权，真正做到农民愿意、农民满意。

三、政策措施

（一）实行永久基本农田整备区制度

将全域土地综合整治与生态修复工程项目区（以下简称项目区）永久基本农田周边的农用地、零散耕地和零星建设用地复垦后纳入永久基本农田整备区，通过土地整治和耕地质量提升等，逐步形成与永久基本农田连通连片、设施完善、质量相当的优质耕地。对达到永久基本农田标准的，纳入永久基本农田储备库，探索永久基本农田数据库年度更新与零星永久基本农田调整相挂钩制度。

（二）优化土地利用规划和布局

实施全域土地综合整治与生态修复工程编制的村土地利用规划，经县级政府批准后，纳入乡镇土地利用总体规划。在不减少林地面积和不破坏生态环境的前提下，允许零散耕地、园地、林地、其他农用地之间进行空间置换和布局优化，涉及调整农用地地类的，纳入年度土地变更调查进行统一调整。各地要充分合理利用存量建设用地，对现状建设用地规模确实无法满足农村发展、村庄建设需要的，在符合土地利用总体规划前提下，允许使用规划新增建设用地预留指标适当扩大村庄建设用地规模。各项目区可提留不超过建设用地复垦面积的 20%，作为规划新增建设用地预留指标，保障项目区内农村基础设施和新产业新业态发展用地。

（三）实行新增建设用地计划指标奖励

全域土地综合整治与生态修复工程验收后，按建设用地复垦面积的一定比例奖励新增建设用地计划指标，由县级政府统筹，优先保障新农村建设和产业融合发展用地。对现状人均村

庄建设用地面积低于80平方米的，按1：1比例奖励新增建设用地计划指标；对80～120平方米的，按1.5：1奖励新增建设用地计划指标；对超过120平方米的，按2：1奖励新增建设用地计划指标。对利用收储农村闲置建设用地发展农村新产业新业态的，按实际利用面积3：1比例奖励新增建设用地计划指标。

（四）优化城乡建设用地增减挂钩政策

在确保县域内耕地数量和质量平衡的前提下，项目区城乡建设用地增减挂钩指标，可在土地利用总体规划确定的扩展边界范围内等面积含规划建设用地规模使用；在满足当地村庄建设和农村发展用地需要后，城乡建设用地增减挂钩节余指标可在全省范围内调剂使用，收益用于支持乡村振兴战略实施。

（五）减免相关规费

全域土地综合整治与生态修复工程实施中，涉及农民建房和配套基础设施建设的行政事业性收费等，按照相关规定落实减免政策。水、电、气、网等涉及民生的行业企业要密切配合，落实相关价格政策，共同支持全域土地综合整治与生态修复工程。

四、工作保障

（一）加强组织领导

省保护耕地和造地改田领导小组更名为省保护耕地和全域土地综合整治与生态修复领导小组（以下简称省领导小组），统一领导协调实施全省全域土地综合整治与生态修复工程，领导小组办公室设在省国土资源厅。各地也要相应建立工作协调机制，切实加强全域土地综合整治与生态修复工程的组织领导，及时研究解决工程实施中遇到的困难和问题。

（二）加大资金支持

省财政根据奖优罚劣原则，将全域土地综合整治与生态修复工程年度综合绩效评估结果，作为省级造地改田专项资金分配的重要因素。各地要按照渠道不乱、用途不变、专账管理、统筹安排、各计其功的原则，整合土地整治、农村人居环境提升、农村公路建设、农业综合开发、农田水利、危旧房改造、平原绿化、电力、通信、燃气等相关涉农资金，加大对全域土地综合整治与生态修复工程的支持力度。探索社会资本参与全域土地综合整治与生态修复工程建设。支持金融机构创新农村金融产品和金融服务，为全域土地综合整治与生态修复工程提供融资支持。

（三）简化项目报批手续

按照“最多跑一次”改革的要求，制定全域土地综合整治与生态修复工程报批规则，简化审批事项、审批流程和审批材料。县（市、区）政府制订年度全域土地综合整治与生态修复工程计划，报经省领导小组同意后，组织编制本地全域土地综合整治与生态修复工程实施方案。实施方案按程序报省政府同意后，由各县（市、区）组织实施。

（四）加强工程实施管理

市、县（市、区）政府要充分利用国土资源“一张图”、卫星遥感监测等各类监管手段，对全域土地综合整治与生态修复工程实施情况进行全程监管。省国土资源厅要会同省领导小组其他成员单位制定全域土地综合整治与生态修复工程绩效评价办法，省领导小组每年对全域土地综合整治与生态修复工程进行绩效评价，项目竣工后进行验收和综合评定。

（五）强化舆论宣传

各地、各有关部门要充分运用各类传统媒体和新媒体，广泛宣传全域土地综合整治与生态修复工程的重要意义，及时总结宣传各地好的经验和做法，为实施全域土地综合整治与生态修复工程营造良好的社会舆论环境。

浙江省人民政府办公厅

2018 年 8 月 14 日

思考与练习题

1. 我国土地整治政策的意义主要包含哪几个方面？
2. 土地整治的主要类别是什么？它们的区别主要体现在哪些方面？
3. 我国土地整治区域规划的原则是什么？

参考文献

[1]LICHTENBERG E，DING C R. Assessing farmland protection policy in China[J]. Land Use Policy，2008，25(1)：59 - 68.

[2]樊彦国. 土地开发整理技术与应用[M]. 北京：中国农业大学出版社，2007.

[3]胡振琪. 土地整治学[M]. 北京：中国农业出版社，2017.

[4]胡光伟. 土地利用规划学[M]. 北京：中国建材工业出版社，2020.

[5]曲福田. 可持续发展的理论与政策选择[M]. 北京：中国经济出版社，2000.

[6]SHI C. Institutional change and diversity in the transfer of land development right in China：the case of Chengdu[J]. Urban Studies，2020，57：473 - 489.

[7]汤怀志，桑玲玲，郧文聚. 我国耕地占补平衡政策实施困境及科技创新方向[J]. 中国科学院院刊，2020，35(5)：637 - 644.

[8]王万茂，王群. 土地利用规划学[M]. 北京：中国农业出版社，2021.

[9]吴次芳，叶艳妹. 土地整治与美丽乡村建设[M]. 杭州：浙江大学出版社，2018.

[10]张凤荣. 持续土地利用管理的理论与实践[M]. 北京：北京大学出版社，1996.

[11]张宪尧，王胜军，王新军，等. 土地综合整治在生态文明建设中大有可为[EB/OL]. (2021 - 12 - 22)[2021 - 12 - 25]. https://dzrb.dzng.com/articleContent/33_946407.html.

第四章

不动产估价与房地产市场

第一节　不动产与不动产估价

一、不动产的内涵

我国民法学上将存在于人身之外、能够满足人们的社会需要而又能为人所实际控制或支配的物质客体，按照不同的标准，分为动产与不动产、流通物与限制流通物、主物与从物、可分物与不可分物、原物与孳生物、有主物与无主物等。其中，动产与不动产的划分，是以物是否能够移动并且是否因移动而损坏其价值作为划分标准的。动产是指能够移动而不损害其价值或用途的物，如计算机、电视、书桌、手机、手表等。不动产是指不能移动或者若移动则损害其价值或用途的物，指土地、建筑物以及附着于土地和建筑物上的定着物，包括物质实体及其相关权益两大部分。

在各种物权客体中，不动产对人们的生活影响重大，是人们立身的物质前提，且具有耐久性、稀缺性、不可隐匿性、不可移动性和价值大等特点，具有作为财产的基础性作用。因此，各个国家都十分重视对不动产权益的保护，普遍实行登记制度，对不动产权利的变化，如不动产买卖、继承或设立抵押权时，必须经过一定的登记公示手续，否则不发生效力。《中华人民共和国民法典》第二百一十条规定：不动产物权的设立、变更、转让和消灭，经依法登记，发生效力；未经登记，不发生效力，但是法律另有规定的除外。由此保证不动产登记的权利人有权在法律规定的范围内，按自己的意愿对不动产进行支配，包括占有、使用、收益或者处分；保证权利人有权排除他人对自己支配之物所给予的侵害以及对自己行使物权行为造成的干涉和妨碍。因此，不动产不仅包括物质实体，而且强调实体背后的相关权益。动产物权的变更和消灭，则是通过交付或实质占有来公示的。飞机、船只、车辆等，因为价值较大，办理物权变动时也要到行政机关进行登记，一些国家也因此将其界定为不动产。

二、不动产的构成

根据实物形态的区别，不动产通常由以下三个主要部分组成。

（一）土地

土地是不动产最为主要的组成部分，是不动产的基础。世界范围内，学者们对土地的定义存在两种观点。

狭义的土地概念，仅指陆地部分。部分学者认为土地是指地球陆地表层，是自然历史的产物，由土壤、植被、地表水以及表层的岩石和地下水等诸多要素组成的自然综合体。也有学者认为，土地是由地理环境中互相联系的各自然地理成分所组成的，包括人类活动影响在内的自然地域综合体。

广义的土地不仅包括陆地部分，而且还包括光、热、空气、海洋等。持有这一观点的代表性学者——英国经济学家马歇尔指出："土地是指大自然为了帮助人类，在陆地、海上、空气、光和热各方面所赠予的物质和力量。"由于土地概念涉及并影响世界各国，所以联合国也对土地做过定义。1975 年，联合国发表的《土地评价纲要》对土地的定义是："一片土地的地理学定义是指地球表面的一个特定地区，其特性包含着此地面以上和以下垂直的生物圈中一切比较稳定或周期循环的要素，如大气、土壤、水文、动植物密度，人类过去和现在活动及相互作用的结果，对人类和将来的土地利用都会产生深远影响。"我国 1992 年出版的《土地管理基础知识》中这样定义土地："土地是地球表面上由土壤、岩石、气候、水文、地貌、植被等组成的自然综合体，它包括人类过去和现在的活动结果。"因此，从土地管理的角度，可以将土地看成是自然的产物，是人类过去和现在活动的结果。

不动产估价中对土地的定义采用广义的概念。这是因为地面以上和以下一定范围内的环境要素，如大气质量、地质状况等都会对土地的价值产生影响，成为不动产价值中不可分割的一部分。

（二）建筑物

建筑物是指由人工建筑而成，由建筑材料、建筑构配件和建筑设备等组成的整体物，包括房屋和构筑物两大类。

房屋是具有顶盖、梁柱、墙壁，可以供人居住或用于其他用途而附着于土地上的空间场所，包括住宅、生产用房、营业用房、办公用房、其他专业用房，以及教育、体育和文化娱乐设施、军事设施等。现代房屋的构成，按系统工程可分为：①地基和基础，它是指建筑物的承载区域；②结构系统，它是指建筑物的骨架，承载建筑物内外荷载；③建筑系统，它包括建筑物的屋面、内外围护墙体、地面，门窗等；④装饰系统，它是指与人接触的室内空间环境面，包括天花板、墙面、地面、灯光、音响、家具、艺术品、植物等；⑤通风空调系统，它是指改善室内空气环境的设备及管道，包括采暖、空调、排气、排烟等；⑥消防系统，它是指保证人员防火安全的系统，包括报警、喷洒、防火栓、灭火器、防火门、防火楼梯、防火墙、防火卷帘、消防广播、消防照明等；⑦给排水系统，它是指保证人员及大楼用水的系统，包括进户管、水箱、管网、水泵、用水器具、冷水、热水、饮用水、中水、废水、污水、雨水、空调水、消防水管网等；⑧强电系统，它是指保证大楼电力及分配的管线系统，包括进户线、变电室、配电室、变压器、动力配电管网、照明管网、用电器具等；⑨弱电系统，它是指满足人员对信息的要求的管网系统，包括电话、电视、广播、宽带、卫星、无线信号等管网；⑩气系统，它是指大楼所需的气体管网系统，包括天然气、蒸汽等系统。

构筑物是指房屋以外的建筑物，一般指不直接在其内进行生产和生活的建筑物，如水塔、隧道、水池、烟囱、纪念碑等。

（三）定着物

若一个物体永久定着于土地与建筑物上，在与土地和建筑物不可分离状态下才能使用，或分离移动后会损害其原有的经济价值，则该物体就成为一种不动产。如与土地结合在一起的农作物、林木，与建筑物结合的中央空调、电梯等属于不动产。定着物有自己独立的使用功能，但是必须依附于土地或建筑物。如果与土地或建筑物分离，定着物或不能独立存在，或能独立存在但不能单独发挥效用。如中央空调离开了建筑物，尽管可以独立存在，但无法发挥效用。此外，定着物如果与土地、建筑物分离，会严重影响土地和建筑物的价值。

三、不动产估价的内涵

所谓不动产估价，概括地说，是于特定时间为特定目的而评估不动产的特定权益的价值的专门业务。具体一点讲，不动产估价是指专业估价人员根据估价目的，遵循估价原则，按照估价程序，采用科学的估价方法，并结合估价经验与影响不动产价格的因素，对不动产客观合理价值所做出的推测与判断。

对不动产估价概念的理解应注意三点：第一，估价目的影响估价结果。估价目的是指估价结果的期望用途，来源于对估价的不同需要。如为同一幢房屋用于抵押、买卖、征收、课税、资产清算等不同目的做估价，考虑的估价原则和采用的估价方法可能就不同，结果就不一样。估价目的不同，具体落实到估价的价格类型也不同。不动产的价格类型主要有买卖价格、租赁价格、入股价格、抵押价格、课税价格、投保价格、征收价格、典当价格等。第二，不同的权益对应不同的客观合理价格。由于不动产的地理位置有固定性或不动性，其可以转移的并非是不动产实物本身，而是关于不动产的所有权、使用权及其他权益，所以不动产价格实质上是这些无形的权益的价格。转移的权益越大，价格就越高，因此不动产估价与不动产权益分析之间有着密切关系是必然的。由于每种权益均能形成相应的价格，同一宗不动产转移的权益不同，价格也不同。第三，时间对不动产价格的影响很大。不动产市场是动态变化的市场，其价格随着时间变化而变化。因此在进行估价时，一般都假定市场情况停止在某一时间，如勘估日期或待定日期，既作为价格分析时的时间差异修正系数和资料取舍的截止日期，也是估价额具体对应的时间，通常称之为估价基准日或基准时点。

四、不动产估价的意义

不动产估价具有理论和现实中的双重意义，时至今日不动产估价已发展为一个专业性行业。

（一）理论意义

不动产估价理论上的意义主要源于不动产本身的独一无二性、市场的不完全性、价格形成的复杂性以及价值量大的特点。

1. 独一无二性

一般商品都是成批量生产，具有均质性和标准性特点。因此，同一品种、同一规格的商品，效用相同，能形成相同的市场价格。如冰箱，作为一种可以按标准重复生产的生活消费品，同一厂家同型号产品扣除运费后的价格基本相同；即使是不同厂家生产的同型号产品之间，价格差异也不会很大。但是，不动产具有空间位置的固定性和异质性特点，不同城市、同类型的不动产价格可以相去甚远；同一城市、不同地段的同类型不动产价格相差也很大；即使是同一城市、同一地段、同一类型的不动产，由于其区位、产权等的差异性，其价格差异也十分明显；甚至两宗紧邻的不动产，尤其是商业型不动产，也存在较大的价值差异，有时候可以说其“一步值千金”。由于不动产具有个别性、差异性特点，这决定了需要专业机构和专业人员对其价值做专业的鉴定和评价，以提供价格参考依据。

2. 市场的不完全性

由于不动产空间位置的固定性，不动产市场是一个地区性市场。尽管理论上需求可以来自世界各地，但是供给是区域的，因此，价格也是区域性的价格。即使对专业从事估价的人员，进入一个陌生的区域从事估价工作，也需要相当一段时间去熟悉、了解当地的市场情况。特别是不动产市场是一个不完全竞争的市场，交易双方在市场自由进出，市场信息全面获取等方面均存在较大的限制，使不动产交易不能像普通商品一样方便地进行比较和选择，形成公开、公平的市价。因此，就需要借助于专业机构和专业人员对不动产价值进行评估。

3. 价格形成的复杂性

不动产从物质构成来看由建筑物和土地两部分组成。这两部分尽管均属于不动产，但价格形成机制不相同。土地不是劳动产品，其价格不能从成本角度来分析，而建筑物是劳动的产品，具有一般商品价格形成的基本要素，即凝结了社会必要劳动时间。此外，土地价格的形成受政策、制度、经济、规划、区位、权属等方面影响深刻，建筑物价格的形成则受建筑设计、建筑结构、材料、质量、建设周期、权属状况等影响。只有全面掌握影响不动产价格的因素，才能准确分析不动产价格及趋势，而对不动产价格影响因素的全面把握，需要有专门的知识和经验。

4. 价值量大

如果一种商品或资产虽然具有独一无二的特性，但是价值量不大，此时进行估价的花费与资产本身的价值相比较高、成本大，就不值得请专业人士进行价格评估。例如，《最高人民法院关于人民法院民事执行中拍卖、变卖财产的规定》(2004 年)第四条规定：“对拟拍卖的财产，人民法院应当委托具有相应资质的评估机构进行价格评估。对于财产价值较低或者价格依照通常方法容易确定的，可以不进行评估。”而不动产价值少则几十万元，多则几十亿元，因此，其价格的偏高或偏低都会损害某一方利益。而且估价费用相对于可能造成的利益损失是较小的，因此，估价被市场广泛接受。

(二)现实意义

现实中，不动产估价在保障评估各方的合法权益、提高投资决策的科学性、加强不动产市场管理与税收征管等方面发挥了不可替代的作用。其广泛应用于下列领域。

1. 不动产交易的需要

不动产买卖、租赁、交换、赠予是市场经济发展的必然产物，也成为市场经济活动的重要内容。为保证交易的公正性、公平性，充分保护交易双方的合法权益，往往需要专业的不动产估价为交易双方提供合理交易价格的参考依据。

2. 不动产征税的需要

不动产税收是任何一个国家政府很重要的税收来源。我国目前已开征需要估价的税种有契税和房产税。《中华人民共和国契税法》规定，在中华人民共和国境内转移土地、房屋权属，承受的单位和个人为契税的纳税人，应当依法缴纳契税。契税税率为百分之三至百分之五，具体适用税率由省、自治区、直辖市人民政府在规定的税率幅度内提出，报同级人民代表大会常务委员会决定，并报全国人民代表大会常务委员会和国务院备案。计税基数为成交价格、互换价格差额或税务机关参照市场价格核定的价格。为保证征税的科学性，一些地方委托评估机构或自行建立不动产评税系统进行评估。

房产税是以房屋为征税对象，按房屋的计税余值或租金收入为计税依据，向产权所有人征收的一种财产税。根据《中华人民共和国房产税暂行条例》，房产税在城市、县城、建制镇和工矿区征收，由产权所有人缴纳。缴纳额依照房产原值一次减除10%至30%后的余值计算。具体减除幅度由省、自治区、直辖市人民政府规定。没有房产原值作为依据的，由房产所在地税务机关参考同类房产核定。房产出租的，以房产租金收入为房产税的计税依据。具体的税率根据计算缴纳的方式不同有所区别，依照房产余值计算缴纳的，税率为1.2%；依照房产租金收入计算缴纳的，税率为12%。规范房产税征收需要对房产余值或合理的租金收入进行评估。个人所有非营业用的房产免纳房产税。

近年来，保有环节的房地产税成为关注的热点问题。房地产保有环节税是指房地产的使用者或所有者在使用或持有房地产时应缴纳的税收。《国务院批转发展改革委关于2009年深化经济体制改革工作意见的通知》中提到“深化房地产税制改革，研究开征物业税”。物业税又称财产税或地产税，主要是针对土地、房屋等不动产，要求其承租人或所有者每年都要缴纳一定税款，应缴纳的税值会随着不动产市场价值的升高而提高，属于地方税收。物业税对改变城市建设高度依赖土地出让金、加大不动产保有成本、打击投机有十分积极的意义。2013年举行的十八届三中全会通过了《中共中央关于全面深化改革若干重大问题的决定》，首次提到“加快房地产税立法并适时推进改革”，总体方向是：在保障基本居住需求的基础上，合理设置建设、交易、保有环节税负，促进房地产市场健康发展，使房地产税逐步成为地方财政持续稳定的收入来源。目前保有环节的房地产税开征，面临的技术性问题是如何在短时间内对如此众多的不动产进行合理的价值评估。

3.不动产抵押、典当的需要

不动产抵押是指抵押人以其合法的不动产以不转移占有的方式向抵押权人提供债务履行担保的行为。债务人不履行债务时，抵押权人有权依法以抵押的房地产拍卖所得的价款优先受偿。抵押权的客体是抵押财产，包括动产、不动产和不动产权利。根据《中华人民共和国民法典》，抵押财产的范围是：①建筑物和其他土地附着物；②建设用地使用权；③海域使用权；④生产设备、原材料、半成品、产品；⑤正在建造的建筑物、船舶、航空器；⑥交通运输工具；⑦法律、行政法规未禁止抵押的其他财产。抵押人可以将各类财产一并抵押。

房屋典当指承典人支付一定的典金，占有出典的房屋，并对房屋进行使用、收益，典期届满时，由出典人偿还典金赎回出典房屋的法律行为。在典契载明的典期届满时出典人逾期不赎的，即作绝卖，出典人丧失回赎权，出典房屋当归承典人所有而无须再支付代价。因此，对抵押不动产或典当不动产价值的评估，既影响可贷得或可典得的资金数据，又影响贷款人、承典人所承担的风险。所以，一般都请权威的专业估价机构对合理价值进行评估，以保护双方利益。

4. 不动产保险和损害赔偿的需要

目前我国各保险公司推出的涉及不动产估价的保险险种主要有房屋保险、个人住房按揭保险、建筑工程保险。房屋保险属家庭财产保险范畴，主要保障火灾、爆炸、雷击等自然灾害和意外事故造成的房屋损失。房屋保险一般由屋主或住户投保，保险费率为0.1%～0.2%，发生损失时，保险公司按房屋的实际价值计算赔偿，但以不超过保险金额为限。个人住房按揭保险，一是指为了保障受押人的利益，保证抵押的房屋在抵押期间若遭受灾害事故损失时能得到相应的赔偿，它与房屋保险在保险内容方面无多大区别。二是指履约保险，当借款人连续一定时期不还款时，保险公司代为清偿剩余贷款本息，银行将抵押权转移给保险公司。建筑工程保险是承保以土木建筑为主体的民用、工业用和公共事业用的工程在整个建筑期间因自然灾害和意外事故造成的物质损失，以及被保险人对第三者依法应承担的赔偿责任为保险标的的险种。不动产估价主要发生在损害赔偿环节，通过提供合理的价值损失，为赔偿额确定提供依据。

5. 不动产征收、征用、拆迁的需要

《中华人民共和国宪法》第十条第三款规定："国家为了公共利益的需要，可以依照法律规定对土地实行征收或征用并给予补偿。"土地征收是土地所有权的改变，即国家把农民集体所有的土地强制地征为国有土地。征用则是土地使用权的改变，如强制性地使用农民集体所有的土地或出让期限未到期的城市土地。我国的土地征收是指国家为了社会公共利益的需要，依据法律规定的程序和批准权限，并依法给予农村集体经济组织及农民补偿后，将农民集体所有土地变为国有土地的行为。拆迁是指拆迁人依法将建筑予以拆除，并对被拆除建筑的使用人予以移迁安置，对被拆除建筑的所有人予以经济补偿的民事法律行为。根据《国有土地上房屋征收与补偿条例》的规定，做出房屋征收决定的市、县级人民政府要对被征收人给予补偿，补偿中就包括了对被征收房屋价值的补偿。对被征收房屋价值的补偿，不得低于房屋征收决定公告之日被征收房屋类似房地产的市场价格。被征收房屋的价值，由具有相应资质的房地产价格评估机构按照房屋征收评估办法评估确定。被征收人可以选择货币补偿，也可以选择房屋产权调换。被征收人选择房屋产权调换的，市、县级人民政府应当提供用于产权调换的房屋，并与被征收人计算、结清被征收房屋价值与用于产权调换房屋价值的差价。

6. 不动产纠纷处理的需要

不动产往往是家庭、企业最贵重、金额最大的财产之一。因此，常成为各方利益诉求的焦点。例如，在我国继承案件中，以不动产继承纠纷为多，且有只增不减的趋势。此外，在不动产交易、开发、工程承包、贷款融资等领域，纠纷出现了新情况、新问题。纠纷的核心涉及不动产权益的归属和价值的评判，需要专业估价机构提供具有法律效力的价值评估依据。

7. 企业各种经济活动的需要

公司化改制、上市、合资、合作经营、合并、兼并、分立、破产清算等经济活动一般都涉及不动产，需要专业估价机构为企业这些不动产提供公允的价值尺度，为资本市场提供公允的价值信息，发挥其在市场经济体系中不可或缺的价值发现作用。

8.政府管理不动产市场的需要

为优化政府掌控的不动产资源的配置，政府需要对其拥有的不动产资源合理定价，如制定城市土地基准地价、出让土地的底价、国有林场对外承包的底价、沿海海岸线使用价等，既防止了国家利益的流失，又规范了对使用权出让价格的评估。

9.其他目的的需要

如对有争议的不动产评估报告进行复评。

五、不动产估价的程序

不动产估价的程序是指不动产估价全过程中各环节工作进程的先后顺序。自接受估价委托至完成估价报告期间，不动产估价的程序一般由估价前的准备、现场查勘、综合分析和价格估算、撰写评估报告四大环节组成，每一环节又包括许多具体的工作内容。

（一）估价前的准备

估价准备是不动产估价的前期工作，包括收集估价对象资料、明确估价的基本问题、估价依据的确定、作业计划的安排等前期工作。搞好估价准备工作是正确确定不动产价格的基础。

1.收集估价对象资料

（1）收集估价对象不动产的权属档案资料包括：①产权证明，如房屋所有权证书、土地使用权证书。对于土地，区分国有地和集体所有地；对于住宅，主要是区分公共租赁住房、出售型政府保障房（经济适用住房、共有产权住房、限价商品房）和私房产权。②用益物权资料，如土地的使用权及年限、地面收益权、典当权等。③担保物权资料，如抵押权。④限制性权利资料，主要是不动产经营、使用、转租等方面的限制性权利。在所有权与使用权相对分离时，其价格会发生收益结构性变化。如出租不动产，承租方无转租权，则承租权的转让价格会降低。

（2）收集建筑物开发档案资料，它包括建造年代主要结构材料、总平面图位置图、装修资料等。

（3）收集不动产使用资料，它包括已使用年限、使用方式，出租性质、期限、价格，维修保护及现存的借用、占用的情况等。

2.明确估价的基本问题

1）明确估价对象

一要明确估价对象具体所在的位置、面积、四至或边界、建成年代等实物状况信息。二要明确估价对象权益状况。例如：估计对象归谁所有？是否存在共有权人？是否设置抵押？土地的性质是什么？是集体用地还是国有土地？国有土地是行政划拨还是出让土地？出让土地的有效使用年限是多长？等等。三要明确估价对象所处区位、周边环境、配套设施等。

2）明确估价目的

估价目的是委托估价方的需求，也是估价报告的用途。估价目的不同，估价依据、估价时点、估价方法、估价结果都可能存在很大的不同。常见的估价目的有市场交易、租赁、抵押贷款、入股、财产纠纷、交税、拆迁、公司上市等。估价前，估价人员需与委托方进行很好的沟通，明确真实的估价目的。此外，估价人员还需考虑：评估目的是否合法？在合法的前提下评估目的是否能够满足客户合理的需求？评估目的是否超越了评估机构的资质？评估机构是否能够满足达到评估目的所需要的人力、物力？评估目的下能否有科学合理的评估方法？等等。这些都需要在评估前期予以明确。

3)明确估价范围

根据估价目的和估价对象的特点，明确估价范围。例如：是只评估土地的价值，还是土地与建筑物合一的价值？是评估整体价值，还是一部分价值？是评估有限年的使用权价值，还是所有权价值？需要明确纳入评估范围的不动产是否合法，比如涉及抵押贷款的抵押物，必须是符合国家有关法律规定可以抵押的不动产，必须是抵押人所有，抵押人必须有处分权。

4)明确估价基准日

由于影响不动产价格的因素是变化的，尽管在评估时段中价格可能保持稳定，但是估价额必须对应于特定的日期，反映的是在这一天特定环境（如法律、法规、税收、市场价格）下的不动产价格。大多数案例评估的是现时价值，通常以委托评估日期为估价基准日，或选择估价作业期内的某一天作为估价基准日。估价作业期指接受估价业务委托的日期至出具估价报告的日期。但也有评估的是过去价值的情况，也称为回顾性评估，如美国遗产税就按不动产所有人去世那一天的价值为基数征收；财产纠纷案按过去发生争议的时点进行评估；对原估价结果的异议而引起的复核估价，估价时点为原估价报告确定的估价时点。一般地，估价基准日不以将来某日作为估价时点，因为将来的价格受多种情况影响而难以确定。估价时点为未来的情况，多出现在市场预测、不动产投资分析，特别是预估不动产在未来开发完成后的价值的情况下。

5)明确评估价值的内涵

价值不是唯一的一个值，而是依赖于所定义的评估目的。买卖、抵押、开发、收购、保险、赔偿和抵押就是不同的评估目的，其对应不同的评估值。因此，价值的种类很多，每种价值的含义和大小不同。所以针对一个具体的估价项目，不能笼统地说是评估不动产的价值，而应弄清由估价目的决定的需要评估的某种特定价值。即使对同一目的、同一不动产评估，也要明确是否包含土地出让金、是否包括税金等。

6)明确其他约束条件

比如市场供应关系、市场结构保持稳定，未发生重大变化或实质性改变；建筑物无基础、结构等方面的重大质量问题等。

3.估价依据的确定

估价依据包括法律依据、财税依据、价格参数依据等。

1)法律依据

根据评估目的，估价对象特点选定相应的法律依据。比如不动产抵押价值评估，应依据《中华人民共和国物权法》《中华人民共和国担保法》《城市房地产抵押管理办法》《森林资源资产抵押登记方法(试行)》以及当地和其他有关规定进行。土地使用权出让价格评估，应依据《中华人民共和国土地管理法》《中华人民共和国城镇国有土地使用权出让和转让暂行条例》以及当地制定的实施办法和其他有关规定进行。

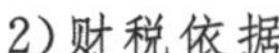

2)财税依据

财税依据包括国家财税部门制定的关于不动产买卖、转让、租赁等税收规定，以及当地制定的地方性税费文件。

3)价格参考依据

可作为估价依据的价格参数包括当地的建筑工程预算定额、工程单位估价表、土地基准地价、房屋重置价格、房地产价格指数等。

4.作业计划的安排

估价作业计划是对估价工作的进行步骤及主要工作内容在时间、人力、工作方法上进行综合的预安排。其主要内容包括估价人员的确定、估价依据的确定、实地勘估时间安排、资料收集与整理安排、估价方法的选用、试算价格及价格调整的时间节点、内部审核确定评估结论的时间节点、评估初步结论通报的时间节点、疑难问题的协商办法、评估报告的编写及送达的时间节点等。估价作业计划中还可对费用安排、估价作业备忘录的编制等有关事项做出明确规定。

(二)现场勘查

现场勘查是指估价人员亲临现场对估价对象的有关内容进行实地考察，以便对待估不动产的实体状况、权利状态、周边环境等具体内容进行充分了解和客观确认。现场勘查的主要内容有以下几个方面。

1.土地勘查

土地查勘包括的主要内容有：①坐落与四至。②土地形状与地势。例如：形状是规则的还是不规则的？地表形态的绝对高度和相对高度分别是多少？土地平坦还是有一定坡度？坡度的陡缓程度如何？等等。③目前使用状况。谁在使用？作何用途？④地块临路状况。城市道路分四个等级：快速路、主干路、次干路、支路。地块的四周临近什么等级的道路？⑤公共交通情况。附近有几路公交线路通过？宗地距站点最近距离约多少米？附近是否有地铁？距离地铁约多少米？距火车站多少公里？⑥供电、供水、排水、供暖、供气情况。⑦周围土地与建筑物利用状况。⑧区域商业服务，市政设施、文化教育、交通通信、卫生状况、生态环境、娱乐设施、人文自然景观等情况。⑨未来规划。

2.建筑物与定着物勘查

建筑物与定着物勘查包括的内容有：①鉴定待估建筑物的地址、坐落和评估范围。特别是对同幢异产的房屋，要认真核实房屋的评估范围，正确区分产权的独有部分、共有部分或他人所有部分，以免出现误估，发生产权纠纷。②确认目前使用状况。③确认建筑物的面积、结构、朝向、层高。房屋产权证上一般都有关于房屋的结构、面积的记载，但在实际中由于种种情况，如产权登记时的疏忽或房屋所有者自行改建装修等，都会使房屋的结构、面积与产权证记载的情况有差异。因此，现场查勘时，应对房屋的结构和面积等情况进一步核查，防止因产权证与实地不符而出现估价失误。采光、朝向、层高也是影响价值的因素，需进行查看和测量。④设备。一般住宅中的设备由水、电、气、卫、电梯、闭路电视等设备系统组成，而写字楼、商厦等还有空调、自动报警、监控、电信服务等设备。要盘点设备的数量、品牌、已使用年限、维修情况、使用情况等。⑤装修情况。主要项目是墙体、屋顶、天花板、地面、门窗、隔间、层高卫生设备和暖气设备等的装修程度、用材档次、保养情况。⑥确定房屋的建造年份。确定房屋的建造年份是建筑物价值评估不可缺少的组成部分。一部分建筑物由于历史资料不齐,没有准确的建造年份资料,有经验的估价人员通过建筑物外立面用材、内部设施状况可以判断出大致的建成年份,也可以向周边的邻居了解证实。⑦判断建筑物成新率。可采取一听、二看、三查、四问、五测的工作方法鉴定建筑物的成新。一听,是听取建筑物所有者或使用者对建筑物使用状况和破损情况的反映;二看,是根据听到的反映,结合所要评定建筑物的结构、装修、设备部分,查看建筑物的下部、墙体、屋面的变形和不均匀沉降,以及梁、柱变形等情况,做出直观上的判断;三查,是对房屋承重结构部位、构件本身的刚度、强度进行测量检查,看其是否有潜在的危险;四问,就查出的问题询问使用者,进一步了解有关情况;五测,在条件具备时,用仪器测量房屋的结构变化情况,主要测量地基沉降、墙体倾斜、屋架变形、裂缝等情况。

(三)综合分析和价格估算

综合分析和价格估算是估价的核心环节,包括初步选择估价方法,资料收集与整理,选择最高、最佳利用方式,选定估价方法和确定估算结果。

1.初步选择估价方法

根据估价对象实地查勘情况和估价目的,初步选择估价方法,这是指导下一步资料收集与整理的重要依据。估价基本方法包括收益法、成本法、比较法等。这些方法从不同的角度对估价对象的价值进行评估,需要根据不动产的不同特征、实际情况选择一种或几种方法的组合进行估价。

2.资料收集与整理

根据初步确定的估价方法,在实地勘查收集的资料的基础上,进一步收集、整理估价所需的资料。收集的资料包括以下三方面:一是普通数据。它包括当地社会经济、环境、人口、不动产开发量、成交量、空置率、价格等方面,这些资料可以帮助理解当地或区域不动产市场整体情况。二是特殊数据。针对所选用的方法,选取不同资料。如对收益性不动产采用收益法进行估价,需要收集包括可出租或经营的面积、正常的收益、正常成本支出、税负、有效经营年限等资料;采用成本法进行估价,就需要收集重新购建成本、已使用年限、尚可使用年限、功能性折旧、经济性折旧等资料;采用比较法进行估价,需要选择收集市场上近期成交的交易实例,获得交易价格、交易日期、交易情况、交易实例状况等资料。三是竞争性不动产数据。在未来市场上,竞争性不动产的供给数据包括存量、可能的新增量、空置率、吸收率等。需求数据包括人口、收入、就业、潜在需求者等。根据这些数据可以估计将来对该类物业的需求以及总体的供求关系。

这些数据有助于估价人员对不动产价值的正确判断,也有助于报告的阅读者理解价值判断。

3.选择最高、最佳使用方式

不动产估价是以估价对象最高、最佳使用为前提进行的,在估价中寻找法律上许可、技术上可实现、经济上可行、能达到价值最大化的使用方式。最高、最佳使用原则是指在合法使用的前提下，以委估不动产最高、最佳或最有效使用的方式为估价基础进行估价。不动产估价之所以要遵循最高、最佳使用原则，是因为在市场经济中，竞争的结果使得不动产总是趋向最佳使用。不动产拥有者都试图通过改进使用方式或转让给能更充分发挥不动产潜力的投资者，以取得最大的经济效益，最终实现最有效的使用方式。因此，如果不动产目前未达到最佳利用，进行估价时可按照不动产在最佳状况下获得最高利益的能力来确定其价值。遵循最高、最佳使用原则，必须坚持法律上许可、技术上可行、经济上最佳。法律许可是前提，技术可行是保证，经济最佳是目的。

在实际估价中应用最高、最佳使用原则，分为空地和地上有建筑物两种情况。

应用最高、最佳使用原则于空地估价时，需要很好地分析市场需求与消费力，竞争性不动产的开发量、开发方式，周边配套与基础设施状况，周边的自然环境等，从而确定项目的定位，选择最佳的用途、最佳的规模、最佳的设计方案。

应用最高、最佳使用原则于地上有建筑物的不动产估价时，在分析市场供求关系、市场消化情况、各类不动产收益与投入情况等的基础上，确定估价对象最高、最佳使用方式。地上有建筑物的不动产可供选择的最高、最佳利用方案如下：

保持现状的条件：现状不动产价值＞（新用途、装修或重新开发后的不动产价值－改变现有不动产所必要的费用－改变现有不动产投入资金发生的必要利息与利润）；

装饰装修改造的条件：（装饰装修后的不动产价值－装饰装修所必要的费用－装饰装修资金发生的必要利息与利润）＞现状不动产价值，在这种情况下，也包括通过对土地的改造来调整土地与建筑物的不均衡引起的功能折旧；

改变用途的条件：（新用途的不动产价值－改变用途所必要的费用－改变用途资金发生的必要利息与利润）＞现用途的不动产价值；

重新开发的条件：（重新开发后的不动产价值－重新开发所必要的费用－重新开发资金发生的必要利息与利润）＞现有不动产的价值。

4.选定估价方法

选择何种评估方法，主要受评估对象自身的条件、评估结果的价值类型、估价人员掌握的数据资料等因素影响。第一，评估方法的选择要与估价对象的特点相适应。如有收益或有潜在收益的不动产估价适用收益法，可重新建造的不动产估价适用成本法，可以在公开市场交易的不动产适用比较法。第二，评估方法的选择要与评估目的以及由此所决定的评估价值类型相适应。特定的评估目的既是不动产评估所要实现的具体目标，又是评估结果的具体用途。评估目的会在宏观的层面上对评估对象及其面临的市场条件具有约束和限定的作用。评估目的正是通过对评估对象及其面临的市场条件的约束，从而对评估技术思路、评估具体技术方法和评估方法所使用的经济技术参数的选择产生直接或间接的影响。第三，评估方法的选择受到各种评估方法运用所需的数据资料能否收集的制约。每种评估方法所需要的数据不同，方法的运用都需要有充分的数据资料作为基础和依据。在评估时点，若某种评估方法所需的数据资料的收集遇到困难，就会限制此种评估方法的选择和运用。这时，应考虑选择数据资料充分的评估方法进行评估。

5. 确定估价结果

估价的重要一步，是要确定最后的价值或最可能实现的价值区间。不同的估价方法得出的估价结果可能是不同的。在确定最终结果时，估价人员要仔细分析这些估价结果，寻找出现价格差异的原因，并消除不合理的差异。例如：基础数据是否正确；参数选择是否合理；公式选用是否恰当；计算是否有误；不动产市场是否处于特殊状况。例如：在市场不景气时，比较法的估价结果往往低于成本法的估价结果；在存在泡沫的情况下，收益法的估价结果往往低于比较法的估价结果。

对两种或两种以上估价方法估算出的价格进行综合，综合的方法有三种：①简单算术平均。②加权算术平均。即赋予每个价格不同的权重，然后再综合出一个价格。通常，为评估该不动产最适用、最可靠的估价方法所算出的结果赋予较大的权重，反之则赋予较小的权重。③以一种估价方法计算出的结果为主，其他估价方法计算出的结果只供参考。最后，估价人员要根据自己的经验、影响价格的因素，对综合测算出的结果再做调整，以决定最后估价额。在实际工作中，最后决定的估价额，可能以计算出的价格为主，也可能以估价人员的判断为主，而计算结果只作为参考。

（四）撰写评估报告

估价报告书是记述估价成果的文件，它把估价过程中有关的数据、方法、要点及最后的结果以正式的书面形式反映出来。估价报告书的形式有表格式与叙述式两种。表格式估价报告书是固定格式、固定内容，估价人员必须按照规定的形式填写，不得改动或填减，适合于对成片不动产进行估价，如拆迁、征税。叙述式估价报告书有一定的格式，但长短篇幅不限，使估价人员能有充分论证、阐述意见和结论的发挥空间。不论估价报告的形式如何，其基本要求是相同的。

不动产估价报告主要由封面、目录、致委托方函、估价师声明、估价的假设和限制条件、估价结果报告、估价技术报告、附件组成。下面介绍其基本内容。

1. 封面

封面须载明下列内容：估价项目名称、委托人、估价机构全称、估价师、报告的编号、估价作业期等。估价项目名称应该清晰地反映估价对象、估价目的。

2. 目录

目录是不动产估价报告正文前所载的目次，是揭示报告内容的工具，起到内容检索、指导阅读的作用。

3. 致委托方函

致委托方函是对评估委托合同的回应，简明扼要地阐述估价对象、估价目的、估价时点、估价原则、估价结果，同时起着估价报告摘要的作用。

4. 估价师声明

估价师声明应包括下列内容，并应经估价师签名、盖单：①估价报告中估价人员陈述的事实，是真实的和准确的；②估价报告中的分析、意见和结论，是估价人员自己公正的专业分析、意见和结论，但受到估价报告中已说明的假设和限制条件的限制；③估价人员与估价对象没有（或有已载明的）利害关系，也与有关当事人没有（或有已载明的）个人利害关系或偏见；④估价人员是依照《中华人民共和国国家标准房地产估价规范》进行分析，形成意见和结论，撰写估价报告；⑤估价人员已（或没有）对估价对象进行了实地查勘，并应列出对估价对象进行了实地查勘的估价人员的姓名；⑥没有人对估价报告提供了重要专业帮助（若有例外，应说明提供重要专业帮助者的姓名）；⑦其他需要声明的事项。

5. 估价的假设和限制条件

对估价假设和估价报告使用限制的说明，一是能帮助委托人及其他报告使用者了解估价活动的前提条件，正确理解估价结果的价值内涵；二是能在一定程度上规避估价风险。其主要内容有：①一般假设，如：对权属证书审慎检查但未向政府有关部门核实，对房屋结构安全、环境污染关注但没有委托专门鉴定、检测；估价对象在估价时点的房地产市场为公开、平等、自愿的交易市场；估价对象应享有公共部位的通行权及水电等共用设施的使用权等。②特殊假设，主要包括未定事项假设、背离事实假设、不相一致假设、依据不足假设等，如：估价对象《房屋所有权证》未记载估价对象房屋的建成年份，经注册房地产估价师实地调查，房屋建成年份为某年，本次估价房屋建成年份以实际调查为准；估价对象《房屋所有权证》未记载估价对象的合法用途，经注册房地产估价师实地勘查，估价对象为某类型用房，本次估价设定房屋合法用途为某类型，等等。

6. 估价结果报告

估价结果报告与技术报告一样具有同等法律效力。估价结果报告应简要说明以下要点，用来让各有关方面方便地了解该报告书的主要信息：①委托方；②估价方；③估价对象；④估价目的；⑤估价基准日；⑥估价作业期；⑦估价的假设和限制条件；⑧价值定义；⑨估价依据；⑩估价原则；⑪估价方法；⑫估价结果；⑬应用说明；⑭估价人员。

7. 估价技术报告

估价技术报告一般包括下列内容：

(1)估价对象分析，包括区位、产权、实体状况。

(2)市场分析，包括区域市场分析、竞争性市场分析、影响待估不动产价格的实物状况分析。

(3)最高、最佳使用方式分析，说明估价对象最高、最佳使用方式以及确定的依据。

(4)估价方法选用，说明使用的评估方法和选择评估方法的依据或原因，若选择特殊评估方法的，应介绍其原理及适用范围。

(5)估价测算过程，说明估价采用的公式、参数选取的依据、测算的过程。

(6)估价结果确定，说明估价结果及确定的理由。

8. 附件

附件通常包括委托书复印件、权益证书复印件、估价对象实物照片、周边环境照片、引用的文件资料复印件、估价机构资质证明、估价人员资格证明等。

六、不动产估价的方法

不动产估价的方法主要有比较法、收益法、成本法、假设开发法及其他不动产估价方法。

(一)比较法

1. 比较法的概念

比较法又被称为直接交易案例比较法、买卖实例比较法、市场比较法等。比较法的原理是将估价对象与在估价时点附近已经发生交易的类似不动产加以比较对照,从已经发生交易的类似不动产的既知价格,修正、调整得到估价对象最可能实现的合理价格的一种方法。其公式是:

类似不动产价格±价格修正调整值=估价对象价格

类似不动产是在用途、区位、结构等方面与估价对象相同或相似的不动产。与估价对象进行比较的类似交易案例,简称可比实例。用比较法求得的价格称之为比准价格。比较法的实质就是在收集足够交易案例的基础上,通过已经成交的相同或类似不动产的成交价格,来确定估价对象在公开市场上最可能的成交价。

2. 比较法的适用范围与条件

比较法高度依赖于活跃的房地产市场所提供的市场资料和交易实例,其应用的前提是要有足够数量的可比交易实例存在。因此,比较法适用于不动产市场发达、活跃和完善的地区,适用于广泛市场交易的不动产类型,如普通住宅、商铺、写字楼、标准厂房、空地等。这些不动产由于数量众多、交易频繁、可收集到大量的交易实例,是使用比较法的基础。而在下列情况下,比较法往往难以适用:①在没有不动产交易的地方或很长时间没有交易的地方;②类型很少见或交易实例很少的房地产,如特殊厂房;③很难成为交易对象的房地产,如教室、寺庙等。

即使是在不动产市场发达的地区,在应用比较法时,还必须具备以下几个条件:

(1)拥有充足的、高质量的市场交易资料。一般认为,运用比较法需要具有10个以上比较交易实例的资料,其中要有3个以上具有较高可比性的可比实例,如果比较交易实例少,就有可能因为信息不充足造成估价结果不能反映客观市场的后果。而且要求资料来源可靠、准确性高、质量保证,因为资料的质量直接影响估价结果的准确性。

(2)有三宗以上可比实例。比较实例与估价对象越相似,估价效果越理想。这除了要求用途、结构、价格类型一致外,最好在区位因素、规划容积率、权属、当地市场供求关系等方面也能基本一致。为保证估价结果的准确性,《中华人民共和国国家标准房地产估价规范》第5.2.3条明确规定,根据估价对象状况和估价目的,应从收集的交易实例中选取3个以上的可比实例。选取的可比实例应符合以下条件:①实例是估价对象的类似房地产;②成交日期与估价时点相近,不宜超过一年且不得超过两年;③成交价格为正常价格或可修正为正常价格。

(3)要求评估人员具备丰富的估价经验。在运用这一方法时,需要选定可比实例,然后将可比实例与估价对象进行分析比较,并对交易情况、市场情况、区位因素及实物状况等做出修正和调整,这些都需要多方面的知识和丰富的经验积累。

3. 比较法的特点

与成本法、收益法等估价方法相比,比较法有以下特点:第一,比较法直接基于现实的市场价格资料,能比较充分地反映近期市场的行情,更符合当事人的现实经济行为,估价结果容易被市场所接受。第二,能够避免出现评估没有市场基础的不动产价值的错误。基于类似不动产价格修正得到的估价对象价格一般具有可靠的市场基础。第三,比较法是基于价格求取价格,与收益法、成本法相比剔除了许多主观因素。因此,在不动产市场比较发达、交易活跃、存在大量的不动产交易实例的国家和地区,比较法被公认为是一种说服力强、可靠性强、适用范围广的基本估价方法。随着我国房地产市场的发育和完善,房地产信息资料的积累和完整,市场比较法在我国不动产估价实践中也占有越来越重要的地位。《中华人民共和国国家标准房地产估价规范》第 5.1.4 条特别强调,在有条件选用市场比较法时,应以市场比较法为主要的估价方法。

但需注意的是,由于比较法过于依赖过去(估价时点之前)的市场价格资料,相应地对影响不动产价格走势的潜在因素缺乏前瞻性考虑,可能会影响估价结果的合理性。另外,如果在一个不活跃的市场中,房地产交易量很少,可供选择的可比案例非常有限,用比较法测算就会造成比较大的价值偏差。这些都是使用比较法的局限所在。

(二)成本法

1. 成本法的概念

成本法是先求取估价对象在估价时点的重置价格或重建价格,然后扣除折旧,以此估算估价对象的客观、合理价格或价值的方法。如果说比较法是从不动产交易市场角度评估,成本法则是从不动产重新开发建设角度进行评估,它把不动产重新开发建设各环节发生的各种正常的直接成本、间接成本,加上正常利润、税金后得到的重置价格或重建价格,再扣除不动产已发生的折旧,得到待估对象的不动产价格。因此,成本法中的“成本”不是通常意义上的成本,而是价格,它强调的是从价格的构成要素进行估价。用成本法估得出的价格,也称为积算价格。

2. 成本法的适用范围与条件

成本法在理论上可用于一切可以重建或重置的房地产估价,但是由于很难确定一些估价对象的必要成本或客观成本,因此,对于那些有着大量市场交易的案例,或有收益资料的房地产估价,应采用比较法或收益法作为估价的首选方法。在这种情形下,成本法一般只能是估价的一种次选方法。

成本法特别适用于独立或狭小市场上无法利用比较法进行估价的不动产的估价。因为,在缺乏市场交易时,房地产市场的参与者是通过房地产的成本来认识和理解其价值的,卖方愿意接受的最低价格不能低于其为建造该房地产所花费的代价,买方愿意支付的最高价格不能高于其所预计的重新建造该房地产所需花费的代价。市场的参与者通过成本来认知房地产的价值,提供了成本法能够被认同的基础。如对于既无收益又很少出现买卖情况的学校、图书馆、公园等公共建筑、公益设施的估价,成本法很适用。并且,成本法还适用于那些市场不完善而无法运用比较法等进行估价的地区。在房地产保险(包括投保和理赔)及其他损害赔偿估价中,成本法也具有比较法和收益法所不可比拟的适用性。

当与可比较的不动产存在显著物理特性差异时,有时可以用成本法更准确地识别影响这些特性价值的相对值,而不是通过市场比较法。例如,评估两幢建筑质量与结构相同、位置相邻,但一幢建筑装有电梯,另一幢没有安装电梯的价值时,可以将电梯购置和安装成本作为价值调整的基础。

3. 成本法的特点

成本法在估价业务中具有相当重要的地位,尤其是比较法和收益法等方法的采用受到条件限制时，它通常被认为是最后的估价方法。与比较法、收益法等估价方法相比，成本法有以下特点：它是从价格构成要素的角度对不动产价格进行评估，能让一般人更容易理解；它是按必要成本加正常利税进行估价，因此有助于挤出价格泡沫。但是，需注意的是，在现实中，房地产价格主要取决于效用，花费的成本一定要对效用增大有作用才能构成价格。因此，用成本法估价的结果可能与比较法、收益法存在偏差。如商业繁华地段的沿街密集商业房，该种不动产特点就是容积率高、土地利用很充分、资源集聚度高、不动产的收益高。对这类地段的不动产，往往会出现成本法估价结果低于市场价或收益价。但对地理位置偏僻、当地购买力不足的区域的房地产，由于成本估价中对经济性折旧估计不充分，则会出现估价结果偏高的情况。

（三）收益法

1.收益法的概念

收益法又称收益还原法、收益资本化法等，是通过运用适当的资本化率，将求取的对象不动产将来能产生的正常净收益折算为现在的货币价值，以此估算估价对象的客观合理价格或价值的方法。求得的现在货币价值的总额称为“收益价格”“收益价值”或“资本价值”，就是该不动产的实质价值，也是适当的客观交换价值。收益法被广泛地应用于收益性不动产的估价，并以其充分的理论依据被许多不动产估价专家所推崇。

2.收益法的适用范围与条件

收益法适用于有收益或有潜在收益的不动产，如租赁不动产、宾馆、写字楼、公寓、厂房、商店、游乐场、影剧院、加油站等。它不限于估价对象本身当前是否有收益，只要它所属的这类不动产有获取收益的能力即可。如暂时空置的商铺，并未获取实际收益，但附近类似的商铺都处于营业状态且能获取利润，说明该商铺有获取收益的能力，则该商铺存在收益价值，可运用收益法对其价值进行评估。对于纯粹是消费性的或无明显市场经营收益的不动产，如学校、公园等公益性不动产的估价一般不适用收益法。

收益法的适用条件是不动产的未来收益和风险都能够较准确地量化。收益法以预期原理为基础，不动产的价格取决于市场参与者对该类不动产未来获取收益能力及可靠性的预期，非理性的预期可能导致不动产价格的估值泡沫。这对估价人员的综合素质提出了较高的要求，估价者不仅应参考过去的经验和当前的市场状况，还应进行广泛、深入的调研，对不动产未来收益、风险状况做出客观合理的估计。

3.收益法的特点

收益法是一种着眼于未来的评估方法，它主要基于不动产的未来收益和货币的时间价值。与比较法、成本法相比，收益法有其充分的理论优势。运用比较法评估不动产，是与类似不动产交易实例进行比较，以此求得估价对象不动产价格，虽然符合现实的市场状况，但它是通过价格求价格，并未说明价格形成的根据。成本法不仅说明价格是多少，而且从费用角度说明了价格形成的过程，有一定的理论基础，对可再生的建筑物进行估价是较为有效的方法，但对于不可再生或不可复制的土地，并不十分适用。而收益法不仅能说明价格是多少，而且能说明其形成的依据，特别对于收益性不动产而言，是较为适用的方法，得出的不动产价值较容易被买卖双方所接受。

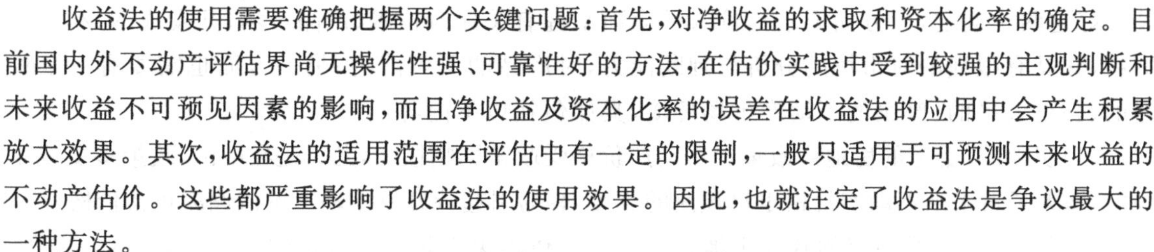

收益法的使用需要准确把握两个关键问题：首先，对净收益的求取和资本化率的确定。目前国内外不动产评估界尚无操作性强、可靠性好的方法，在估价实践中受到较强的主观判断和未来收益不可预见因素的影响，而且净收益及资本化率的误差在收益法的应用中会产生积累放大效果。其次，收益法的适用范围在评估中有一定的限制，一般只适用于可预测未来收益的不动产估价。这些都严重影响了收益法的使用效果。因此，也就注定了收益法是争议最大的一种方法。

（四）假设开发法

1. 假设开发法的概念

假设开发法也称预期开发法、剩余法、倒算法、余值法等，是房地产评估中常用的方法。该方法是根据预测对象的内外部条件，进行最佳、最有效设计，然后预测开发完成后的价值，估计建筑开发成本、投资利息及正常利润后，从预测的开发完成价值中，减去建筑开发成本、利息、利润、税金等，倒算出待开发估价对象的客观、合理的价格或价值的方法。

待开发估价对象合理价格＝开发完成后价值－开发成本－利息－利润－税金－销售费用－管理费

下面以开发商如何测算土地竞标价格为例，说明假设开发法的基本思路。开发商购买土地的目的是通过土地的开发、销售获取利润。在决定愿意以多高的价格购买一块可供开发利用的土地时，首先会按照市场需求状况，结合土地的内外部条件，如坐落位置、面积大小、周围环境、规划所允许的用途、容积率和覆盖率等，确定这块土地最佳、最有效的开发方式，包括建筑物的用途、建筑面积、建设档次，然后预计开发后市场可接受的价格、未来取得的总收入、建造这座建筑物所花费的建筑费、设计费、管理费、投资利息以及开发商要求的合理的利润等，其余额即是对这块土地价格的承受能力。

2. 假设开发法的适用范围

假设开发法可以运用在任何有再开发潜在价值的不动产估价中，不仅适用于待开发的土地估价，也适用于在建工程、可装修或改造旧房的估价，具体有以下几类。

（1）可开发成为熟地的生地估价；

（2）可开发成为熟地的毛地估价；

（3）可开发成为房地产（地上有房）的生地估价；

（4）可开发成为房地产（地上有房）的毛地估价；

（5）可开发成为房地产（地上有房）的熟地估价；

（6）具有装修改造潜力的旧房地产的估价；

（7）在建工程的估价。

此外，也可以利用假设开发法，确定开发中可承受的最高费用，确定开发项目预期可取得的利润等。

3. 假设开发法的应用前提

应用假设开发法对待开发不动产价值进行准确估价的关键点包括：第一，是否找到了最佳开发利用方式。不同的开发利用方式对应于不同的价值，寻找到并能实现最佳开发利用才能准确反映待估对象的价值。第二，是否准确估计了开发后的价值、开发成本、利息等数据。要处理好这两个问题，一方面要求估价人员全面掌握有关建筑技术、产品市场、开发成本、利率等资料，并具有很强的对市场的分析与判断能力，对产品的研判能力；另一方面也需要有一个稳定的、公正公平的、健康的不动产市场环境，具体包括以下内容：

(1)明朗的、稳定的房地产政策。不动产价格受政策影响极大，尤其是在中国，政策多变或不稳定，增大了对未来不动产价格走势预测的难度，容易引起待开发不动产价值偏离正常价格。

(2)长远、公开及稳定的政府土地供给计划。供求关系是影响价格的重要因素，供大于求，价格下跌；供不应求，价格上涨。在我国城市政府作为土地唯一供应者，制定一个中长期土地供应计划，对防止供给的随意性、稳定市场预期、减少不动产大幅波动等都有积极的作用，也有助于提高对未来开发后价值估价的可靠性。

(3)稳定的、刚性的、公开的房地产开发和交易税费缴纳政策。一些地方政府对房地产开发环节的税费征收存在弹性、不公开，且隐性收费高，这就会给估价带来难度，也给不动产开发投资带来风险。

(4)比较容易收集当地历年来土地出让价格、商品房价格、开发成本等资料。

如果上述条件不具备，在运用假设开发法估价时会使本来难以预测的诸多因素更多地受到主观判断的影响，给准确估价造成困难。

第二节　房地产市场

一、房地产与房地产市场

所谓房地产，即房产与地产的合称，是房屋与土地在经济关系方面的体现，属于资产范畴。房屋与土地反映的是物质的属性与形态，而房产和地产则体现着相应的生产关系。

由于物质形态的房屋与土地总是紧密相连的，房屋建筑与建筑地块总是连在一起，表现为一种有机整体，因此，在经济形态上，房地产的经济内容和运动过程也具有内在的整体性，房产与地产两个概念常合称房地产。又由于房屋和土地不可移动，或者一经移动就要丧失极大价值，因此，房地产又常常被称为不动产。

房地产市场是房地产经济运行的基础，是社会统一市场的重要组成部分，也是整个市场体系中一个活跃的、具有显著特点的专门市场。

房地产市场有狭义和广义两层含义。从狭义上说，房地产市场是指房地产买卖、租赁、抵押、典当等交易的活动场所；从广义上说，房地产市场是指整个社会房地产交易关系的总和。一个完整的房地产市场是由市场主体、客体、价格、资金、运行机制等因素构成的一个系统。房地产市场作为社会主义市场体系中一个具有显著特征的市场，在消费品市场和生产要素市场中都占有重要地位。住房作为人们必需的耐用消费品是消费品市场上的一大交易对象，住房的交易量占消费品交易总量的比重也是相当高的。土地和厂房、商店、饭店、办公楼等非住宅用房是人们从事生产经营活动所必不可少的物质条件，它们的交换活动在生产要素市场中也具有举足轻重的地位。

房地产市场是由地产市场和房产市场有机结合而成的。地产市场和房产市场各具有相对独立的内容,但同时又是密不可分的。说相对独立,是因为地产的交易可以离开房产单独进行,交易的是土地的所有权或使用权。说密不可分,是因为房产的交易是与地产的交易联系在一起的。首先,在实物上,房屋与承载它的土地是不可能分开的,房屋必须建筑在一定的土地上,与土地结合成一个统一的承载体,为人们生活、生产等活动服务。其次,房屋与土地的权属关系是一致的。土地的所有权或使用权往往依附于该地上房屋的所有权,土地所用权或使用权伴随着房屋所有权的转移而转移。房产与地产这种不可分割的权属关系,在土地私有或公有条件下都同样成立。在土地私有条件下,房屋的买卖、馈赠、继承等都是与该房基地的所有权同时转移,房屋的抵押、典当与土地抵押、典当同时发生。在土地公有的情况下,房屋的所有权与土地的使用权权利主体也是统一的。在我国,土地归国家和农村集体经济组织所有,没有有关部门发给的用地和建筑许可证就不能进行土地上建筑。地上房屋转移所有权,其所占用土地的使用权亦同时转移。中国香港法律也规定,建造房屋必须首先取得使用土地的业权,而且房屋与房基地使用权无论拍卖、交换、继承和馈赠,均以不能分割的业权同时转移,房屋的抵押、典当与土地使用权的抵押、典当应同时进行。再次,房租、房价与地租、地价相融合,地租、地价包含在房租、房价中,是房租、房价的重要组成部分,并通过房租、房价得到体现。房屋是固定在土地上的建筑物,是与土地有机结合的整体。在进行房屋交易时,该房屋所附着的土地的交易也在同时进行。其土地的价值实现是与房屋的价值实现同时发生的,必须且只能通过房屋的价值实现而实现。

二、房地产的分类

(一)房产的分类

从不同的角度,按不同的划分标准,可以对房产做不同的分类。

1.按房屋的所有权性质划分

按房屋的所有权性质通常可将房产分为以下 6 类。

1)国有房产

国有房产是国家按照统一领导、分级管理的原则,授权国家机关、国有企业和事业单位等机构管理的属于国家所有的房产。一般说来,上述单位在国家授权的范围内对国有房产行使占有、使用、处分等权利,同时负有保护国有房产不受损害的义务。

2)劳动群众集体所有房产

劳动群众集体所有房产是指归集体组织和单位所有的房产。这些组织和单位依法对其享有占有、使用、处分等权利。

3)公民私人所有房产

公民私人所有房产包括公民建造、购买和受赠得到的房产以及在住房制度改革中以各种优惠形式协助私人购买、建造,从最初价值来源看,带有一定与国家共有成分,但法律上确定为私人所有的房产。

4)共有房产

共有房产包括个人之间共有和不同所有制民事主体之间共有的房产。该房产的产权人依照法律、规定或契约分享房产的占有、使用、处分等权利。

5)涉外房产

涉外房产是指中外合资经营企业、中外合作经营企业和外资企业、外国政府、社会团体、国际性机构所投资建造或购买的房产以及外国人所购房产。

6)其他房产

其他房产是指除以上5类外其他少量特殊的房产,如宗教房产、宗族房产、会馆房产等。

2.按房屋所有制和管理形式划分

1985年全国开展城镇房屋普查时,根据所有制和管理形式的不同,设定了普查房屋的"产别"项目,共划分为11类。

1)公有房产

公有房产是指属于全民所有制和集体所有制的房产。全民所有制的房产是国家财产的重要组成部分。

2)全民单位自管公有房产

全民单位自管公有房产是指归全民所有制单位所有并由其自行管理的房产。它的产权来源主要是新中国成立后由各单位自行建造的,也有少部分是接收国民党政府的或向私人购买的房屋。

3)集体单位自管公有房产

集体单位自管公有房产是指归集体所有制单位所有并由其自行管理的房屋。产权来源主要是单位购置或投资建造的。

4)代管房产

代管房产是指产权还未确认或产权人下落不明又未委托管理,以法院审定后由政府房地产管理机关代为管理的房产。

5)托管房产

托管房产是指房产的所有者因管理不便等原因,委托房地产经营单位代为管理的房产。

6)拨用房产

拨用房产是指房屋产权属于政府,由房地产管理机关批准免租拨给单位使用,并由该单位自管、自修的房产。单位对这类房产,只有使用权,没有处置权,不用时就要退还给房地产管理机关。

7)中外合资房产

中外合资房产是指中国政府、企业与外国政府、厂商和个人等合资建造、购置的房产,亦称"中外共有房产"。

8)外国房产

外国房产是指外国政府、企业、社团、国际性机构及外国侨民所有的房产。

9)军用房产

军用房产是指归军事单位所有并由其自行管理的房产,它是全民所有制公产的一部分。

10)私有房产

私有房产是指所有权属于私人的房产。它包括私人住宅,私人出租的房屋,华侨、侨眷、归侨和其他外籍公民的房屋,以及国家或企业出售给个人的住宅。

11)其他房产

其他房产是指除了上述10类房产以外的房产,如宗教寺庙房产、会馆房产等。

这种分类方式虽然与按房屋的所有权性质分类在形式上有许多相似之处,但由于这种方法是兼顾了房屋所有权和管理的不同形式,因而它与房屋的所有权性质分类是不同的。

3.按房屋的用途划分

按房屋的用途可将房产划分为以下5类。

1)住宅

住宅是指供人们日常生活居住的房屋。它是最重要的生活资料,是人们从事一切社会、经济、文化活动的最基本的物质前提之一。在现代城市中,住宅一般要占房屋总量的一半左右。

2)生产用房

生产用房是指被物质生产部门作为基本生产要素使用的房屋,包括工业、交通运输业和建筑业等生产活动中所使用的厂房、仓库、实验室和配套服务用房等。

3)营业用房

营业用房是指商店、银行、邮电、旅馆、饭店以及其他经营性服务行业所使用的房屋。它既包括直接用于营业活动的房屋,也包括办公室、仓库、堆栈等辅助用房。

4)行政用房

行政用房是指党、政、军机关,工、青、妇团体和民主党派等部门的办公用房及其辅助用房。

5)其他专业用房

其他专业用房是指文化、教育、科技、卫生、体育用房及外国驻华机构、宗教等用房。

(二)地产的分类

从理论上讲,地产首先有城市土地和农村土地或农民所有的土地之分,但在房地产经济学中,房地产指的是城镇的房地产,即城市、建制镇、工矿区范围内的房地产,故其中的地产均是指国家所有的地产。这样,一般就不能按所有制对其进行分类,只能按使用性质来划分,当然其中包含着使用等方面的产权关系。

1)生活居住用地

生活居住用地包括居住用地、服务于居住区的公共建筑用地、道路广场用地、公共绿化用地等。

2)工业用地

工业用地主要是指工业生产用地,包括工厂用地、动力设施用地、工业区内仓库与铁路专用线占地和卫生防护地带等。

3)对外交通运输用地

对外交通运输用地是指城镇对外交通运输线路与设施的用地,包括铁路、公路线路及各种站场用地、港口码头用地、民用机场用地及防护地带用地。

4)商业、金融业用地

商业、金融业用地是指各种商场、杂货店、市场占用的土地及人民银行、商业银行、保险公司、信托投资公司、租赁公司、典当行等机构所占用的土地。

5)仓库用地

仓库用地是指专门用来存放生活资料和生产资料的各种仓库占用的土地,像粮库、油库用地等均包括在内。

6)科教事业用地

科教事业用地是指各种中小学占用的土地、大中专院校占用的土地、各种研究院(所)等占用的土地及相关的实验用地。

7)党政机关用地

党政机关用地包括各级党委、人大、政府、政协、纪委、各民主党派等机关占用的土地以及工会、共青团、妇联等各种团体所占用的土地。

8)市政公用设施用地

市政公用设施用地是指设置公用设施和工程构筑物的用地,如自来水厂、污水处理厂、变电所、煤气站、防洪堤坝、火葬场、墓场等用地。

9)风景游览用地

风景游览用地是指各种供游览的风景区、森林公园及名胜古迹等占用的土地。

10)卫生防护用地

卫生防护用地主要是指居住区与工厂、污水处理厂、公墓、垃圾场等地段之间的防护绿地或隔离地带,水源防护用地以及防风、防沙林带用地等。

11)特殊用地

特殊用地是指文物保护区用地、自然保护区用地、军事用地及监督所、看守所用地等。

12)其他用地

其他用地是指市区边缘的农田、菜地、苗、果园林等占有的土地。

三、房地产市场的类型与特点

(一)房地产市场的类型

现阶段中国的房地产市场根据其组成可以分为房产市场、地产市场、房地产金融市场、房地产劳务市场和房地产信息市场五种类型,其中前两种为基础性或主体性市场,后两种为关联性或辅助性市场。

1.房产市场

通过买卖和租赁两种交换形式,将房屋出售或出租出去,就形成了房屋的买卖市场和租赁市场。所谓买卖市场是指通过买卖这种形式实现房屋产权关系全部转移的房产市场。这种市场的参与者包括房地产公司、企事业单位和居民个人,交易对象包括居民住宅、工商业用房、行政用房及其他用房,其特点是产权关系全部由一方转移到另一方。所谓租赁市场是指通过租赁这种形式,将房屋出租出去,从而实现产权关系部分转移的房产市场。这一市场的参与者也是房地产公司、企事业单位和居民个人,交易对象包括住宅、工商业用房、行政用房等。其特点之一是产权关系发生分离,一般是所有权归原房产出租者,使用权归房产承租者;特点之二是产权分离受到时间的限制,随租期长短而定。

从供房时间来看,买卖市场又可分为现货买卖市场和期货买卖市场;从租期长短来看,

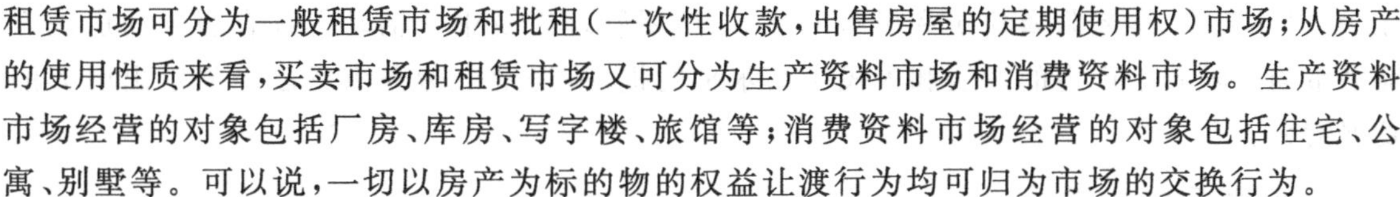

租赁市场可分为一般租赁市场和批租(一次性收款,出售房屋的定期使用权)市场;从房产的使用性质来看,买卖市场和租赁市场又可分为生产资料市场和消费资料市场。生产资料市场经营的对象包括厂房、库房、写字楼、旅馆等;消费资料市场经营的对象包括住宅、公寓、别墅等。可以说,一切以房产为标的物的权益让渡行为均可归为市场的交换行为。

2. 地产市场

地产市场是房地产市场中另一个主要组成部分,它分为城市地产一级市场和城市地产二级市场两种形式。

城市地产一级市场即城市土地出让市场,在这一市场上,各级政府代表国家这一所有权主体将指定地段通过招标、拍卖、协议出让等形式提供给开发者(即受让者),开发者一次性支付出让期内享有的土地使用权的出让费用。城市地产一级市场具有国家垄断的显著特征,因为《中华人民共和国宪法》中明确规定:"任何组织和个人不得侵占、买卖或以其他形式非法转让土地。"这样,土地所有权便具有了只属于国家的特定主体性。

城市地产一级市场的主体包括土地使用权出让人和土地使用权受让人。国有土地使用权的出让主体不是任何单位和个人都可以充当的,它必须具备一定的法律条件,仅限于能代表国家拥有土地所有权的县、市人民政府;受让主体相比起来条件比较宽泛,但也有一些相应的规定。

城市地产二级市场即城市地产转让市场,是指土地在一级市场上出让后,受让者将土地通过一定的投资过渡期(在中国禁止土地使用权的直接倒卖),再转让给其他的土地或房屋需求者。当然,新的土地受让者(可称之为再受让者)需向转让者支付一定的转让费用。

城市地产转让还有一种方式,即对于原行政划拨的土地使用权可补办出让手续,补签土地出让合同。土地使用者缴付了土地出让金,办理了土地出让登记手续后,可将该土地使用权再转让。

3. 房地产金融市场

房地产金融市场是指通过房地产专业银行或其他商业银行的房地产信贷部,采用信贷、发行股票、期票和债券以及开展住房储蓄业务,或者运用按揭等方式为房地产买卖和租赁活动融通资金而形成的辅助性的金融市场。房地产金融市场的建立对房地产经济的发展来说是十分必要的。在中国,近几年这一市场的发展十分迅猛,已逐步走出初步发展时期,步入新的快速发展阶段,这对中国国民经济的发展和人民生活水平的提高产生了深远的影响。

在房地产金融市场中,特别值得一提的是房地产抵押市场。这种市场是指房地产的所有者以其拥有的房产或土地使用权为抵押物向金融机构或他人取得借款的房地产交易市场。这种市场的参与者主要是房产的所有人、土地使用权的拥有者和金融机构等。作为抵押物的房地产可以是居民住宅及其占用的土地,也可以是工商业用房、办公用房和其他用房及其占用的土地。在抵押期限内,房产的所有权和土地的使用权并不发生转移,只是受到限制。

4. 房地产劳务市场

房地产劳务市场是指为房屋住户和用户提供房屋修缮、加固、改造、危房鉴定、方案设计、室内外装修、房屋附属建筑和设备的维修、房屋管理以及中介活动等综合服务的房地产辅助市场。随着生产力的发展和人民生活水平的提高，房地产劳务市场已经显示出巨大的发展潜力。

5. 房地产信息市场

房地产信息市场是指围绕房地产业务和技术咨询、房地产租赁和买卖行情以及有关资料等所形成的供需市场。房地产市场愈是向广度、深度发展，这一市场的作用就愈不能忽视。总而言之，上述各种主体性和辅助性的房地产市场是互相联系、密不可分的，正是由于这种关联性导致它们在房地产经济运行中形成了一个统一的有机整体。

（二）房地产市场的特点

房地产市场的特点由房地产商品的诸多特点所决定，除具有市场的一般特征外，房地产市场作为一个相对独立的市场系统，与其他商品市场相比，它还具有以下特点。

1. 房地产市场的都市性

房地产业是从事房地产开发、经营、管理、服务的行业，由于这一行业深受人口城市化的影响，导致房地产市场也具有较强的都市性。房地产业务主要集中在城镇中。在农村，房地产业务是很少的，有时有的地方甚至根本不存在。而在城镇，则存在许多房地产开发和经营业务，而且城镇越大、工业化程度越高、人口流动越大、人口分布越密，对土地及生产用房、经营用房和住宅等各类房产的需求就越大，房地产市场就越发活跃、发育程度就越高。一旦人口不断从农村向城市移动，农村工业化的进程加快，大城市及其卫星城的各类房地产需求增大时，房地产市场就会异常活跃。有统计数据表明，房地产业务有95%左右集中在城镇，这其中又有60%以上集中在大中型城市。

2. 房地产市场的区域性

由于房地产商品属于不动产，具有位置上的固定性，再加上房地产商品所处的城市区域不同（区域不同将导致土地等级的差别和地理位置的差别），当地居民消费水平不同，区域经济发展状况不同，其市场供求状况和价格水平也必然会产生很大的差别，因而房地产供求状况和价格水平具有明显的区域性落差，这种落差折射出不同区域人口的密集程度以及社会经济的发展和繁荣程度。在中国，由于人口分布极度不均匀，区域经济发展也不协调，再加上房地产市场的发育尚处于不成熟阶段，这一特点表现得更为显著。当然，近几年，随着西部大开发战略的实施以及老工业基地改造的推进，这一状况已有所改变。

3. 地产市场的垄断性

《中华人民共和国宪法》中明文规定："城市土地属于国家所有，任何组织和个人不得侵占、买卖、出租或以其他形式非法转让土地。"也就是说，除国家可以依法征用集体所有制土地外，城市土地的所有权是不能发生转移并进行买卖的。因此，在以土地作为交易客体的地产市场上，其经营必然是国家控制的垄断性经营。我们从中可以得出结论：在城市里，无论是土地的一级出让市场，还是土地的二级转让市场，作为商品出售的只是土地的使用权，而土地的所有权仍然为国家所掌握。

4.房地产市场的统一性

这种统一性是指房地产市场的融合性。房屋所有权的转移必然导致与之相适应的土地使用权的相应转移，这是因为对于房产来说，土地是它的载体，是它的一个重要组成部分。同样道理，因为房产是地产的附着物，土地若到期收回，其地上建筑物也将随之收回。因而可以说，随着城市土地的开发建设，房、地已混融于一体。几乎任何一笔房产商品交易都是房地合一的交易，且房价和地价交叉影响、相互包含。在现代城市中，几乎不存在与房产市场截然分开的纯粹性地产市场，也不存在与地产市场截然分开的纯粹性房产市场，这就是房地产市场的融合统一性。

5.房地产市场供给的稀缺性

由于土地是不可再生的稀缺性资源，房产也必然是相对稀缺的。因此，从根本上来说，房地产市场是一个供给稀缺的市场。随着社会实践的发展，经济增长和城市化使城市人口激增，这样不论从生产角度来说，还是从生活角度来说，对土地的需求量都会日益增加。但是，土地的供给数量基本上是个恒定的常量，这就产生了供给有限和需求增加之间的矛盾。

四、房地产市场的作用

在适当的条件和外力推动之下，房地产市场对于国民经济将产生诸多的现实效用。归纳起来，房地产市场的主要作用如下。

（一）促进房屋生产的产业化和住宅消费的商品化

房屋的生产必须借助于房产市场的活动才能不断向深度和广度发展。房产经济中分工的存在和发展都必须以交换的存在和发展为条件。房屋的交换是房屋投资得以回收、房屋生产过程得以重新开始并连续进行的基本前提。同时，房屋交换将有关房屋消费的信息反馈给生产者和消费者，从而引导房屋生产按社会消费的需要发展。从住宅角度来看，房产市场的存在使得住宅必须按其内在价值和市场供求关系来决定买卖价格和租赁价格，这就使住宅消费进一步具有了商品化的性质，过去福利化的住宅制度受到巨大的冲击，住宅成为特殊的高价值的消费商品。

（二）促进居民消费结构的优化

改革开放前，城市住宅主要由国家包建，统一分配使用，房租很低。这种情况导致中国居民消费结构与国外相比呈现出畸形状态，住房消费支出在整个家庭消费支出中所占比重过小。开放和发展房地产市场，能适当降低对高档家具、家电、服装等商品的消费热度，把部分消费资金引导到住房消费上，使居民在住房方面的支付能力相应提高，通过购买和承租的方式较好地改善居住条件，缓解住房紧张问题，从而使沉淀的住房投资运动起来，实现住房建设和消费之间的良性运转。

（三）促进中国产业结构的合理化

随着中国产业结构的进一步调整以及住房制度和土地制度的改革，房地产业逐渐成长起来，成为发展潜力巨大的新兴产业。由于房地产业具有较强的前向关联、后向关联和侧向关联作用，它的发展可以带动一大批产业的发展，所以房地产市场的出现和发展必将带动园林业、运输业、商业、服务业、旅游业和金融业的发展，推动中国第三产业的发展和完善。同时，房地产市场的存在还能够促进建筑、建材、建筑设备、建筑机械、冶金、家电等基础工业和民用工业的发展，使第一、二产业在内部结构上实现深层次的调整。由于房地产市场的发展将促进房地产金融市场、建筑市场、建材市场以及其他消费和服务市场的发展，从而促进中国市场体系的完善，所以它的存在将引导整个国民经济在产业结构上向更合理的方向发展。

（四）可以调节城镇住房的供求关系

在房地产市场建立以前，城镇住房几乎是无偿分配和使用的，住房需求基本不受支付能力的限制，这就必然刺激人们对住房产生过高、过多的需求，这种需求是很难通过增加住房供给来满足的。在住房分配过程中也经常出现按权力、地位、人际关系分配住房的问题，导致住房分配不均。在房地产市场建立和发展起来以后，住房在适当考虑福利因素的情况下，主要按支付能力进行分配，需求就演变为有支付能力的需求。这样，家庭预算的硬约束将自发限制人们对住房产生过高、过多的需求，使住房需求日趋合理，住房分配不公现象也会大大减少。同时，在市场条件下，房价、房租水平的提高将促进投资的回收，刺激各经济主体建房的积极性，增加住房的有效供给。这样，住房供给的增加和需求的减少会缩小住房供求的缺口，改善供求关系，从而实现住房供求的平衡。

（五）促进城镇土地的合理利用

在房地产市场建立以前，土地被无偿使用，利用效率不佳。在无偿使用情况下，土地多占少用、占而不用等现象相当严重。在位置极佳的市中心地带，很多用地单位不是经济效益高的商业企业、金融企业，而是行政机关、事业单位，甚至还建有许多居民住宅。重工业生产厂家不是安排在原料产地或远郊地带，而是设在人口密集的闹市区。这充分说明土地资源利用不合理。实践证明，金融业和商业用地的级差收益比工业用地和住宅用地要高得多。有了房地产市场，土地的使用权就能按照商品经济原则进行等价交换，能大大提高房地产资源的配置效率。在房地产市场上，中心地带和黄金地段的地租要远远高于城市郊区，在这种情况下，一些传统工业部门，一些经济效益差的工业企业、事业单位和居民区，因承担不了市中心和黄金地段昂贵的房地产价格压力，或为了降低生产经营成本，不得不向城市边缘迁移，留在市中心和黄金地段的比例大为下降。以前留下来的建筑物及旧住宅区，则可通过改造或再开发建成办公楼，使之成为商业、金融业和服务业用房，从而大大优化房地产资源的配置，提高土地的使用效益。

案例分析与讨论

为坚决贯彻落实党中央、国务院决策部署，坚持房子是用来住的、不是用来炒的定位，落实房地产市场长效机制，促进房地产业健康发展和良性循环，我国各省市近年来已陆续发布相关政策文件。2022 年 4 月，昆明市人民政府网发布了《昆明市人民政府办公室关于促进房地产市场稳地价稳房价稳预期工作的意见》。请阅读下面的材料，分析如何结合房地产市场自身的特点推动其健康发展，充分发挥房地产市场对于国民经济的现实效用。

昆明市人民政府办公室关于促进房地产市场稳地价稳房价稳预期工作的意见

各县(市)、区人民政府,市政府各委办局,各国家级、省级开发(度假)区管委会,各直属机构:

坚决贯彻落实党中央、国务院决策部署,按照省委、省政府工作要求,坚持房子是用来住的、不是用来炒的定位,履行城市主体责任,全面落实房地产市场长效机制,切实稳地价、稳房价、稳预期,完善住房市场体系和保障体系,促进昆明市房地产市场健康发展和良性循环,经市人民政府同意,现提出如下意见:

一、加快商业商务用房去化,合理使用商业商务用地

(一)综合城市区域发展、商业商务用房库存等因素,合理确定年度商业商务用地供应规模,科学调节供地节奏。商业商务用房去化周期超过36个月的县(市)区、开发(度假)区,在不影响批而未供和闲置土地处置的前提下,可暂缓供应商业商务用地。在市场有需求的情况下,属地政府(管委会)可根据片区商业商务用房配套现状,研究确定商业商务用地的供应。

(二)根据国家、省、市土地储备管理有关规定,对已收储但暂不供应的商业商务用地,市城市园林绿化、土地储备机构指导,属地政府(管委会)因地制宜、统筹安排,由储备土地的管理单位负责建设苗圃等临时绿地,挂牌规范管理养护,改善城市生态环境和市容景观。

(三)优化商住配建比例模式,将“按项目配比商业商务”调整为“按片区配比商业商务”。在土地出让前,属地政府(管委会)根据片区控制性详细规划和商业商务用房配置、去化等情况,在满足公共服务设施和基础配套设施承载力的前提下,可按程序申请调整新供应土地的商住比或商业商务用房的开发量,依法开展控制性详细规划修改。对已出让尚未建设的商业商务用地,房地产开发企业可向属地政府(管委会)提出申请,在满足公共服务设施和市政配套设施承载力的前提下,经属地政府(管委会)研究同意,可适当降低商业商务用房开发量。

(四)二环路以外的城市区域,对于未供应且相对集中的商业商务用地,在符合国土空间规划、产业布局、生态环境保护要求的前提下,经属地政府(管委会)研究后,可按程序向市人民政府申请将土地规划用途调整为新型产业用地,用于发展互联网开发、电子装配等无污染、零排放、低噪声的技术密集型产业。

(五)针对已供应尚未开工建设或在建的商业商务用地,按照补齐民生基础设施短板、完善公共服务体系、促进职住平衡的原则,房地产开发企业可向属地政府(管委会)申请用于建设托幼、养老、教育、文化、体育、停车等公共服务设施。属地政府(管委会)依据项目所在片区人口规模及公共服务、市政配套设施情况,研究调整方案,报市自然资源规划部门按程序审议。

(六)二环路以外的城市区域,在满足片区教育配套等公共服务设施的前提下,经属地政府(管委会)统筹研究后,鼓励国有企业、民营企业等多种主体将商务办公用房新建、改建为保障性租赁住房,或者通过市场化购买方式将存量商务办公用房改造为保障性租赁住房。建成的保障性租赁住房由企业自持,并纳入全市城镇保障性住房体系,严格按照保障性租赁住房有关政策进行管理,享受财税、金融等政策支持。

(七)鼓励属地政府(管委会)整体或部分购买、租赁闲置的商务办公用房,按照“共享办公”模式,引入共享办公运营企业开展政企合作,打造“双创中心”、搭建招商引资承载平台,为中小企业提供创业创新场所,培育发展楼宇经济。

（八）鼓励属地政府（管委会）引导体育、文艺等培训机构，利用大型商场、商业裙楼集中开展非学科类培训；引导医疗服务机构，利用商务办公用房开展健身、健康体检、口腔、眼科、医疗美容等多元化康养业态。

二、纾解疫情期间房地产开发企业困难

（九）土地出让价款在2021年6月1日—2022年12月31日缴纳的，企业可申请延期60日缴纳。属于分期缴款的，各期缴款时间均可在原合同约定时间延期60日。延期缴款期间（60日内）不计违约金，不计利息。最后一日缴款日期是国家法定节假日的，以法定节假日结束的次日为最后一日。

（十）房地产开发企业可依据土地出让合同及技术审查必备要件向属地自然资源规划部门申报《建设工程规划许可证》（副本），房地产开发企业需取得《不动产权证》（土地登记）并补充完善相关申报要件、全额缴清城市基础设施配套费，换发《建设工程规划许可证》（正本）后，方可申请办理《商品房预售许可证》。

（十一）从有效防范化解房地产市场风险角度出发，鼓励信誉好、实力强的房地产开发企业通过土地转让方式取得未开工建设项目的土地使用权。房地产开发企业承诺在取得土地转让审批文件之日起6个月内实质性开工建设的，属地自然资源规划部门在办理土地转让手续时，对项目投资强度进行容缺审批。房地产开发企业取得土地转让审批文件之日起1个月内，应持土地转让审批文件向属地自然资源规划、住房城乡建设部门申报开工手续，属地自然资源规划、住房城乡建设部门在3个月内完成项目开工手续办理。房地产开发企业按照承诺时限（6个月内）开工建设，投资强度达到25%，持属地政府（管委会）出具的证明材料，方可向属地自然资源规划部门申请办理《不动产权证》。未按期开工建设的，土地转让审批文件自行失效。对已被认定为闲置土地的房地产开发项目，按规定完成闲置土地处置且不属于应收回情形的，可按前述规定办理。市、县两级自然资源规划部门定期向同级政府（管委会）报告土地转让审批及相应《不动产权证》办理情况。

（十二）规划方案已经市城乡规划委员会审议通过，属地政府（管委会）已完成拆迁总建筑面积50%以上，且承诺2022年12月31日前全部完成拆迁的城市更新改造项目，可按市城乡规划委员会已审议通过的规划方案相关指标执行。确需进行控制性详细规划修改的城市更新改造项目，在总开发量及住宅开发量不增加的前提下，可对规划方案进行优化调整，适当降低商业开发量。涉及省、市属国有企业化债的历史遗留项目，另行研究。

二、鼓励多种方式回迁安置

（十三）为满足群众多元化安置需求，属地政府（管委会）可适时调整城市更新改造项目货币化安置政策，加大货币化安置力度，在公平、自愿的基础上，鼓励拆迁群众选择货币化安置。

（十四）在拆迁群众、社区自愿的基础上，属地政府（管委会）积极引导，统筹城市更新改造项目回迁安置需求与商业商务用房去化实际，拓宽安置渠道和方式，按照等价值置换的原则，利用已建成的商业商务用房进行等价值安置，可适当给予面积奖补。具体面积奖补标准由属地政府（管委会）研究制定。

四、优化营商服务

（十五）以出让方式取得国有土地使用权的，房地产开发企业在签订土地出让合同时，属地自然资源规划部门同步核发《建设用地规划许可证》，房地产开发企业不需提交申请。

（十六）属地政府（管委会）应将规划方案第三方技术审查经费纳入同级财政预算予以保障。市、县两级职能部门深入推进作风革命，加强机关效能建设，主动服务项目建设。

（十七）房地产开发企业可以用见索即付银行保函替代需缴纳的代建学校、道路等公共设施的保证金或零星用地整合履约保证金。

（十八）在土地出让时，应当在出让条件中明确配套建设的中小学、幼儿园等教育设施，或者履行教育代建应承担的资金；未明确的，属地政府（管委会）在土地出让后不得另行收取教育配套费。

五、优化住房金融服务

（十九）加大住房公积金对首套房、改善性住房等合理购房需求的支持力度，适度调高住房公积金贷款额度，降低购买二套住房首付款比例。

（二十）实施好差别化住房信贷政策，持续优化住房金融服务，更好满足购房者合理信贷需求。

六、有效防范化解房地产市场风险

（二十一）严格按照《最高人民法院住房和城乡建设部中国人民银行关于规范人民法院保全执行措施确保商品房预售资金用于项目建设的通知》（法〔2022〕12号）有关要求，建立健全商品房预售资金保全、执行的“府院联动”机制。

（二十二）市、县两级住房城乡建设部门要根据房地产开发项目建设工程造价、施工合同金额以及项目交付使用条件等因素，合理确定商品房预售资金监管额度，超出监管额度的资金可由房地产开发企业提取使用。

（二十三）市、县两级住房城乡建设部门联合人民银行分支机构、银保监部门定期对商品房预售资金监管情况开展检查，对违反商品房预售资金监管政策规定的房地产开发企业和银行机构依法依规进行查处。

七、持续整治规范房地产市场秩序

（二十四）加强对房地产开发企业、商品房销售代理机构、房地产经纪机构、住房租赁企业的监管。重点整治房地产开发、房屋买卖、住房租赁、物业服务等领域扰乱房地产市场秩序的突出问题，加大联合整治执法力度，持续整治和规范房地产市场秩序，营造主体诚信、行为规范、监管有力的市场环境。

八、做好房地产市场舆情引导

（二十五）各级有关部门要做好房地产市场政策宣传解读，正确引导舆论和市场预期，引导各新闻媒体、网络平台及自媒体按照相关法律法规和管理规定规范发布信息，依法查处散布谣言、恶意宣传炒作等严重扰乱房地产市场秩序的行为，共同营造良好的舆论氛围。

昆明市人民政府办公室

2022年4月16日

思考与练习题

1. 什么是不动产？

2. 不动产估价的程序是怎样的？

3. 论述不动产估价的主要方法，并对比各种方法的优缺点。

参考文献

[1]刘凤根，王一丁，颜建军，等. 城市资源配置、人口集聚与房地产价格上涨：来自全国95个城市的经验证据[J]. 中国管理科学，2022，30(7)：31-46.

[2]黄奇帆. 中国房地产市场：过去、现在和未来[J]. 管理现代化，2022，42(2)：1-8.

[3]丁志国，张炎炎，任浩锋，等. 供给侧结构性改革对房地产行业的"去库存"效应研究[J]. 中南大学学报(社会科学版)，2022，28(1)：83-99.

[4]刘锐. 后民法典时代土地权利体系化研究[J]. 中国土地科学，2021，35(9)：10-16.

[5]林文学. 不动产抵押制度法律适用的新发展：以民法典《担保制度司法解释》为中心[J]. 法律适用，2021(5)：19-27.

[6]张婉莹. 现阶段我国征地补偿价格标准研究[J]. 中国农业资源与区划，2015，36(6)：69-76.

第五章
不动产登记管理

第一节 不动产登记基本内容

一、不动产登记的概念与性质

不动产是指无法移动，或移动后对其价值有严重贬损的财产，通常包括土地、海域以及房屋、林木等定着物。不动产登记制度对明确权属、维护物权稳定性、提高不动产交易效率具有重大意义。

（一）不动产登记的概念

《中华人民共和国民法典》规定，设立、变更、转让、消灭不动产物权以登记为生效条件，除法律另有规定外，未经法定的登记公示程序，不动产物权无法得到法律的承认、保护。

不动产登记制度与物权制度间的关系比较复杂：一方面不动产登记是物权公示的方式，在权利登记制及托伦斯登记制下，不动产登记是不动产物权取得、变更的必要条件；另一方面，不动产登记制度又独立于物权制度，具有其自身特定而自洽的规则体系。

（二）不动产登记的性质

不动产登记行为究竟是何种性质，学界有多种观点：其一，不动产登记行为应属民事行为，其代表为中国政法大学王洪亮教授；其二，不动产登记行为系行政行为，其代表为北京大学姜明安教授；其三，不动产登记行为是一种证明行为，其代表为梁慧星教授；其四，不动产登记行为具有公法与私法的双重属性，属于私法领域的行政事务，该观点的代表是清华大学程啸教授。目前，理论界主要支持前两种观点，没有形成一致的认识。

不动产登记行为汇聚了公法与私法的特性，在法律性质上应属行政行为，它是一种特殊的建立在私法交易关系上的行政行为。第一，不动产登记行为从外观看，确属行政行为。行政行为具有主体专属性、单方意志性、国家强制性的特征。不动产登记行为具有这些特征：根据我国不动产登记制度，登记机构是县级以上人民政府确定的一个部门，该职能专属于这一行政机关；登记机构依法对登记申请进行审查，做出是否予以登记的决定，无须征得申请人同意，具有单方意志性；我国的不动产物权变动采用登记生效主义，使不动产登记行为具有国家强制性，不动产登记的国家强制性表现为登记的确定力，“登记行为完成，物权即生效，除非依法定程序撤销，登记结果将受到全社会，包括登记权利人、卖方、第三人以及国家的尊重”。第二，就不动产登记的功能与本质而言，是一种特殊的行政行为，它建立在私法的不动产交易行为基础上，依附于私法的行为而存在，是为不动产交易服务的行政行为。在形式上，不动产登记需要国家出面，以其行政权力为交易行为背书公信力，这种公权行为形成的法律关系具有行政性质，需要公法进行调整；而实质上，不动产登记是平等的民事主体为实现其根据自由意志设定的债权法律关系及物权法律关系所使用的"工具"，使用"工具"的过程形成民事法律关系，需要私法进行调整。

综上，不动产登记行为以私法性为基础、公法性为外观，在分析其性质时应进行区分，申请人提出不动产登记申请的行为属民事行为；登记机关登记行为本身属行使公权力的行政行为，它是一种混合了私法特点与公法特点，更倾向于私法性的行为。

（三）不动产登记的作用

不动产登记的作用可以分为私权保护作用与行政管理作用两大方面，其中私权保护作用是不动产登记作用的基础与核心。

(1)私权保护作用主要体现在维护不动产物权的稳定以及提高交易效率两个方面。在不动产物权稳定性的维护方面，《中华人民共和国民法典》规定了不动产物权不经登记，其设立、变更、转让与消灭均不发生效力。因此，不动产登记具有确定力，一经登记即确定了不动产物权的归属，不动产物权"静的安全"即得到了保障。不动产登记簿的公信力也使建立不动产的善意取得制度成为可能，购买人只要根据不动产登记簿上的记载确认交易相对人，按照法律进行买卖、登记，其取得的不动产物权就会得到承认与保护，即保障了不动产物权"动的安全"。在交易效率方面，虽然以登记的方式确认物权需要支付较高的程序成本，在一定程度上对不动产的交易造成了妨碍，但对于交易额动辄数十万、上百万的不动产交易而言，支付的登记成本远远小于因交易不安全、物权不稳定而产生的损失，有利于鼓励人们进行不动产交易，因此不动产登记有益于提高交易效率。

不动产登记的最基本功能就是保障已有的物权，方便不动产交易，公权力的介入是私权为其实现而"不得已"做出的选择。对不动产登记制度而言，或者说对现代法律制度整体而言，公法及其代表的公权力在本质上都应是为私权服务的。

(2)行政管理方面的作用主要有以下三种：第一，为国家进行土地行政管理奠定基础。在登记生效主义物权制度下，不动产物权及其所蕴含的经济利益将成为有效的"杠杆"，可以撬动全部的土地物理信息以及产权信息，这将极大地节约土地行政管理的成本，为实现高效的土地行政管理奠定基础。第二，为对不动产征收赋税提供方便。立法机关可以根据汇总的不动产登记信息，从总体上把握国民财富分配情况，据此制定合理的税制；税务机关根据不动产登记簿上的信息对不动产进行征税，提高税务机关的征税效率，有利于保障国家的税收收入。第三，为国家对各类不动产，尤其是房地产市场进行宏观调控提供依据。不动产登记查询便捷，不动产价值及其物权关系相对稳定，国家可以通过不动产登记信息了解宏观经济状况并据此制定宏观调控政策。

就不动产登记制度在整个不动产管理体系中的作用而言，不动产登记公法上的作用是与其在私法上的作用相互交织的。不动产登记具备行政管理上的作用并不意味着不动产的行政

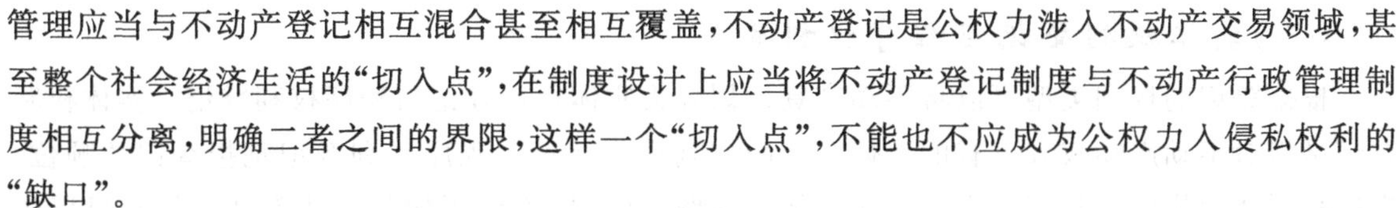

管理应当与不动产登记相互混合甚至相互覆盖，不动产登记是公权力涉入不动产交易领域，甚至整个社会经济生活的“切入点”，在制度设计上应当将不动产登记制度与不动产行政管理制度相互分离，明确二者之间的界限，这样一个“切入点”，不能也不应成为公权力入侵私权利的“缺口”。

二、不动产登记的分类

不动产登记分为不同的种类，各自具备不同的功能，组合在一起共同实现不动产登记制度的目标。根据不同的分类标准，可以将不动产登记分为不同的类别，主要有权利登记与表彰登记、预备登记与终局登记、实体权利登记与程序权利登记等。

（一）权利登记与表彰登记

以登记行为的客体为标准，可以将不动产登记分为权利登记与表彰登记。权利登记是指对不动产物权的设立、变更、转移、消灭以及限制等事项进行登记；表彰登记，又称为事实登记或者标题登记，指对不动产的物理状况进行记载的登记。表彰登记不是独立的登记种类，法定的 8 种登记严格来说都属于权利登记，表彰登记的内容包括在权利登记之中。

区分表彰登记与权利登记的意义在于，在出现登记错误的情况下，异议人可以针对不同的登记类型，启动目标不同的更正、异议登记程序，有利于登记权利人和异议申请人提高更正或异议登记的效率。

（二）预备登记与终局登记

按照登记效力的不同，可以将不动产登记分为预备登记与终局登记。

预备登记是指为未来将要发生的物权进行准备的登记，预备登记与不动产物权的设立、变更等无直接关系，是在不动产物权变动所需条件尚未成就或者申请人认为其不动产物权受到他人登记的妨害时，法律为保护申请人的物权请求权而设立的制度。预告登记与异议登记共同构成预备登记制度。

预告登记是为防止非真正不动产物权人对不动产进行处分而进行的登记。在预告登记生效期间，未经预告登记的权利人同意，登记机构不得对处分该登记标的物的行为进行登记。异议登记是指利害关系人主张不动产登记簿所记载的事项存在错误，而记载的权利人不同意进行更正，利害关系人将其抗辩登记在不动产登记簿上的登记。异议登记的意义在于，将不动产上存在争议的情况记载于登记簿上，供第三人查阅，有利于保护异议人的权利并降低交易风险。

终局登记又被称为本登记，它指将相关事项记载于不动产登记簿上即产生确定、终局效力的登记。我国法律规定的终局登记类型有首次登记、转移登记、变更登记、更正登记、注销登记。终局登记是不动产登记的一般形式。

区分预备登记与终局登记的意义，或者说在不动产登记一般形式即终局登记以外设立预备登记的意义在于，将不动产登记上的争议公之于众，防止登记记载的物权人恶意处分不动产，更好地实现其物权公示，保障交易安全。

（三）实体权利登记与程序权利登记

根据登记的权利类型可以将不动产登记划分为实体权利登记与程序权利登记。实体权利登记是指对不动产物权人享有的实体法上的权利进行登记。程序权利登记是指登记的顺位。实体权利登记指向的是不动产登记权利能力问题，这一概念说明的是哪些不动产权利可以进行登记，解决的是不动产权利的范围与类型问题，是不动产登记的基础问题。《不动产登记暂行条例》第五条以列举的方式规定了可登记的不动产权利：集体土地所有权；房屋等建筑物、构筑物所有权；森林、林木所有权；耕、林、草三种土地承包经营权；建设用地使用权；宅基地使用权；海域使用权；地役权；抵押权；其他经法律要求登记的权利。

登记顺位及不同顺位对物权能实现的影响规则是不动产登记制度的重要组成部分，程序权利登记这一概念正是为解决登记顺位问题而提出的，它关注同一不动产先后设立的同种类或不同种类物权能否实现的问题，这也正是进行实体权利登记与程序权利登记的意义。

三、我国不动产登记制度的法律渊源

（一）法律

《物权法》颁布前，我国实行的是不动产按照其种类由相应的行政机关分别管理、分别登记的不动产登记方法。因此，由不同的法律法规对不同种类的不动产登记进行规范。

《中华人民共和国土地管理法》对农民集体所有土地以及土地使用权的登记规则进行了原则性的规定，同时，林地、草原的所有权或者使用权登记事项，滩涂以及水面养殖使用权登记事项，分别由《中华人民共和国森林法》《中华人民共和国草原法》和《中华人民共和国渔业法》进行规定；《中华人民共和国城市房地产管理法》对国有土地使用权以及房屋的登记事项进行了规定；《中华人民共和国担保法》对不动产物权的担保登记事项进行了规定；农村集体土地承包经营权登记事项由《中华人民共和国农村土地承包法》规定。

2007 年《中华人民共和国物权法》出台，在立法层面改变了以往不动产登记分头管理的困境，实行不动产统一登记制度，总地规定了不动产登记制度。该法第九条规定了登记的效力的基本规则；该法第十条规定了属地管辖的不动产登记原则，规定了国家实行不动产统一登记制度，同时将不动产登记的范围、机构与方法等授权给其他法律、行政法规进行规定；该法第十一条至第十四条、第十六条至第二十一条对不动产登记的程序、不动产登记机构的职责、不动产登记簿、不动产登记的种类、登记错误赔偿的责任、登记的费用等进行了概括性的规定。该法第二百四十六条对不动产登记制度的立法，以及与当时已经存在的不动产登记法律制度的过渡衔接进行了规定，它规定，在法律、行政法规对统一不动产登记制度做出具体规定前，地方性法规有权对相关事项根据《中华人民共和国民法典》进行规定。

《中华人民共和国民法典》不动产登记制度的部分“为不动产登记统一立法提供了整体上的框架和结构”，是现行不动产登记制度的构建基础，但是《中华人民共和国民法典》在当时的历史条件下，没能对统一的不动产登记制度做出具体的规定，而是将不动产登记制度的构建交由其他法律法规来完成，这是我国的不动产登记制度的建立与完善仍有很长的路要走的重要原因。

（二）行政法规

2007年颁布的《中华人民共和国物权法》授权国务院对统一不动产登记制度进行立法，国务院的此项立法工作历时多年最终完成，2014年11月，国务院颁布《不动产登记暂行条例》，自此不动产登记制度正式开始推进。《不动产登记暂行条例》是现行法律制度中效力层级最高的专门规定不动产登记有关事项的法律规范，它的颁布实施是我国不动产登记制度建设的重要成果，是建立统一不动产登记制度的基础性法律文件，对不动产的登记法律实务及研究具有重要的意义。

在《不动产登记暂行条例》颁布前，在行政法规的层次，有《中华人民共和国土地管理法实施条例》《中华人民共和国森林法实施条例》等少数几部行政法规，对不动产登记进行了规定，《不动产登记暂行条例》颁布后，都已基本上被《不动产登记暂行条例》所涵盖而失去了效力。

（三）部门规章

在《不动产登记暂行条例》颁布以前，专门的不动产登记规则主要由部门规章这一层级的法律文件进行规定。部门规章主要有《土地登记办法》《房屋登记办法》《土地登记资料公开查询办法》（以下简称《土地登记查询办法》）、《房屋权属登记信息查询暂行办法》（以下简称《房屋登记查询办法》）。

2016年1月1日，国土资源部颁发了《不动产登记暂行条例实施细则》，它根据《不动产登记暂行条例》制定，对其规定进行了细化，至此，我国的统一不动产登记制度的实际操作准备工作已经基本完成。当然我国不动产登记制度的完善还有很长的路要走。

（四）地方性法规及地方政府规章

根据《中华人民共和国民法典》，在不动产登记制度的过渡期间，部分省、自治区、直辖市等制定了地方性法规、规章、通知、决定、批复等，对各自辖区内的不动产登记事项进行了规定。例如《上海市不动产登记条例》、北京市《国有建设用地使用权及房屋所有权、建筑物构筑物所有权初始登记一次性告知清单》等。这些规范性文件是各地方登记机构办理不动产登记的直接依据，很大程度上影响了不动产登记制度运行的实际情况，是不动产登记制度的重要组成部分。

（五）司法解释

涉及不动产登记制度的司法解释主要有三个：《最高人民法院关于适用〈中华人民共和国物权法〉若干问题的解释一》（以下简称《物权法解释一》）、《最高人民法院关于审理房屋登记案件若干问题的规定》（以下简称《房屋登记解释》）、《最高人民法院关于审理涉及国有土地使用权合同纠纷案件适用法律问题的解释》（以下简称《国有土地使用权合同司法解释》）。

《物权法解释一》主要对不动产物权旧属争议进行了规定，涉及程序性质、判断标准、预告登记制度、异议登记与诉讼程序间的关系等内容。其中最重要的是确定了不动产物权的归属；作为登记基础的不动产买卖、赠予、抵押等产生的争议应按照民事诉讼程序解决。

《房屋登记解释》对利害关系人与登记机构间关于登记等行为的争议解决程序的行政诉讼性质、不动产登记机构在实际权利人受侵害后所承担的法律责任等方面做出了规定。其中最重要的是将登记机构承担赔偿责任的条件设定为“未尽到合理审慎职责”。

《国有土地使用权合同司法解释》对国有土地使用权登记与国有土地使用权转让合同之间的关系做出了规定。例如“未进行国有土地使用权变更登记,不影响转让合同的效力”。

综观不动产登记制度的法律渊源,由于不动产登记分头管理的历史原因,造成不动产登记制度立法混乱,各法律文件之间出现矛盾,整体上缺乏体系性,偏重于公法性质的行政管理功能,在一定程度上阻碍了私法性的不动产物权公示功能的实现,这些问题都亟待通过完善不动产登记法律制度,订立统一的《中华人民共和国不动产登记法》予以解决。

第二节　我国不动产登记管理发展历程

新中国不动产登记工作历经 70 多年的改革发展,逐渐从无到有、从农村到城市、从分散登记到统一登记,形成了空间上覆盖全部国土,登记对象涵盖土地、房屋、草原、林地、海域等各类不动产的统一登记制度,建立了以《中华人民共和国民法典》《不动产登记暂行条例》为核心的不动产登记制度体系,全面实现了登记机构、登记簿册、登记依据和信息平台“四统一”,为完善和发展中国特色社会主义制度,更好地维护人民群众的财产权利,推进国家治理体系和治理能力现代化提供了坚实基础。

截至 2019 年 8 月底,全国 339 个地市、2852 个县区共 3007 个登记大厅、4 万多个登记窗口,每天 8 万多窗口工作人员为 40 多万企业和群众提供登记和查询服务,许多地方不动产首次、转移、变更等一般登记由法定 30 个工作日压缩到了 5 个工作日左右,抵押登记压缩到了 3 个工作日左右;全国共发放不动产权证书 11700 多万本,不动产登记证明 9600 多万份,群众获得感和幸福感不断增强。根据世界银行发布的《2019 年营商环境报告》显示,在监测的 190 个经济体中,2018 年中国营商环境评价“登记财产”指标从第 41 名上升至第 27 名,提升了 14 名,达到全球先进水平。

一、不动产登记起步阶段(1949—1977 年)

初步建立土地、房产登记制度,但随着私有土地的消灭及土地财产属性的丧失,土地、房产登记基本停滞。

这一时期,中国完成了土地所有制改革,建立了农民土地所有制,颁发了土地所有证,对城市郊区使用国有土地的农民颁发国有土地使用证,建立起城乡土地统一登记的制度,明晰农民对土地的权利,激发了农民的生产积极性,生产力得到了极大的提高。

1949 年 11 月 7 日,中央人民政府内务部正式成立地政司,把土地清丈、登记发证作为重要职能,对农民所有的土地和使用的国有土地进行登记。1950 年 6 月 28 日,中央人民政府委员会第八次会议通过的《中华人民共和国土地改革法》规定:“土地改革完成后,由人民政府发给土地所有证,并承认一切土地所有者自由经营、买卖及出租其土地的权利。土地制度改革以前的土地契约,一律作废。”同年 11 月政府颁布的《城市郊区土地改革条例》规定:“城市郊区土地改革完成后,对分得国有土地的农民,由市人民政府发给国有土地使用证,保障农民对该项土地的使用权。对私有农业土地者发给土地所有证,保障其土地所有权。土地制度改革以前的土地契约,一律作废。”《关于填发土地房产所有证的指示》中明确,土地改革完成后,不论农民新分的土地及原有土地和房屋，一律颁发《土地房产所有证》；土地证以户为单位填发，以表明此项土地房产为该户成员所共有。至此，以土地和房产清查、土地和房产登记发证等为主要内容的地政管理体系基本形成。

1956 年后，随着生产资料社会主义改造的完成，私有土地和城市私有房产逐渐转为社会主义集体所有，由行政调拨使用，土地和房产的财产属性逐渐丧失，不再进行确权登记，直至陷于完全停滞。1956 年，中共中央批转中央书记处第二办公室《关于目前城市私有房产基本情况及进行社会主义改造的意见》，要求各地参照执行，将私有制土地和房屋通过社会主义改造逐渐转变为社会主义集体所有，归城乡合作社统一管理，不再进行确权登记。社会主义改革完成后，直到改革开放前，土地登记和房屋登记基本停滞。

二、分散登记阶段（1978—2012 年）

为适应计划经济向市场经济转变的发展需要，我国逐步建立起由土地、房屋、林地等各类不动产行政主管部门负责的分散登记制度。

改革开放后，以土地登记、房屋登记为主体的不动产登记逐渐恢复，我国建立起由各类不动产主管部门负责、分散登记的制度。

1979 年 7 月 1 日，《外商合资经营企业法》颁布实施，以场地使用权有偿使用拉开了土地使用制度改革的序幕，第一次凸显了土地的财产价值，客观上对土地确权和登记提出了需求。

1982 年，深圳颁布《深圳经济特区土地管理暂行规定》，明确用地申请核准并缴纳土地使用费后，“定点划线，发给土地使用证书”。

1986 年后，《中华人民共和国土地管理法》《中华人民共和国城市房地产管理法》等法律明确规定“国务院土地管理部门主管全国土地的统一管理工作”“国家实行土地使用权和房屋所有权登记发证制度”。此后，土地、房屋、林地、草原等行政主管部门相继开展土地登记、房屋登记、林地登记、草原登记、海域登记等各类不动产登记工作。其中，集体土地所有权、国有土地使用权、集体建设用地使用权、宅基地使用权和土地抵押权等由国土部门登记，房屋所有权和抵押权由住建部门登记，耕地、草地承包经营权由农业部门登记，林地、林木所有权和承包经营权由林业部门登记，水面、滩涂的养殖承包经营权由渔业部门登记，海域、无居民海岛使用权由海洋部门登记，形成了“九龙治水”、分散登记的管理体制。

在具体登记工作中，涉及不动产登记的各部门均有明确的法律依据，如《中华人民共和国土地管理法》《中华人民共和国土地管理法实施条例》《中华人民共和国城市房地产管理法》《中华人民共和国森林法》《中华人民共和国森林法实施条例》《中华人民共和国草原法》《中华人民共和国渔业法》《中华人民共和国海域使用管理法》等，都分别规定了由相应的管理部门进行不动产登记；各部门依据不同的法律又分别制定各类不动产登记的部门规章和规范性文件，如《土地登记办法》《房屋登记办法》《林木和林地权属登记管理办法》《海域使用权登记办法》等。分散登记的管理体制，人为割裂了不动产之间内在联系，而部门职责交叉，不可避免地造成土地登记与房屋、林地等地上物登记范围、用途或权利主体不一致，以及重登、漏登、错登等诸多问题。

针对这些问题，一些地方基于房地机构合一的体制基础，纷纷出台地方性法规，探索房地合一的不动产统一登记。如 2002 年的《上海市房地产登记条例》、2004 年的《重庆市土地房屋权属登记管理条例》，都对土地和房屋统一登记做出规定；2011 年的《厦门经济特区土地房屋登记管理若干规定》，明确在特区范围内实行城乡土地房屋统一登记等。这些实践表明，实行房屋、土地统一登记，简化、规范了登记程序，提高了办事效率，降低了成本，减少了登记错误，提升了登记公信力，更加便民、利民。

可以看到，不动产登记制度的建立和发展，始终与中国经济社会发展紧密相连，分散登记既有历史的必然，也有现实法律制约的无奈。尽管《中华人民共和国民法典》明确规定“国家对不动产实行统一登记制度。统一登记的范围、登记机构和登记办法，由法律、行政法规规定”，但法律、行政法规未对不动产统一登记做出调整之前，登记机构只能“依法行政”“分而治之”。然而，随着中国特色社会主义建设进入新时代，对曾经在经济社会发展中发挥了积极作用的分散登记制度进行改革迫在眉睫。

三、统一登记改革阶段(2013—2017 年)

这一阶段我国建立和实施了不动产统一登记制度，形成了以《不动产登记暂行条例》为核心的不动产登记制度体系，全面实现登记机构、登记簿册、登记依据和信息平台“四统一”。

建立和实施不动产统一登记制度，是国务院机构改革和职能转变的一项重点工作任务。《国务院机构改革和职能转变方案》提出，“加强基础性制度建设，建立不动产统一登记制度”“减少部门职责交叉和分散。房屋登记、林地登记、草原登记、土地登记的职责，整合由一个部门承担”。2013 年，国务院第 31 次常务会议明确要求，由国土资源部负责指导监督全国土地、房屋、草原、林地、海域等不动产统一登记职责，基本做到登记机构、登记簿册、登记依据和信息平台“四统一”；建立不动产登记信息管理基础平台，实现不动产审批、交易和登记信息在有关部门间依法依规互通共享，消除“信息孤岛”；推动建立不动产登记信息依法公开查询系统，保证不动产交易安全，保护群众合法权益。2013 年底，《中央编办关于整合不动产登记职责的通知》就不动产登记职责整合和有关工作问题做出明确规定。这对我国不动产统一登记制度建设具有里程碑的意义，标志着长期以来不动产登记“九龙治水”旧局面的结束，不动产统一登记工作进入制度建设和推进实施的新阶段。

推进各类不动产登记职责整合，统一登记机构，为实现不动产统一登记扫清了体制障碍。按照党中央、国务院的统一部署和要求，原国土资源部会同有关部门积极稳妥推进不动产统一登记职责整合、制度建设和信息平台建设。至 2015 年底，全国省、市、县三级不动产登记职责和机构整合基本到位，全国共划转不动产登记行政人员 2200 多人、事业人员 55000 多人，形成由国务院国土资源主管部门负责指导、监督全国不动产登记工作，省、市、县各级统一、上下衔接的不动产登记制度体系。相继与原国家林业局、原国家海洋局完成了国务院确定的重点国有林区、国务院批准项目用海用岛登记数据资料移交；与原国家林业局联合制定政策，实现了不动产登记与林业管理职能的有序衔接；与原国家海洋局联合召开工作衔接现场会，推进海域登记资料移交、系统建设、流程再造等基础工作；配合发改委、财政部整合出台了登记收费政策标准；与国家税务总局联合推进不动产登记与税收信息互联互通。

建立不动产统一登记制度体系，统一登记依据和登记簿册证书，不动产登记的公信力进一步增强。2014 年 11 月，国务院颁布《不动产登记暂行条例》，2015 年 3 月 1 日起正式实施。原国土资源部根据《不动产登记暂行条例》的有关规定，制定了《不动产登记簿证样式（试行）》，并于2015年3月1日起全面启用。这一天，重庆、山东青岛、江苏徐州、四川泸州四个城市率先颁发不动产权证书，标志着不动产统一登记制度正式落地实施。2016年，全国所有的市县基本实现颁发新证、停发旧证，按照权利不发生变动不强制换发旧证书的要求，实现了新、旧证书的有效衔接和工作的平稳过渡。

为进一步细化《不动产登记暂行条例》的有关规定，原国土资源部加紧制定《不动产登记暂行条例实施细则》等配套制度。2016年，《不动产登记暂行条例实施细则》公布实施，《不动产登记操作规范（试行）》《不动产登记数据库标准》《不动产登记权籍调查技术方案》等40多个配套文件也相继出台，建立起以《中华人民共和国民法典》为统领，以《不动产登记暂行条例》为核心，以实施细则、操作规范等法规、规章和规范性文件为配套的不动产登记制度体系，统一了登记依据和簿册证书，为规范登记行为，增强不动产统一登记的严肃性、权威性和公信力提供了重要保障。

推进不动产登记信息平台建设，统一信息平台，为实现统一登记和信息互通共享提供技术支撑。2015年，原国土资源部陆续制定并印发《不动产登记信息平台建设总体方案》《不动产登记数据库标准（试行）》《不动产登记数据整合建库技术规范（试行）》《不动产登记信息管理基础平台接入技术规范》《不动产登记存量数据库成果汇交规范》等技术规范，为实现四级登记信息的实时互通和部门间信息共享服务奠定了基础。2015年11月，国家级不动产登记信息平台正式上线运行，国家级登记的重点国有林区林权登记和国务院批准用海用岛项目登记数据全部整合入库。至2017年8月底，全国所有省、市、县三级不动产登记机构接入国家级信息平台，实现接入全覆盖，不动产统一登记制度全面落地实施，为提高不动产统一登记机构登记效率，实现不动产审批、交易和登记信息在有关部门之间依法互通共享、消除"信息孤岛"，为企业和群众提供便捷的不动产服务，保障不动产交易安全，保护群众合法权益提供了重要保障。

四、创新发展阶段（2018至今）

这一阶段我国不断加快推动制度创新，探索不动产登记便民利企新举措，进一步压缩不动产登记办理时间，优化营商环境，推动不动产登记提质增效。

党的二十大报告指出，经济体制改革必须以完善产权制度和要素市场化配置为重点，实现产权有效激励、要素自由流动、价格反应灵活、竞争公平有序、企业优胜劣汰。2018年以来，自然资源部深入贯彻落实习近平新时代中国特色社会主义思想，积极实施减证便民举措，加快推进"放管服"改革，进一步优化不动产登记流程，改进工作作风，为企业和群众提供更优质便利的服务，不动产登记在保护权益、保障交易安全、便民利企等方面成效不断显现，人民群众的获得感和幸福感不断增强。

开展不动产登记窗口作风专项整治，以作风建设推动解决不动产登记办理难、耗时长的问题。2018年5月，自然资源部党组制定《关于开展不动产登记窗口作风问题专项整治工作的通知》《不动产登记窗口作风问题专项整治工作方案》，在全国开展为期3个月的不动产登记窗口纠正形式主义、官僚主义等作风问题专项整治工作，取消了一批没有法律法规依据的环节和程序，指导地方清理取消"奇葩"证明，推行一次性告知制度，避免群众反复跑路，全国不动产登记窗口作风明显转变，为民服务意识显著增强，群众办事效率明显提升。

全面推行不动产登记便民利民举措，进一步压缩登记办理时间，为企业和群众办事提供良好的环境。2018 年 7 月，自然资源部发布《关于全面推进不动产登记便民利民工作的通知》，要求在扎实开展不动产登记窗口作风问题专项整治工作的基础上，通过创新机制全面推行不动产登记便民利民举措，切实解决不动产登记耗时长、办理难问题。同时，提出大力推行不动产登记、税务、交易“一窗受理、并行办理”；全面清理烦扰企业群众的“奇葩”证明、重复证明等各类无谓证明，坚决取消没有法律法规依据的盖章、审核、备案、确认、告知等手续；完善不动产登记信息管理基础平台功能，积极探索“互联网＋不动产登记”新模式，推动实体大厅向网上大厅延伸，推进网上咨询、预约、申请、查询、反馈等服务事项“能上尽上”，打造“不打烊”的“数字不动产登记”，探索实行不动产登记“不见面办理”“全自助办理”等新措施，进一步压缩登记办理时间，要求在 2018 年底前，全国所有市县的不动产一般登记、抵押登记业务办理时间要分别压缩至 15 个、7 个工作日内。加大与房屋交易、税务等相关部门的工作衔接，探索建立交易登记“一窗受理、并行办理”，加强信息共享，切实减少登记环节、申请材料和办理时间。与此同时，加快推进与公安、机构编制、市场监管、民政、银保监、法院、公证、税务、卫生健康、住房城乡建设、国有资产监督管理等部门的工作衔接和信息共享，消除“信息孤岛”，提高效率，切实减轻企业和群众负担。

以为企业和群众“办好一件事”为标准，优化不动产登记流程，让信息多跑路、群众少跑腿。2019 年，国务院办公厅印发《关于压缩不动产登记办理时间的通知》和《关于印发不动产登记流程优化图的通知》，提出以为企业和群众“办好一件事”为标准，加强部门协作，实行信息共享集成、流程集成或人员集成，进行全流程优化，压缩办理时间，切实解决不动产登记耗时长、办理难问题，努力构建便捷高效、便民利民的不动产登记工作体系。通知还发布了 26 种办理流程相对复杂、业务量大的不动产登记流程图，通过“三个集成”推动不动产登记流程再造，大幅压缩环节，精简申请材料，能够通过信息共享获取的申请材料，不得要求申请人提供。同时，在部分地区开展不动产继承登记公告承诺制试点和不动产登记电子证照试点，持续推进“减证便民”，增强群众改革获得感。各地不动产登记机构也积极推动本地区不动产登记流程优化，济南等地发布新建商品房全链条模式不动产登记流程；北京、上海对照世界银行营商环境“登记财产”评价指标，采取优化不动产登记综合业务流程、精简材料和程序、推动全网通不动产登记服务改革等措施，为企业和群众办理登记提供便利化服务，将一般登记办理时间压缩到 5 个工作日，抵押登记当日办结，为改善营商环境、提升中国营商环境“登记财产”指标在世界各大经济体中的排名做出了积极的贡献。

尊重基层首创，通过制度创新，不断探索不动产登记便民利企的有效途径，切实推动不动产登记提质增效。近几年来，自然资源部积极总结推广各地不动产登记的创新做法和经验，推动不动产登记迈上新台阶。在浙江“最多跑一次”、江苏“一窗受理、集成服务”、福建福州“互联网＋不动产登记”、广西南宁“24 小时不打烊”等创新举措示范效应的带动下，全国许多地区在提升实体登记大厅不动产登记窗口服务的同时，充分利用互联网、大数据、区块链、人脸识别、在线支付等新技术，大力推行“互联网＋不动产登记”新举措，为群众提供网页版、微信版、自助终端版等多种网上申请平台服务，构建多层次、多维度的不动产登记网上办事大厅，实现网上预约、“外网申请、内网审核”、网上查询、网上支付、网上开具电子证明、24 小时不打烊等便民服务。江苏省探索颁发了全国首批二、三维一体化不动产登记电子证书。天津市、江苏省无锡市等省市进一步完善不动产登记制度顶层设计，通过人大立法，制定并实施本行政区域的不动产登记条例。各地探索实施的一系列不动产登记改革措施，成为推动改革的有生力量，在全国形成了良好的示范作用，群众满意度不断提升。

新中国 70 多年不动产登记制度建设与改革发展的历程表明，不动产登记制度作为国家的一项基础性制度，在维护人民群众财产权利、促进经济社会发展中发挥了巨大的作用。随着中国特色社会主义建设进入新时代和人民群众法治意识的提高，群众对依法维护其不动产财产权利、保障交易安全提出了更高要求。为健全、完善不动产登记法律制度，保障不动产权利人的合法权益，2018 年 9 月 7 日，十三届全国人大常委会公布立法规划，“不动产登记法”被列为一类立法项目；随后，自然资源部也将“不动产登记法”列入 2019 年立法计划（论证储备类项目）。

五、不动产登记制度的发展趋势

对新中国 70 多年不动产登记制度的发展历程进行回顾及演变逻辑进行分析，有助于继续深化土地和住房制度改革，优化土地资源配置和保护国土自然资源，从而构建系统完备、科学规范、运行有效的不动产登记制度体系，与时俱进地推进完善社会主义制度和现代化国家治理体系。历史在进步，时代在发展。不动产登记制度必然随着政治、经济、社会、自然和技术环境的变化而进行适应性调整，朝着法制化、规范化、信息化与治理现代化的方向演进。

（一）不动产登记权责体系逐步完善

不动产统一登记是将分散登记时期各类型不动产登记职能整合到一起，以前是由国土部门承担。经过新一轮机构改革，则由自然资源主管部门负责指导和监督各级自然资源确权登记工作，并建设统一的登记平台。不动产统一登记制度历时 5 年以来，不动产登记窗口在市、县一级全面运行，但是由于登记—交易的权责分离，大批的历史遗留问题摆在眼前。随着《中央编办关于整合不动产登记职责的通知》的颁布施行，在今后一段时期还将继续明确推行登记交易一体化，融合登记交易职能，确保整合工作顺利实施，以实现不动产登记工作的稳定和连续性。不管是房产登记还是土地登记都是改革创新的产物，是完善产权保护制度的顶层设计，是改善社会主义市场经济的基础。科学地完善权责体系，建立健全不动产登记法律制度，逐步划清边界，落实权利主体，这可以为全民所有自然资源资产所有者提供权益保障，为生态文明建设打牢基础，也对完善社会主义市场经济体制具有重要意义，更是国家治理体系和现代化治理能力的制度保障。

（二）不动产登记治理能力逐步提高

党的十八大和十九大之后，中央和地方政府进行了一系列的机构改革和部门职能优化。机构改革和职能优化的主要思路是推动大部制建设和整体性治理。尤其是党的十九大提出了推进国家治理体系和治理能力现代化的战略目标，十九届四中全会做出了完善共建共治共享社会治理体系的部署，为不动产登记制度的未来发展提供了政策逻辑。国家治理体系和治理能力的现代化不仅仅是治理理念的现代化、治理模式的现代化，也是治理能力与手段工具的现代化。首先，有了完整统一、实时更新的不动产大数据和互通共享的不动产登记平台，政府就能掌握不动产供求情况，还可以与财政、税务联动，防止不动产投资过快过热，防范金融风险和产能过剩。因此，政府通过不动产大数据治理，必将推动国土资源的供需匹配和高效配置，改进国家的宏观调控能力。其次，互联网是推动构建现代化治理体系和治理能力的有效工具，通过“互联网＋不动产登记”的推广普及和“数字政府”建设的推进，不动产登记的服务能力与服务效率将大大提升，一体化和整体性治理能力将显著改善。最后，不动产登记还将朝着共享共建、联动合作、智慧治理的治理模式转型，政府与市场和社会合作共治的能力必将逐步改进。例如，不动产登记可以通过与智慧城市的构建相结合，形成多平台共享机制和联动合作机制；通过不动产登记部门与环境保护部门的联动治理，进一步吸收市场主体和社会力量参与自然资源保护和环境污染治理。

（三）不动产登记服务效率逐步提升

改革机构、职能优化都是为了满足人民的需求，建设人民满意的服务型政府。不动产登记制度本质上是一项公共服务，不动产登记本身就是为人民服务的窗口。不动产登记的服务质量和服务效率一直是制度建设与改革的首要目标。服务效率改进无止境，改革就不停步。因此，在不动产登记制度变革中，还将逐步压缩登记办理时限，加强“一窗受理、并行受理”；在“一窗受理”的基础上，将居民的其他生产生活服务业务一并纳入“一链办”，实现群众办事“只进一扇门、只找一个窗”；清理“奇葩”证明、重复证明，实现高效审核目标。未来还将进一步借助互联网，全方位推进“互联网＋不动产登记”新举措，建立“移动不动产登记中心”，实现不动产登记全城通办、就近能办、异地可办的目标，同时推出快递寄证服务，真正把群众跑腿变为数据“跑腿”。在未来，还将寻求大数据、人脸识别、在线支付、区块链等互联网技术的探索与推广，同时积极探索建设电子辅助审核系统，提高不动产登记的审核效率，进一步缩短办结时限，逐渐实现不动产登记服务的数字化与智能化目标。

（四）不动产登记制度改革逐步深化

1.职能机构还将进一步整合

自然资源主管部门应当按照国家相关规定，统筹协调，加强不同部门相互间的协作，整合一应受理验收事项，实行不动产登记、交易和缴税一窗受理、同步进行。对于涉及多个部门的协同处理事项，应当在登记服务大厅设置综合窗口，一次性收齐所有相关资料并录入系统。同时，通过与多部门的联合下文或者是直接与银行业金融机构签署合作协议的方式，在其办公场所设立网点。

2.信息平台必将共享互通

不动产登记涉及自然资源部门内部规划、测绘、土地出让、土地审批等信息，公安部门的户籍信息，市监部门的营业执照信息，编办的统一社会信用代码信息，住建部门的竣工验收与交易备案信息，税务局的纳税信息，银保监会的金融许可等信息，法院的司法裁决信息，民政局的婚姻信息、地名地址等信息，公证处的公证信息，国资委的土地房屋资产调拨信息，都将基于数据共享交换平台，建立登记机构的登记信息共享集成机制。未来还将构建“外网申请、内网审核”模式，推行线上申请、在线审核、即时反馈、当场核查、一次办结，提供咨询、预约、查询和支付等一条龙的网络服务。

3.登记人员必然更加职业化

随着科技进步、时代发展，技术不仅仅是不动产登记工作的唯一支持，工作人员的素质也尤为重要。不动产统一登记内容和形式越复杂，对工作人员的综合素质要求就越高。在“一窗

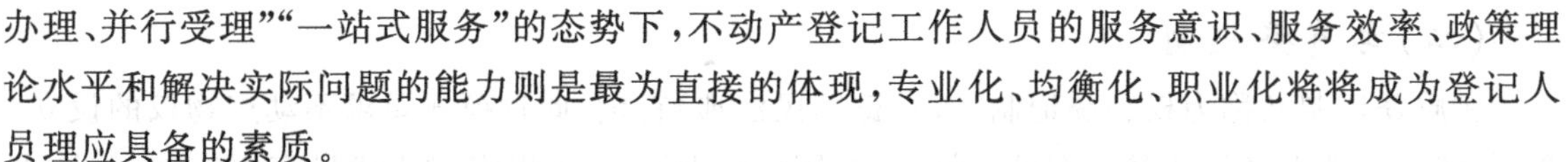

办理、并行受理”“一站式服务”的态势下，不动产登记工作人员的服务意识、服务效率、政策理论水平和解决实际问题的能力则是最为直接的体现，专业化、均衡化、职业化将将成为登记人员理应具备的素质。

4.历史遗留问题必将更好地解决

妥善处理和解决不动产登记历史遗留问题不仅关系到人民群众的切身利益，还对社会和谐稳定有一定的影响。从处理方式上来看，通过政府发文方式解决历史遗留问题已经成为通行做法。积极推动政府加快解决重大难点堵点问题，尤其是跨多部门的历史遗留问题，要主动牵头开展解决职责范围内的问题；对于涉及出让、规划、用途管制等自然资源部门职责的问题，要加强内部协调和联动，通过加强组织，统筹协调各方，多措并举，合力推动解决。

第三节 不动产登记管理模式

不动产登记具有怎样的效力与不动产物权的取得与变动规则有着紧密的联系。不动产登记模式是指不动产登记制度的类型，它描述的正是不动产登记的效力以及其与不动产物权变动之间的关系。一般将不动产登记模式分为三种，它们在登记的效力、审查的方式、登记的形式等方面各有不同。

一、不动产登记模式的种类

（一）形式主义登记制

形式主义登记制最早见于《法国民法典》，又称为契约登记制，属于登记对抗主义。《法国民法典》第 2127 条对抵押权的成立做出了登记的要求，协议抵押权的成立需要以“公证形式做成证书始得设定”。其他行为，不论法律行为抑或是事实行为，均不要求以登记或公证的形式作为行为生效的条件，登记行为对物权变动的效力没有决定性的影响，只针对“第三人”具有证明作用而产生对抗效力。目前，该种不动产登记模式被法国、日本、西班牙、意大利、美国的多数州所采用。

形式主义登记制有以下特点：第一，不动产物权变动经当事人合意即生效。物权的变动，仅需双方当事人签订物权变动合同即生效，不动产物权登记，仅是一种证明手段，只有对抗第三人的效力。也因此形式主义登记采用任意主义，登记与否取决于当事人自治。第二，登记机构进行形式审查。登记机构在审查登记申请时，仅对所提交的文件是否符合形式要求、提供的不动产信息是否真实准确进行审核。对基础法律关系是否属实在所不问，因此公信力较弱。第三，登记的形式是在契约上进行标注。最初的契约登记不发给权利书状，仅在物权变动合同上记载物权变动的经过。同时不动产登记簿采用人的编成主义，以登记人为线索，登记不动产物权人的相关权利及登记顺序。第四，登记是非静态的。形式主义登记模式着重登记不动产物权的变动事项，以不动产物权的变动情况为登记的重点。

形式主文登记制着眼于保护权利人的意思自治、促进不动产物权的交易，但其设计不利于保障不动产物权的交易安全与稳定性，当事人之间的物权变动情况对第三人不透明，造成不动产交易风险比较大，容易出现“一物二卖”。

(二)实质登记制

实质登记制又称为权利登记制。由《德国民法典》首创,此种模式要求不动产物权的设立、变更、转让与消灭必须经登记方可生效。《德国民法典》873 条规定:“法律另有规定外,转让土地所有权,对土地设定权利负担,交易上述权利或对上述权利设定负担的,当事人应当达成合意,且必将权利变更登记于土地登记簿。”实质登记制被许多大陆法系国家(地区)所接受,除德国外,奥地利、瑞士、荷兰以及我国台湾地区等均采用实质登记制。

实质登记制具备以下的特点:第一,不动产物权设立及变动经登记方可生效,不经登记不具有法律上的效力,这是实质登记制最显著的特征。也因此,权利登记制是强制主义登记。第二,登记机构对不动产物权登记进行实质审查。登记机构不仅对申请材料进行完备性审查,更要审查基础法律关系,判断其是否真实、合法,经审查无误后方可登记。第三,以物的编成主义设置不动产登记簿。与人的编成主义相反,该模式下采用以不动产为线索的编制体例,对各不动产所处位置及地号、相关权利人权利及其他事项进行登记,但不发给权利证书。第四,与形式主义登记制相比,实质登记制有明显的静态的特征。实质登记制关注的是不动产的现时的权利状态而不是过往的权利变动的情况。

实质登记制有利于保障交易安全与物权的稳定性,不动产物权变动以登记为要件之一,赋予不动产登记强大的公信力,全社会皆可根据登记明确地知道不动产物权的权属及变动过程,能有效地防止出现“一物二卖”现象;但政府对不动产交易的涉入较深,登记的程序相对复杂,增加不动产物权交易的成本,不利于不动产的流动。

(三)权利交付主义登记制

权利交付主义登记制又称托伦斯登记制,它借鉴普鲁士抵押登记立法及英国商船登记法,它由英国澳大利亚殖民地 1857 年《不动产法》确立。现在此种模式主要适用于澳大利亚、英国、爱尔兰、加拿大以及美国的少部分州。

其特点如下:第一,统一的登记机关。最初的权利交付主义登记制要求澳大利亚南部的所有土地产权都在“中央登记处”登记,土地产权经登记将获发产权证书。第二,具有绝对的公信力。土地上设立的物权以登记为准,由国家权力保障土地登记的绝对公信力,非经法院以法定程序确认登记无效,登记不可推翻。买受人根据登记簿的记载进行交易并登记,其取得的不动产物权就将受到保护。第三,设立不动产登记错误国家赔偿机制。如果因登记机构审查的原因,导致不动产登记出现错误或疏漏,由登记机构对因此发生的损失承担赔偿责任。权利交付主义登记模式是对实质登记制的改进,它与实质登记制一样,是“以登记为准的产权”而非“产权登记”。

二、我国不动产登记模式的现状

《中华人民共和国民法典物权编》可以说是我国民法体系中一部里程碑式的法律,在这部法律中确立了许多新的重要民事法律制度。其中对物、物权、所有权、用益物权及其各种基本类型、担保物权及其具体种类等基本概念做了科学、明确的定义性规定,并对不动产登记、不动产登记簿、不动产权属证书、更正登记、异议登记、动产交付、观念交付、占有等概念和制度做了清晰的阐释和准确的规定。

更重要的是,新颁布的《中华人民共和国民法典》改变了我国历史上长期以契约作为土地、

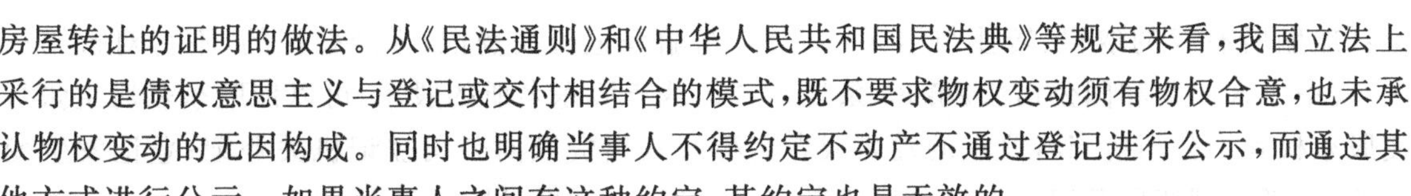

房屋转让的证明的做法。从《民法通则》和《中华人民共和国民法典》等规定来看，我国立法上采行的是债权意思主义与登记或交付相结合的模式，既不要求物权变动须有物权合意，也未承认物权变动的无因构成。同时也明确当事人不得约定不动产不通过登记进行公示，而通过其他方式进行公示。如果当事人之间有这种约定，其约定也是无效的。

（一）我国不动产登记的效力

1.我国现行不动产登记效力的基本规则：登记生效规则

登记生效规则是指在物权变动过程中，未经登记不发生物权变动效力。这是以实行强制登记为基础的。依照这样的规则，《中华人民共和国民法典》规定："不动产的设立、变更、转让和消灭，经依法登记，发生效力；未经登记，不发生效力。"强制登记具有普遍性，其实行的结果是，登记簿成为第三人判断房屋权属的唯一依据，或者说："不动产登记簿是物权归属和内容的根据"。根据《中华人民共和国民法典》规定，不动产登记生效的时间是"自记载于不动产登记簿时发生效力"。所以对于需要了解不动产情况的相关人员而言，只要查验不动产登记簿，就可以弄清楚不动产的权利归属及其身上的负担，就可以因为对登记的信赖而进行交易。《中华人民共和国民法典》中关于不动产抵押权的设立规定，"抵押权自登记时设立"，故登记是抵押权设立的要件。《中华人民共和国合同法》第 187 条规定，"赠予的财产依法需要办理登记等手续的，应当办理有关手续。"换言之，如果赠予的财产是不动产，如商品房，通过体系解释，根据《中华人民共和国民法典》规定，其物权变动须以登记为发生效力的要件。《中华人民共和国海域使用管理法》第 19 条规定："海域使用申请经依法批准后，……海域使用申请人自领取海域使用权证书之日起，取得海域使用权。"因此，海域使用权的设立必须登记，其取得之日为登记后领取海域使用权证书之日。《中华人民共和国矿产资源法》第 3 条第 2 款规定："勘查、开采矿产资源，必须依法分别申请、经批准取得探矿权、采矿权，并办理登记；但是，已经依法申请取得采矿权的矿山企业在划定的矿区范围内为本企业的生产而进行的勘查除外。"由此可见，一般情形下，探矿权、采矿权的取得也以登记为要件，在批准后必须配套地办理登记；不办理登记的，上述权利应该难以设立。

登记生效规则的基本要求是经过登记才能取得物权，但并不是没有登记，就不能取得物权。在特殊的情况下，即没有经过登记的人，通过证明手段，如向法院提起确权之诉并获认可后，要求登记机关进行更正登记，也可以享有物权（包括共同所有权）。

2.不动产登记的效力的例外规则：登记对抗

登记对抗指登记不影响物权变动或取得，登记仅仅使已经取得的物权产生对抗他人效力的作用。此种原则体现在《中华人民共和国民法典》中。依照这样的规则，法律并不要求所有的不动产取得和变动均得登记，而由当事人自愿选择登记；合同一经成立或标的物一经交付，即产生物权变动的效力：登记并不是物权取得的生效要件，而只产生对抗第三人的效力（即可排斥第三人取得所有权）。这种登记不具有强制性，也不具有普遍性，取得登记只是取得优越于其他证明自己取得物权的手段，而不能得出没有登记即不享有物权的结论。未经登记不得对抗善意的第三人，但可对抗恶意第三人。《中华人民共和国担保法》第 43 条规定："当事人以其他财产抵押的，可以自愿办理抵押物登记，抵押合同自签订之日起生效。当事人未办理抵押物登记的，不得对抗第三人。当事人办理抵押物登记的，登记部门为抵押人所在地的公证部门。"《中华人民共和国船舶登记条例》第 5 条第 1 款和《中华人民共和国海商法》第 9 条均规定:"船舶所有权的取得、转让与消灭,应当向船舶登记机关登记;未经登记的,不得对抗第三人。"《中华人民共和国公司法》第 33 条规定:"记载于股东名册的股东,可以依股东名册主张行使股东权利。公司应当将股东的姓名或者名称及其出资额向公司登记机关登记;登记发生变更的,应当办理变更登记。未经登记或者变更登记的,不得对抗第三人。"

3. 针对事实行为的登记效力:登记处分

登记生效只针对因法律行为引起的物权变动,而对于那些非法律行为引起的物权变动,例如判决、征收、继承、受遗赠等行为,登记并不是物权变动(取得)的生效要件,而仅仅是取得物权的人再次处分的要件。法理上将这种登记称为"宣示登记"。此种登记模式首创于法国,并为日本、意大利、比利时和西班牙等国采用。实际上,由于不动产物权不经登记不具有公示和公信效力,因而未经宣示登记,取得物权的人也不具有对抗第三人的效力。《中华人民共和国民法典》规定:"依照本法第二十八条至三十条规定享有不动产物权的,处分该物权时,依照法律规定需要办理登记的,未经登记,不发生未完全效力。"

当然,根据物权法第二十八条至第三十条取得的物权,属于物权公示原则的例外,并可能导致实际权利状态与登记所载的权利状态不尽相同,造成事实物权与法律物权的分离。况且,不动产权属难以从外部形态认知,社会公众也无从知晓权利人是否享有不动产物权。所以,不动产物权取得人在处分该不动产时,容易妨害善意第三人的利益,对交易秩序和交易安全带来隐患。因此,必须对非法律行为引起的物权变动进行规制。

(二)我国不动产登记管理存在的问题

1. 不动产登记体系分散

1)登记机构不统一,登记依据各不相同

在我国,《中华人民共和国民法典》虽然确立了不动产物权统一登记制度,但是有关登记机关、登记范围、登记办法尚不明确,造成登记机构不统一、登记依据各不相同的局面。如不动产转让和抵押登记就涉及六七个部门:中国城市土地属于国家所有,该所有权不用登记,只是国有土地使用权需要登记,该权力归属于国土资源部门。"农地承包经营权"登记和管理归属于农业部门,而农村集体建设用地等则由国土资源部门登记。房屋由建设部门登记发证。虽然土地、城市的房屋、农村的房屋、海域、林地、草原均为不动产,但因为它们分属不同的不动产管理部门管理,而不同的登记部门往往又会制定出不同的登记规则,这样势必会出现"政出多门,各自为政"的局面。可见,其具体操作上存在一定的障碍。其次,房屋和土地由不同部门管理,即房屋和土地同时抵押时,需分别到不同的管理部门同时办理抵押登记手续。以致很多人的做法是分开只抵押土地或只抵押建筑物,这种一物多抵的做法,对银行抵押贷款形成了潜在的风险。再者,《中华人民共和国担保法》规定,以出让方式取得的土地使用权抵押时,遵循"房随地走"或"地随房走"的抵押原则。这意味着,当不同的商业银行对属同一物业的土地和房屋分别办理了房屋、土地使用权的抵押时,抵押优先权必然遭遇法律冲突。我国的公示体系是相当分散的,公示制度存在不统一、不及时、不全面、不公开的问题,各个相关政府部门根据不同职能,分别行使登记职权。这既妨碍国家掌握物权的基本状况,更重要的危害是不能使交易的当事人通过公示全面了解物权的真实情况,从而使其不能掌握物权上是否存在负担等信息,增加了交易成本,也造成了实践中的一些欺诈案件。

2)不动产抵押登记的无序还带来了一系列问题

(1)不动产登记机构对同一处不动产进行两次以上的他项权登记,比如,商业银行在办理担保物权登记的过程中,屡屡出现了多头登记、重复登记、无法登记等,这样一处不动产上就设立了两个或两个以上的抵押权,有两个或两个以上的抵押权人,依据"登记在先"原则,登记在后的抵押权人其利益将受损害。

(2)法律并不要求抵押物登记时必须由中介机构评估抵押物的价值,但在实际操作中,一些登记机构强行要求必须由评估机构评估,既增加了当事人的费用,也往往对抵押物的价值评估过高。再者,一些登记部门强行规定抵押权的期限,从而要求当事人多次重复登记以便于多次收费,严重影响了我国不动产交易、担保等经济活动的效率和成本。

2.不动产登记错误赔偿责任的配套制度尚不完善

多年来,由于我国的登记制度完全具有行政化的特点,登记机构主要采取的是一种形式审查方式,登记错误时有发生,甚至出现登记机构的工作人员与他人相互勾结、恶意串通造成登记当事人财产损失的情况。如果登记机构对此不承担任何责任,对于受害者而言极不公平,也没有体现权利义务对等的法律原则。《中华人民共和国民法典》规定:"因登记错误,给他人造成损害的,登记机构应当承担赔偿责任。登记机构赔偿后,可以向造成登记错误的人追偿。"这标志着我国不动产登记机构在进行不动产登记时,如果登记错误,导致物权及其利害关系人之损害,登记机关要承担起赔偿的责任。这对于保护登记物权人及其利害关系人的合法权益,确保登记资料的正确,确保登记的效力,维护交易的安全都有着重大的制度保障价值。实践当中,有许多因不动产登记机构的原因而引发的赔偿纠纷,如对他人提供的虚假材料没有认真审查或者故意将非房产所有权人登记为房产所有人,错误进行不动产权利的登记,使真正权利人遭受损失;登记内容与不动产的实际内容不相符或遗漏登记;不动产的电子版登记材料与书面档案材料不符造成当事人损失;等等。但是,《中华人民共和国民法典》规定过于原则性和粗放性,所有的价值意义更多地体现在宣示层面。如我国不动产登记机关赔偿责任的性质定位、归责原则、赔偿机关的赔偿情形等问题在立法上还没有进一步明确,各地方法规、规章之间内容不统一。从裁判层面而言,它远远不能满足司法裁判之需要。

3.不动产登记簿的记录不完整与查询的困难

不动产登记的公开对银行来讲尤其重要,其中一个就是房地产开发贷款。房地产登记部门往往要求抵押人若在前面抵押了,后面必须解押才能办理再次抵押,但解押就必须把证书给他们,而不是银行。即使是同一天办理,也是存在风险的,因为不动产登记簿记录不完整或在查询上存在困难而导致银行不能准确了解不动产登记的实际状况,万一别的债务人做了其他的登记呢?那么,银行所承受的风险就更大了。这是法律在实操阶段的空白。现在,银行迫不得已采取的措施是:客户办抵押,银行把证书给登记机关,但抵押人要先给银行交保证金,这又存在第二担保的风险问题,并不是实际上解决这个问题。

4.不动产租赁备案登记制度的混乱

不动产的租赁权究竟是属于物权还是属于债权或者是物权化的债权,在学界一直争论不休。法律法规的规定也存在矛盾,《土地登记规则》第二十八条规定:"依法向政府土地管理部门承租国有土地的,承租人应当在签订租赁合同之日起三十日内,持土地租赁合同和其他有关证明文件申请承租国有土地使用权登记。”《规范国有土地租赁若干意见》有关规定:“国有土地租赁,承租人取得承租土地使用权。承租人在按规定支付土地租金并完成开发建设后,经土地行政主管部门同意或根据租赁合同约定,可将承租土地使用权转租、转让或抵押。承租土地使用权转租、转让或抵押,必须依法登记。承租人将承租土地转租或分租给第三人的,承租土地使用权仍由原承租人持有,承租人与第三人建立了附加租赁关系,第三人取得土地的他项权利。”同时,《土地登记规则》第三十条规定:“有出租权的土地使用者依法出租土地使用权的,出租人与承租人应当在租赁合同签订后十五日内,持租赁合同及有关文件申请土地使用权出租登记。土地管理部门应当在出租土地的土地登记卡上进行登记,并向承租人颁发土地他项权利证明书。”这些规定仔细分析,就会发现,立法者实际是把土地租赁权登记视为一种他项权利登记,但《中华人民共和国民法典》并没有明确把不动产的租赁权列为物权,也没有规定相关的登记制度,致使各地政府部门在实际操作十分混乱,租赁权人的权益得不到保障。例如,一家地方国土资源管理部门本来有开展土地租赁权他项权利的登记制度,在《中华人民共和国民法典》实施后该制度就停止,问其原因,书面答复因为《中华人民共和国民法典》颁布,不动产租赁权不属于物权,所以不办理他项权利登记,也不办理租赁备案登记。致使租赁权人的权益因为无法获得土地管理部门的备案而无法获得保障,如租赁权人在支付了 20 年土地租金后,因无法备案登记,土地使用权人还可以将该土地抵押,甚至转卖,若抵押权人和转卖买受人是善意第三人,由于没有进行备案登记,没有公示公信力,就无法对抗善意第三人,“买卖不破租赁”也就成了一句空话,就很可能出现租赁的土地被拍卖,租赁人无法继续使用,出租人失踪,租赁人承担所有的损失的恶劣结果,租赁的权利根本得不到保障。

5. 强制推行措施的缺乏

一项制度,不管设计得有多完善,如果不能真正执行,也就没有任何实际意义了,所以必须有相关的强制推行措施进行配套,才能使制度落到实处,才能真正发挥制度的效果。实际上,据笔者在实际工作中了解,《中华人民共和国民法典》颁布后,由于《中华人民共和国民法典》没有对不动产登记的相关制度的推行时间和不开展此项业务的处罚进行明确,致使在部分地方的不动产登记部门,由于新制度增加了政府部门的工作量,限制了政府部门的权利,减少了政府部门的收入,在不少地方名存实亡,至今仍未开展不动产异议登记和预告登记的业务,致使相关权利人的利益得不到足够的保障。致使权利人为了保障自己的权利,有的不得不直接选择成本更高、程序更复杂的诉讼保全程序来代替不动产异议登记。有的不动产买卖由于无法进行预告登记,使卖方能够一物二卖甚至三买,此时买家承担了不必要的损失。

第四节　不动产登记管理的比较与借鉴

一、国外不动产登记制度

我国的不动产登记制度本身是借鉴域外法的产物,比较、借鉴域外不动产登记制度将对我国不动产登记制度的研究与完善起到重要作用。了解不同国家(地区)的法律制度,了解其解决问题的模式与方法,与本国法律保持一种批判的距离,将更深刻的理解本国法律,将利于形成、完善对本国法律的认识。如耶林所言:“接受外国法律制度的问题并不是一个民族性的问题,而是简单明了的符合目的与需要的问题。”

(一)德国不动产登记制度

德国不动产登记制度的主要法律依据是德国《土地登记法》,它"规范了当事人与国家机关间进行土地登记的程序关系,设置了不动产物权如何设立、变更、转移与废止的程序性规则"。同时,德国不动产登记制度的法律渊源还包括《建筑法》《住宅所有权与永久居住权法》等法律。

在登记机构的设置及登记人员方面,以地方法院为不动产登记机构,并配备专门的登记人员。《土地登记法》规定:"土地登记局(地方法院)负责不动产登记簿的管理,对于辖区内的不动产登记事项有管辖权。"不动产登记局是地方法院的内设部门,仅负责不动产登记事务,它负责对不动产登记进行审查,编制保管登记簿,处理不动产登记相关的部门间事务,它独立行使职权,不受上级法院及地方政府干涉。从事不动产登记工作的人员属于法官。对他们有专门的考核与任命机制,要求其具有不动产及法律方面的专业知识。登记人员对其登记行为负责,因其过错造成登记错误要承担相应的法律责任。

在登记行为的性质上,认定其为司法行为。德国不动产登记机构的性质决定了德国不动产登记行为不是行政行为而是司法行为。不动产登记的效力等同于法院一审判决的效力,不动产登记程序引发的纠纷不能起诉,只能向上一级法院即州法院的民事法庭上诉。

对登记申请进行公证机构与登记机构合作的实质审查。德国不动产登记制度要求登记机构对登记申请进行实质审查,同时规定不动产物权的设立与变动及相关法律文书必经公证否则无效,实际上是由公证机关承担了不动产登记实质审查的职责。同时设立国家赔偿制度及公证人员职业责任保险制度,因登记机构的原因导致不动产登记错误,给当事人或者第三人造成损失的,国家承担赔偿责任;若该错误因登记人员过失造成,国家有权在赔偿后向其追偿。为降低公证人员职业风险、保证受害人权利得到完善保护、保障不动产登记制度的正常运行,德国强制要求公证员购买职业责任保险,保险公司将在公证人员承担不动产登记错误赔偿责任时在保险限额内进行赔付,不足的部分由公证员自行承担,公证员的赔偿责任是无限责任。

(二)日本不动产登记制度

日本的不动产登记制度的法律渊源比较复杂,主要有日本《民法典》《不动产登记法》以及相关法令。《民法典》规定了不动产物权变动的法律规则,确立了物权变动的意思主义与登记对抗主义,是日本不动产登记制度的基础。《不动产登记法》《不动产登记法施行令》对不动产登记机构、组织制度及权力划分、不动产登记程序等内容进行了规定。其他诸如《建筑物区分所有权法》《商法》《破产法》,《农地法》及法令,《国土调查法》及法令,《土地改良法》《土地改良登记令》《土地改良登记施行细则》《土地划分整理法》《土地划分整理登记令》《土地划分整理令施行细则》等对不动产登记制度也有所规定。

日本的不动产登记机构由内务省下的民事局设立,统称为登记所,按级别不同有四种形式:法务局、地方法务局、法务局支局、支局派出所。各机构内有专门的登记官,需要经过统一考核方能担任。因不动产登记官的故意或过失导致不动产登记错误,受害人可以根据国家赔偿程序主张由政府承担赔偿责任。

在登记效力方面,日本采用意思主义物权变动模式,不动产登记效力具有对抗效力。同时因日本不动产交易习惯,土地与房屋分别交易、设置抵押权,所以土地与房屋区分登记。

日本对登记申请进行形式审查。不动产登记人员在审查中行使两种职权，其一是书面审核权，主要对登记申请材料是否符合法定的登记要求进行审查；其二是实地调查权，不动产登记人员实地查看申请登记的不动产，审核登记申请有关陈述与事实是否相符。

（三）英国不动产登记制度

1925 年英国进行了财产法律制度的改革，颁布了《财产法》《土地登记法》《土地负担法》等八部财产领域的法律。《财产法》改革前英国采用契据登记制，约克郡的法律规定："不动产的交易契据及遗嘱均需在规定的时间内进行登记，可以进行登记的契据未登记，无法获得优先。"而《财户法》改革后，《土地负担法》与《土地登记法》建立了土地负担登记与土地产权登记两种登记制度并行的土地登记制度，英国现行的托伦斯制不动产登记制度由此确立。

英国设立土地登记局为管理土地权属事务的唯一机构，土地登记局由上议院议长授权设立，中央设土地登记局，在各地方设立土地登记所，不隶属于各地方政府，由土地登记局直接领导。在人员组成方面，土地登记局的长官为上议院议长任命的土地登记主任，工作人员有土地登记官、助理土地登记官、书记等。土地登记主任、土地登记官、助理土地登记官都需具有律师资格。

英国的不动产登记类别比较特殊，主要有两个方面。其一，英国法律土地概念的外延包括建筑物，不动产登记就只有土地登记一种，分为产权登记与负担登记。产权登记等同于大陆法系的权利登记，而负担登记指对一宗土地设立的第三方权利进行的登记。其二，强制登记与自愿登记并行。根据《土地登记法》，英国全国被划分为强制登记区与非强制登记区，强制登记区内的不动产交易与抵押等行为，需经过土地登记局登记方可生效，土地登记局登记簿上的记载是确定土地权属的依据；若不发生上述法定的交易行为，则不需要进行登记。非强制登记区内不动产的交易与抵押等行为可以经登记而生效，也可以采用契据登记或按衡平法设立的不动产交易与登记规则而进行。截至 1990 年，威尔士及英格兰全境已成为强制登记区。

（四）美国不动产登记制度

美国的不动产法律制度最初建立在英国封建法及《土地买受人条例》(1290 年)、《土地使用条例》(1536 年)所规定的土地交易法律制度之上，但根据其实践的要求，美国需要一种能适应其庞大的不动产交易数量、兼顾交易安全与交易效率的不动产交易制度，因而逐步建立起复杂的不动产权利及登记法律体系。

美国的不动产登记法律体系分为联邦与州两级。联邦立法层面，颁布《登记法》对可进行登记的不动产权利进行了规定；州立法层面上，各州都颁布自己的不动产登记法律制度，对自己州的不动产登记制度进行具体的规定，多数州采用契据登记制度，少数州采用托伦斯登记制度。

契据登记以不动产交易契据为登记对象，潜在买受人对目标土地登记的以往交易资料进行检索，以确定不动产上的权利状况。美国契据登记制度遵循三个原则：在先设立权利优先原则、善意购买人权利优先原则、保护善意购买人的受让人原则。

为防止美国历史上曾泛滥的"一物二卖"所产生的风险，美国契据登记制的核心是法律对某一买受人权利的优先承认与保护。按照买受人获得优先保护的方式，可以分为竞赛型登记、通知型登记、竞赛-通知型登记。竞赛型登记以不动产转让文件登记的顺序确定保护的顺序，在先登记的买受人获得优先的承认与保护。通知型登记则保护最后一个登记的善意买受人，即买受人出于善意，不知道也不应知道不动产上有在先的交易，则该买受人受到保护。竞赛-通知型登记则是上述两种登记的综合，只有同时满足以上两种登记的要求方可获得法律承认与保护。

美国在每个县政府设立登记机构，负责土地与房屋的登记以及公民的出生与死亡登记等事项。不动产登记不具有公信力，采用契据索引编制与公示的方式进行不动产登记。索引的编排方式分为当事人索引与不动产索引两种，记载以下内容：不动产情况说明、文件类型、登记日期、当事人姓名、文件编号及位置。登记机构仅对登记所需的文件进行形式审查，要求登记者提交的文件形式与数量符合提交要求即可，不对文件的实质内容进行审查，在索引中也不对不动产的产权情况进行任何的说明，由查阅者自行对登记的契据进行阅读，以此独立判断不动产的权利状况。

二、不动产登记制度的启示

（一）适应现实需求设计不动产登记制度

不动产登记制度与不动产交易紧密相关，它必须解决不动产交易安全与交易效率的矛盾，需要寻找交易安全与交易效率的平衡点。美国之所以抛弃了英国的托伦斯登记制度，转而自行建立特色的契据登记制度，就在于其庞大数量的不动产交易所产生的现实需要。我们国家不动产登记制度的构建也不应该锢于某个国家（地区）的立法实例或某种理论的限制，应根据我国的现实，设计真正的适合我国的不动产登记制度。

（二）实质审查程序设计合理

在不动产物权设立与变动登记为生效要件的情况下，不动产登记的真实性至关重要，也因此如前文所述采用权利登记制及托伦斯登记制的德国规定了不动产登记的实质审查制度。但不动产登记申请背后交易的真实性与合法性审核工作具有相当的复杂性与专业性，一方面登记机构限于其职权与人员配置，难以承担这样的任务；另一方面实质审查也与不动产登记便捷、高效的要求存在一定的冲突。但德国的公证机构与登记机构相互配合进行登记申请实质审查的制度设计就很好地解决了这些问题，值得我们借鉴。

公证机构的职能就是对有法律意义的事实和文书的真实性、合法性予以核查、证明。将不动产物权变动真实性、合法性核查的工作交公证机构负责，既能保证真实性审查工作的质量，同时因公证机构在此类业务上具有专业性优势，又能提高实质审查的效率。

（三）不动产交易安全保护体系完备

不动产登记制度必须为交易者提供完备的交易安全保护体系，合理地在冲突的多个权利人间进行取舍与利益平衡，在保护登记权利人合法权益的同时，又对善意的利害关系人的信赖利益进行保护。平衡所有人、购买人和第三方之间的法律关系，这是至关重要的。

理想的交易安全保障体系必须是可以提供信赖的系统闭环，不动产登记机构的登记行为是整个系统的基础，从某个角度来说，登记行为的全部风险最终都落实在登记记载上，直接针对记载行为风险的救济是系统中重要的组成部分。德国、日本等都针对不动产登记机构的登记错误设置了完备的救济措施体系，包括登记人员职业责任保险加登记机关登记错误国家赔偿。我国在这方面也可以借鉴域外的经验，设置登记人员职业责任险，将不动产登记机关登记错误的行为纳入国家赔偿范围，设置相应的赔偿程序，制定赔偿标准。

(四)不动产登记机构统一

除美国因其国家结构形式的原因外，德国、英国、日本都设置统一的不动产登记机构。统一不仅指各类不动产物权的登记统一到一个机构办理，还包括在整个法域内建立起从中央到地方，贯穿上下的统一的不动产登记机构，统一名称、统一组织、统一登记法律规则，这才是真正的、统一的不动产登记制度。

不动产登记机构的统一还意味着它的独立。德国将不动产登记机构定位为司法机构的目的就在于此，其余各国(地区)虽将不动产登记机构定位为行政机构，也保证它与其他政府部门间相互独立。不动产登记机构虽然借助"国家"公权力与公信力，但其承担的主要职责是进行不动产物权公示，不受公权力干扰地履行其职责，是保证不动产登记真实、合法，保证登记权利人及利害关系人合法权益的必要基础。因此，我国有必要学习国外经验，成立独立、统一的不动产登记机构。

案例分析与讨论

不动产登记窗口服务是营商环境的缩影，直接面向众多企业和公众，优质的窗口服务和务实的行事作风，能够提升党和政府的形象，还起到展示城市名片、应对房地产市场调控、促进经济提档升级的作用。不动产登记是保障企业和群众重大财产权，保护合法权益的一项重要的民生工程，对保障交易安全、稳定房地产市场作用重大，不可或缺。阅读下面的材料，请分析如何结合不动产登记现状背景，应对不动产登记制度发展过程中存在的短板和挑战，有效实现不动产登记提质增效。

2016 年在国务院的重大部署下，全国不动产统一登记制度在众望所归中全面铺开并平稳落地。这是党和国家最大限度整合资源、审时度势做出的一项具有里程碑意义的决定，无论对于政治体制改革，还是经济体制改革来说，都有非常深远的影响。在国家深化放管服的契机下，各地不动产登记中心全方位开展了优化营商环境行动，增强了主动服务意识，对各类业务事项进行程序改进和环节简化，提速增效，取得了明显的效果，各种便民举措深入人心。近些年涌现了大批好经验、好做法，设立了综合窗口，推行一窗联办受理，打造了高效、热情、便捷的服务模式，各项规章制度逐渐完善，流程不断更新优化，部门衔接日渐顺畅，管理理念有了很大的改观，不动产登记工作逐渐步入了快速发展的轨道。

不动产统一登记在国家支持的有利条件下，充分把握机遇迅速成长，不动产登记机构一路披荆斩棘，改革创新，转变了窗口工作作风，优化和提升了工作质量，窗口建设取得了成效。但实现改革目标进程不是一蹴而就的，因业务量大，涉及面广，一些地方群众意识不强，履职能力不足，当前服务与转变职能的要求仍有差距，发展历经波折并面临着挑战。

一、相关政策不健全，原有行政管理理念和工作模式固化

我国目前的不动产登记制度尚不完善，政出多门，缺少系统性的法律和规范来引导登记制度的改革和发展。长期形成的履职方式固定老化，思想禁锢，墨守成规，创新精神不强，存在权利边界不明晰的情况，制度约束较薄弱，效率和质量受到影响。

二、服务效能有待提高，专业性人才面临挑战

时代发展，社会进步，登记所涉及的内容更趋复杂，标准日益提高，但窗口人员素质水平良莠不齐，综合素质欠缺，在出现新要求、新技术、新流程时，工作人员经验和能力不足，知识结构和专业技能与新流程的衔接没跟上新情况和新趋势而无法胜任。有的工作人员没有大局意识，存在作风不实、积极性不高的懈怠心理。管理人员和骨干紧缺，业务能手不足。有的员工未能很好履行首问责任的职责，导致企业和群众往返次数多，服务态度好但是事办不成的现象仍然存在。

三、窗口建设不规范，行事风格亟须转变

存在窗口配置不科学、综合窗口不足、岗位职责分工不合理、人员配备不均衡的情况，在交易量上升的情况下，窗口数量满足不了企业、群众的实际需要，运转不顺畅造成积压，群众在大厅排队等待时间较长。业务流程仍显复杂，存在重复填表、重复提交材料的现象，群众符合规定的诉求解决不及时，事项精简度不足，存在群众扎堆排队的现象。疑难问题和历史遗留问题解决不好是工作质量提高的绊脚石，是投诉事件或信访案件的集中点，影响着群众的满意度。

四、不同部门之间协同结果差强人意

在沟通协作方面，跨部门业务存在缺乏有效的解决机制，职能部门间存在壁垒，多部门之间联动不同步，存在失灵的情况，缺乏规范性管理和整体统筹。各部门的数据、权利有时会发生碰撞和摩擦。部门间用的是不同信息系统，多头建设，衔接配合步调不一致。在技术方面，软件运行标准或数据库中的数据格式不统一，数据信息处理标准不同，共享通道不畅通，信息认定和使用上存在难以共通共融的问题。

五、线上业务智能化的普及度不足

网上办理使用率和办结率不高，“一网通办”的类型和范围有限，在技术和流程上不是非常顺畅，存在难点与堵点，群众对网上办证了解程度不高，很多群众不选择网上办理而更愿意到线下实体大厅办理，因此需要多方引导群众将更多业务在网上办理。

不动产登记改革进行正当时，我们要以优质的服务、扎实的作风、规范的行为，在高速发展的大环境下，目光高远，把提升服务质量、提升工作效率与营商环境建设相结合，以全心为企为民的责任和担当，以便民利企、务实高效的服务，打造大众满意的法治创新、廉洁高效的窗口形象，营造一个政策惠民、公开透明、秩序井然、充满活力、和谐稳定的营商环境。

思考与练习题

1. 不动产登记制度的发展趋势是什么？

2. 我国不动产登记管理的模式是什么？

3. 我国不动产登记管理存在哪些问题？如何改进？

参考文献

[1]张迎涛.不动产为什么要登记:以 1949 年之后中国土地登记为例的历史考察[J].行政法学研究,2008(1):38-44.

[2]李龙浩,张春雨.物权公示及公信原则:土地登记制度的法学理论基础[J].中国土地科学,1998(2):23-27.

[3]程啸.未来我国不动产登记法的目标与体系结构[J].中国房地产,2010(11):16-20.

[4]郝丹丹,史玉婷.不动产物权登记的效力研究[J].法制与社会,2017(22):45-47.

[5]樊志全.中国共产党关于土地确权的理论与实践[J].华北国土资源,2012(5):4-10.

[6]刘家明,郭芳斌,王海霞.新中国 70 年不动产登记制度:历程、逻辑与趋势[J].成都理工大学学报(社会科学版),2020,28(6):22-28.

[7]张云亭.科斯理论与交易成本思维[J].经济导刊,2013(12):53-57.

[8]龙翼飞.土地登记相关法律知识[M].北京:中国农业出版社,2003.

[9]刘平.我国不动产登记制度存在的问题及建议[J].中国集体经济,2021(24):111-112.

[10]宋才发,彭振.农村土地、房屋不动产统一登记的法治问题探讨[J].河北法学,2017,35(2):17-26.

[11]张勋祥.关于不动产登记立法的几点思考[J].前进,2015(4):48-51.

第六章
土地经济与土地金融

第一节　土地经济学的对象和研究方法

一、土地经济学的对象

对于某一现象的领域所特有的某一种矛盾的研究，就构成某一门科学的对象。那么，土地经济学所研究的特殊领域及其特殊矛盾，即土地经济学的对象究竟是什么呢？总体说，土地经济学的研究领域包括三个方面，即土地资源利用、土地财产制度和土地资产流转。土地资源利用是指土地资源在国民经济各部门的分配与使用，具体包括土地资源的勘察、技术经济评价、土地资源利用的规划与计划、土地分区利用、土地集约利用、土地规模利用及土地可持续利用等方面的经济问题。归结起来就是研究人与土地之间的经济关系问题。土地财产制度是指土地财产的权属制度，具体包括土地所有制、土地使用制以及土地国家管理体制的建立、演变及实施等方面的问题。归结起来就是研究土地利用中形成的人与人之间的经济关系问题。土地资产流转是指土地作为资产其权属进入市场流转和随之产生的土地价值实现问题，具体包括土地市场的建立及其供求关系、土地使用权流转中土地使用者向土地所有者支付的地租、土地作为商品买卖形成的价格、以土地资产作为抵押担保标的物形成的债务关系，以及国家参与土地收益分配的具体形式——土地税收等。土地资产流转所研究的是土地利用中形成的人与人之间经济关系的另一个侧面。综上所述，可以把土地经济学的研究对象归结为：土地利用中形成的人与土地的经济关系和人与人的经济关系。

二、土地经济学的研究方法

土地经济学是一门跨度很大、综合性很强的学科，涉及社会科学的诸多领域，如政治经济学、资源经济学、生态经济学、生产力经济学、财政学、货币银行学、市场价格学及法学等一系列学科。对土地经济问题，必须以马克思的辩证唯物主义与历史唯物主义为指导，运用多种方法进行研究。其中，最基本、最常用的是以下几种方法。

（一）理论联系社会实际的方法

对物理学、化学和生物学等自然科学问题，可以运用化学试剂和显微镜等各种技术手段进行分析。而对于社会科学问题，化学试剂和显微镜等技术手段是无济于事的，必须运用理论联系社会实际的方法。理论联系实际是研究一切社会科学问题最基本的方法，研究土地经济问题也不能例外。研究土地经济问题运用这一方法，就是要深入土地利用和土地经济关系的社会实际，进行深入的社会调查，并运用人的抽象思维能力，对大量事实材料进行分析加工，去伪存真、去粗取精，由此及彼、由表及里，从中探寻某一现实土地经济问题发展变化的规律及解决问题的正确对策。

（二）全面系统分析的方法

土地作为地球的某个特定部分，是整个地球生态系统的基本因子，土地经济系统又是社会经济系统的子系统。因此，研究任何土地经济问题都不能孤立进行，只有将其纳入自然生态系统和社会经济系统中进行全面系统的研究与分析，从中找到各要素之间的内在联系，探索其规律性，才能最终找到解决问题的正确途径。如要研究我国耕地保护问题，必须从地球生态系统中分析耕地保护的特殊地位与作用，搞清我国人多地少、耕地匮乏、地区差异很大的特殊国情，看清我国当前所处的城市化进程加快的特殊历史阶段，了解当前我国土地市场运行机制对耕地保护的正反面激励作用，以及随着世界经济一体化趋势增强对国际粮食市场走势的巨大影响等。只有对这些相关因素都了如指掌，并对其相互影响做出准确的判断，才能真正找到当前我国保护耕地的科学途径及有效对策。

（三）微观分析与宏观分析相结合的方法

土地经济问题既有微观方面，又有宏观方面。企业基层单位的土地经济问题属于微观方面，全国的或某一较大地区的土地经济问题属于宏观方面。宏观要以微观为基础，微观归根到底要受宏观的制约。因此，研究土地经济问题，既要从微观角度进行分析，又要从宏观角度进行分析，并把二者很好地结合起来。如对土地开发项目的决策研究，当然首先要从微观上分析与研究该项目能为作为开发主体的企业、单位带来哪些直接经济效益，同时还必须从宏观上分析与研究该项目可能产生的生态效益及社会效益，只有通过权衡利弊才能最终正确决定该项目的取舍。

（四）定性分析与定量分析相结合的方法

所有事物都是质与量的统一，质的规定性通过量的规定性加以体现，而量的变化归根到底取决于事物质的变化，这是事物发展的共同规律，土地经济问题也是如此。任何一个土地经济问题都有质与量两个方面，研究和解决任何一个土地经济问题都必须同时分析和研究它的质与量两个方面。如研究和编制一个地区土地利用规划，确定其土地利用的结构和布局，只有在对该地区土地利用结构布局的基本特点、存在问题与发展方向做出基本判断的基础上，对其量的表现和变化规律进行具体分析与预测，并把二者密切结合起来分析，才能提出适应该地区经济发展需要的土地利用结构与布局的具体方案。

（五）静态分析与动态分析相结合的方法

任何事物的运动都是绝对的、无条件的，而静止是相对的、有条件的。因此，要全面清晰地认识一个事物，研究解决问题的方法，必须把静态分析和动态分析密切地结合起来，研究解决土地经济问题也应如此。如研究和判断一个国家或地区的地租形式和地租水平是否合理，是否有利于依法保护出租和承租双方的权益，是否有利于促进土地的合理利用，这首先需要对影响和决定地租形式与地租水平的诸多因素和条件进行静态分析，同时还必须从动态角度分析与研究这些因素和条件在过去和未来的发展变化，并把二者辩证地结合起来，只有这样才能对该国家或该地区的地租形式与地租水平的发展做出正确的判断和选择。

第二节　土地经济学的产生和发展

一、土地经济学的产生与传播

土地经济学成为一门独立学科是在20世纪20年代。但在此之前，一些西方古典经济学家就开始对土地经济的若干问题进行了一定的研究。17世纪末，西方古典经济学家威廉·配第首次提出级差地租的概念，并对级差地租、土地价格等做了初步的阐述。之后，杜尔阁、亚当·斯密、大卫·李嘉图等相继对若干土地经济问题进行了探讨。其中，李嘉图对级差地租理论做了较系统的研究，为现代西方土地经济学的建立奠定了理论基础。到了19世纪中叶，马克思、恩格斯在批判地继承西方古典经济学理论研究的基础上，创立了科学的土地肥力理论及地租地价理论，这些构成了马克思主义土地经济理论的核心部分。其后，列宁的土地国有化理论等，进一步完善和丰富了马克思主义的土地经济学理论。但是，这些研究仍然从属于政治经济学或其他学科范畴之内。到1924年，美国经济学家伊利和莫尔豪斯合著的《土地经济学原理》的出版，标志着土地经济学开始成为一门独立的学科。此后，土地经济学的研究不断深入、完善并得到广泛传播，一些大学也陆续开设了土地经济学课程。继伊利和莫尔豪斯之后，国外相继出版的有代表性的土地经济学专著有：河田嗣郎著的《土地经济学》(1930)、卜凯主编的《中国土地利用》(1937)、伊利和魏尔万合著的《土地经济学》(1940)、雷纳的《土地经济学》(1940)、拉特克利夫的《城市土地经济学》(1949)、鲍尔钦与克威合著的《城市土地经济学》(1977)、巴洛维的《土地资源经济学——不动产经济学》(1978)、歌德伯戈与钦洛依合著的《城市土地经济学》(1984)、金奉圭著的《土地经济学》(1991)、野口悠纪雄著的《土地经济学》(1997)等。

二、土地经济学研究在中国的发展

中国土地开发历史悠久，据史料记载，自周代以后，随着农牧业的发展，土地的经济意义与日俱增，土地制度和土地利用等问题日益受到重视，各朝代的学者和当政者对土地经济的若干问题进行了许多研究探索，积累了丰富的研究成果。早在两千多年前的春秋战国时期，管仲在《乘马篇》中就精辟地指出："地者，政之本也……地不平均和调，政不可正也。"他同时认为："相地衰征，则民不移。"商鞅主张"开阡陌封疆"，废止井田制，承认土地私有。东汉思想家荀悦反对土地兼并，主张发展农桑，实现"国无游民，野无荒业"。西汉晁错首次提出"移民屯垦"的建议，开创了中国历史上屯垦戍边的先河。北魏的李安世主张"均田制"，实现"力业相称"。北宋的王安石提出"农田水利法"和"方田均税法"，主张开垦荒田，兴修水利，均衡税收。清代王源反对土地兼并，主张"有田必有耕""不为农则无田"。中国民主革命的先驱孙中山先生主张"平均地权""耕者有其田"等。当然，当时对土地经济问题的研究还是分散的、不系统的。在中国，对土地经济问题的系统和专门的研究始于20世纪30年代。1930年章植著的《土地经济学》是中国第一部土地经济学著作。随后相继出版的土地经济学的专著有张丕介的《土地经济学导论》(1944)、刘潇然的《土地经济学》(1945)、朱剑农的《土地经济学原理》(1947)等。此后一大批土地经济学相关著作陆续出版，在介绍国外土地经济学理论的基础上积极地创建中国的土地经济学。1949年新中国成立后，逐步消灭了土地私有制，建立起社会主义土地公有制。当时，一些人对此产生了一些误解，以为土地公有制一经建立，土地经济问题就已解决，因而对土地经济问题的研究一度受到影响。1978年改革开放以后，土地经济学重新受到重视。1981年中国国土经济研究会成立，陆续出版了《国土经济研究》(1982)、《国土经济学》(1986)等专著。1982年伊利和莫尔豪斯合著的《土地经济学原理》中译本出版。此后，土地经济学的研究工作在北京、上海、广东等地逐步恢复，陆续出版了一批土地经济学著作，如周诚主编的《土地经济学初编》(1986)，张薰华、俞健合著的《土地经济学》(1987)，刘书楷、张月蓉主编的《土地经济学原理》(1988)，曹振良主编的《土地经济学概论》(1989)，毕宝德主编的《土地经济学》(1991)，周诚著的《土地经济学原理》(2003)，刘书楷、曲福田主编的《土地经济学(第二版)》(2004)，黄贤金、张安录主编的《土地经济学》(2007)等。这些作者都力图以马克思主义的基本原理为指导，对中国的土地经济问题进行系统分析，积极推进中国土地经济学学科理论体系的发展与完善。中国台湾地区对土地经济和地政管理一向比较重视，在大学设有地政专业和土地管理学系。不少专家学者对土地制度、土地政策、地租地价和土地金融与土地税收等重大的土地经济问题进行了系统的研究，出版了不少专著，如张丕介的《土地经济学》(1963)、张德粹的《土地经济学》(1981)、萧铮的《土地经济学论文集》(1984)、林英彦的《土地经济学通论(第五版)》(1999)、许文昌的《土地经济学》(1991)、林森田的《土地经济学》(1996)、殷章甫的《土地经济学》(1996)等。此外，黄通、苏志超、陈满雄、李鸿毅、赵淑德、朱嗣德等学者也撰写了大量与土地经济学相关的著作。

三、土地经济学研究的现状及展望

自土地经济学从一般经济学中分离出来成为一门独立的学科以来，经过90多年的发展，目前已经形成了一个较为完整的学科体系，对本学科的研究对象和研究领域，各国学者也形成了大体一致的认识。这个学科在形成和发展中出现了若干引人注目的特点，主要表现在以下方面。

(一)国度和地域的差异性

如果将美国、日本、中国及欧洲等国家和地区的土地经济学教科书做比较就会发现，其理论体系及研究的重点存在较大差异。产生这一特点的原因是，土地经济学是一门部门经济学或要素经济学，属于实用经济学科。一般来说，这类学科的研究必然与该国家或该地区的经济发展实际密切结合。当前各国土地经济学学科研究重点及研究成果的差异性，恰恰体现了各国经济发展实际的差异性。

(二)研究重点的阶段性

土地经济学研究必须服务于社会实践，因此，随着各国社会经济的不断发展变化，土地经济学研究的领域和重点也随之发生若干变化。以中国为例，在新中国成立之前，土地经济问题主要是落后的封建土地所有制度严重地阻碍着社会生产力的发展和土地资源的合理利用，因此，当时土地经济学研究的重点是如何进行土地所有制度的改革，实现“耕者有其田”以解放社会生产力，调动农业劳动者的积极性，促进土地合理利用。自20世纪70年代末至90年代初，这一阶段主要任务是对计划经济体制下形成的土地无偿使用制度进行改革，因此，这一阶段土地经济学研究的重点是地租地价理论和土地市场理论，为土地使用制度改革和开放土地使用权市场提供理论依据。近年来，随着中国经济发展速度加快，土地市场全面开放，加强土地产权制度建设、合理保护耕地资源、保证土地资源的可持续利用等成为土地经济学学术研究的重点和热点。

（三）土地经济学的学术研究日益深化和细化

随着经济社会的不断发展，土地经济关系日益复杂化，土地经济学的研究领域也在日益拓宽。为了适应这种需要，对土地经济问题的研究进一步深化和细化，目前已从土地经济学一般原理的研究中，分化出城市土地经济学、农村土地经济学、土地资源经济学、土地生态经济学、土地市场学、土地资产估价学、土地金融学等学科。

今后，我国土地经济学的理论研究，应当适应我国社会主义建设事业快速发展的需要，坚持以马克思主义土地经济学原理为指导，积极吸收和借鉴西方发达国家土地经济学研究的最新成果，紧密结合中国实践，对土地经济活动中的重大课题进行全面、深入、系统的研究，健全和完善土地经济学学科体系，为中国土地使用制度和管理制度的深化改革及土地合理利用提供科学的理论依据。

第三节　土地金融

一、土地金融概述

（一）土地金融的概念

金融一般是指与货币流通、信用以及与之相关的各项经济活动的总称。金融的核心是通过信用形式，对货币资金进行调剂与分配。在现代经济活动中，它是以银行为中心的各种形式的信用活动以及在信用基础上组织起来的货币流通。

那么，什么是土地金融呢？概括地说，土地金融是以土地为媒介而进行的货币与资金的融通活动，是通过各种信用方式、方法及工具，有效地组织和调剂土地领域中货币资金的活动。在现代社会再生产过程中，一时一刻也离不开货币资金，离不开金融的支持和配合。从这个角度讲，土地金融的基本任务是以最有效的方式、方法及工具，向社会筹集资金，用以支持和配合土地的开发、利用以及土地经营方面的资金融通，以促进地产业不断发展。土地金融在整个金融体系中占据重要的地位。土地金融主要包括发生在土地开发、利用、经营过程中的贷款、存款、投资、信托、租赁、抵押、贴现、保险、证券发行与交易，以及土地金融机构所办理的各类中间业务等信用活动。

（二）土地金融的特性

在市场经济条件下，土地作为一种商品，既有一般商品的普遍属性，又有与一般商品不同的特性，具体表现在：土地就其本源来说是自然物质而不是劳动产品；土地价格较高，并且从长期趋势看，随着社会发展和人口增加，土地价格将不断上涨；土地实体具有位置固定性，无法向异地转移流动；土地具有稳定性，一般不会毁损，也不会消失，可以永续利用。土地资金一般是指一切用于土地的购买、开发、利用和经营所使用的资金。任何一种商品的再生产过程，都存在货币资金向生产资金的转变过程，但不同商品的自然属性不同，因而其资金周转、运行过程也不同。土地资金与其他商品资金相比，在周转和运行中存在着资金流量、周期、消耗、增值等方面的差别，这些差别形成了土地资金的如下特性：资金垫付量大；资金周转期长；资金运动的相对稳定性和固定性；土地资金具有较强的增值性。土地商品和土地资金的上述特性，决定了土地金融的如下特性。

1. 土地金融具有自偿性

无论是农地还是市地都具有自偿性，都能够在开发、经营中获取收益以抵偿资金投入。土地金融（土地抵押贷款）通常并不影响债务人对土地的使用，可继续发挥其生产和利用的功能。即使债务人无法偿还债务，债权人还可通过司法机关拍卖土地抵押物，从拍卖收益中获得补偿。

2. 土地金融具有较大的灵活性

土地金融机构开展土地金融活动，可以采取贷款、投资、信托、租赁、基金、债券等多种形式，广泛吸收社会闲散资金用于土地的开发和经营，具有较大的灵活性。

3. 土地金融具有较强的政策性

土地金融往往成为政府推行一定的土地政策和产业政策的重要工具。

4. 土地金融具有一定的脆弱性

例如：农用土地贷款期限长、利率较低；如遭受自然灾害，则贷款难以收回，风险较大；单位土地面积集聚大量资金，资金密度很大，资金风险也随之加大。

（三）土地金融的分类

一般把土地金融分为农地金融与市地金融两大类。

农地金融分为四种：①农地取得资金融通：用于农地的取得，即农地的购买与租赁。②农地改良资金融通：用于农地开垦、平整、灌溉、排水或土壤改良等。③农地经营资金融通：用于购买牲畜、机械、农具、肥料等。④农地经营扩展资金融通：凭借农地所有权或使用权取得从事其他事业所需的资金。

农地金融的主要特点是：在贷款契约到期之前，债权人不得任意要求偿还债务；而债务人可在契约到期前随时偿还；债务占抵押物价值不能过大，应以土地收益剩余能够偿还为限，且偿还期限越长越好；利率低而不变。

市地金融分为四种：①市地取得资金融通：用于市地的取得，即市地的购买与租赁。②市地开发资金融通：用于市地的开发、整理和改造等。③市地经营资金融通：用于商品住房建设，交通、工业、商业及文化设施建设等。④市地的企业或消费者资金融通：以市地所有权或使用权取得企业经营或个人消费所需的资金。

市地的功能和特点决定了市地金融的特点：市地价格高，单位面积土地收益多，商品化程度高，市地能取得高额抵押贷款；资金回收较有保证，这是因为市地金融债务人一般都具备较大的举债能力，同时市地收益也比较稳定和可靠；债务人能够承受较高的利率，因为市地负担能力较强；偿还期限不必过长，且可提前还款。

（四）土地金融的主要业务

调节货币流通，组织土地资金融通，是土地金融的基本业务活动。具体说，土地金融业务主要包括以下三个方面。

1. 融通资金业务

土地金融机构为土地所有者和使用者融通资金，筹集社会资金，使其流入土地所有者和使用者手中,满足其需要,并使提供资金的人也能从中获利。通过将固定在土地上的资金再转化为金融资金重返流通过程,以满足其他方面的资金需求。用发行抵押债券等手段吸引资金,以满足土地长期投资的需要。

2.债券业务

从各国情况来看,金融机构多以发行债券作为土地筹措资金的重要手段,土地金融债券化也是一个趋势。具体有以下几种形式:

1)土地所有权证券

在早期不动产证券中,只是将土地及其附属物的所有权证券化。不动产具有固定性,由官方出具文书载明权利状况,如面积、坐落等,作为该不动产的表征与凭据。

2)土地抵押证券

随着土地金融的进一步发展,后来出现了土地抵押证券。具体做法是:由需要资金者以其不动产向官方设定抵押权,受领抵押证券,载明该不动产权利状况,交借出资金者收执,充作抵押权的证据。当债务人违约时,债权人就可按抵押证券所载明的权利抵偿。这种证券可由持券人转让给第三者,土地所有人也可通过买回证券的方式,随时清偿其债务。但无论如何,债务人与债权人之间的关系是直接的。

3)土地抵押债券

土地抵押债券的出现,使土地金融有了进一步的发展。金融机构取得抵押债权,以此作为担保,通过信用评级机构及担保机构等发行债券,并出售给公众。持券人与抵押债务人之间通过金融机构形成间接关系。当抵押债务人不履行债务时,金融机构可立即行使其抵押权,收回资金用于偿还债券。

3.土地投资业务

土地金融机构一般也兼办土地开发投资业务。但土地开发投资与一般生产投资不同,它具有以下三个特点。

1)连续重复负担利息

因为土地开发投资一般要求初始投资规模较大而且要求有连续性,尤其是农地投资要求不断地重复投资。

2)收益率不易精确计算

由于土地开发投资规模大、时间长、利息重,所获利润以及投资收益率都难以计算。

3)资金占用量较大,占用时间较长

土地开发投资一般需要大量资金,而且从土地购置到项目开发需要较长时间占用资金,因而具有较大的风险性。

(五)土地金融的产生及发展

土地是社会生产与生活的基本物质要素。商品经济的发展要求各生产要素都能顺畅地流通、循环并按市场规律进行配置。土地作为生产的基本要素也要投入社会生产、流通的经济循环中去,所以信用一旦产生,就出现了土地金融活动。随着社会生产力的发展,土地对资金的需求越来越迫切,在客观上要求专门的金融机构为土地的开发和利用服务。于是,世界各国先后出现了土地银行、不动产抵押银行、土地信用协会等多种土地金融组织,业务活动内容也由单一的存贷款发展到各种各样的土地金融业务。当今,许多国家和地区的金融业均开办土地金融业务,并且投入大量资金,通过直接或间接的融资方式,用以支持和配合土地的开发和利用。据不完全统计,美国、德国、日本等国家的银行,用于土地开发、利用、经营方面的贷款和投资约占其贷款和投资总额的1/3。为什么金融业乐于支持和配合土地的开发和利用为其融通资金呢?原因有以下几方面。

1.为了金融资本的保值、增值并有利可图

从国外土地市场来看,土地价格随着市场经济的发展而曲线上升。这是因为,世界各国可供使用的土地面积有限,一旦经济起飞,城市的各行各业都需要用地,农业人口又不断地涌进城市,这就促使地价特别是市地价格不断上涨。虽然有时由于经济的暂时萎缩地价偶有回落,但伴随着经济的恢复和发展,地价又会继续上升。因此,社会资金一般都乐于投向土地,以实现资金的保值、增值。

2.为了谋求资金的相对安全

银行贷出的资金,保证安全是最为重要的。当今商品经济竞争激烈,很难做到银行贷出的资金都能如期安全地收回本息。遇到企业亏损、破产、倒闭,银行贷款就可能遭受损失。而银行的土地贷款,一般都以担保能力较为可靠的土地作抵押,一旦贷款无法如期收回时,就可依法处置抵押土地,因而贷款风险相对较小。

3.有利于吸收存款和开展其他中间业务

由于土地金融往往涉及巨额资金,金融机构在开展这项业务时,不仅可以增加贷款,而且可以通过吸收存款、办理结算、保险、抵押、贴现等业务增加收入。从这个意义上说,土地金融是一项收益较高的业务种类。

(六)地产业与金融业之间的关系

地产业与金融业之间是一种相互依存、相互支持、相互促进、共同发展的关系。这种极其密切的关系,总体说来,是由土地商品的特性及金融业的特性所决定的。土地的开发、利用、经营等一般都需注入大量资金。企业或个人解决土地的开发、经营或购置资金的途径有五种:一是自身积累;二是向银行贷款;三是商品房预售资金(其中部分来源于银行发放的个人购房贷款);四是通过发行债券或股票筹措;五是通过基金或信托形式获取。现阶段土地开发经营中,自身积累资金在总投资中占30%左右,其余资金以后四种形式直接或间接地通过金融机构获取。可见,地产业对金融业具有较强的依赖性。土地投资经营者以土地为抵押向土地金融机构申请贷款,可以迅速集聚大量资金,实行规模化投资,促进土地经营活动的正常运转。

二、发达国家房地产金融发展概况

(一)发达国家土地金融的经营方式

发达国家土地金融的经营方式主要有国营、合作经营和私营三种。国营土地金融机构,在德国有农业中央银行、土地改良地租银行、普鲁士土地银行与土地信用国库等,在西班牙有土地奖励金库,在美国有联邦土地银行等。合作经营的土地金融机构,在德国有土地信用协会、

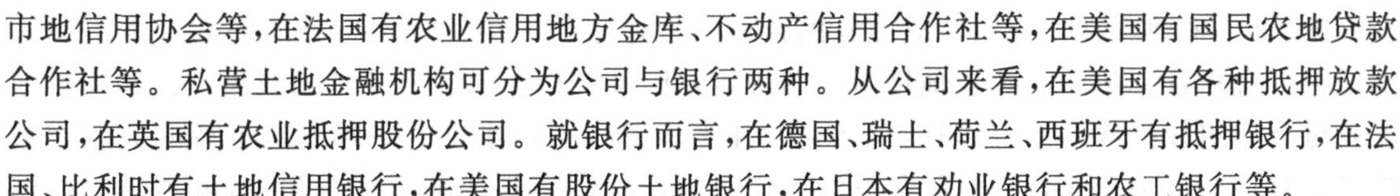

市地信用协会等，在法国有农业信用地方金库、不动产信用合作社等，在美国有国民农地贷款合作社等。私营土地金融机构可分为公司与银行两种。从公司来看，在美国有各种抵押放款公司，在英国有农业抵押股份公司。就银行而言，在德国、瑞士、荷兰、西班牙有抵押银行，在法国、比利时有土地信用银行，在美国有股份土地银行，在日本有劝业银行和农工银行等。

（二）发达国家住房金融机构

发达国家住房金融机构主要有以下五种基本类型。

1. 普通银行

普通银行包括股份银行、商业银行和储蓄存款银行。大多数普通银行参与住房金融的方式是提供住房抵押贷款。普通银行拥有的住房贷款一般占其国内资产的20%～30%。世界上许多大银行都有大量的抵押贷款业务。在某些国家，如法国、意大利、日本和瑞士，银行是贷款的垄断者，如农业信贷联盟是法国最大的单独购房贷款者。

2. 储蓄银行

储蓄银行的全部资金来自私人的储蓄存款，并为他人购买房地产提供资金。在某些国家，如法国和德国，储蓄银行是庞大的组织，为他人和小企业提供全部银行业务服务。在一些国家，储蓄银行的区域集团拥有自己的专业住房资金组织。例如德国，储蓄银行被聚集为国家银行，这个银行又控制建房储蓄银行和抵押银行。

3. 专业银行

发达国家通常有专门机构从事住房贷款，其与储蓄银行的区别主要在于：专业银行一般80%以上的资产都为住房抵押贷款，而普通储蓄银行这部分资产的比例则要小得多。例如，英国、澳大利亚、南非和新西兰有建房协会，加拿大有抵押贷款公司，美国和南美有储蓄贷款联合会。

4. 合同机构

德国拥有大量的合同机构。虽然建房储蓄银行仅仅供应一部分资金给每个住房购买者，但合同机构在筹集买房资金方面扮演主要角色。在法国，住房资金的合同制度是由普通金融机构而不是由专门的机构经营。

5. 抵押银行

抵押银行是专门经营中长期住房抵押贷款的机构，在一些国家，例如丹麦，抵押银行是完全独立的机构。而在另一些国家，抵押银行则由上述其他类型机构之一所拥有。抵押银行没有大量分支机构网，一般需通过其他机构作为其代理机构来进行工作。

（三）典型国家房地产金融发展概况

1. 美国房地产金融发展概况

美国专业土地金融机构的上层组织是“联邦土地银行”，基层组织为“土地银行合作社”。“联邦土地银行”相当于各“土地银行合作社”的联合社或上层的联合银行，其组织章程中明文规定：联邦土地银行的正当合法股东应为农民所组织的土地银行合作社。在创始初期，美国的联邦政府与地方政府、农业团体及私人等均可以认股。1917年联邦土地银行80%以上的股金都是由联邦政府供给的。后来，由于土地银行合作社所认缴的股金逐渐增多，政府所认购的股金不断退出，才使联邦土地银行成为农民合作的土地银行。美国土地金融体系的基本组织是土地银行合作社。依照联邦农地押款法的规定，凡10个以上的自有耕地的农民或欲购买耕地者就可合作组建这样一个合作社，以便向联邦土地银行申请借款。联邦土地银行的放款对象就是这样的合作社，而不是个别农民或地主。农民如不组织土地银行合作社，就不易获得借款。农民借款用途多为购买土地、农地改良和农场的建设。借贷期限短则3～4年，长则达40年。这种土地金融系统的资金来源有三方面，即股金、公积金及发行土地债券。如果股金与公积金不足以供应放款的需要，则可以依法发行土地债券并出售以换取资金。美国联邦土地银行的业务大致如下：①发行农地抵押债券，并负责还本付息。②在各行的农业信用区内进行以农地为抵押的长期放款。③为了适应经营上的需要进行财产买卖。④接受借款人的农地以抵偿债务。⑤接受土地银行合作社的抵押品或存款，但不付息。

土地银行合作社的社员请求借款时，可向合作社提交申请书并附交土地所有权以作为借款的抵押品，经合作社的理事会审核、同意后交该区的联邦土地银行审核、认可。借款人须用借款的5%缴入合作社作股金，合作社还要扣除借款的1%作为手续费。借款额不能超过抵押土地价格的65%，在规定期限内分期还本付息。当借款本息全部清偿后，社员就可以收回其抵押的土地，并收回其借款时所缴的股金。如果不再借款，就可退出合作社。

美国具有发达的住房金融体系。这个体系不仅包括发放住房抵押贷款的金融机构和监管金融机构的一整套监管体系，而且还包括为住房抵押贷款创造流动性二级市场的政府及准政府机构。美国人大多数是通过私营金融机构的住房抵押贷款来解决住房问题的。这些私营金融机构主要有商业银行、互助储蓄银行、储蓄贷款协会和保险公司等。但政府机构在住房金融体系中也发挥了重要作用。为了解决住房贷款由于周期长而产生的利率风险、流动性风险以及违约、提前支付等风险，美国政府通过设立一系列政府机构，创造了抵押贷款支持证券(MBS)。与政府国民抵押协会(Ginnie Mae，吉利美)、联邦国民抵押协会(Fannie Mae，房利美)、联邦住宅贷款抵押公司(Freddie Mac，房地美)这三个机构相连的证券被称作机构担保抵押贷款证券，在美国约98%的抵押贷款支持证券为机构担保证券。其余的抵押贷款支持证券是私人发行的，称为非机构担保抵押贷款证券。美国住房金融体系中政府或者准政府机构存在的目的，主要不是解决资金来源的问题；联邦住宅管理局(FHA)和退伍军人管理局(VA)对符合条件的抵押贷款申请人进行担保或保险，而政府国民抵押协会对抵押贷款的证券化提供保证，联邦国民抵押协会和联邦住宅贷款抵押公司虽然参加购买抵押贷款，但主要目的是将购买的抵押贷款集合、重组，然后以此为基础推出抵押证券，实际上起到的是为住房抵押贷款市场创造流动性二级市场的作用。

由三个政府或者准政府机构参与的抵押证券市场为住房抵押贷款市场提供稳定的资金供应的同时，也在无形之中放大了住房抵押贷款市场的风险。2007年美国爆发的“次贷危机”之所以能够迅速席卷欧盟、日本等世界主要金融市场及众多国家，并最终演变为全球性的金融危机，其重要原因就是该种抵押贷款支持证券的设计结构能够轻易地将抵押贷款本身的风险迅速传导到证券市场和资本市场。虽然次级抵押贷款放贷机构的逐利动机是其大规模发放次级抵押贷款的主要原因，但能够轻易地将这些次级抵押贷款证券化并在二级市场上出售，也是这些机构肆无忌惮地放贷的一个重要原因。由于次级抵押贷款支持证券的收益率明显高于其他抵押贷款证券，于是受到包括众多共同基金、对冲基金、商业银行和保险公司在内的全世界投资机构的热烈追捧，从而导致"次贷危机"爆发后能够迅速在全球蔓延。

始于2007年的这场"次贷危机"最终导致"房利美"和"房地美"损失惨重，濒临破产边缘，并于2008年由美国政府完全接管。美国房地产金融为房地产市场提供资金的另外一种重要形式是房地产投资基金。房地产投资基金属于一种产业基金，以投资即以资产的保值和增值为根本目的，以分散投资和降低风险为基本原则，由基金公司和其他发起人向多个不确定的投资者发行受益凭证或基金份额，收购并持有房地产(一般为收益性房地产)或者为房地产融资，并通过独立的托管机构对信托财产进行保管，投资者按比例分享其收益并承担风险。房地产投资基金这一概念最初是在英国提出来的，但发展繁荣于美国，在美国称之为房地产投资信托基金(real estate investment and trusts，REITs)。为解决房地产投资专业性要求高、资金需求大、流动性差的问题，美国国会于20世纪60年代推出了由房地产专业机构管理的房地产投资信托基金。20世纪70年代，澳大利亚也引入了这一基金，随后逐渐推广到了欧洲市场。目前全球至少有8个REITs市场，其中美国的市场最大，亚洲的市场最小。经历了60多年的发展，美国的REITs市场最为成熟，2022年有101次REITs在美国证交会注册，共募资约415.2亿美元，已经控制了大部分的投资类房地产的开发、经营、管理等工作。REITs已经成为中小投资者和大型投资机构(养老基金、共同基金)参与房地产投资的重要金融工具，同时也是抵御房地产市场波动和引导房地产发展的长期投资力量。

2.日本房地产金融发展概况

日本专业的土地金融机构是国有土地银行。日本的长期性金融机构始创于19世纪末期，主要有日本劝业银行、农工银行等。其中劝业银行规模较大，贷放长期性巨额资金，以供农业建设所需。例如大规模的垦殖所需资金，凡分期偿还超过10年以上的均由劝业银行供给；凡是地方性小规模的农田建设工程，以及购买农具、牲畜、肥料等所需资金，少数以不动产作抵押，大多数由农工银行供给。日本劝业银行首创于1896年，总行设在东京，分行遍布全国各大城市。该行为股份有限公司组织，凭土地与房屋抵押而放款于各种产业。日本政府投入了大量的官股，致使大藏省可以对该行的业务进行严格的监督和管理。该行资金的主要来源有股金、出售劝业债券的收入及吸收普通存款，发行的劝业债券总额可高达股金总额的1倍。劝业银行经常放款协助农民购买农地及开垦荒地，以土地作抵押，于50年内分期偿还。放贷最多的项目是地方政府(无抵押贷款)的农田水利工程、道路兴建以及造林、渔业和蚕桑等，一般要求在5～10年内偿还贷款。

日本政府对农工银行给予了大力支持，曾由国库拨款，分配给各县银行，供认购农工银行股票之用，并发行农工债券。该行放款的最长期限为30年，以房地产作抵押。放款一般用于农业开垦、农田水利建设、农地改良、农用道路、购买农业生产资料等。从1921年起，日本政府开始调整劝业银行与农工银行之间的关系，将农工银行并入劝业银行，至1944年已全部合并。到20世纪50年代初，日本经济再度繁荣，日本政府为促进农、林、渔业发展，1953年创立农、林、渔业金融公库，实际上是国有土地银行，所需资金由日本政府从各方借拨而来，其放款主要是供农、林、渔业的永久性建设之用，如购买土地、开垦荒地、农场建设等，偿还贷款期限一般是10～25年。

日本的住房金融体系是以住宅金融公库为核心的。第二次世界大战结束后，战败并遭受重创的日本所面临的一个重大问题是住房短缺。由于通货膨胀造成地价和建设费用高涨，民间机构的建设能力不足，对政府的政策要求以及对大藏省和城市银行的资金要求越显迫切，设立特殊银行的呼声很强烈。1950 年 5 月 6 日，日本公布了《日本住宅金融公库法》，同年 6 月 5 日成立了住宅金融公库。从法律上看，住宅金融公库成立的目的主要是通过政府的融资，提高民众的住房购置能力，同时提高融资住户的居住水平。住宅金融公库的性质是，政府全额出资的独立企业法人，实行财政预算制，利润一般都要上缴国库。日本的住宅金融公库制度在不同的时期具有不同的发展重点。在 1961 年之前的住房短缺与城市化时代，主要建立了个人住房融资制度、租赁住房融资制度、住房开发商融资制度、学生住宿房融资制度、住房用地建造资金融资制度、中高层建筑物融资制度和住房融资保险制度等。在 1961—1984 年的经济高速增长时期，主要建立了职工个人住房融资制度、农村住房融资制度、相关公共设施建设融资制度、高层住房融资制度、二手住房融资制度、投资型住房融资制度、住宅基地债券积累制度等。在 1985 年以后的优质住房存量累进时代，建立了大城市重点对策融资制度、首次自有住房加大贷款制度、政策引导型融资制度等。目前，公库住房融资制度的主体架构包括个人住房融资制度、租赁住房融资制度、城市住房重建融资制度、住房重建与改造融资制度、相关公共设施建设融资制度、公私宅基地建设融资制度、投资型住房融资制度等。

3. 德国房地产金融发展概况

德国专业的土地抵押信用机构是民间的土地信用合作社，始创于 18 世纪下半期，至今已有 200 多年的历史。德国土地金融制度后来传入东欧、北欧、意大利及世界其他国家，成为世界土地金融业的典范。德国土地抵押信用合作制度的主要内容是：农民或地主可联合起来组织成一个合作社，并将土地作为抵押品交给合作社，合作社用这些土地作担保发行土地债券，并在市场上出售以换取资金，借给社员使用。每个社员完成其抵押手续取得借款后，其社员资格就得到了确认。当社员的借款还清，所抵押的土地收回后，即可自动退社而与合作社脱离关系。社员要求借款，一般数额为抵押土地价格的 1/2 或 2/3。社员与合作社订立借款契约，规定借款利率、期限、每年本息的偿还办法等。合作社直接担负债券的发行、付息及清偿的责任，合作社的债券发行总额不得超过所收到社员抵押土地的总值。这种债券自由买卖，可以流通，使土地金融与一般商业金融没有什么差别。借款的期限为 10～60 年，分期偿还借款。通常是每年偿还一次，即通过社员向合作社缴纳年金的形式进行，其中包含利息、摊还的本金、合作社征收的营业费用和公积金。社员每年向合作社付息，而合作社将息金转付给债券的购买人。合作社将社员每年所缴的应摊还的本金收存起来作为偿债基金。这项基金平时可以放贷生息，积累到一定数额时，从市面上购回部分债券。市场上流通的债券，是分期发行、分期购回、不断循环的。德国的这种土地抵押信用合作社，本身并不经营银行业务，但为了便利社员出售债券和融通资金，联合起来组织了附设的银行。这些银行的资金来源是各个合作社所缴的股金、接受的存款以及营业盈余的公积金。银行的主要任务是代各土地抵押信用合作社经营债券的推销、付息及购回，并且在债券未售出之前垫支资金给社员，同时还进行各合作社之间的资金融通。也有些土地抵押信用合作社共同组织联合社，并用联合社的名义发行债券或融通资金。这样就使债券的流通范围更大，融资能力增强，从而大大促进了土地金融业的发展。

德国的住房金融体制是一种私营、合作和国营银行并存的多渠道融资形式。德国从事住房信贷业务的主要金融机构有三类，即储蓄银行、抵押银行和建房互助储金信贷社，它们拥有住房信贷总额的65%。

(1)储蓄银行。储蓄银行是由政府建立的国营银行,全国共有600多家。储蓄银行的主要业务是吸收个人存款,发放房地产贷款,为个人买房、建房筹集资金。由于它是国家银行,完全由政府负责,具有高度的信贷安全性,从而吸收了全国一半以上的居民存款。可靠的资金来源和信誉,不仅使储蓄银行在全国抵押贷款市场上占据了重要地位,而且推动其业务不断扩大,并涉足国际金融市场。

(2)抵押银行。抵押银行是专门经营利率固定的中期和长期抵押贷款的金融机构,在提供住房资金、解决低收入家庭和移民的住房问题方面起着重要的作用。

(3)建房互助储金信贷社。这是由居民合作建立的民间住宅金融机构。建房互助储金信贷社的经营完全是自筹资金,独立于德国的资金市场之外,最大限度地发挥了居民的互助合作力量。凡入社的居民,必须履行先储蓄、后贷款的义务,只有当储蓄额达到所需贷款额的40%～50%时,才有资格获得所需的贷款。信贷社内的储蓄和贷款利率一般是固定的,并低于资金市场利率,很少受金融市场波动的影响。为了保证私营、合作和国营银行在住宅金融市场上公平竞争、互相协作、共同发挥作用,德国政府制定了一整套完备、严密的金融法规体系,其中重要的有《德意志联邦银行法》《储蓄银行法》《合作银行法》《投资公司法》等。这些法规基本规定了住宅金融机构的业务范围,保证了资金来源和信贷的安全性、稳定性。

三、发达国家房地产金融发展经验借鉴

在不同的社会经济背景下,各国选择的房地产金融制度有所不同,但都不同程度地起到了为土地和房地产开发、建设及购房人提供有效的融资支持的作用。归结起来,发达国家在发展房地产金融方面有以下经验值得我们借鉴。

(一)房地产金融参与主体多元化

各国房地产金融体系中的金融机构众多,除了一般的商业银行,还有专门从事房地产金融业务的土地银行、信用合作社、抵押银行、储蓄银行以及一些抵押协会、互助组织等,这些机构以不同的业务重点和目标参与到房地产金融中,为房地产业的发展提供资金支持和相关服务,有效地促进了这些国家房地产业的发展和繁荣。

(二)房地产资金来源渠道丰富

由于各国房地产金融的参与主体多元化,使得房地产资金来源渠道非常多,各类金融机构提供的多样化的金融业务品种可以满足客户多样化的金融需求。除了最常见的抵押贷款,各国大多还建立了债券、基金、信托等融资手段和工具,既提供了房地产业发展所需的资金,也方便了投资者投资于房地产业并从中获利。

(三)房地产金融的发展离不开政府的支持

房地产金融具有较强的政策性,需要政府的支持甚至直接参与。各国在发展房地产金融过程中,无一例外地充分发挥了政府的主导作用,即使是在美国这样一个市场经济高度发达的国家,一些政府或准政府机构至今仍在房地产金融中发挥着重要作用。

(四)房地产金融的发展需要创新

综观世界各国,房地产金融的发展过程同时也是不断创新、不断有新品种和新的金融服务产生的过程。从组织形态看,为了拓宽融资渠道,一些国家在银行体系外产生了民间的互助社、合作社等房地产金融组织,并逐渐发展壮大;从金融工具看,各国的房地产金融机构除创造了各种类型的贷款品种外,还相继推出如房地产投资信托基金、抵押贷款支持证券等金融品种,大大丰富了融资和投资渠道;从市场体系看,各国不仅建立了房地产金融的一级市场,同时也建立并发展了二级市场,如美国的抵押贷款证券化市场,从而加强了房地产资金的流动性,保障了房地产资金来源的充足性。

(五)房地产金融须严格监管

当然,发达国家在发展房地产金融的过程中也有一些教训值得认真总结,其中重要一条就是在创新过程中需要严格监管,建立完善的监管机构和严密的监管制度,以避免本国金融体系发生系统性风险,或在金融全球化浪潮中轻易受到冲击。

四、中国房地产金融的发展及其对策

(一)中国房地产金融发展的历程

房地产金融的发展与商品经济的发展相辅相成,密切相关。中国 1978 年改革开放前商品经济发育上的迟滞,造成了房地产金融业发展的曲折与缓慢。早在古代中国就有通过金融手段促进土地利用的实例,但由于当时商品货币关系不发达使房地产金融未能发展起来。1911 年天津建立了第一个土地金融机构——殖产银行。该行是一种股份公司组织,开创初期股金总额为白银 72 万两,并规定其发行的债券额为实收股金的 5 倍。其业务是对农业、工业等进行长期、中期与短期贷款。长期放款可用房屋或股票、债券等作抵押和质押,于 30 年内还本付息,借贷总额不得超过抵押物价值的 7/10。该行虽然从条文规定上看具有土地金融机构的性质,但实际的业务与一般的金融机构没有多大差别,而且基本上没有在农村开展活动。到了 1914 年,仿效日本的先例,中国也公布了劝业银行条例。该条例规定,劝业银行资本总额为 500 万元,同时发行劝业债券,是全国性不动产金融机构。1915 年又颁布了农工银行条例,规定该行放款以定期抵押与分期抵押放款为主,在农村放贷可收取田契为抵押品。同年又出现了中国实业银行,其业务主要是放款以发展农业、水利、工矿与盐业等,均可用不动产抵押,于 10 年内分期偿清。但这些银行均未能正常从事土地金融活动,从而与一般金融机构没有什么区别。

中国台湾地区的土地银行于 1943 年成立。该行的基本任务是:办理不动产及农业金融;配合台湾当局推行土地及农业政策,发展经济。主要活动有:①1953 年中国台湾地区开始实施“耕者有其田条例草案”。该条例规定,将地主超过规定面积的土地按价征税并由现在耕种的农民承领,台湾当局按地价付给地主七成土地实物债券和三成工业股票,均由土地银行办理。②扶持农户购买、改良土地,扩大经营规模。③进行农业贷款和融资业务。④开发公有荒地,建立示范农场。⑤建立土地金融制度。农民作为土地所有者,持有商品田的地产股票,可以分红、流通和继承。

中国台湾地区还建立了土地金融管理机构，对土地金融活动加以管理。总的来说，中国台湾地区运用土地金融机构对土地的开发、利用和经营起了很大的推动作用。

新中国成立后，我国逐步实行了城乡土地公有化，以土地私有制为基础的土地金融随之消亡。20世纪70年代末80年代初，在中国农村普遍实行了以农户为单位的土地承包经营制，使农村土地的所有权与使用权相分离。随后，在20世纪80年代后期对城市国有土地逐步实行有偿使用制，城镇职工住房制度改革也逐步展开。到20世纪90年代，城市国有土地使用权的出让、转让、租赁等活动逐渐发展起来，城镇职工住房制度改革也全面展开，实行多年的实物性福利分房制度取消，住房作为商品全面进入市场。1998年国务院发布《关于进一步深化城镇住房制度改革加快住房建设的通知》，商品住房需求开始集中释放，住房市场得到快速发展。为配合国家启动内需、拉动经济增长的宏观经济政策，人民银行于同年出台了《个人住房贷款管理办法》和题为"加大住房信贷投入支持住房建设与消费"的指导意见，各商业银行房地产金融业务迅速发展起来。伴随着住房作为商品进入市场，城市国有土地使用权也逐步成为一种商品，实行市场化经营。2002年5月国家出台《招标拍卖挂牌出让国有土地使用权规定》，规定商业、旅游、娱乐和商品住宅等各类经营性用地必须以招标、拍卖或者挂牌方式出让。国有土地使用权有偿出让和转让制度的进一步完善，为我国房地产金融的进一步发展提供了广阔的制度基础与活动空间，促使房地产金融业快速发展起来。近年来，各家商业银行围绕土地和房地产创新了多项信贷产品，如房地产开发贷款、土地储备贷款、个人住房按揭贷款、个人房屋抵押贷款等，极大地促进了中国房地产金融的发展。

我国房地产改革发展主要经历了三个时期：房地产商品化的开启时期(1979—1996年)、拉动经济增长的产业化时期(1997—2014年)、回归住宅的居住本质时期(2015年至今)。近20年来，我国房地产市场化改革发展成效显著。

一方面，刺激并满足了民众的住房需求，使广大百姓的住房条件得到了大幅改善；另一方面，推动房地产成为中国经济的支柱产业，带动中国经济实现高速增长。然而在房地产市场快速发展的同时，过度投资炒房，房价上涨过快，房地产绑架经济的乱象也引发一系列社会和经济问题，社会对房地产市场发展的质疑声层出不穷。通过对比研究其他发达国家房地产金融的发展历史及法律政策，我国目前需要合理规划土地供给，平衡房地产市场用地供需；完善税收调控机制，抑制房地产过度投机行为；合理控制加杠杆行为，维护房地产市场稳定。从房地产发展趋势分析，宏观调控弱化GDP强化"六稳六保"，房地产面临规模增长瓶颈；伴随人口及产业流向，进行结构化调整，新型城镇化将持续推进、中心城和城市群房地产市场前景可期；政策方面，坚持"房住不炒"主基调不动摇，"因城施策"促"三稳"目标实现。

(二)中国房地产金融的现状

1.金融风险较为集中

现阶段，金融风险普遍集中于商业银行，这也是制约我国房地产金融发展的主要问题。目前，我国的房地产金融还处于初级发展阶段，间接信用仍然占据主导位置，受资本市场发展落后的影响，加之商业银行改革效率不佳，使得商业银行依旧是房地产企业融资的主导。由于房地产企业在开发楼盘的过程中大多采用信贷的形式获取充足的发展资金，以维持企业的正常运营，这也不可避免地使得商业银行承受了较高的信用风险，同时，由于房地产企业所需资金量巨大，难以拓展有效的融资渠道，进一步加剧了商业银行的信贷风险。

2. 个人住房贷款面临违约风险

随着住房市场化在我国的全面实行，为我国商业银行开展个人住房贷款业务提供了契机。调查结果显示，近几年我国商业银行个人住房贷款出现不良资产的概率较低，住房公积金个人住房贷款发生不良资产的概率仅为0.24%，这一现象表明，我国商业银行的资产质量得到了一定程度上的提升。尽管如此，商业银行仍应充分认识到，个人住房贷款伴有的金融风险，因此，商业银行在为房地产企业提供贷款的过程中，应注重完善个人征信系统建设，通过对大数据技术的充分利用，实现对贷款人资信状况以及贷款行为的综合分析，从根本上降低不良资产的发生概率。

3. 未能够及时创新房地产金融产品

房地产金融产品创新力度不足是制约房地产金融快速发展的主要问题，我国房地产金融行业经过20余年的探索，已经构建了较为完善的房地产金融市场体系，这一体系的建立基于银行信贷的基础上，形成了房地产行业更好发展的重要支柱。随着房地产市场的进一步发展，以银行信贷为主的房地产企业在发展过程中也出现了诸多问题，对商业银行贷款的过度依赖降低了房地产金融业务发展的稳定性，不符合房地产行业的未来发展趋势。同时，由于我国房地产金融产业未能够树立良好的创新意识，不能够定期推出新的金融产品，使得房地产金融产品种类结构单一，不能够适应投资者对房地产金融产品的多样化需求。

4. 商业银行经营急功近利

部分商业银行在为房地产金融企业提供贷款的过程中，存在经营行为不理性的问题，不能够基于对房地产金融企业资信状况进行深入了解的基础上，为其提供相应的贷款服务。现阶段，我国鼓励对房地产金融产品进行降息，鼓励社会民众通过银行信贷的形式获取个人住房贷款。商业银行由于缺乏对个人住房贷款的正确认知，将个人住房信贷作为一种优良资产，对个人住房贷款成交率盲目追逐，以获取更高的贷款利息，存在一定的急功近利心理，加剧了房地产金融产业的经营风险。

（三）中国房地产金融发展的成就

中国的房地产金融经过近年来的快速发展，已经有了长足的进步，取得了较大的成就，就农地金融而言，目前中国农业发展银行和农村信用合作社是农地资金及其他金融服务的主要提供者。中国农业发展银行主要负责筹集农业政策性信贷资金，承担国家规定的农业政策性金融业务，代理财政性支农资金的拨付等业务。农村信用合作社是分散的农村小商品生产者获得金融服务以解决经济活动中的困难，按照自愿、平等、互利的原则组织起来的一种金融组织形式，其贷款主要投向为农村基础工程建设、农田水利建设、农产品批发市场建设、“菜篮子”工程、绿色产业公司、生产示范区等。就市地金融而言，参与主体主要是商业银行及国家开发银行，参与方式主要是介入城市土地开发的一级市场和二级市场。国家开发银行介入土地金融业务的方式主要是在土地一级开发市场参与土地的收购和储备，在土地二级开发市场上参与公路、桥梁等国家大型基础设施的开发与建设。

土地一级开发是按照城市规划、城市功能定位和经济发展要求，由政府统一组织征地补偿、拆迁安置、土地平整、市政基础设施和社会公共配套设施建设并达到土地出让标准的土地开发行为。目前土地一级开发大多由各地方政府成立的土地储备整理中心负责统一运作。由于在土地一级开发中的征地补偿、拆迁安置、土地整理等环节需要大量的资金支持，银行的土地储备贷款品种便应运而生。土地储备贷款的借款人为经同级人民政府批准成立、受政府委托并依法从事土地收购、整理及储备工作的独立法人机构，且被列入自然资源部土地储备机构名录管理；贷款采取抵押方式，抵押率原则上不超过70%，贷款期限不超过5年，以土地出让收入作为偿还贷款的来源和保证。土地二级开发是指在经过一级开发或在达到一级开发标准的土地上开发建造商业、娱乐、住宅、旅游设施等的行为，统称房地产开发。房地产开发贷款的借款人是房地产开发企业，目前要求保障性住房和普通商品住房项目资本金比例须在20%以上，商业用房等其他房地产开发项目资本金比例须在30%以上，以土地使用权及在建工程作抵押，以项目销售或经营收入作为还款来源。这几年，购房贷款发展较快，已成为商业银行的一项重要业务品种。根据人民银行公布的数据，截止2023年6月，全国房地产贷款余额一共是50多万亿元，其中个人住房贷款余额接近40万亿元，绝大多数是购房自住的。房地产开发贷款余额13万亿元左右，其中地产开发、保障房建设贷款余额大约6万亿元。而1998年末的个人住房贷款余额仅有494亿元，一年的增量超出了2004年末的余额(1.6万亿元)。商业银行个人住房贷款在高速发展的同时，也保持了较好的质量。与其他贷款品种相比，其违约率较低，收息比例较高，因此也成为各家商业银行纷纷大力发展的业务品种之一。

此外，近几年我国房地产金融领域也出现了成立信托基金、发行信托产品、房地产开发企业上市增发、发行企业债等新的融资方式，在一定程度上拓宽了融资渠道，解决了房地产开发企业融资难的问题。

(四)中国房地产金融政策对宏观经济的影响

自1998年住房体制改革以来，房地产作为经济热点，已经越来越为大家所重视和熟悉。不可否认的是，房地产不论是对个人，还是对宏观经济都表现出越来越鲜明的重要性，房地产金融将通过影响房地产行业进而影响到宏观经济的发展。

1.房地产行业和宏观经济息息相关

(1)房地产行业发展对国民经济发展起到了重要作用。以2012年为例，房地产开发投资完成额占当年GDP的比例达13.8%，该比例比2010年、2008年、2006年和2004年分别高出1.7、3.6、4.6和5.6个百分点。另据不完全统计，包括家电、装修、建材在内的40多个行业与房地产行业关系密切。

(2)房地产行业是国民经济发展的晴雨表，宏观经济发展变化将首先在房地产行业得到体现，经济走势将对房地产市场产生深远影响，经济快速发展则房地产行业日益繁荣，经济下行则房地产行业尤其是商业房地产将出现萧条，出租率下降，价格下跌。

2.房地产价格上涨引发宏观调控

2003年以来，房地产供求结构性矛盾、流动性过剩、人民币升值等因素造成了房地产价格快速上涨。全国房地产销售平均价格涨幅明显，而北京、上海等热点城市房价涨幅更大。对此，我国政府采取了多项调控措施，从抑制投资投机性购房需求和调整住房供应结构两个方面入手，通过调整土地供应结构、加大保障性住房建设力度、差额化税收政策、完善预售制度以及限价、限购和限贷的行政调控手段等多项措施，实施了房地产宏观调控政策。

3. 房地产金融政策的调整

房地产金融的三种主要形式是个人住房贷款、房地产开发贷款和土地储备贷款。房地产金融的调控工具主要是首付款比例（或项目资本金比例）和贷款利率。

房地产金融调控作为宏观调控政策的重要手段，主要体现在三个方面：①首套房、二套房贷款的差别化首付款和利率要求，在很大程度上抑制了投资炒房行为；②鼓励商业银行加大保障性住房贷款和普通商品住房开发贷款的投入力度，促进保障房和中小套型普通商品住房的供应；③调整土地储备贷款政策，扩大保障性住房和普通商品住房的土地供应。

中国人民银行、金融监管总局 2023 年 8 月 31 日联合发布《关于调整优化差别化住房信贷政策的通知》和《关于降低存量首套住房贷款利率有关事项的通知》。一是统一全国商业性个人住房贷款最低首付款比例政策下限。首套住房和二套住房商业性个人住房贷款最低首付款比例政策下限统一为不低于 20%和 30%。二是将二套住房利率政策下限调整为不低于相应期限贷款市场报价利率（LPR）加 20 个基点。首套住房利率政策下限仍为不低于相应期限 LPR 减 20 个基点。各地可按照因城施策的原则，根据当地房地产市场形势和调控需要，自主确定辖区内首套和二套住房最低首付款比例和利率下限。

4. 房地产金融调控的效果明显

与其他房地产调控措施相比，房地产金融调控措施表现出更为直观和鲜明的效果。

（五）中国房地产金融未来发展的路径分析

经济金融化是指金融工具的使用占据的经济总量的比例，金融工具主要包含了信托、租赁、贷款、基金等形式，我国房地产发展比较好的城市主要集中在北京、上海、广州、深圳，其房价和地价也非常高，是二、三线城市的几倍至十几倍。很多房地产企业在发展中，都可以使用净资产负债值来代表企业的金融深度，但是，还要考虑负债值的获得性，这有助于减少企业内部互相拆借情况的出现。与此同时，中国的房地产企业还必须意识到，传统的资金来源渠道已经减少了，再加上资金投资的增大，土地成本增加，房地产企业所需付出的费用变得很高，企业必须要寻求更多的渠道，促进资金回收和获取，尽可能减少资金短缺缺口的出现。如果说房地产企业任凭这种趋势发展下去，那么受到影响的不单单是一个房地产企业，随着时间的延伸，整个房地产市场都会受到影响，从而形成摇晃的市场格局，使得房地产行业渐渐走向衰弱。因此，为了促进房地产行业的可持续发展与进步，房地产行业必须要学会开发全新的融资方式和模式，突破传统融资格局，加强和房地产融化率之间的关系，这样才可以在一定程度上促进房地产行业的稳定持续发展。而资产证券化形式，是一种较新颖且稳定的资金来源，房地产企业可以在条件允许的情况下，实施证券化融资，这也是和我国房地产市场发展趋势及其要求相符合的。在全面结合房地产资产证券化融资模式的同时，也应加强相关法律政策的建立、完善、改革，为中国房地产事业的进步开辟出一条有利的道路。

(六)中国房地产金融发展过程中存在问题的解决对策

1.打造多层次的房地产金融体系

打造多层次的房地产金融体系是促进中国房地产金融行业发展的基础和前提,在房地产金融行业的发展过程中,既要以间接融资的信贷市场作为保障,又要具备直接融资的资本市场,从而为企业经营发展提供充足的资金,防止其因资金链断裂而发生运转不良的现象。同时,房地产金融企业应同时具备一级市场和二级市场,实现对融资问题的有效解决,防止因住房贷款期限错配和流动性过大导致的发展资金不足。此外,房地产金融企业应注重建立健全金融市场支持服务体系,将保险机构、担保机构、房产中介、贷款服务机构以及房产评估机构纳入服务体系中,形成市场交易的重要支撑,不断优化市场交易环境,从根本上提升房地产金融产品的交易量。目前,我国经济正处于产能出清、利润修复、结构重塑的新旧动能转换期。受经济结构调整等多重因素影响,不良资产供给将持续增加。有学者指出,房地产金融企业未来需创新业务模式,把握住不良资产处置网络化的趋势,提高不良资产处置效率和市场经营水平。基于新形势下,房地产金融企业应通过债务重组、市场化债转股、市场化结合基金、不良资产证券化等形式,实现对不良资产的有效处理,在确保各方根本利益不受影响的基础上,实现对各方利益诉求的充分满足,着力提升不良资产内部收益率。

2.加大房地产金融产品的创新力度

房地产金融致力于在房地产开发、采购、买卖、租赁和管理等环节为用户提供优质的金融服务,对房地产金融市场进行细分,基于对用户的需求进行深入了解的基础上,面对不同特征的消费群体,推出针对性的房地产金融产品。例如,针对收入较低的家庭和刚刚步入社会工作的人群,应推出小户型的房地产金融产品,而针对高收入人群,则应推出高质量的房地产金融产品,形成多元化的房地产金融产品结构。同时,房地产金融企业应创新业务模式,拓展服务领域和服务内涵,提高不良资产处置效率和市场经营水平,培育合作新理念,建立合作新平台,实现资源优势互补,构建行业开放合作新格局,共同促进行业可持续发展。

3.予以房地产投资基金充分的关注度

房地产金融企业应予以房地产投资基金充分的关注度,房地产投资基金现已成为房地产投资的主要业务类型,与发达国家相比,我国的房地产投资基金发展还处于初级阶段,较为滞后,因此,国家应出台完善的产业基金法,为房地产企业开展房地产投资基金业务提供指导依据,实现对房地产投资行为的规范,促进房地产投资基金的可持续发展。同时,国家应建立在对房地产投资基金现状深入了解的基础上,完善风险规避机制和基金退出机制建设,为房地产金融企业从根本上防控投资基金的风险提供保障,将房地产投资基金做大做强。此外,针对中介服务运营商需要的资金需求,银行可以提供大量金融服务,实现对分散信息的有机整合,通过对房地产金融市场进行分析,为企业提供针对性的租赁服务,激发租赁服务的活性。

4.促进房地产金融产品证券化

促进房地产金融产品证券化能够为房地产金融企业提升经营业绩提供有利条件。通过引导房地产金融产品向贷款证券化转变,能够有效提升信贷资产的流动速率,促进银行信贷规模的扩张,形成良性循环,以实现对银行资产负债结构的改善,降低房地产金融企业的资本金需求。同时，伴随着个人住房贷款需求的不断增加，银行需要不断对资产进行优化重组，这也为促进个人住房贷款抵押证券化提供了契机。通过引导证券化向信用市场化转变，能够推动间接融资向直接融资转化，实现房地产金融企业发展资金融资渠道的拓展，增加房地产金融企业发展资金的来源，实现对信贷资金风险的有效分散，促进房地产金融市场的良性发展。证券化是房地产租赁的重要支撑，租金回报率较低。例如，某房地产金融企业将资产的租赁项目通过证券化来变现，有效促进了现金流的均衡分布，实现了对投资的提前收回。同时，在促进房地产金融产品证券化的基础上，为投资者提供配套服务完善、底层商业运营良好、管家服务贴心等服务，有效激发了投资者购买证券的积极性。综上所述，现阶段我国房地产金融发展过程中还存在房地产金融产品创新力度不足、个人住房贷款违约风险高以及金融风险集中等问题，需要打造多层次的房地产金融体系，加大房地产金融产品的创新力度，予以房地产投资基金充分的关注度，促进房地产金融产品证券化，为房地产金融行业的发展保驾护航。

（七）中国房地产金融风险防范与控制

从根本原因上看，土地制度、商业银行管理体系、房地产行业复杂等综合因素造成了房地产金融风险，因此我国应加大对相关方面的改革力度从而避免风险的进一步扩大。如果我们仅仅从房地产金融运行规则和机制本身去考虑，结合相关的国际经验并根据中国当前国情，可通过以下几点加以防范与控制。

1.创造多元化的融资渠道和发行证券来转移分担房地产融资风险

目前我国一方面要控制银行信贷规模，另一方面要创造其他融通资金的方法与途径，通过各种不同的途径转移风险，将风险分散在不同领域。这样一来，我国便可以基本解决房地产商过分依赖商业银行的问题。不仅如此，房地产企业还可以通过发行股票、企业债券等融通资金。

2.发挥宏观经济政策的协调和房地产金融全过程监管作用

运用我国政府的宏观经济政策，调节、控制和引导宏观经济；运用中央银行的监管职能对房地产市场实行强有力的监督管理。健康稳定的房地产金融市场不仅有利于金融系统的发展，对我国国民经济和政治稳定也至关重要，因此我国政府必须加强宏观调控，控制风险，引导各种金融机构公平竞争，维持其健康稳定。同时，中央银行应加大调查房地产市场存在的问题并能够精准分析，及时将相关信息公开，及时对相关不利态势发出预警并积极采取应对措施，指导各金融机构的行为并严格监管。房地产市场其实并不是完全竞争市场（尤其在中国是半垄断性），当上调利率时，确实能够抑制住房需求，但并不会让房价降下来。开发商不会为了增加销售量去降价出售，他们往往会暂时不卖房，囤积住房，等到购买力恢复正常后反而去加价销售。因此，政府监管机构应抓住房地产问题的根源，比如说从土地方面入手，改善土地交易制度，加大政府对土地的监管，从根本上调节房价。

3.建设房地产金融风险监测系统

我国应该建设相关方面的风险监测系统，及时分析房地产的供给和需求，及时预报风险，稳定持续地监测房地产金融体系。

4. 完善房地产金融的法律环境

结合中国国情和国外经验，合理制定相关政策法规来有效防范控制风险，保障房地产金融市场稳定与发展。

5. 完善我国的个人以及房地产商的信用制度

目前我国还处于个人和企业相关信息不完整、不平衡、信用缺失、信用制度不完善的阶段，应逐步建立完善的适合我国国情的信用制度。通过信用制度约束个人和企业的行为，防范信用风险。

案例分析与讨论

中国人民银行、中国银行业监督管理委员会关于金融促进节约集约用地的通知

银发〔2008〕214号

中国人民银行上海总部，各分行、营业管理部、省会(首府)城市中心支行、副省级城市中心支行，各银监局，各政策性银行、国有商业银行、股份制商业银行，中国邮政储蓄银行：

为贯彻落实《国务院关于促进节约集约用地的通知》(国发〔2008〕3号)精神，充分利用和发挥金融在促进节约集约用地方面的积极作用，现提出以下要求。

一、切实加强学习，深刻领会节约集约用地重要性

(一)深入学习，提高认识。切实保护耕地，促进节约集约用地，不仅关系当前经济社会发展，而且关系民族生存根基和国家长远利益；科学合理配置金融资源，形成对利用土地的有效约束和激励十分必要。各金融机构要认真学习、深刻领会《国务院关于促进节约集约用地的通知》的精神实质，进一步提高对节约集约用地重要性的认识。

(二)明确原则，把握重点。各金融机构应以严格限制粗放低效用地、积极支持节约集约用地为原则，以重大基础设施、公共设施、工业设施建设、农村集体建设用地和商业性房地产等领域为重点，加强相应的信贷合法合规审查，进一步改进金融服务，积极引导和推动节约集约用地。

二、强化政策要求，严格建设用地项目贷款管理

(三)严格建设项目贷款管理。贷款项目用地应依法取得，符合土地利用总体规划、城乡规划和相关行业规划，涉及新增建设用地的，还应纳入土地利用年度计划，禁止向不符合规划控制要求的项目提供贷款支持，禁止向违法用地项目提供贷款支持。对列入国家《禁止用地项目目录》的项目，严禁发放贷款；已发放贷款的，应在采取必要保全措施的基础上，逐步收回。对列入国家《限制用地项目目录》的项目，应审慎发放贷款。

(四)严格市政基础设施和工业用地项目贷款审核。对于不符合国家标准、未取得国土资源部门用地批复的市政基础设施、生态绿化项目以及工业项目建设，不得予以任何形式的信贷支持。

(五)严格农村集体建设用地项目贷款管理。对利用农村集体土地开发商业性房地产的，不得发放任何形式的贷款；对购买农村集体土地上建设的住房的城镇居民，不得发放住房贷款；对利用农村集体土地开办企业、兴办乡(镇)村公共设施和公益事业的，要严格审查贷款申请，对未取得合法用地手续，没有落实有效担保权利的，不得发放贷款。

（六）严格商业性房地产信贷管理。禁止向房地产开发企业发放专门用于缴交土地出让价款的贷款；土地储备贷款采取抵押方式的，应具有合法的土地使用证，贷款抵押率最高不得超过抵押物评估价值的70%，贷款期限原则上不超过2年；对国土资源部门认定的房地产项目超过土地出让合同约定的动工开发日期满一年、完成该宗土地开发面积不足三分之一或投资不足四分之一的企业，应审慎发放贷款，并从严控制展期贷款或滚动授信；对国土资源部门认定的建设用地闲置2年以上的房地产项目，禁止发放房地产开发贷款或以此类项目建设用地作为抵押物的各类贷款（包括资产保全业务）。

各金融机构应加强对房地产开发企业自身信用记录、还款能力和还款意愿的调查与评估；审核确认房地产开发贷款的抵押物，不得接受重复抵押；在预购商品房抵押贷款发放前，应审核确认房地产企业已解除该项目土地抵押及在建工程抵押中所售房屋对应部分的抵押物。

三、加强金融支持，切实促进节约集约用地

（七）优先支持节约集约用地项目建设。对在现有工业用地上提高土地利用率和增加容积率的项目，以及开发利用空闲、废弃、闲置土地的项目，在符合规划条件、不改变用途的前提下，应优先予以金融支持；对符合“布局集中、产业集聚、用地集约”要求的国家级开发区，应优先予以金融支持。

（八）优先支持节地房地产开发项目。对符合国家《住宅性能评定技术标准》和《绿色建筑评价标准》等先进节地技术的房地产项目，优先予以金融支持；在符合国家各项政策和金融机构贷款条件的前提下，要优先支持廉租住房、经济适用住房、限价商品住房及建筑面积在90平方米以下的中小套型普通商品住房建设。

（九）积极支持土地储备机构盘活存量建设用地。对土地储备机构储备符合规划（计划）且空闲、废弃、闲置和低效利用的国有存量建设用地的，要积极予以贷款支持。

（十）加大创新工作力度，拓宽土地融资渠道。各金融机构应进一步加大金融创新力度，积极探索符合实际需要的金融产品，充分利用金融手段促进节约集约用地。

四、强化金融监管，确保政策落到实处

（十一）建立健全金融促进节约集约用地管理制度。各金融机构应进一步改进贷款审核审批流程，制订和完善有关管理规定，并于2008年12月31日前上报监管部门。

（十二）加强金融促进节约集约用地工作的指导和督查力度。人民银行各分支机构、各银监局要切实加强与地方政府相关部门的沟通合作，建立信息交流机制，将企业违法用地、闲置土地等信息纳入人民银行企业征信系统和银监会客户风险预警系统，为金融机构有关信贷决策提供支持和服务；同时，要结合当地实际，加强调查研究和“窗口指导”，积极探索开展金融机构落实节约集约用地金融政策的评估工作，研究建立土地金融创新工作机制；适时开展检查，及时纠正违法违规经营行为，并依法追究有关单位和人员的责任。

请人民银行上海总部，各分行、营业管理部、省会（首府）城市中心支行，各省（自治区、直辖市）银监局将本通知联合转发至辖区内城市商业银行、农村商业银行、农村合作银行、城乡信用社、信托公司及外资银行。

中国人民银行中国银行业监督管理委员会

二〇〇八年七月二十九日

思考与练习题

1. 简述土地金融的分类。
2. 土地金融的主要业务有哪些？分别有何特点？
3. 土地经济学的研究方法有哪些？

参考文献

[1]周诚.土地经济学原理[M].北京:商务印书馆,2003.
[2]刘书楷,曲福田.论发展中的土地经济学及其学科建设[J].中国土地科学,2003(4):7-13.
[3]殷红,张卫东.房地产金融[M].北京:首都经济贸易大学出版社,2002.
[4]郁文达.住房金融:国际比较与中国的选择[M].北京:中国金融出版社,2001.
[5]何广文.德国金融制度研究[M].北京:中国劳动社会保障出版社,2000.
[6]刘玉操.日本金融制度研究[M].天津:天津人民出版社,2000.
[7]刘成.我国房地产金融风险及防范研究[J].时代金融,2017(11):47-50.
[8]彭彦祎.中国房地产金融的现状与对策分析[J].现代商业,2018(23):183-184.
[9]李晓纯.中国房地产金融市场现状及未来趋势展望[J].中国市场,2021(31):41-42.
[10]毕宝德.土地经济学[M].北京:中国人民大学出版社,2016.

第七章

土地生态与环境管理

第一节　土地生态与土地生态系统

一、土地生态的内涵

从土地的自然属性来研究，土地是一个生态系统，因而产生了以土地生态系统为对象的土地生态学，土地生态的概念源于对土地生态学体系的研究，早在1938年，苏联学者曾广泛使用“土地生态学”一词来表示决定土地利用条件的自然因素的研究。分析地形、土壤肥力、侵蚀危险程度以及对农业活动有意义的其他地理方面的指标是土地生态学研究的范围。20世纪60年代，苏联将土地生态学基本概念应用于栽培作物的区划，按照把作物品种栽培在适合其生态情况和最高生产力的土地上的意图来配置这些作物。美国、加拿大、澳大利亚等国家在20世纪60年代末和70年代初进行土地评价和土地调查的过程中，应用生态学思想分别提出了“土地生态单元”“土地生态分类”。荷兰等国亦开展了大量的土地生态调查。之后，一些国家的研究工作更加深入，如瑞典和荷兰于20世纪70年代建立了耕地生态学研究项目，研究不同土地利用系统生产潜力、物质循环和能量转化以及地面上下的生物多样性，为建立土地持续利用系统提供依据。荷兰的土地生态学研究长期致力于为土地评价、土地规划、土地保护和土地管理服务。我国于20世纪80年代开始重视研究土地生态问题，先后提出土地生态评价、土地生态设计、土地生态建设思想。

中国许多学者参考国外的资料并根据自己的研究领域和研究经历对土地生态学都给出了自己的定义。比如傅伯杰将土地生态系统研究归结为三个主要方面：土地生态系统形成、演替、结构的研究，土地生态系统功能的研究，土地生态系统最佳生态平衡的研究。何永祺指出“土地生态学是在生态学一般原理的基础上阐述土地及其环境间能量与植物循环转化规律，优化土地生态系统的对策和措施的学科”。宇振荣和李维炯认为“土地生态学是研究一个区域内各种土地生态系统的特性、结构、空间分布及相互关系的学科。土地生态学的任务是为土地利用规划和土地生态设计、土地管理提供理论依据”。杨子生认为“土地生态学是一门研究土地生态系统的特性、结构、功能和优化利用的学科”。朱德举等认为土地生态学是“以土地生态系统为研究对象，具体研究生物与土地的相互关系以及土地生态系统的结构、功能和调控途径的一门科学”。吴次芳和徐保根认为“土地生态学是一门研究土地生态系统组成与特性、结构与功能、发展与演替、优化利用与调控机制的学科”。

在上述概念的基础上，根据土地生态学的形成特点和学科性质，土地生态学可以表述为

“土地生态学是应用生态学的一般原理，研究土地生态系统的能量流、物质流和价值流等的相互作用和转化及开展土地利用优化与调控的学科”。按照这个定义，土地生态学的任务有两个：一是应用生态学原理指导土地开发、利用、整治、保护和管理；二是揭示土地开发利用与保护管理过程中的生态规律。土地生态学研究的基本目的是：为土地利用规划、土地利用工程（即对土地合理开发利用、治理与保护所实施的综合工程技术措施）和土地管理提供理论依据。

在土地生态学中，土地被看作是自然社会经济综合体，是一个复杂系统。土地不但具有资源和资产属性，而且是生物和非生物之间能量、物质、信息、价值交流的场所和载体；土地不仅仅具有人类利用产生财富的功能，而且具有为人类提供生产、生活的环境功能；土地不仅仅是人类物质需要的来源，而且是地球环境的组成部分，是保证生态环境处于良性发展的基底。因此，土地生态学中的“土地”是一个自然社会经济综合体。

二、土地生态的功能

联合国粮农组织（FAO）和联合国环境规划署（United Nations Environment Program, UNEP）曾提出了土地的十大功能，即：①储存个人、群体或社会财富；②生产人类食物、纤维、燃料或其他生物物质；③植物、动物和微生物的栖息场所；④全球能量平衡和水循环的决定者之一，提供资源和沉淀温室气体；⑤规定地表水和地下水的储存和流动；⑥人类使用的矿物和原料的储存场所；⑦化学污染物的缓冲器、过滤器或调节器；⑧提供聚集、工业和娱乐空间；⑨保存历史或史前纪录（化石、过去的气候证据、人类遗迹等）；⑩提供或制约动物、植物和人类的迁徙。

从广义来看，这十大功能都可归入“生态”功能的范畴。具体而言，土地的生态功能可以分为：①供植物生长功能；②为生物提供栖息环境功能；③净化环境功能；④保护土壤功能；⑤防风固沙、涵养水源功能；⑥调节微气候功能；⑦产生和维持生物多样性功能；⑧为人类提供游憩的功能。

（一）供植物生长的功能

这是土地最重要、最基本的生态功能。生态系统有两个最重要功能：一是能量流动；二是物质循环。它们都是按照生态系统的营养结构即食物链和食物网这个主渠道进行的。生产者所固定的全部太阳能，就是流经生态系统的总能量，构成了生态系统的初级生产。物质是可以循环的、反复利用的，能量是逐级递减的、单向的。人类不能改变能量流动的客观规律，但可以改变能量流动的方向，使能量流向对人类最有益的方向，例如：森林中，使能量流向木材中；草原中，使能量流向牲畜体内，产生更多的肉、奶、皮、毛等产品。正是供植物生长的功能，为能量流动和物质循环在不同营养级的传递提供了原始的动力，使人类可以得到各种原料和产品。

（二）为生物提供栖息环境

土地是地球陆地表面具有一定固定位置的场所。这种场所为地球的生物提供了生存、繁衍、生长、生活和发展的物理环境。生物和环境之间的关系密不可分。生物与其所处的环境是长期进化、相互作用、相互影响、相互适应的结果。植物是地球环境变化的基础。地球上最早的植物——蓝藻出生以后，逐渐改变了地球的大气环境，陆生植物的出现与发展，完善了全球生态体系。陆生植物具有更强的光合能力，制造出大量的光合产物和氧气，为登陆动物提供了营养，改变了地形地貌。反过来，环境也可以改变生物，比如动物的进化就是“自然选择，适者生存”的结果。另外，自然选择可以定向改变生物性状，影响生物的基因频率，从而产生新物种，比如说地理隔离和由地理隔离而产生的生殖隔离等。

（三）净化环境功能

土地生态系统的绿色植物可以通过维持大气环境化学组成的平衡，吸附、吸收转化空气中的有害物质和降低噪声来净化大气。进入土地的污染物质在土地中可以通过扩散、分解以及生物和化学降解等作用逐步降低污染物浓度、减少毒性，使污染物变为毒性较小或无毒性物质；或者经沉淀、胶体吸附等作用使污染物发生形态变化，变为难以被植物利用的形态存在于土地中，暂时退出生物小循环、脱离食物链；也可通过土地掩埋来减少工业废渣、城市垃圾和污水对环境的污染。

（四）保护土壤功能

土地生态系统由于植被、枯枝落叶层和作物的覆盖，能够减少雨水对土壤的直接冲刷，保护土壤，减少侵蚀；植被盘结于土壤中的根系对土壤的固持起到了非常重要的作用；土壤中各种物质和能量的传递与交换保持着土壤肥力，维持着土地的生产力。

（五）防风固沙、涵养水源功能

植被能对风起一种阻挡作用，改变风的流动方向，降低风的动量，减弱迎风面的风力；植被可加速土壤形成过程，提高黏结力，促进地表形成庇护层，起到固结沙粒作用，从而增强了抗风蚀能力。由于植被和土壤的截留与缓冲作用，相当部分地表水转化成为地下水，使地下水得到补充。

（六）调节微气候功能

生态系统对局部气候具有直接的调节作用，植物通过发达的根系从地下吸收水分，再通过叶片蒸腾，将水分返回大气，大面积的森林蒸腾，可以导致雷雨，从而减少了该区域水分的损失，而且还降低气温。

（七）产生和维持生物多样性功能

生态系统不仅为各类生物提供繁衍栖息地，还为生物进化及生物多样性的产生与形成提供条件。同时它还通过整体的生物群落创造适宜生物生存的环境，为农作物品种的改良提供了基因库。

（八）为人类提供游憩的功能

不同类型的土地生态系统也给人类提供了感官的享受，优美环境为人类休闲、度假、旅游等提供了场所。

三、土地生态系统的分类

土地生态系统是指在一定地域范围内，土地上无生命体与同一地域范围内的生命体之间，

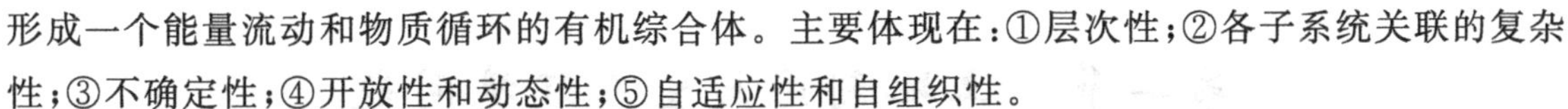

形成一个能量流动和物质循环的有机综合体。主要体现在:①层次性;②各子系统关联的复杂性;③不确定性;④开放性和动态性;⑤自适应性和自组织性。

(一)层次性

土地生态系统是具有多层次结构的整体,是各种构成要素共同作用的结果。土地生态系统的结构包括水平结构和垂直结构,占有三维空间。在水平方向上,一定的土地生态系统都是与气候、土壤、生物地带性等的分布相适应的,同时,由于纬向地带性和经向地带性的分异,土地生态系统又具有明显的区域分布特征。在垂直方向上,根据剖面性质的不同,土地生态系统可以分为三层,即地上层——气候、小气候、植被、动物;地表层——土壤、河川径流、浅层地下水、植物和微生物;地下层——地球风化壳、地下水等。

(二)土地生态系统中各子系统关联的复杂性

土地生态系统位于岩石圈、大气圈、水圈、生物圈的复合界面,是自然界各种物理过程、化学过程、生物过程、物质与能量的转化与交换过程最活跃的场所,同时又是人类长期活动的历史产物,包含文化、意识、制度、政策、科技、信息、交通等多种社会经济因素。各种自然过程和社会经济过程包含于土地生态系统之中,使土地生态系统不仅表现出自然要素、社会经济要素之间存在的复杂联系,而且耕地、草地、林地、城镇工矿用地、水域等不同土地利用类型子系统之间也存在物质、能量及信息的紧密关联。

(三)土地生态系统的不确定性

土地生态系统的边界、结构和功能都具有一定的不确定性,系统内生态特征变化也表现出一定的随机性,这是由土地生态系统内部组成要素的多样性和复杂性所决定的。如区域气候条件变化和农田产出量变化及子系统之间物质、能量交换方向及交换量等都存在较大的随机性,人们目前还无法进行长期精确的预测。

(四)土地生态系统的开放性和动态性

土地生态系统的开放性与动态性表现在:①土地生态系统和人类之间的物质与能量交换。土地是一个自然历史综合体,本身凝聚着人类社会实践的成分,在长期的演化过程中,不断受到人类的干预。人类活动不断参与土地生态系统的物质与能量交换,而人们对土地的干预随着社会的发展和科技水平的提高不断变化,使土地生态系统处于一个动态变化过程之中。②土地生态系统和外部系统之间的物质与能量交换。土地生态系统内部的大气循环、地质循环、水循环和生物循环无一不与外界环境紧密联系,在与外界不断进行物质和能量交换的同时,自身系统状态也在不断变化发展。

(五)土地生态系统的自适应性和自组织性

土地生态系统是一个庞大的系统,具有多层次结构和众多的生物种群,物质与能量的转化与交换途径众多,从而使系统表现出较强的自我调节能力和代偿功能。自我调节能力主要是指通过生物种群数量及结构的改变以抵制环境变化的能力;代偿作用是指当系统内某一能流和物流渠道受阻时,可改由其他渠道继续进行,从而维持系统的正常状态。

第二节　土地利用与生态环境问题

土地利用是指在一定社会生产方式下，人们为了一定的目的，依据土地自然属性及其规律，以土地为劳动对象或手段，对土地进行的使用、保护和改造活动，并且利用土地的特性来满足自身需要的过程。土地利用是环境属性的综合反映，是土地用途与经营管理方式的集成，不同的土地利用方式具有不同的生态过程。

土地资源承载着人类社会经济的可持续发展，但经济的快速发展引发了土地类型快速变化、土地生态环境恶化、生态系统失衡等一系列问题。一方面，城市化的发展加大了土地利用的强度和程度，致使土地利用类型发生改变；另一方面，人类日趋增长的土地资源需求引起了土地生态环境脆弱、生态系统失衡、生态安全受胁迫等一系列问题，致使人类生存、发展受到严重威胁，土地利用变化成为全球环境变化和可持续发展研究的重要内容。随着研究的不断深入，包括自然、经济、社会、人文等领域的科学家已经明确人类的一系列行为活动会引发环境变化问题的产生。因此，国内外的专家学者不断探索新的方式，研究土地利用变化的过程，以及这种变化对环境、经济、生态以及资源等方面产生的影响，为今后时期土地利用变化的研究做好铺垫。

一、土地利用

（一）土地利用方式

土地利用方式就是在依据土地自然属性及其规律，以土地为劳动对象或手段，对土地进行的使用、保护和改造活动，利用土地的特性来满足自身需要的过程中，人们确定的土地用途、利用类型与采取的具体经营管理措施的结合，同一土地利用类型因采用的经营管理措施不同，其土地产出和效益必然也不同。土地利用变化是土地利用类型、结构和质量在时空上的变化受到自然、社会、经济等因素的影响，而且是一个极其复杂的演变过程，具有很强的系统性、综合性和地域性。

随着人口的急剧增长，人类活动对自然环境的影响日趋显著，土地利用方式的变化导致土地利用结构和格局改变。合理的土地利用格局有利于水分、养分的循环以及社会经济功能的协调发展，不适宜的土地格局将导致水分和养分循环的失调，带来一些副作用，如非点源污染、土地退化和水土流失等。

（二）土地利用格局

土地利用格局是各种生态过程在不同尺度上作用的结果，已形成的土地利用格局对土地生态过程具有基本的控制作用，土地单元内部在一定程度上决定土地单元的个体行为，而土地单元的空间组合则影响系统整体的水平过程。

（三）土地利用工程

土地利用工程是有关土地开发利用、治理改造、保护管理的各种工程的总称，如荒地耕垦，滩涂围垦，水利灌溉，水土保持，植树造林种草，草原建设和改良，盐渍化、沙漠化、沼泽化土地

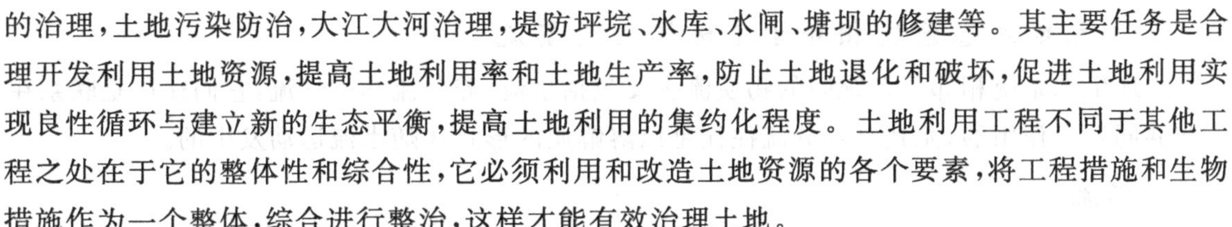

的治理，土地污染防治，大江大河治理，堤防坪垸、水库、水闸、塘坝的修建等。其主要任务是合理开发利用土地资源，提高土地利用率和土地生产率，防止土地退化和破坏，促进土地利用实现良性循环与建立新的生态平衡，提高土地利用的集约化程度。土地利用工程不同于其他工程之处在于它的整体性和综合性，它必须利用和改造土地资源的各个要素，将工程措施和生物措施作为一个整体，综合进行整治，这样才能有效治理土地。

二、土地生态过程

土地作为一个开放的系统，和外界有着密切的联系，并在土地生态系统中发生着一系列的生态过程，这些过程在不同层次上表现不同。从内容上来分，有生物过程、非生物过程和人文过程。从空间上来分，可分为垂直过程和水平过程，垂直过程发生在某一土地单元或生态系统的内部，而水平过程发生在不同土地单元之间。总的来讲，土地生态过程可以从能量流动和物质循环角度来展开。

土地生态过程主要研究包括多尺度下的土地利用变化对土地生态过程及功能的影响，涉及土地利用结构、土壤质量、植物生态、土地气候、水土流失等特征变化。

（一）土地生态过程中的生态流

1. 土地生态流及其流动形式

土地生态系统中的能量、养分和物种都可以从一个生态子系统迁移到另一个生态子系统，表现为物质、能量、信息、物种等过程，这一流动过程称之为土地生态流。土地生态过程的具体体现就是各种形式的土地生态流，即物流、能流、物种流、人口流、信息流等。

土地生态流有三种最基本的流动形式，即扩散、物质流和运动。扩散是指物质在土地生态系统中的随机运动，如植物花粉的传播。扩散主要取决于土地生态系统不同生态要素间的温度或空气压力差。物质流是指物质在重力和扩散力作用影响下沿能量梯度的运动。运动是指物体消耗本身能量从一个地方移动到另一个地方的过程。

2. 土地生态流形成的机制

土地生态流是由于媒介物和驱动力的作用而形成的。形成土地生态流的媒介物主要包括风、水、飞行动物、地面动物、人等。形成土地生态流的驱动力主要包括扩散、重力、行为等。

3. 土地生态流移动的模式

土地生态流主要包括连续运动、间歇运动、综合运动。连续运动是指土地生态流的主体在从“源”到“汇”移动的过程中，不存在运动速度为 0 的状况。间歇运动是指土地生态流的主体从“源”到“汇”移动的过程中，其间出现过运动速度为 0 的状况，即土地生态流的主体在某地出现过停歇。对物种来说，间歇运动又可以分为两种：休息站式，即该物种在某地做短暂停留后再继续运动；暂住站式，即该物种不仅在某地停留休息，而且在该地成功地生长和繁殖，从而为物种的进一步扩散提供了新的种源。连续运动和间歇运动的差别在于土地生态结构的异质性。随着土地生态系统异质性的增强，土地生态流运动可以由连续运动变为间歇运动。土地生态流的主体在移动过程中，可以是连续的，也可以是间歇的，这种运动形式即为综合运动。

(二)土地生态系统相邻子系统间的物质流

土地生态系统相邻子系统间的物质流主要包括水流、养分流和空气流,它们往往是联系在一起共同发生作用的,尤其是养分流往往是以溶解质的形式伴随水流运动发生的。

1. 水流

水流在土壤中的传输形式主要有下渗、侵蚀、地表径流、中间径流。水流的方向总是固定的,即"水往低处流"。水流的速度主要取决于水输入量及其时间、土壤结构(特别是土壤孔隙度)以及土壤对水携带物质的过滤作用三方面的因素。

2. 养分流

养分流主要是以溶解质的形式随水流而迁移的。在景观中,最为活跃的养分运动往往发生在水陆间,尤其是河流与陆地间。陆地与河流廊道交汇处,异质性最高,可直接利用的自然资源也极为丰富。矿质养分由高地进入河流廊道的途径主要有三个:养分直接穿越廊道进入河流;养分可能被机械阻拦,累积在廊道内的土壤中,逐渐淤积于谷底;养分随植被生长而被廊道植物所吸收,成为生物量的一部分。

3. 空气流

空气流中的风可分为平行流动的层状气流和向上或向下流动的湍流两种风型,不同风型的风流对所携带物质的流动会有不同影响。景观结构特征(如山的形态、植被结构、建筑物等)会对风型和风速造成影响,所以在景观规划设计中必须考虑到风的运动规律和作用。

(三)土地生态流与土地生态景观结构

1. 廊道与流

廊道是某些物种的栖息地,是一些生态流运动的通道,可以起到对生态流的屏障作用或过滤效应,可以成为某些生态流的源或汇。

2. 斑块与流

斑块的大小可以影响单位面积内的生物量、生产力、生物多样性等,斑块的形状和走向影响着养分的迁移和物种的运动,斑块的密度影响着通过景观的"流"的速率,斑块的分布构型影响干扰的传播和扩散。

3. 基质与流

基质连接度高,生态流受到的屏障作用小。土地生态景观之间的阻力可影响景观内各种生态流的速度。土地生态系统中的狭窄地带可以影响各种生态流的运动速度。土地生态系统中高孔隙度的基质可以对生态流通过基质造成影响,影响的大小取决于生态流的性质以及斑块是否适宜于流的通过。土地生态系统中同一斑块或结点对不同的生态流可以有不同的影响范围。土地生态系统中半岛交织状景观可以显示物种流的不同格局,物种穿越半岛交错结合地区的速度随流的方向而明显不同。土地生态系统中斑块形状对生态流的流动有影响,平行于物种运动方向的扁长斑块对基质内运动个体的拦截可能比与物流方向垂直的斑块少得多;土地生态系统中连接两点间的直线最短距离(几何距离)往往是生态流速度较快的线路。

4.土地生态过程中的关键点

土地生态过程中的关键点主要有三个:具有重要内容或源地效应的部位(如大型自然植被)或不寻常的地物(如沙漠中的河流);变化较多的区域,特别是生态敏感区以及那些一旦受到干扰就长时期得不到恢复的区域;各种形式的流交汇的地方。

5.土地生态景观结构对生态流的影响

土地生态景观结构对生态流的影响主要表现在四个方面:景观格局的空间分布,如方位(坡向)、母质组成和坡度等,将影响局部空气流动、地表温度、养分丰缺或其他物质(如污染物)在景观中的分布状况;景观结构将影响景观中生物迁移、扩散、物质和能量在景观中的流动;景观格局同样影响由非地貌因子引起的干扰在空间上的分布、扩散与发生频率;景观结构变化将改变各种生态过程的演变及其在空间上的分布规律。从某种意义上来说,土地生态景观结构是各种景观生态过程的瞬间表现。例如:洪水塑造地貌;森林大火后新的斑块—廊道—基质构型;等等。

(四)土地生态过程中各土地景观元素的相互作用

土地生态系统中景观元素之间的相互作用就是能量流、养分流和物种流等生态流从一种景观元素迁移到另外一个景观元素的过程。

斑块—基质之间的相互作用,指斑块与其基质之间发生的能量流、物质流、养分流等生态流的交换;斑块—斑块之间的相互作用,指具有相似群落的斑块之间的相互作用,主要由生物动力所致,风的作用很小,一般说来,斑块间能量和养分的传输不重要,而物种的迁移很重要,尤其是动物中的特有种,可以从一个斑块到另一个斑块觅食,斑块中发生物种的局部灭绝时,可以由相邻斑块得到补充;斑块—廊道的相互作用,类似于斑块之间的相互作用,主要的流是物种流;廊道—基质间的相互作用,廊道可分为线状廊道、带状廊道和河流廊道,这三种廊道不仅结构与功能不同,而且与围绕其基质的相互作用也不同。基质气候对线状廊道具有主导性影响,大多数作用的方向都是从廊道到基质,如灰尘、车辆污染会从公路进入农田;廊道对基质的另一个重要作用是隔离种群,从而限制流动。带状廊道与基质之间的流数量众多,且互相依赖,这是由于宽度效应使带状廊道可以具备许多开阔区的物种。河流廊道与基质间的相互作用以水流为主要驱动力,流动方向基本是从基质向河流。

(五)土地生态过程中的人文与文化过程

在人类出现以前,土地自然生态系统按照自然规律和变化周期来发展。随着人类的出现与发展,土地自然生态系统的演变在人类活动干扰下逐渐发生着变化,这种变化直接受制于不同的文化背景。在交通便利、文明发达的平川地区,土地自然生态系统更多地被人为破坏、开垦种植农作物,呈现出强烈的人为特征。而在交通闭塞、经济社会发展落后的山地丘陵地区,土地自然生态系统受到的影响和干扰程度较小。目前,随着人口的不断增长和社会经济的高速发展,人类对土地生态系统的干扰越来越大,在全球范围内很难再发现纯自然的土地生态系统。

人类与土地生态系统之间的关系并非仅仅是一种单向的一维生态关系,而是一种双向的相互依赖的复杂关系。人类适度开发利用和合理保护土地生态系统，土地生态系统会源源不断为人类提供各类生活和生产必需品；人类若过度开发、掠夺式利用土地生态系统，不仅会造成土地生态系统供给人类物品能力的下降，而且还会带来诸多自然灾害和灾难。所以，在人类及社会发展过程中，不仅要讲物质文明、精神文明，而且还要搞好生态文明建设，使土地生态过程朝着有利于人类健康生存的方向发展。

三、土地利用变化与土地生态过程

（一）土地利用方式与土地生态过程

土地利用方式及其结构的变化不仅能够改变土地自然景观的面貌，而且深刻影响着土地生态系统中的物质循环和能量流动。土地利用方式变化可引起许多自然现象和生态过程的变化，如土壤养分和水分的变化，地表径流与侵蚀，生物多样性的分布和生物地球化学循环等。土地利用方式的变化可导致水土流失、土地沙漠化等土地退化现象发生，亦可以控制水土流失和沙漠化，提高土壤质量的目的。

土地利用通过土地覆被的变化影响全球和区域环境，土地覆被对气候、生物地球化学循环、土壤质量、陆地生物种类的丰度和组成有重要影响。合理的人类活动，即在尊重客观规律的前提下，适度的土地利用，将会产生良好的生态效益；相反，过度的、不合理的土地利用，会导致土地退化、水土流失等环境问题，进而影响当地居民的生存和发展，由于局部环境问题的放大作用，在区域尺度上的环境问题也会在整个区域、全国甚至世界范围内造成一定的影响，如沙尘暴的产生。

（二）土地利用格局与土地生态过程

土地利用格局及其变化如何影响各种生态过程尤其是土地生态过程，一直是土地生态学研究的中心问题。土地利用格局是各种生态过程在不同尺度上作用的结果，已形成的土地利用格局对土地生态过程具有基本的控制作用；土地单元内部在一定程度上决定土地单元的个体行为，而土地单元的空间组合则影响系统整体的水平过程。

（三）土地利用工程与土地生态过程

土地开发对自然系统与生态景观的影响主要反映在植被的减少、动物区系的变化、生态景观类型人工化及结构的趋同化，并导致生物多样性的降低等方面。

在土地开发过程中，首先往往是生物资源的开发及大片的自然景观被改造成单一群落结构的农田或人工森林，自然植被的丧失，使野生生物生境发生变化，甚至消失，许多生物将随之消失或绝灭，当今全球性物种绝灭速度大大加快、生物多样性丧失严重的最重要的原因就是区域土地的开发所导致的生态环境的破坏。区域土地的开发也往往伴随人为有目的或无意识地引进各种动植物，导致外源物种的侵入，单一种物种结构的农田及森林也常诱发少数物种种群速度增长，如农作物及森林的病虫害大发生。此外，放牧作为草地生态系统开发的一种利用工程，其放牧强度及放牧制度的不同对草原植被和土壤质量、土壤理化性质具有不同的影响。

四、土地生态文明建设

土地方向的生态文明建设基于总体生态文明建设的推进，中共十七大首次提出生态文明这一概念，并将“建设生态文明，基本形成节约能源资源和保护生态环境的产业结构、增长方式、消费模式”提到了发展战略的高度；中共十八大以来，坚持把生态文明建设作为统筹推进“五位一体”总体布局的重要内容，把生态文明建设融入经济建设、政治建设、文化建设、社会建设各方面和全过程，加大生态环境保护，“美丽中国”的生态文明建设目标首次被写进了政治报告；十八届三中全会指出，建设生态文明，必须建立系统完整的生态文明制度体系，用制度保护生态环境。要健全自然资源资产产权制度和用途管制制度，制定生态保护红线，实行资源有偿使用制度和生态补偿制度，改革生态环境保护管理制度。会后，《中共中央关于全面深化改革若干重大问题的决定》指出，建设生态文明，必须建立系统完整的生态文明制度体系。从系统论和实践要求看，我国生态文明制度体系主要包括决策制度、评价制度、管理制度、考核制度等内容。党的十九大对生态文明建设提出更高要求，强调“坚持人与自然和谐共生”“开展国土绿化行动”。应从优化国土空间开发格局、节约和集约利用资源、保护自然资源和修复生态、陆海统筹开发和保护海洋生态、完善自然资源管理制度等方面进一步发力加强生态国土建设。党的二十大提出，中国式现代化是人与自然和谐共生的现代化。要深入推进环境污染防治，持续深入打好蓝天、碧水、净土保卫战，加强土壤污染源头防控。提升生态系统多样性、稳定性、持续性，加快实施重要生态系统保护和修复重大工程，实施好长江十年禁渔，健全耕地休耕轮作制度。

（一）决策制度

生态文明决策制度是指从全局高度通盘考虑，搞好顶层设计和整体剖析，针对生态文明建设的重大问题和突出问题，加强顶层设计和整体部署，统筹各方力量形成合力，协调解决跨部门、跨地区的重大事项，把生态文明建设要求全面贯穿和深刻融入经济建设、政治建设、文化建设、社会建设各方面和全过程。具体政策如《中共中央关于全面深化改革若干重大问题的决定》《中共中央国务院关于加快推进生态文明建设的意见》《生态文明体制改革总体方案》等。

（二）生态文明评价制度

生态文明评价制度是指把资源消耗、环境损害、生态效益纳入经济社会发展评价体系，建立体现生态文明要求的目标体系。把经济发展方式转变、资源节约利用、生态环境保护、生态文明制度、生态文化、生态人居等内容作为重点纳入目标体系中，探索建立有利于促进低碳循环发展的国民经济核算体系，探索建立体现自然资源生态环境价值的资源环境统计制度，探索编制自然资源负债表。具体政策如 2016 年 12 月国务院办公厅颁布的《生态文明建设目标评价考核办法》。

（三）生态文明管理制度

生态文明管理制度包含的范围比较广泛，归纳起来主要包括以下几个方面：

(1)建立空间规划体系，如《全国生态功能区划（修编版）》在充分认识生态系统结构、过程及生态系统服务功能空间分异规律的基础上，划分生态功能区，明确对保障国家生态安全有重要意义的区域，推进我国生态文明建设、优化国土开发格局。

(2)健全能源、水、土地节约集约使用制度，如新《中华人民共和国节约能源法》及“水十条”(《水污染防治行动计划》)、“土十条”(《土壤污染防治行动计划》)、“大气十条”(《大气污染防治行动计划》)等。

(3)健全国家自然资源管理体制，如为了提升子资源保护和合理利用水平，切实维护国家所有者权益，2017 年国务院颁布了《关于全民所有自然资源资产有偿使用制度改革的指导意见》，完善了国有土地资源、水资源、矿产资源、国有森林资源、国有草原资源、海域海岛资源等全民所有自然资源的有偿使用制度。

(4)建立生态环境监管体制，如 2015 年国务院颁布的《生态环境监测网络建设方案》，2016 年国家发改委等 9 部委印发的《关于加强资源环境生态红线管控的指导意见》、2017 年国务院印发的《关于划定并严守生态保护红线的若干意见》等相关政策。

(5)统一监管污染物排放，如 2016 年国务院颁发的《控制污染物排放许可制实施方案》，将排污许可制建设成为固定污染源环境管理的核心制度，作为企业守法、部门执法、社会监督的依据，为提高环境管理效能和改善环境质量奠定坚实基础。

(6)依法强化环境影响评价，如国家先后出台了《中华人民共和国环境保护法》《中华人民共和国环境影响评价法》《规划环境影响条例》以及 2014 年颁布的《规划环境影响评价技术导则总纲》等相关法律法规。《规划环境影响评价技术导则总纲》规定了规划环境影响评价的一般性原则、内容、工作程序、方法及要求，各综合性规划、专项规划环境影响评价技术导则和技术规范都应该根据《规划环境影响评价技术导则总纲》制定。

(7)建立健全生态补偿机制，如为了探索建立多元化生态保护补偿机制，有效调动全社会参与生态环境保护的积极性，促进生态文明建设迈上新台阶，2016 年国务院颁布《国务院办公厅关于健全生态保护补偿机制的意见》。

(8)健全生物多样性保护制度，2018 年 9 月云南省率先出台了《云南省生物多样性保护条例》，明确了生物多样性保护的职责，完善了生物多样性保护的制度。

(9)建立国家公园体制，党的十八届三中全会提出建立国家公园体制，2015 年初发改委、旅游局等 13 部门联合印发了《建立国家公园体制试点方案》，2015 年 6 月启动了为期 3 年的国家公园体制试点，2017 年 9 月国务院印发了《建立国家公园体制总体方案》，该方案科学界定了国家公园的内涵，建立了国家公园资金保障制度，完善了自然生态系统保护制度。

(10)制定绿色信贷、绿色贸易政策，如 2012 年中国银监会颁布的《关于印发绿色信贷指引的通知》、2013 年中国银监会和国家林业局颁布的《关于林权抵押贷款的实施意见》、2015 年发改委等 4 部门联合颁布的《关于支持循环经济发展的投融资政策措施意见的通知》，以及 2016 年中国人民银行、银监会、证监会、保监会联合发布的《关于支持钢铁煤炭行业化解过剩产能实现脱困发展的意见》等。

(11)建立环境污染责任保险制度，如 2013 年环保部和保监会联合印发的《关于开展环境污染强制责任保险试点工作的指导意见》，该意见明确涉重金属企业、按地方有关规定已被纳入投保范围的企业、其他高环境风险企业必须强制投保社会环境污染强制责任险，否则将在环评、信贷等方面受到影响。

(12)建立打击环境违法行为相关制度，如 2014 年国务院办公厅颁布了《关于加强环境监管执法的通知》，该通知针对违法性质最恶劣、危害最严重、群众反映最为强烈但同时又普遍存在的违法排污、违法违规建设等五类突出环境违法行为，提出了重拳打击的要求和具体查处的措施。

(四)生态文明考核制度

生态文明考核制度是指将生态文明建设水平和环境保护成效的指标纳入地方领导干部政绩考核评价体系，大幅度提高生态环境指标考核权重。在限制开发区域和禁止开发区域，主要考核生态环保指标。严格领导干部责任追究，对领导干部实行自然环境资产离任审计。建立生态环境损害责任终身追究制。对造成生态环境损害的责任者严格实行赔偿制度，依法追究刑事责任。2013 年国务院颁布了《实行最严格水资源管理制度考核办法》，2014 年国务院颁布了《大气污染防治行动计划实施情况考核办法(试行)》，2018 年 10 月国务院印发了《党政领导干部生态环境责任追究办法(试行)》，将追责对象聚焦于党政领导干部(县级以上地方各级党委和政府及其有关工作部门的领导成员，中央和国家机关有关工作部门领导成员；上列工作部门的有关机构领导人员)，规定了 25 种追责情形，并遵循权责一致、终身追究的原则。

党的十九大报告指出人与自然是生命共同体，要加快生态文明体制改革，建设美丽中国。在生态文明建设方向方面指出：我们建设的现代化是人与自然和谐共生的现代化，既要创造更多物质财富和精神财富以满足人民日益增长的美好生活需要，也要提供更多优质生态产品以满足人民日益增长的优美生态环境需要。生态文明建设的任务主要是推动绿色发展，着力解决突出环境问题，加大生态系统的保护力度，改革生态环境监管体制。提出加快生态文明体制改革，建设美丽中国。将“生态文明”列为社会主义现代化新征程的重要组成部分，对生态文明制度体系的论述更为具体，使生态文明体制改革着力点更明确、针对性更强。

党的二十大报告指出，大自然是人类赖以生存发展的基本条件。尊重自然、顺应自然、保护自然，是全面建设社会主义现代化国家的内在要求。必须牢固树立和践行绿水青山就是金山银山的理念，站在人与自然和谐共生的高度谋划发展。要积极稳妥推进碳达峰碳中和，加快发展方式绿色转型，深入开展环境污染防治，实施生态系统保护修复重大工程，协同推进降碳、减污、扩绿、增长，推动美丽中国建设。坚持绿水青山就是金山银山的理念，坚持山水林田湖草沙一体化保护和系统治理，使生态文明制度体系更加健全，生态环境保护发生历史性、转折性、全局性变化。

第三节　土地生态与环境评价

一、土地生态评价

(一)土地生态评价的概念

土地评价是通过对土地的自然、经济属性的综合鉴定，将土地按质量差异划分为若干相对等级或类别，以表明在一定的科学技术水平下，被评土地对某种特定用途的生产能力或价值大小。土地评价按其评价内容通常划分为土地适宜性评价、土地生产潜力评价和土地经济评价，土地的特定用途不同，土地的评价内容和方法也就不同。联合国粮农组织(FAO)1976年发表了《土地评价纲要》，标志着全球的土地评价工作开始由理论进入实务阶段，人类对土地资源的利用也从过去的单纯追求经济增长转化到追求人地协调和资源的可持续利用的经济发展模式上来。后来，土地评价的应用领域进一步拓展，围绕区域生态方面的评价是一个重要方面，中国近年来的生态评价工作发展迅速，如土地沙质荒漠化评价、土地退化评价、土地荒漠化评价、水土保持土地评价、退耕还林还草土地评价、湿地资源效益评价等相关研究都做出了尝试。然而对于土地生态评价的准确含义，国内学者吴次芳给出了一个比较系统的含义，即土地生态评价就是指对土地生态系统的结构、功能、价值及其生态环境质量所进行的评价。这个概念对土地生态评价外延的广度、确定性方面进行了约束，即评价生态系统的结构、功能、价值和生态环境质量。结合当前土地生态评价研究的进展，可以进一步总结为以下概念：①土地生态评价着重进行土地生态系统的结构功能、土地生态价值和生态环境质量的评价；②土地生态评价可以在一般的土地评价的基础上，选择对研究对象最有意义的若干生态特性进行专项评价，进而诊断土地生态系统的健康程度和土地利用的生态风险；③土地生态评价不仅仅局限于评价自然生态系统，而且要考虑人类社会生活或社会经济过程；④土地生态评价是一项系统工程，是对各种土地生态类型的健康状况、适宜性、环境影响、服务功能和价值的综合分析与评价的过程。

(二)土地生态评价的目的和意义

土地生态评价的根本目的就是要实现区域土地资源的可持续利用，开展土地生态评价具有十分重要的意义，它能够使决策者和公众明确区域环境质量的基本状况，找出影响区域生态环境变化的内在因素及其变化原因，重新审视如何推动和实现经济增长，从而制定出合理的对策，实现以“封闭的”“单打一”的经济增长方式向以自然资源为基础，与环境承载能力相协调的社会福利非递减性的经济增长方式的转变。土地生态评价主要属于土地生态系统功能的研究，重点是对土地生态系统结构和功能的研究。

(三)土地生态评价的内容

土地生态评价的主要内容及方向包括：①区域土地生态评价；②土地生态环境评价，其中包括危险性评价、敏感性评价和质量评价；③土地生态风险评价；④土地生态退化评价；⑤土地生态系统评价，其中包括结构和功能评价、稳定性和可持续评价、服务功能评价等，并且这几个方面互相联系、互相依赖、互相交叉。

1. 区域土地生态评价

1)区域土地生态评价的概念

区域土地生态评价是相对于局地或者单项指标评价而言的，由于区域土地生态评价是一种生态系统，是一个自然-社会-经济的复合系统，它受到多种因素的影响，表现出复杂性和不确定性，对生态系统的评价应当是综合评价，通过综合评价才能正确理解不同时空尺度、不同类型的生态系统之间的相互关系，才能做出准确的评价，从而指导人类做出明智的生态决策。因此，区域土地生态评价是以土地生态环境为中心，考虑了其整体性、宏观性、战略性要求，对区域土地生态系统、质量、服务、功能等方面做出的综合评价。

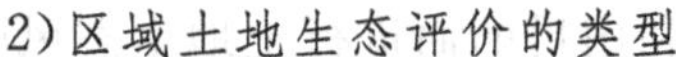

2)区域土地生态评价的类型

区域土地生态评价是一种系统评价，常与其他土地生态评价相结合，现阶段土地生态评价多表现为区域评价的方式。与土地生态系统结构和功能结合可以划分为区域土地生态系统评价和区域土地生态服务评价；与区域地理位置结合可以划分为城市土地生态评价和农村土地生态评价；与土地利用类别结合可以划分为森林土地生态环境评价、草原土地生态环境评价、水域及沿海滩涂土地生态环境评价等；与评价功能和效用结合可以分为区域土地生态安全评价、区域土地生态环境评价、区域土地景观评价等。

2. 土地生态环境评价

1)土地生态环境评价的概念

土地生态环境评价是对人类在土地开发利用过程中可能导致的生态环境影响进行的分析、预测和评估，提出改善土地生态环境的对策和措施，是预防社会生态环境问题、促进土地资源合理开发利用、制定经济社会可持续发展规划和生态环境保护对策的重要依据。

2)土地生态环境评价的类型

土地生态环境评价根据评价的时段、评价的对象、评价的功能不同可以有多种类型。按评价时段可分为土地生态环境质量评价和土地生态环境影响评价(也称预测评价)。土地生态环境质量现状评价一般是据近两三年的土地生态环境监测资料，通过现状的土地生态环境分析，为不同区域不同的土地生态问题的识别、保护提供科学的依据；土地生态环境质量预测评价通过对连续近几年某区域的土地生态环境质量进行评价，分析其变化规律，并预测出某区域的未来的土地生态环境质量。土地生态环境评价按评价对象可分为农村土地生态环境评价、城市土地生态环境评价、森林土地生态环境评价、草原土地生态环境评价、水域及沿海滩涂土地生态环境评价等多个方面；按评价目的可分为土地生态环境危险性评价、敏感性评价和质量评价。

3. 土地生态风险评价

1)土地生态风险评价的概念

生态风险是指一个种群、生态系统或整个景观的正常功能受外界胁迫，从而在目前和将来减小该系统内部某些要素或其本身的健康、生产力、遗传结构、经济价值和美学价值的可能性。借用生态风险的含义，可以将土地生态风险定义为：一个种群、生态系统或整个景观的正常功能受到土地开发利用、整理以及人类活动等外界胁迫时，在目前和将来减小土地生态系统内部某些要素或土地生态系统的健康、生产力、遗传结构、经济价值和美学价值的可能性。土地生态风险评价是环境风险评价的重要组成部分，它是指受到土地开发利用、整理以及人类活动等影响后，对不利的生态后果出现的可能性及其损害程度进行的评估。

2)土地生态风险评价的类型

土地生态风险评价根据不同的划分体系也有不同类型。根据引起生态风险的来源不同有土地工程风险评价、土地生态入侵风险评价、人类活动风险评价三种类型。根据风险评价的内容和广度可以分为区域土地利用生态风险综合评价和区域土地利用风险专项评价。区域土地利用生态风险评价是在区域尺度上描述和评估环境污染、人为活动或自然灾害对土地生态系统及其组分产生不利作用的可能性和大小的过程，如区域景观生态风险评价、河流湖泊流域生态风险评价等。区域土地利用风险专项评价是指为单一土地利用目的而进行土地生态风险评价活动，如土地整理风险评价、水库淹没区移民安置区生态风险评价等。

4. 土地生态退化评价

1）土地生态退化评价的概念

土地生态退化是指由于人类对自然资源过度以及不合理利用而造成的土地生态系统结构破坏、功能衰退、生物多样性减少、土地生产潜力衰退等一系列生态环境恶化的现象。生态环境退化的特点是一旦生态环境遭到破坏，生态平衡失调，其恢复是非常艰难的，主要表现在恢复时间长以及资金投入大，而且有些破坏甚至是不可逆转的。近几十年来，世界人口的急剧增长、耕地的日趋减少、森林的锐减、草原的过度放牧和开垦等加快了土地生态退化的进程，致使土地生产能力局部丧失或全部丧失。随着土地生态退化空间的不断扩大和强度的日益增加，原先局部的次要的变化已转化为全球性的重大危机。因此，生态环境的退化已引起各国学者的广泛关注，退化生态环境的恢复和重建也成为当前生态学研究的热点之一。

2）土地生态退化评价的主要类型

当前全球性的土地生态退化主要表现在森林破坏、土地沙漠化、水土流失、湿地萎缩等以及由此而造成的水资源、森林资源等自然资源的短缺以及气候变异、农业生产条件的恶化和各种自然灾害的频繁发生等各个方面。我国的土地生态退化主要表现在：①林地退化；②草原退化；③水土流失；④土地荒漠化；⑤土壤污染与退化。

5. 土地生态系统评价

1）土地生态系统评价的概念

生态系统评价发端于美国森林生态系统管理评价，随后与加拿大生态系统区划理论相结合，在北美得到了较快发展。土地生态系统评价是对土地生态系统现有状态及其变化方向的评定，并提出改善土地生态系统现有状态，促使其向健康和良性方向发展以及开展重点生态脆弱区防护的一系列措施和对策。

2）土地生态系统评价的类型

土地生态系统评价主要包括两部分：一个是土地生态系统整体质量（健康）问题；另一个是生态系统的这种状态对周围造成的影响问题（包括所能提供的服务及负面影响等）。后者是前者发展的必然趋势和更高层次。土地生态健康评价能反映区域社会土地资源的可持续利用能力以及社会生产和人居环境稳定可协调的程度，充分认识区域土地生态质量的状况，明确区域土地生态质量存在的问题，是区域土地生态质量预警的基础，也是制定区域土地利用规划乃至国民经济社会发展计划的重要依据。土地生态系统服务评价主要包括两大部分：①生态系统产品，如食品、原材料、能源等；②对人类生存及生活质量有贡献的生态功能，如调节气候及大气中气体组成、涵养水源及水土保持、支持生命的自然环境条件等。

二、土地生态评价方法

土地生态环境安全评价是以保障土地生态系统的总体可持续发展安全为目标，研究分析人类开发和利用土地活动达到的土地生态承载能力的阈值，利用相关模型预测人类对在土地上的活动的影响，并对土地生态安全的健康和受到威胁的程度做出评估。

(一)综合评价法

综合评价法选取包括社会、经济、资源和环境等多方面的指标。首先确定指标的基准值和等级评价标准,然后通过主观赋权法或客观赋权法来确定指标的权重,最后通过数学模型计算土地生态安全综合值,对土地生态安全进行评价。常用的综合评价法包括综合指数法和模糊数学法。

1. 综合指数法

综合指数法是指对各项评价指标加权平均计算出综合值,确定所有评价指标的临界值或建立等级评价准则,通过数学计算得到区域土地资源生态安全的综合指数及安全等级。综合指数法又可以分为基于层次分析法的综合指数法、基于熵权系数法的综合指数法和基于主成分分析法的综合指数法。

基于层次分析法的综合指数法首先通过层次分析法确定评价指标的权重,在此基础上运用综合指数法计算评价区域的生态安全综合值,对选定区域做出评价。其中层次分析法指把一个复杂的问题按其主次或支配关系分组而形成有序的递阶层次结构,通过两两比较判断的方式确定每一层次的因素的相对重要性,然后在递阶层次结构内进行合成以得到决策因素相对于总目标的重要性的总排序,最后通过对排序结果的分析解决所考虑的问题。

基于熵权系数法的综合指数法则是首先用熵权系数法确定评价指标的熵权重,然后运用综合指数法各评价对象的综合评价值。其中墒权系数法是指通过建立评价指标特征值矩阵,并对其进行无量纲标准化处理,计算各评价指标熵的一种方法。

2. 模糊数学法

模糊数学法以模糊推理为基础,把定性的事物以模糊的概念形式定量化,通过建立多层次综合分析原理能够较科学地、切实可行地评价模型及隶属度函数得到模糊矩阵,通过求解最大隶属度,实现对研究区生态安全的科学评价。

(二)生态模型法

生态模型可模拟健康突变的毒害界限和某一环境下系统健康要素的变化过程。生态模型法包括个体、群落、生态系统、区域以及景观等多尺度上的模型,比较有代表性的方法是土地资源承载力法和生态足迹法。

1. 土地资源承载力法

土地资源承载力法是指将区域土地资源所能持续供养的人口数量,即土地资源人口承载量与现实人口数量相比较,如果承载量大于现实人口数量则判定土地资源处于安全状态,反之则不安全。

2. 生态足迹法

生态足迹法是通过测定一定区域维持人类生存与发展的自然资源消费量以及吸纳类产生的废弃物所需的生物生产性土地面积大小与给定的一定人口区域的生态承载力进行比较,评估人类对生态系统的影响,测度区域可持续发展状况的方法。

(三)景观生态学法

景观生态学法充分利用3S技术有效地将过程与状态相结合并通过空间结构与功能、格局与生态流的结合,从而达到生态安全评价的定量和定位研究。景观生态学方法包括景观生态安全格局法、景观指数法等。

1.景观生态安全格局法

景观生态安全格局法通过识别景观生态安全格局来判断土地的生态安全性。景观生态安全格局的分析识别包括源的确定、建立阻力面、根据阻力面来判断安全格局、风险源迁移路径分析。

2.景观指数法

景观指数法通过构造包括结构指标、功能指标、变化和稳定性指标的景观生态安全评价指标体系,运用景观指数对土地生态安全评价。

(四)物元分析法

物元分析法首先对每个评价指标进行分级区间界定,通过单指标的关联函数计算得到单指标的生态安全状态,再通过模型集成得到多指标的综合生态安全水平。

(五)主成分聚类分析法

主成分聚类分析法首先采用主成分分析剔除存在相关性、信息、重叠的指标,利用得到的具有代表性的主成分指标代替原来的评价指标,再对土地利用生态安全进行聚类分析。

(六)灰色系统综合评价法

灰色系统综合评价法首先将各评价指标分为不同的灰类型,然后建立隶属于各灰类型的权函数,以定量地描述某一评价对象隶属于某个灰类的程度。对具有多层次评价指标的体系,可在子系统评价的基础上再对上一层次加权综合,以反映系统的整个状况。

三、土地生态安全与健康评价指标与体系

(一)土地生态安全与健康的概念及发展

生态安全具有广义和狭义之分,广义的生态安全概念来自国际应用系统分析研究所(International Insititute for Applied Systems Analysis,IIASA)拟订的1989—1992年管理全球安全性和危险性的方案。该方案认为生态安全是指在人的生活、健康、安乐、基本权利、生活保障来源、必要的资源、社会秩序和人类适应环境变化的能力等方面不受到威胁。狭义的生态安全是指自然和半自然生态系统的安全,即生态系统完整性和健康的整体水平反映。按照上述生态安全的概念,土地生态安全可以表述为土地生态系统结构和功能稳定,具有能够为人类提供某种必要的资源与服务而不引起环境受到威胁的能力。可见,土地生态安全应该包含两层意思:一是土地生态系统本身的健康和提供服务的能力;二是人类的土地利用方式是安全的,即在利用土地过程中,不应导致土地生态环境遭到损害和破坏的危险。究其根源,生态安全概念由环境安全的概念延伸而来。1941年,英国学者奥尔多首次开展了土地健康评价的研究,并认为要从发挥土地功能和实现土地内部可自我更新两方面体现土地是否处于健康状态。

联合国教科文组织较早提出和研究生态安全问题，并在1948年发表的《社会科学家争取和平的呼吁书》中提出了保护生态环境的重要性。1972年，联合国在人类环境会议中通过《人类环境宣言》向全球呼吁保护生态环境，提倡在生产开发利用活动中必须考虑其带来的环境后果。1977年美国环境学家布朗在《建设一个持续社会》一书中提出生态安全这一概念，将生态安全纳入国家安全的行列，并对全球范围内的环境问题进行了分析，强调人与自然的关系密切，对自然资源的不合理利用会威胁生态环境状态。联合国环境与发展委员会（WCED）在1987年发布的《我们共同的未来》报告中系统论述了全球的环境与发展所面临的压力，同时指出，生态安全是人类实现可持续发展的重要基石。此后，WCED针对社会、经济和环境问题相继提出了资源安全和生态安全等相关概念，并认为生态安全是自然、经济和社会三个相互依赖的子系统的安全，是人类健康、安乐生活的基本权利以及生活环境和资源等各方面都不受损害的一种状态。1989年，国际应用系统分析研究所在分析生态预报的基础上首次阐述了生态安全的内涵，并提出要建立全球范围内的生态安全监测系统，监测生态环境状况和动态变化。随后各个国家政府和环境保护学者加强了对生态环境变化的研究力度，通过开展相关话题研究，得出了一些具有代表性的科研成果，如2000年德国的《环境和安全：通过合作防危机》、2000年美国的《环境变化和安全：项目报告》、1999年加拿大的《环境，短缺和暴力》以及1999年北大西洋公约组织的《国际背景下的环境与安全》等，具有一定深度和广度。国外自20世纪90年代中后期以来，对生态安全的研究继续加强和逐步深化，使生态安全的研究逐渐成为学术界研究的热点问题。

（二）土地生态安全与健康评价指标与体系

伴随着全球可持续性发展战略的提出，土地方面的研究也逐步和生态安全研究相挂钩。以评价研究为基础，最重要的是建立起科学合理有效的评价指标体系。为此，各国学者从多个视角和多个方面展开，构建评价指标体系，研究评价方法，选取评价内容。

国外通过参考借鉴世界银行（WB）和联合国粮农组织（FAO）等多个国际组织机构于1995年发布的《土地质量指标》，从而有序地开展对土地生态安全评价的研究。例如一些学者综合考虑了造成水土流失、草地退化等土地质量下降的因素，对土地的可持续利用进行评价研究；杰弗里指出不仅要关注到土壤质量是可持续土地管理的必要指标，同时还要明确土壤质量和生态系统功能之间的因果联系，这也是影响对土壤质量评价研究指标选取的重要因素。此外，对于生态安全评价的指标体系，经济合作与发展组织（OECD）在1990年提出了“压力-状态-响应”（PSR）模型。该模型主要反映了外界的压力对自然界生态环境的影响，以及压力情况下的状态和人类为了改变这种状态所采取的保护措施。随着PSR模型在生态环境压力的评价研究中的广泛应用，国际学者继续对其进行深入探究。联合国可持续发展委员会进一步提出“驱动力-状态-响应”（DSR）模型，该模型反映了在经济社会的发展进程中，环境发生的变化主要是由人类的生产生活的一系列活动所导致的。经过应用和发展，1998年欧洲环境组织（EEA）在综合和修正以上两种方法的基础上又提出了新的研究模型，即“驱动力-压力-状态-影响-响应”（DPSIR）模型，该模型更多地被应用于环境的评价研究中，主要为了反映环境的变化与人类的相互作用关系。以上的研究模型因其逻辑思路清晰和理论框架明确而被广泛应用。

我国于20世纪90年代末相继开展土地生态安全方面的研究,较发达国家晚。经济持续发展、城镇化建设加快等一系列发展问题引发了人地矛盾,土地资源可持续发展与生态环境保护之间的矛盾尤为突出。面对以上问题,土地生态问题得到研究者们的持续关注,并成为生态学等多个学科的研究热点问题之一。2000年,国务院出台并发布《全国生态环境保护纲要》,重点强调要始终维护国家生态安全,明确了生态环境的核心任务是以保护国家的生态安全为前提,并将生态安全问题提升到了国家战略的高度。党的十九大报告指出,中华民族能够永续发展的千年大计是建设生态文明,使“生态文明建设”的目标提到一个新的高度。目前对于生态安全的研究主要体现在以下几个方面:

(1)土地生态安全的概念界定。国内学者对土地生态安全的界定主要从土地资源的自身属性和土地生态系统的服务保障功能角度出发进行研究。一是从土地资源的自身属性的角度进行探究,着重强调系统的可持续性和生态环境的健康状态。例如,高桂芹、荣联伟等人认为土地生态安全是指特定研究区域内土地资源所处的生态环境处于一种健康、平衡和可持续发展的状态。二是从土地能为人类所提供的服务保障功能出发,彰显土地生态服务的稳定性和服务功能的完善性。例如,一部分专家认为土地生态安全是在保证区域人们的高质量、高效率以及健康的生产生活不受生态环境破坏和环境污染的前提下,土地生态系统所能提供的生态服务的完善性和稳定性。三是将前两者相结合进行的定义,既要保障生态系统自身的稳定性,又能满足为人类社会的发展提供所需的服务和保障。例如,部分专家学者认为土地生态安全是指土地生态系统在既能满足当代人又能满足后代人生产生活的需要和发展前提下,系统自身结构在数量和质量上都存在着稳定性,并能保障其功能的完善性的定义。

(2)土地生态安全评价指标体系的构建。建立土地生态安全评价指标体系需与区域现实状况和特点相结合,综合考虑多方面的因素,明确指标的实用性和指标的可行性,将具体建模和合理的评价方法相结合,构建出能够准确、全面反映研究区域土地生态安全的评价指标体系。通过近几年的研究,虽有众多国内学者积极探索新的方式,但目前尚未形成统一的评价指标体系。主流仍然沿用OECD提出的PSR模型、联合国可持续发展委员会(UNCSD)提出的DSR模型和EEA(欧洲经济区)提出的DPSIR模型,以其概念模型作为理论指导,从“自然-经济-社会”(NES)、“经济-环境-社会”(EES)和“资源-经济-社会-环境”(RESE)等系统结构角度来构建合理的框架模型,并结合研究区的自身环境特点选取多指标,不断补充完善生态安全指标体系。目前,基于OECD的PSR模型和生态系统的“自然-经济-社会”三要素的复合体框架模型是构建评价指标体系方面最常用的模型。代表性的研究有:部分学者应用PSR模型构建研究了土地生态安全指标体系;相关学者依据PSR模型优化的DPSIR模型,建立了研究区土地生态安全评价指标体系;而“自然-经济-社会”框架模型也以其他研究者的研究为代表性,选取生态环境、经济、社会三方面的因素指标,实证研究土地生态安全评价指标体系构建。

第四节 土地生态环境管理措施

一、土地生态规划

生态规划是指按照生态学的原理,对某一地区的社会、经济、技术和生态环境进行全面的综合规划,以便充分有效和科学地利用各种资源条件,促进生态系统的良性循环,使社会经济持续稳定地发展。针对土地生态规划,众多学者提出了各自的观点。早在20世纪60年代,地域生态规划的创始人、美国宾夕法尼亚大学环境规划学系主任在《自然界的设计》一书中就指出:"生态规划法是在认为有利于利用全部或多数因子的集合,并在没有任何有害的情况或多数无害的条件下,对土地的某种可能用途,确定其最适宜的地区,符合这种标准的地区便认为本身适宜于所考虑的土地利用。"吴次芳和徐根保认为土地生态规划是按照土地资源可持续利用的要求,以协调人、自然、土地三者的关系为核心,实现一定区域内土地生态系统开发、利用、整治和保护的时间安排和空间部署。刘馨认为土地生态规划总是在一定的区域范围内进行的,更多研究的是一定区域内土地生态系统长期运行发展的战略部署。刘天齐和杨子生认为土地生态规划就是一个符合生态学要求的土地利用规划。日本一些学者亦认为土地生态规划的概念是指生态学的土地利用规划。这些概念基本上都与土地利用规划衔接得比较紧,但欧阳志云、王如松等从可持续发展的角度,结合生态经济学的原理,突出土地生态效益,加强对土地适宜性的评价、用地功能区的划分、各种生态关系的模拟与设计,探讨改善系统结构与功能的生态建设对策。正确理解土地生态规划的概念必须明确以下几点。

(1)土地生态规划总是在一定的区域范围内进行的。所谓区域,是指一定地区的范围,即一定范围的土地或空间的扩展,也就是组成地域某一整体的一部分。区域的划分可以由一个或几个属性来决定。如按地貌划分可以把各地划分为高原地区、丘陵地区、平原地区、盆地地区、三角洲地区等;按经济联系划分可以把全国划分为若干个经济区等。区域是一个相对的概念。由于土地生态规划总是在一定区域内进行的,因此,不同区域土地生态规划内涵和特点都应该是不相同的。

(2)土地生态规划的对象是土地生态系统,土地生态规划更多的是对一定区域内的土地生态系统长期运行发展的战略部署。同时也要考虑土地的经济属性(包括技术、经济、社会等因子)。在设计土地生态规划方案时,一定要考虑土地生态系统的适宜性,并遵循土地生态系统自身的运行规律。

(3)土地生态规划的主要目的是有效地开发、利用、保护以土地资源为中心的生物圈资源(包括森林资源、牧草资源、水资源、动物资源等),合理地配置社会生产力,以便取得最佳的生态经济效益。土地生态规划的最根本目的就是要实现一定地域与一定部门的最佳结合,实现一定区域土地生态系统的最佳开发利用,以便持久供给国民经济各部门持续、稳定、协调发展所需的资源和能源等。

(4)土地生态规划必须以土地生态区划为基础。土地生态规划与土地生态区划有着密切的联系,主要表现如下:①土地生态区划是土地生态规划的基础和前期工作。土地生态区划可提供该土地生态区自然资源和社会经济条件的评价论证资料和准确的数据，提供该区划土地利用的方向、方式和基本结构，提供以土地资源为中心的生物圈资源开发利用的方案和建议。有了这个科学基础，才能制定出切实可行的土地生态规划。②土地生态规划是土地生态区划的深入。土地生态区划规定了各个土地生态区的土地利用方向和结构，但如何利用、布局，则要结合地区国民经济与社会发展规划，通过土地生态规划才能进一步落实和具体化。如果没有恰当的土地生态区划，土地生态规划将无所适从；而不进行土地生态规划，土地生态区划所确定的土地利用方向和结构就难以实现。因此，必须在区域土地生态区划的基础上，以区划提供的成果为依据，围绕该区域国民经济与社会发展规划提出的战略目标，制订区域土地生态规划。

总的来看，土地生态规划是依据生态学的一般原理，研究土地生态系统的功能，实现研究区土地生态适宜性及土地生产潜力的评价，并根据研究制定符合生态学要求的土地利用规划，从而实现区域生态系统结构与功能的协调发展。

二、土地生态工程

土地生态工程的产生有着其历史背景和现实需求，它是随着生态工程学科的产生、土地生态问题的出现而提出的。从 20 世纪 60 年代以来，全球生态危机表现为人口激增、资源破坏、能源短缺、环境污染和粮食供应不足等，这些人类面临的共同问题在不同国家和地区表现不尽相同。西方发达国家面临的主要是由于高度的工业化和强烈集约型的农业经营带来的环境污染问题。在发展中国家所面临的不单纯是环境污染问题，而是一种由于人口增长、资源破坏、生产不足和环境污染共同构成的综合征。发展中国家不但需要保护资源和环境，更迫切地需要以有限的资源生产出足够的产品，以供养日益增长的人口。现实条件使得这些国家必须立足于本地资源和条件去寻求适合于自己的发展途径和技术，生态工程正提供了这样一种实现低耗、高效的生产适用技术的发展战略。

土地作为陆地生态系统的重要组成部分，它不但是人类生存的物质基础，更为人类提供了生产、生活的场所。在全球资源、环境、人口矛盾日益突出的今天，土地资源也必然面临着破坏、盲目占用、水土流失、污染等一系列生态问题，同时还面临土地利用不合理、效率不高、供需矛盾突出等社会经济问题。针对土地面临的一系列生态问题和社会经济问题，在生态工程中就出现了“土地生态工程”这一分支学科，它是生态工程的一个重要分支。

土地生态工程是以整个土地生态系统或复合生态系统为研究对象，通过多目标和全面规划一个区域，同步取得生态、经济和社会效益，因而具有整体观；通过调控土地生态系统内部的结构和功能，来提高土地生态系统的自净能力和环境容量，从而实现土地资源的可持续利用。

土地生态工程的内容划分为土地生态系统开发和利用工程、土地生态系统整治和保护工程、土地生态系统修复和调控工程三个方面的内容。

（一）土地生态系统开发和利用工程

土地是一切陆地生态系统的载体，人类的任何经济社会活动都离不开土地；人类的土地利用活动也会影响生态系统，从而会影响其生态服务价值，这也是导致土地生态问题产生的主要原因。土地生态系统中各种要素都具有特定的生态服务功能，比如森林具有生产有机物的价值、涵养水源的价值、保土的价值、纳碳吐氧的价值、游憩的价值、生物多样性的价值和净化环境污染的价值。自然生态系统不仅可以为我们的生存直接提供各种原料或产品、食品、水、氧气、木材、纤维等，还具有调节气候、净化污染、涵养水源、保持水土、防风固沙、减轻灾害、保护生物多样性等功能，进而为人类的生存与发展提供良好的生态环境。土地资源使用不当，不仅影响农业生产，而且也影响整个自然环境。从生态学角度来看，合理利用土地，就是要根据不同地区的生态条件，因地制宜，做到合理利用土地资源。

1. 土地开发工程

土地开发工程即对土地资源尚未被利用或利用还不充分的地区进行合理垦殖，发展交通，建设居民点，进行综合开发利用的工程和措施，以充分发挥土地资源的生产潜力，提高土地利用率。

2. 土地治理工程

土地治理工程即采取工程措施和生物措施相结合的方法，对各种难以利用或由于使用不当而退化了的土地，进行有计划的综合治理，以恢复和提高土地生产力，建设有利于集约利用的土地生态系统。

3. 土地改良工程

土地改良工程即为改变土地的不良性状，防止土地退化，恢复和提高土地生产力而采取的各种措施的总称，主要包括：农业工程措施，如兴建农田水利工程、修筑梯田、改造坡耕地、平整土地、实行耕地园田化等；生物措施，如营造护坡林、护田林、固沙林、固沙草等；农业技术措施，如采用合理的施肥制度等。根据当地土地在提高生产上的主要限制因素和土地退化的主要危险，采取相应的措施，这是提高土地改良效果的重要途径。进行土地改良，还需要制定好规划，把长远利益与当前利益结合起来，分期分批有步骤地进行。

4. 土地保护工程

土地保护工程即为防止土地遭受破坏、导致土地退化和保护土壤防止污染的各种科学技术措施和工程设施的总称。随着人口的增长和现代农业技术的发展，土地利用强度越来越大，常造成土壤侵蚀，江河、湖泊、水库的淤塞，土壤盐渍化、沙漠化和贫瘠化，未经处理的工业废水和城乡生活污水进入土壤，引起土壤和水质污染等，为此需要全面规划，综合利用，化害为利，采取积极防治和预防为主的措施，保护土地资源，并促使农业土地向良性循环方向发展。

（二）土地生态系统整治和保护工程

土地生态整治一般是指对那些受自然与社会经济因素的制约和影响使其利用率低、质量差、产出不高的土地生态系统采取工程、生物和农业的综合技术措施进行改良、治理、建设，也就是对影响和制约土地生态系统潜在生产力发挥的各种限制性因素的改造。其内容十分广泛，包括水土流失地的治理、盐碱地的治理、风沙地的治理、沼泽地的治理、受污染土地的治理、中低产田改造、荒山荒地的开发与治理。工矿废弃地和因灾废弃地的治理与复垦、基本农田建设、山水田林路村企的综合治理等。当前，面对全球土地生态退化的日益严重性和恢复重建的紧迫性，应将退化土地生态重建作为研究重点，在土地生态退化评价研究的基础上，研究制定切实可行的退化土地生态重建综合工程技术规划方案并付诸实施，以恢复和提高退化土地生态系统的功能，实现土地生态系统的良性发展，确保土地资源的可持续利用。

（三）土地生态系统修复和调控工程

生态修复是在尊重自然规律的基础上，效法自然，通过人与自然的合作，重新创造、引导或加速自然演化过程。和自然一道，回归一个地区目前应该处于的演替阶段，恢复地方物种，恢复地方物种需要的基本生境，让自然做主，然后实现恢复。生态恢复的目标不是要种植尽可能多的物种，而是创造良好的条件，促进一个群落发展成为由当地物种组成的完整生态系统。或者说目标是为当地的各种动植物提供相应的栖息环境。生态修复涉及的相关概念有生态恢复、生态重建、生态改建、生态改良等。

三、土地生态建设前沿技术与方案

传统的土地整治或者修复工程，针对水土流失，可采取以小流域为单元，以农田基本建设为突破口，以水土保持治理骨干工程为骨架，沟道与坡面兼治的技术路线，实施坡耕地水土流失综合治理工程、淤地坝建设工程，建立水土保持防护体系；针对土地沙化，以防沙治沙、改善沙区生态条件为目标，通过固沙治沙、封禁保护、综合示范等工程措施，开展沙化土地治理，改善沙区环境条件；针对土壤盐渍化，可对土壤次生盐渍化进行治理，加强沿黄湖泊、湿地和水系保护，控制地下水位，健全灌排系统，采取合理灌溉等农业技术措施，防止地下水位抬升和土壤返盐，恢复和优化湿地生态功能；针对草地退化，可以通过禁牧封育区继续坚持长期禁牧工作不动摇，加强禁牧封育、沙化草原修复、草原病虫鼠害防治、人工草场建设研究，严禁破坏草原生态环境的开发建设活动，保证草场资源永续利用。建立基本草原保护制度，落实和完善国家草原补偿奖励机制，加快逐步建立健康稳定的草原生态系统；针对农田退化，可对中低产田进行改造，开展井灌井排，种稻洗碱等措施，全面提升耕地质量，恢复改善耕地质量等。三北防护林工程、全国性退耕还林还草工程等是我国在过去对生态问题所做出的探索。

随着生态文明建设的推进与科技手段的进步，土地生态修复进一步发展，衍生至国土空间生态修复，国土空间生态修复规划是国土空间规划体系下的专项规划，是对山水林田湖草生态系统治理体系的重构，目的是统一行使国土空间保护和修复任务，强调“全域统筹、突出重点；自然为主，人工为辅；问题导向、因地制宜；部门联动、上下协同”的原则。

国土空间生态修复包含了国土综合整治和生态修复两种主要手段，包括国土空间生态整治、退化土地生态修复、矿山地质环境治理等核心内容，按照其作用对象及对应国土空间规划生产空间、生活空间和生态空间的区位分布，可细分为13个具体类型：生产空间，包括矿山地质环境监管与治理、工矿废弃地土地整理复垦、农用地土地整理复垦、高标准农田建设4项；生活空间，包括低效用地再开发、人居环境综合整治2项；生态空间，包括湿地生态修复、河湖岸线生态修复、海岸生态修复、森林生态修复、草原生态修复、生态景观修复、自然灾害预防与修复7项。

按照国土空间生态修复对象和所采取工程措施的差异，可将国土空间生态修复的工程类型划分如下。

(1)矿山地质环境生态修复工程。矿山地质环境生态修复工程主要修复对象是矿山地质生态系统,如矿山环境土体重构工程、景观地貌重塑工程、塌陷地水环境修复工程等。

(2)水环境和湿地生态修复工程。水环境和湿地生态修复工程主要修复对象是陆地水生生态系统,如流域生态修复工程、水环境生态修复工程、湿地生态修复工程等。

(3)退化污染废弃地生态修复工程。退化污染废弃地生态修复工程主要修复对象是退化土地生态系统,如水土流失生态修复工程、土地沙漠化生态修复工程、土地盐碱化生态修复工程、土地污染生态修复工程、废弃土地生态修复工程等。

(4)海洋海岛海岸带生态修复工程。海洋海岛海岸带生态修复工程主要修复对象是海洋生态系统,如海洋生态修复工程、海岛生态修复工程、海岸带生态修复工程等。

(5)生物多样性和景观生态修复工程。生物多样性和景观生态修复工程主要修复对象是生物和景观生态系统,如生物多样性生态修复工程、景观生态修复工程等。

(6)山水林田湖草生态修复工程。山水林田湖草生态修复工程主要修复对象具有区域性、丰富性、整体性和系统性,它将湿地、草地、林地等统筹纳入重大工程,对集中连片、破碎化严重、功能退化的生态系统进行综合修复。

(7)国土综合整治修复工程。与国土空间生态修复相比,国土综合整治修复主要是"治未病"的,即采取相应的措施,防止国土空间生态系统"疾病"的发生、发展,具有综合性、战略性和地域性的特点。国土综合整治修复主要采用调查、评价、规划、开发、利用、改良、治理、保护等综合措施,对生态系统的功能失调进行恢复,而较少采用直接的物理化学生物措施。

(8)城乡居住地生态修复工程。城乡居住地生态修复工程主要修复对象是城乡居住地生态系统,以人为干扰为主,强度和频率大,变化迅速,是一个由自然要素、社会要素和人类要素复合而成的网络结构,物质流、能量流、信息流、人口流和价值流都更为复杂,其可分为城镇居住地生态修复和乡村居住地生态修复等。

在关键技术方面,主要涉及以下几点:生态环境状况评估分析。在调查收集经济、社会、生态环境现状及历史数据资料的基础上,开展区域生态环境状况评估和生态系统演变分析,初步确定规划区拟开展生态保护修复的重点区域。其一是开展生态评估,参照生态保护红线划定技术要求,初步判定规划区生态功能重要、生态系统敏感脆弱区域的空间分布。其二是开展生态系统演变分析,参照生态环境遥感调查与评估技术要求,识别受损生态系统空间分布。解译分析不同历史时期遥感影像的生态系统类型分布,分析生态系统类型变化矩阵,理清区域空间尺度不同类型生态系统构成、比例的变化情况。②评估分析结论校核检验。通过叠加分析和实地调研,进一步校核检验生态评估和生态系统演变分析得出的结论。建议将生态评估结果与生态系统演变分析结果、生态保护红线的划定成果进行叠加分析,从技术方法层面进一步提高评价分析结果的准确性。③空间规划区划协调衔接。将通过空间分析得出的生态保护修复优先区域与主体功能区规划、土地利用规划、国民经济和社会发展规划等相关空间规划区划政策进行衔接,确保生态保护修复措施的制订能够精准施策于生态环境质量改善和生态环境管理的需要。④生态保护修复分区方案制订。结合生态功能敏感重要区域和受损严重区域的空间分布,提出开展生态修复的重点区域,作为规划实施的优先区。对重点区域进行空间结构分析，进一步理清重点区域内部的生态修复问题、优先区域、修复方向等，据此进一步优化设计任务设置与工程选择。⑤生态修复任务路径确定。结合遥感影像分析，识别拟开展生态修复的区域原有生态系统类型和结构，以尽可能恢复自然状态和生态系统整体性为目标，以近自然、生态化为标准，合理选择生态保护或修复技术措施，并配套制定相关管理措施，从而有效解决生态修复措施和路径选择问题。表 7－1 为山水林田湖草生态保护修复工程经典案例。

表 7－1　山水林田湖草生态保护修复工程经典案例

项目名称	祁连山(黑河流域)山水林田湖草生态保护修复工程	乌蒙山区山水林田湖草生态保护修复重大工程——威宁草海生态保护修复	抚仙湖流域山水林田湖草生态保护修复工程	闽江流域山水林田湖草生态保护修复工程	钱塘江源头区域山水林田湖草生态保护修复工程	粤北南岭山区山水林田湖草生态保护修复工程——大宝山矿山修复
所在省份	甘肃省、青海省	贵州省	云南省	福建省	浙江省	广东省
主要生态问题	植被退化与破坏、水土流失、景观破碎化、冰川消融、河流水量与水质问题	外来物种入侵、保护与发展矛盾、环境污染、水土流失	生态系统结构单一、水位下降、入湖河流污染严重、农田面源污染胁迫大、矿山裸露、植被覆盖率低、水土流失	水环境污染、水土流失、矿区生态破坏、森林和生物多样性退化	地质灾害多发、水土流失、水土污染、森林质量低、生物多样性退化	矿山植被破坏、水土流失、水土污染
主要修复手段	矿山地质环境治理、水生态保护与修复、林草生态保护与修复、田地生态保护与修复、湿地生态保护与修复	腾退生态空间、环境治理植被恢复、封禁	调田节水、生境修复、矿山修复与水源涵养、控污治河、湖泊保育与综合管理	水环境治理、水土流失防治及农地生态功能提升、废弃矿山生态修复和地质灾害防治、森林和生物多样性保护	水生态环境质量提升、矿山生态环境修复、水土流失防治、森林质量改善、土地整治与土壤污染修复、生物多样性保护	环境污染综合整治、土壤治理修复、建立土壤污染防治先行区

续表

修复目标	提升水源涵养和生物多样性保护服务功能	修复保护高原湖泊湿地、保护生物多样性	降低水体污染风险	提升水环境质量、防止水土流失、废弃矿山土地使用功能恢复和资源化、保护森林生态系统功能和生物多样性	废弃矿山有效治理、水质改善、湿地有效保护、植被恢复	恢复自然生态功能、治理矿山和土壤污染、防控环境风险

第五节 土地利用生态效益

一、土地利用生态效益概述

土地利用生态效益是指人类通过生产活动开发利用土地资源的过程中，带来的除去经济效益以外的能够促进环境改善，社会友好，资源节约集约，可持续获益的那部分效益。一方面，人类通过劳动，从土地获取回报，另一方面人类在获取回报的同时，不以牺牲破坏环境为代价，使土地能够产生持续的效益，满足人们的需求。而土地利用生态效益的实现是其他效益能够实现并逐步提高的重要前提，因此，在进行土地利用过程中，必须首先保证生态效益的实现，这是土地资源合理配置的必要条件，是土地资源合理配置的一组完整的准则。

最初，德国学者以农业用地为研究对象，分析其土地利用经济效益，主要得到单位面积的产量。1994 年 WBCSD(世界可持续发展工商理事会)首先提出“生态效率”，为研究土地利用的综合效益提供了基础。1996 年，美国土地再开发计划中提出追求经济产出的过程中保障土地利用的生态效益，发展计划中的土地强度，追求经济产出不会损害社会和生态效益，土地利用的综合效益开始引起学者们的广泛的注意。土地利用效益是在一定区域内的社会、经济、生态和环境中，单位面积土地的投入和消耗，最终实现物质产出或者有效产出成果。也有从土地利用社会效益角度定义土地利用效益，即土地利用社会效益是促进社会进步和社会发展等方面取得的成功，从而达到土地利用效益水平的提高。国外对于土地利用效益研究可以分为三个阶段：第一个阶段是从土地利用经济效益方面进行探究，随着研究的内容不断深入，土地利用社会效益、土地利用生态效益也纳入考虑范围，进而划分为土地利用效益第二研究阶段。现阶段就是第三研究阶段，综合全面研究土地利用经济、社会、生态的综合效益。

第一阶段：国外学者更注重土地利用效益研究，特别是土地利用经济效益方面，已经取得了比较丰硕的研究成果，在此之后，对土地利用效益的评价研究也更加深入、更加全面，例如对土地利用效益进行分级。近年来，初步是以物理或价值形式来衡量土地经济效益，为土地利用效益评估时在指标选择上取得了重大突破。随后，根据土地上经营活动性质，对土地利用经济效益结果分级。

第二阶段：在土地经济学原理中，莫尔豪斯等学者谈到了土地利用的社会目标：①财富的生产和分配的平衡；②保护自然资源；③土地利用的生物及增加乐趣。个人均会寻求最大的净利润和土地使用，而不是社会利益的总和。从政府角度，必须通过经济杠杆和政治权力、立法和其他手段最终实现区域经济目标。社会福利的国际评估源于对工业项目的评估。联合国工业发展组织联合了其他机构共同编制了"工业项目评估手册"，"工业项目评估手册"对就业、国际竞争力和分配效应等方面设置了社会福利的相关指标。土地利用过程中会产生一定的社会效益，也会影响社会生活中财务分配，增加自然生态环境的相关保护费用，对于社会效益研究并未深入，不及土地利用经济效益。土地利用生态效益评价逐渐也成为热门话题。土地利用生态效益研究是基于土地生态系统服务功能价值理论展开研究。自邓恩等人学者提出了生态系统服务的概念，戴利将生态系统服务功能定义为自然生态系统及其过程提供满意度并维护人类生存所需的条件和过程，并将生态系统服务分为 15 类。科斯坦萨等学者将生态系统服务功能定义为：直接或间接源自生态系统功能的人类群体的益处，并同时将生态系统服务功能分为 17 类。而且，他计算全球生态系统服务功能的价值并获得每个类别的服务功能的总价值。随后，科斯坦萨定义并计算生态系统服务功能的价值。该方法被诸多学者采用，这已经引起了学者们对全球生态服务价值评估的热点关注。

第三阶段：对于土地利用综合效益研究也取得一定的研究成果，有学者系统地阐述土地利用生态效益和综合效益之间的关联度，体现出土地利用生态效益更有利于促进土地利用综合效益水平提高。有学者基于复合生态系统的理论，构建土地利用综合效益的评价指标体系，并借助层次分析法（AHP）和模糊评价，对其结果进行分析。对于土地利用综合效益与子系统之间的关系，有学者运用协调度函数模型，对其土地利用综合效益进行全面评价。对于土地利用效益提高对策研究方面，可以通过案例，进行实证分析，并针对结果提出改善对策，例如提高土地利用经济产出能力，完善土地利用制度，全方面提高土地利用综合效益。

二、土地利用生态效益评估

土地利用效益不仅仅是由经济效益、社会效益组成的，也包括了生态效益。众多学者均以经济效益为主来评估土地利用效益，往往忽略了土地自身的生态效益。土地利用得是否合理的同时也出现了土地资源生态问题，该问题也得到广泛关注，研究热点逐渐向土地生态效益评估方向倾斜。由于不同学者其观点也大不相同，自然、社会和经济条件都存在不同，而且生态效益也是非市场的。因此，对土地生态效益进行定量分析具有一定的难度。因此，在构建指标体系时，指标的选择和评估标准也至关重要。

（一）评价指标体系构建的原则

一个具有可操作性的土地利用生态效益评价指标体系要建立在对研究区域土地利用现状的充分认识的基础上，能够深入地、系统性地反映研究对象的特性，同时更好地反映出研究区域的土地利用生态变化特征。因此，在选择评价指标、建立指标体时要遵循以下的原则。

1.全面性和目的性原则

土地利用生态效益是一个综合的概念,涉及区域经济、社会、生态环境等各方面,评价过程中需要全面反映该地区的土地利用生态效益水平,以便以后进行系统研究和论证。

2.科学性和系统性相结合的原则

选取和设计指标时要把握各项指标的概念,便于计量,符合客观实际,能够反映事物的本质和内在规律,使评价结果科学、有说服力。同时土地利用效益评价是一个庞大的系统,各子系统之间相互联系、互为条件,共同为系统整体服务,而不同子系统又被不同指标表达,故指标选择时需从系统论的角度,全面、系统地反映土地利用生态效益的各个方面,更要把握各子系统之间的内在联系。

3.代表性和可操作性相结合的原则

指标的选取应该考虑能够在不同时期、不同区域范围之间相互可比,且与研究区总体的实际情况符合,评价结论应对本研究区域具有代表性。同时土地利用生态效益评价作为一个复杂系统,指标选择时应尽量简单明了,相应指标的数据获取要容易、准确、可靠,保证数据的可操作性。

4.层次性和可比性原则

为了避免指标选取重复,需建立一个由目标层、准则层、指标层构成的评价指标体系。同时评价指标在内容和结构上要保持层次性,突出各层次中的主要影响指标,建立一个多层次分级体系。此外,评价指标的选择需有动态可比性和横向可比性。动态可比是指对区域土地利用效益在时间上的动态比较,说明区域土地利用效益增长速率。横向可比则是在不同空间范围内进行比较,说明在不同区域内土地利用效益的水平和趋势。因此评价指标选择要含义明确、口径一致,符合国际规范与国内各项统计制度的要求,具有相对合理的核算和综合方法,以保证评价的合理性、公平性和客观性。

(二)土地利用生态效益评价指标体系

土地利用生态效益的评价指标体系没有形成完整固定的范式,众多学者在遵循评价的原则下,依据研究内容分别进行指标的构建,如张洪波、刘黎明从生态学角度界定了土地资源生态安全的概念,认为土地生态安全是实现自然、经济和社会可持续发展的基础,这也是发展的最根本的目标。土地生态效益评价方从总体的角度看可以分为三种,即承载力分析方法、综合指数评价方法、景观生态学方法。吴冠岑、刘有昭选择淮安作为研究区,以生态系统健康的生态承载力理论作为该区域的理论基础,构建评估体系,主要涵盖生态弹性、资源承载力、人类活动潜力三个方面,最后依据农业生态系统健康标准对该区域进行分区。将生态系统的健康标准分为5个等级:病态、不健康、亚健康、健康、非常健康。钟晓娟、赵岩等将研究区定为盐池县,评估的内容为林地生态服务功能效益,基于替代市场价格法、造林成本法等定量模型来实现非市场价值区域生态效益的评估,主要从六个方面选取相关指标,分别是保护水资源、保护土地资源、净化环境、改善小气候、保护农牧业、保护生物多样性,最终建立退耕还林工程生态效益评价指标体系。宋戈从资源紧缺的角度出发,遵循评价指标体系构建的原则,构建以土地生态承载力、土地生态状态、土地生态响应为准则层的指标体系,构建土地生态效益评价模型。

案例分析与讨论

阅读以下材料，结合所学知识，总结我国不同地区呈现出的土地生态环境问题，分析各地区生态环境治理措施的区别与联系。

《全国重要生态系统保护和修复重大工程总体规划(2021—2035年)》的通知(节选)

发改农经〔2020〕837号

第四章　重要生态系统保护和修复重大工程

一、青藏高原生态屏障区生态保护和修复重大工程

大力实施草原保护修复、河湖和湿地保护恢复、天然林保护、防沙治沙、水土保持等工程。若尔盖草原湿地、阿尔金草原荒漠等严格落实草原禁牧和草畜平衡，通过补播改良、人工种草等措施加大退化草原治理力度；加强河湖、湿地保护修复，稳步提高高原湿地、江河源头水源涵养能力；加强森林资源管护和中幼林抚育，在河滩谷地开展水源涵养林和水土保持林等防护林体系建设；加强沙化土地封禁保护，采用乔灌草结合的生物措施及沙障等工程措施促进防沙固沙及水土保持；加强对冰川、雪山的保护和监测，减少人为扰动；加强野生动植物栖息地生境保护恢复，连通物种迁徙扩散生态廊道；加快推进历史遗留矿山生态修复。

专栏4-1　青藏高原生态屏障区生态保护和修复重点工程
1. 三江源生态保护和修复 加强草原、河湖、湿地、荒漠、冰川等生态保护，开展封山(沙)育林草、退牧还草，落实草原禁牧轮牧措施。加强人工草场建设，实施黑土滩型等退化草原综合治理，加强草原鼠害等有害生物治理，加强重点高原湖泊生态保护和综合治理，恢复退化湿地生态功能和周边植被，加强沙化土地与水土流失综合治理。
2. 祁连山生态保护和修复 加强天然林保护和公益林管护，通过封山育林、人工辅助促进森林质量提升，开展退耕还林还草、退牧还草、土地综合整治和建设人工草场，实施草原禁牧轮牧、退化草原治理。加强源头滩地湿地恢复和退化湿地修复。实施水土流失、沙化土地综合治理。加强雪豹等重要物种栖息地保护和恢复，连通生态廊道。
3. 若尔盖草原湿地—甘南黄河重要水源补给生态保护和修复 大力开展重点水源涵养区封育保护，加强高原湿地保护与修复，恢复退化湿地生态功能和周边植被，增强水源涵养功能。加强草原综合治理，全面推行草畜平衡、草原禁牧休牧轮牧，推动重点区域荒漠化、沙化土地和黑土滩型等退化草原治理，遏制草原沙化趋势，提升草原生态功能。
4. 藏西北羌塘高原—阿尔金草原荒漠生态保护和修复 加强重要物种栖息地保护和恢复，扩大野生动物生存空间。采取自然和人工相结合方式，加强退化高寒草原草甸修复，实施草畜平衡、草原禁牧轮牧，恢复退化草原生态。治理沙化土地，加强高原湖泊、湿地保护恢复。

续表

5. 藏东南高原生态保护和修复 加强天然林保护和公益林管护，提升山地雨林、季雨林生态功能，恢复区域原生植被，加强中幼林抚育，在生态脆弱区开展退耕还林还草和土地综合整治，建设重要流域地带防护林体系。开展人工种草与天然草原改良。加强水土流失治理。
6. 西藏“两江四河”造林绿化与综合整治 在雅鲁藏布江、怒江及拉萨河、年楚河、雅砻河、狮泉河等“两江四河”地区，坚持乔灌草相结合，构建以水土保持林、水源涵养林、护岸林等为主体的防护林体系。开展沙化土地综合整治，实施宽浅沙化河段生态治理。加强水土流失治理，恢复退化草场、退化湿地生态功能。
7. 青藏高原矿山生态修复 围绕历史遗留矿山损毁土地植被资源，实施矿山地质环境恢复治理，重塑地形地貌，重建生态植被，恢复矿区生态。

二、黄河重点生态区（含黄土高原生态屏障）生态保护和修复重大工程

大力开展水土保持和土地综合整治、天然林保护、三北等防护林体系建设、草原保护修复、沙化土地治理、河湖与湿地保护修复、矿山生态修复等工程。完善黄河流域水沙调控、水土流失综合防治、防沙治沙、水资源合理配置和高效利用等措施，开展小流域综合治理，建设以梯田和淤地坝为主的拦沙减沙体系，持续实施治沟造地，推进塬区固沟保塬、坡面退耕还林、沟道治沟造地、沙区固沙还灌草，提升水土保持功能，有效遏制水土流失和土地沙化；大力开展封育保护，加强原生林草植被和生物多样性保护，禁止开垦利用荒山荒坡，开展封山禁牧和育林育草，提升水源涵养能力；推进水蚀风蚀交错区综合治理，积极培育林草资源，选择适生的乡土植物，营造多树种、多层次的区域性防护林体系，统筹推进退耕还林还草和退牧还草，加大退化草原治理，开展林草有害生物防治，提升林草生态系统质量；开展重点河湖、黄河三角洲等湿地保护与恢复，保证生态流量，实施地下水超采综合治理，开展滩区土地综合整治；加快历史遗留矿山生态修复。

专栏4－2　黄河重点生态区（含黄土高原生态屏障）生态保护和修复重点工程
1. 黄土高原水土流失综合治理 以渭北、陇东、晋西南等地为重点，开展水土保持和土地综合整治，实施小流域综合治理，建设涵盖塬面、沟坡、沟道的综合防护体系。以太行山、吕梁山、湟水流域等地为重点，加强林草植被保护和修复，以水定林定草，实施封山育林（草）、退耕还林还草、草地改良，稳定和提高黄土高原地区植被盖度。以库布其、毛乌素等地为重点，通过人工治理与自然修复相结合、生物措施与工程措施相结合，建设完善沙区生态防护体系。
2. 秦岭生态保护和修复 全面加强大熊猫、金丝猴、朱鹮等珍稀濒危物种栖息地保护和恢复，积极推进生态廊道建设，扩大野生动植物生存空间。切实加强天然林及原生植被保护，开展退化林分修复，提高自然生态系统质量和稳定性。

续表

3. 贺兰山生态保护和修复 全面保护天然林资源，实施封山育林、退牧还林，加强水源涵养林、防护林建设和退化林修复。加强防风固沙体系建设，加强水土流失预防。加强珍贵稀有动植物资源及其栖息地保护。
4. 黄河下游生态保护和修复 根据黄河下游滩区用途管制政策，因地制宜退还水域岸线空间，开展滩区土地综合整治，保护和修复滩区生态环境。加强黄河下游湿地特别是黄河三角洲生态保护和修复，促进生物多样性保护和恢复，推进防护林、廊道绿化、农田林网等工程建设。
5. 黄河重点生态区矿山生态修复 大力开展历史遗留矿山生态修复，实施地质环境治理、地形重塑、土壤重构、植被重建等综合治理，恢复矿山生态。

三、长江重点生态区（含川滇生态屏障）生态保护和修复重大工程

大力实施河湖和湿地保护修复、天然林保护、退耕还林还草、防护林体系建设、退田（圩）还湖还湿、草原保护修复、水土流失和石漠化综合治理、土地综合整治、矿山生态修复等工程。保护修复洞庭湖、鄱阳湖等长江沿线重要湖泊和湿地，加强洱海、草海等重要高原湖泊保护修复，推动长江岸线生态恢复，改善河湖连通性；开展长江上游天然林公益林建设，加强长江两岸造林绿化，全面完成宜林荒山造林，加强森林质量精准提升，推进国家储备林建设，打造长江绿色生态廊道；实施生物措施与工程措施相结合的综合治理，全面改善严重石漠化地区生态状况；大力开展矿山生态修复，解决重点区域历史遗留矿山生态破坏问题；保护珍稀濒危水生生物，强化极小种群、珍稀濒危野生动植物栖息地和候鸟迁徙路线保护，严防有害生物危害。

专栏 4-3　长江重点生态区（含川滇生态屏障）生态保护和修复重点工程
1. 横断山区水源涵养与生物多样性保护 全面加强原生性生态系统保护和珍稀濒危野生动植物拯救性保护。保护天然林资源，综合开展退化林修复、封山育林、人工造林、森林抚育。推进草地治理，实施退牧还草、退化草原修复。开展水土流失、石漠化综合治理和干热河谷生态治理，恢复受损地区植被。
2. 长江上中游岩溶地区石漠化综合治理对长江上中游岩溶石漠化集中连片地区，综合开展天然林保护、封山育林育草、人工造林（种草）、退耕还林还草、草地改良、水土保持和土地综合整治等措施，增加林草植被，增强山地生态系统稳定性。
3. 大巴山区生物多样性保护与生态修复 全面加强大熊猫等特有物种和栖息地保护，建设缓冲带和生态廊道，扩大野生动植物生存空间。全面保护天然林资源，加强封山育林、森林抚育、退化林和退化草原修复，优化乔灌草复合生态系统结构。通过水资源补给、鸟类栖息地恢复等措施恢复湿地和周边植被。加强小流域综合治理，提升丹江口库区及上游等重点区域水土保持与水源涵养功能。

续表

4. 三峡库区生态综合治理 加强库区及周边天然林保护和公益林建设，稳步推进退耕还林还草、防护林建设和森林质量精准提升，实施土地综合整治。加大水土流失治理力度，探索开展库区消落带生态修复。加强自然保护地建设，保护库区野生动植物及生物多样性。
5. 洞庭湖、鄱阳湖等河湖、湿地保护和恢复 加强河道整治，优化水资源配置，提高江河湖泊连通性，恢复水生生物通道及候鸟迁徙通道。开展退垸还湖（河）、退耕还湖（湿）和植被恢复，加强生态湖滨带和水源涵养林等生态隔离带的建设与保护，优化防风防浪林树种结构。实施长江干流及重要支流、湖泊生态保护修复，加强岸线资源修复治理。
6. 大别山区水土保持与生态修复 全面加强公益林建设和管护，稳步推进封山育林、人工造林、退耕还林还草，加强水土保持林、水源涵养林和防护林建设，加强森林抚育和退化林修复。推进河湖、湿地保护和恢复，加强水土流失治理。
7. 武陵山区生物多样性保护 加强珍稀原生动植物保护，稳定和扩大栖息地，建设生态廊道，保护生物多样性。全面加强天然林保护和公益林建设，稳步推进封山育林、人工造林、退耕还林还草，加强水源涵养林和防护林建设，加强森林抚育和退化林修复。
8. 长江重点生态区矿山生态修复 加强历史遗留矿山生态修复，重点解决历史遗留露天矿山生态破坏问题，加强矿山开采边坡综合整治，进行地形重塑、生态植被重建，恢复矿区生态环境。

四、东北森林带生态保护和修复重大工程

大力实施天然林保护、退耕还林还草还湿、森林质量精准提升、草原保护修复、湿地保护恢复、小流域水土流失防控与土地综合整治等工程。持续推进天然林保护和后备资源培育，逐步开展被占林地森林恢复，实施退化林修复，加强森林经营和战略木材储备，通过近自然经营促进森林正向演替，逐步恢复顶级森林群落；加强林草过渡带生态治理，防治土地沙化；加强候鸟迁徙沿线重点湿地保护，开展退化河湖、湿地修复，提高河湖连通性；加强东北虎、东北豹等旗舰物种生境保护恢复，连通物种迁徙扩散生态廊道。

专栏 4－4　东北森林带生态保护和修复重点工程
1. 大小兴安岭森林生态保育 全面加强天然林保护和公益林管护，通过封山育林、人工造林、退耕还林还草和土地综合整治等措施，加强后备资源培育，扩大森林面积。加强森林抚育和退化林修复，提高森林质量，提升国家战略木材储备规模。加强湿地、河湖生态保护，实施水土流失综合治理。
2. 长白山森林生态保育 全面保护天然林，加强天然林后备资源培育，恢复被占林地森林植被，加强森林抚育和退化林修复，增强森林生态功能，促进正向演替。大力培育珍稀树种和优良用材林。保护恢复河湖、湿地，加强山地丘陵区水土流失治理。

续表

3. 松嫩平原等重要湿地保护恢复 全面加强原始沼泽湿地保护，通过实施退耕（养）还沼（滩、湖）、植被补植，恢复和扩大各类湿地面积及周边植被，实施生态补水，提高河湖连通性。
4. 东北地区矿山生态修复 实施历史遗留矿山综合治理，通过开展地形地貌重塑、生态植被重建，推进矿山生态环境恢复。

五、北方防沙带生态保护和修复重大工程

大力实施三北防护林体系建设、天然林保护、退耕还林还草、草原保护修复、水土流失综合治理、防沙治沙、河湖和湿地保护恢复、地下水超采综合治理、矿山生态修复和土地综合整治等工程。坚持以水定绿、乔灌草相结合，开展大规模国土绿化，大力实施退化林修复；加强沙化土地封禁保护，加快建设锁边防风固沙体系和防风防沙生态林带，强化禁垦（樵、牧、采）、封沙育林育草、网格固沙障等建设，控制沙漠南移；落实草原禁牧休牧轮牧和草畜平衡，实施退牧还草和种草补播，统筹开展退化草原、农牧交错带已垦草原修复；保护修复永定河、白洋淀等重要河湖、湿地，保障重要河流生态流量及湖泊、湿地面积；加强有害生物防治，减少灾害损失；加快推进历史遗留矿山生态修复，解决重点区域历史遗留矿山环境破坏问题。

专栏4－5　北方防沙带生态保护和修复重点工程
1. 京津冀协同发展生态保护和修复 推进雄安新区山水林田湖草生态保护建设，实施白洋淀等湖泊和湿地综合治理，加大京津保地区营造林和湿地恢复，建设环首都森林、湿地公园。加强张承地区植树造林和人工种草建设，推进冬奥赛区绿化，实施退化防护林、退化草原修复提升。加强燕山—太行山水源涵养林建设、水土流失治理。加强永定河、滦河、潮白河、北运河、南运河、大清河等“六河”绿色生态治理，实施地下水超采综合治理。开展京津冀风沙源治理。加大土地综合整治力度。
2. 内蒙古高原生态保护和修复 全面加强呼伦贝尔、科尔沁、锡林郭勒、阴山北麓等重要地区草原保护修复，实施退牧还草、人工种草，开展退化草原和已垦草原治理，实施草畜平衡和草原禁牧休牧轮牧。全面保护天然林，科学开展国土绿化，统筹实施退耕还林还草和土地综合整治。加强水土流失和荒漠化防治，对浑善达克等重要沙地和重要风沙源进行科学治理。实施水生态修复治理，逐步恢复呼伦湖、乌梁素海、岱海等重要河湖生态健康。
3. 河西走廊生态保护和修复 全面加强天然绿洲和湿地生态保护恢复，实施退耕还林还草、退牧还草和土地综合整治，增加林草植被，开展退化林修复。加强沙化土地综合治理，保护沙区原生植被，对符合条件的沙化土地进行封禁管护。开展黑河、石羊河等河湖湿地生态保护修复，保障河湖尾闾。
4. 塔里木河流域生态修复 开展水生态保护修复，实施流域水资源统一管理。推进塔里木盆地南缘防沙治沙，强化沙化土地封禁管护。加强荒漠天然植被保护和生态公益林管护，开展退耕还林还草和土地综合整治，实施土地轮休和退地减水，建设重点区域防护林体系，对胡杨林进行特殊保护。

续表

5. 天山和阿尔泰山森林草原保护 加强山地森林生态系统保护和建设，全面保护天然林资源，加强水源涵养林、防护林建设和退化林修复。加强河流、湖泊、湿地保护和恢复，实施源头保护和退化湿地修复。加强水土流失预防，实施土地轮休和退地减水，开展退牧还草和退化草原修复治理。加强珍稀特有物种资源保护。
6. 三北地区矿山生态修复 加快推进历史遗留矿山生态修复，通过地质环境治理、地形重塑、土壤重构、植被重建等综合治理工程，恢复矿山生态。

六、南方丘陵山地带生态保护和修复重大工程

大力实施天然林保护、防护林体系建设、退耕还林还草、河湖湿地保护修复、石漠化治理、损毁和退化土地生态修复等工程。加强森林资源管护和森林质量精准提升，推进国家储备林建设，提高森林生态系统结构完整性；通过封山育林草等措施，减轻石漠化和水土流失程度；加强水生态保护修复；开展矿山生态修复和土地综合整治；加强珍稀濒危野生动物、苏铁等极小种群植物及其栖息地保护修复，开展有害生物灾害防治。

专栏 4-6 南方丘陵山地带生态保护和修复重点工程
1. 南岭山地森林及生物多样性保护 加强原生型亚热带常绿阔叶林保护，推进防护林建设和退耕还林还草，开展森林质量精准提升。实施退化湿地恢复、退化草地修复。加强珍稀濒危野生动植物、水生生物保护。开展水生态保护修复，加强水土保持、矿山生态恢复治理和土地综合整治。
2. 武夷山森林和生物多样性保护 全面保护亚热带原生性森林生态系统，加强天然林保护和公益林管护，科学开展森林质量精准提升。加大珍稀濒危野生动植物及其栖息地保护，连通生态廊道。加强水生态保护修复和水土流失综合治理。
3. 湘桂岩溶地区石漠化综合治理 以石漠化严重县为重点，因地制宜采取封山育林育草、人工造林(种草)、退耕还林还草、草原改良、土地综合整治等多种措施，着力加强林草植被保护与恢复，推进水土资源合理利用。

七、海岸带生态保护和修复重大工程

推进“蓝色海湾”整治，开展退围还海还滩、岸线岸滩修复、河口海湾生态修复、红树林、珊瑚礁、柽柳等典型海洋生态系统保护修复、热带雨林保护、防护林体系等工程建设，加强互花米草等外来入侵物种灾害防治。重点提升粤港澳大湾区和渤海、长江口、黄河口等重要海湾、河口生态环境，推进陆海统筹、河海联动治理，促进近岸局部海域海洋水动力条件恢复；维护海岸带重要生态廊道，保护生物多样性；恢复北部湾典型滨海湿地生态系统结构和功能；保护海南岛热带雨林和海洋特有动植物及其生境，加强海南岛水生态保护修复，提升海岸带生态系统服务功能和防灾减灾能力。

专栏4-7　海岸带生态保护和修复重点工程
1.粤港澳大湾区生物多样性保护 推进海湾整治，加强海岸线保护与管控，强化受损滨海湿地和珍稀濒危物种关键栖息地保护修复，构建生态廊道和生物多样性保护网络，保护和修复红树林等典型海洋生态系统，提升防护林质量，建设人工鱼礁，实施海堤生态化建设，保护重要海洋生物繁育场。推进珠江三角洲水生态保护修复。
2.海南岛重要生态系统保护和修复 全面保护修复热带雨林生态系统，加强珍稀濒危野生动植物栖息地保护恢复，建设生物多样性保护和河流生态廊道。以红树林、珊瑚礁、海草床等典型生态系统为重点，加强综合整治和重要生境修复，强化自然岸线、滨海湿地保护和恢复。
3.黄渤海生态保护和修复 推进河海联动统筹治理，加快推进渤海综合治理，加强河口和海湾整治修复，实施受损岸线修复和生态化建设，强化盐沼和砂质岸线保护；加强鸭绿江口、辽河口、黄河口、苏北沿海滩涂等重要湿地保护修复。保护和改善迁徙候鸟重要栖息地，加强海洋生物资源保护和恢复。推进浒苔绿潮灾害源地整治。
4.长江三角洲重要河口区生态保护和修复 加强河口生态系统保护和修复，推动杭州湾、象山港等重点海湾的综合整治，提高海堤生态化水平。加强长江口及舟山群岛周边海域的生物资源养护，保护和改善江豚、中华鲟等珍稀濒危野生动植物栖息地，加强重要湿地保护修复。
5.海峡西岸重点海湾河口生态保护和修复 推进兴化湾、厦门湾、泉州湾、东山湾等半封闭海湾的整治修复，推进侵蚀岸线修复，加强重要河口生态保护修复，重点在漳江口、九龙江口等地实施红树林保护修复，加强海洋生物资源养护和生物多样性保护。
6.北部湾滨海湿地生态系统保护和修复 加强重点海湾环境综合治理，推动北仑河口、山口、雷州半岛西部等地区红树林生态系统保护和修复，开展徐闻、涠洲岛珊瑚礁以及北海、防城港等地海草床保护和修复，建设海岸防护林，推进互花米草防治。

八、自然保护地建设及野生动植物保护重大工程

落实党中央、国务院关于建立以国家公园为主体的自然保护地体系的决策部署，切实加强三江源、祁连山、东北虎豹、大熊猫、海南热带雨林、珠峰等各类自然保护地保护管理，强化重要自然生态系统、自然遗迹、自然景观和濒危物种种群保护，构建重要原生生态系统整体保护网络，整合优化各类自然保护地，合理调整自然保护地范围并勘界立标，科学划定自然保护地功能分区；根据管控规则，分类有序解决重点保护地域内的历史遗留问题，逐步对核心保护区内原住居民实施有序搬迁和退出耕地还林还草还湖还湿；强化主要保护对象及栖息生境的保护恢复，连通生态廊道；构建智慧管护监测系统，建立健全配套基础设施及自然教育体验网络；开展野生动植物资源普查和动态监测，建设珍稀濒危野生动植物基因保存库、救护繁育场所，完善古树名木保护体系。

专栏 4－8　自然保护地建设及野生动植物保护重点工程

1. 国家公园建设

开展国家公园勘界立标。利用现代高科技手段和装备，整合提升管护巡护、科研监测、公众教育和支撑能力系统，构建天空地一体化、全覆盖、智慧化的立体保护网络。配套建设布局合理、功能完备、生态友好的基础设施。打通生态廊道，开展重要栖息地恢复和废弃地修复。

2. 国家级自然保护区保护和修复

全面加强国家级自然保护区建设，在重要地段、重要部位设立界桩和标识牌，利用现代高科技手段和装备，完善和提升资源管护、科研监测、自然教育、应急防灾、基础设施等体系。以自然恢复为主，辅以科学合理的人工措施，开展受损自然生态系统修复，连通生态廊道，促进重要栖息地恢复和废弃地修复。

3. 国家级自然公园保护

根据国家级自然公园保护需要，在重要地段、重要部位设立界桩和标识牌，针对自然生态系统、自然遗迹和自然景观，开展自然植被和林相改造，加强自然公园保护管理、宣传教育设施建设，构建生物多样性监测体系。

4. 濒危野生动植物保护

加强珍稀濒危物种重要栖息地保护修复，开展就地保护、迁地保护、种质资源保存、人工扩繁、野外回归，促进野外种群复壮，连通生态廊道。开展古树名木抢救保护。建设野生动物救护场所、繁育基地，以及国家重点保护野生动植物基因保存设施。建立健全野生动植物科研监测、野生动物疫源疫病监测防控体系，建设野生动植物基础数据库。

九、生态保护和修复支撑体系重大工程

加强生态保护和修复基础研究、关键技术攻关以及技术集成示范推广与应用，加大重点实验室、生态定位研究站等科研平台建设。构建国家和地方相协同的“天空地”一体化生态监测监管平台和生态保护红线监管平台。加强森林草原火灾预防和应急处置、有害生物防治能力建设，提升基层管护站点建设水平，完善相关基础设施。建设海洋生态预警监测体系，提升海洋防灾减灾能力。实施生态气象保障重点工程，增强气象监测预测能力及对生态保护和修复的服务能力。

专栏 4－9　生态保护和修复支撑体系重大工程

1. 科技支撑能力提升

加强生态保护和修复领域科技创新，开展生态保护修复基础研究、技术攻关、装备研制、标准规范建设，推进服务于生态保护和修复的国家重点实验室、生态定位观测研究站、国家级科研示范基地等科研平台建设。

2. 构建监测监管信息化平台

依托自然资源“一张图”和国土空间信息平台、国家生态保护红线监管平台，构建国家—地方互联互通的重要生态系统保护和修复重大工程监测监管平台，提高工程实施、动态监管、绩效评估的信息化管理能力和水平。开展生态状况评价监测，实施海洋生态预警监测，建设生物多样性保护管理监测信息平台，开展冰川、冻土监测工作，提高监测评价的综合分析能力。

续表

3.森林草原保护
开展森林草原火灾预防和应急处置、松材线虫病等有害生物防治、疫源疫病等设施建设，提升装备水平。建设林草种质资源保存库、良种基地等设施。完善优化森林草原基层工作站所、管护站点等布局，提高标准化建设水平。加强重点地区停机坪、蓄水池、应急道路等基础设施建设。
4.生态气象保障
聚焦生态保护和修复重点工程任务，完善生态气象综合观测体系，加强重大气象灾害和气候变化对生态安全的影响监测评估和预报预警。强化森林草原火灾预防和应急处置、沙尘暴预警及有害生物防治等气象保障服务。加强人工影响天气装备建设，提高生态修复型作业能力。

思考与练习题

1.简述土地生态的功能。

2.面对土地生态环境问题，可以采取什么样的管理措施？

3.如何进行土地利用生态效益的评估？

参考文献

[1]郭旭东，谢俊奇，李双成，等.土地生态学发展历程及中国土地生态学发展建议[J].中国土地科学，2015(9):4－10.

[2]郭旭东，谢俊奇.新时代中国土地生态学发展的思考[J].中国土地科学，2018,32(12):1－6.

[3]郭旭东，谢俊奇.中国土地生态学的基本问题，研究进展与发展建议[J].中国土地科学，2008(1):4－9.

[4]李卓，胡起源，韩文超，等.基于社会–生态系统理论的土地健康诊治框架[J].中国农业大学学报，2021,26(12):166－179.

[5]王军，余莉，罗明，等.土地整理研究综述[J].地域研究与开发，2003,22(2):4.

[6]吴次芳，徐保根.土地生态学[M].北京：中国大地出版社，2003.

[7]谢俊奇，郭旭东，李双成.土地生态学[M].北京：科学出版社，2014.

[8]杨子生.试论土地生态学[J].中国土地科学，2000,14(2):38－43.

[9]张瑶瑶，鲍海君，余振国.国外生态修复研究进展评述[J].中国土地科学，2020,34(7):106－114.

[10]中国科协学会学术部.土地生态学：生态文明的机遇与挑战[M].北京：中国科学技术出版社，2008.